KB230525

국어 교육, 어떻게 할 것인가

창비교육총서 기획위원

김이구(창비교육 상임기획위원), 김현양(명지대 방목기초교육대학 교수), 박수연(충남대 국어교육과 교수), 박종호(서울 영등포여고 교사), 송미경(한국전통문화대 전통교양교육원 강사), 신두원(문학 평론가), 오세호(경기 안산강서고 교사), 오연경(문학 평론가), 이도영(춘천교대 국어교육과 교수), 정지영(충남 천안 북일고 교사)

창비교육총서 1「국어 교육, 어떻게 할 것인가」엮은이

박종호 이도영 오연경 김이구

창비교육총서——1

국어 교육, 어떻게 할 것인가

초판 1쇄 발행 • 2014년 12월 10일

지은이 • 고용우 권혜령 김명희 김주환 김풍기 김현양 남민우 노혜경 류대성 박수연 박종호 배창환 백화현
    송여주 송영민 신두원 오세호 오연경 이도영 이삼남 임광찬 정지영 조재도 최형용 허재영
엮은이 • 박종호 이도영 오연경 김이구
펴낸이 • 강일우
책임편집 • 서영희 이은혜
디자인 • 씨디자인
펴낸곳 • (주)창비교육
등록 • 2014년 6월 20일 제2014-000183호
주소 • 413-120 경기도 파주시 회동길 184 / 121-893 서울특별시 마포구 양화로 100-15
전화 • 031-955-3333, 3390 / 02-322-8624
팩스 • 031-955-3399(영업) 031-955-8228(편집)
홈페이지 • www.changbiedu.com
전자우편 • textbook@changbi.com

ⓒ고용우 권혜령 김명희 김주환 김풍기 김현양 남민우 노혜경 류대성 박수연 박종호 배창환 백화현
송여주 송영민 신두원 오세호 오연경 이도영 이삼남 임광찬 정지영 조재도 최형용 허재영 2014
ISBN 979-11-953544-9-8 94370

＊ 이 책 내용의 전부 또는 일부를 재사용하려면
   반드시 저작권자와 (주)창비교육 양측의 동의를 받아야 합니다.
＊ 책값은 뒤표지에 표시되어 있습니다.

창비교육총서——1

국어 교육, 어떻게 할 것인가

고용우 권혜령 김명희 김주환 김풍기 김현양 남민우 노혜경 류대성 박수연 박종호 배창환 백화현
송여주 송영민 신두원 오세호 오연경 이도영 이삼남 임광찬 정지영 조재도 최형용 허재영 지음

창비교육

국어 교육의 길, 함께 묻고 찾아가기

사람이 살아가는 데 많은 것이 필요하지만 그중에서도 말과 글은 빼놓을 수 없다. 다른 사람들과 더불어 살아가려면 말과 글로 의사소통하는 것이 필수적이기 때문이다. 교육이나 학문을 하는 곳에서도 말과 글은 가장 바탕이 되는 자리에 놓인다. 우리는 태어나면서부터 생활 공동체에서 말하고 쓰는 법을 배우고 익힌다. 국어 교육은 이렇게 자연스럽게 몸에 익힌 모국어를 잘 다듬어 쓰고 부리기 위한 것이다. 그러나 '국어 교육이란 무엇인가'라는 물음에 답하는 일은 그렇게 단순하지만은 않다. 이 물음은 국어 교육의 말뜻을 넘어 그 대상, 범위, 목표, 방법, 내용, 주체, 제도 등을 포함한 다양한 문제의식과 관심사로 확장된다. 누가, 어느 자리에서, 어떤 상황에 놓여 있는가에 따라 그 답은 다르게 나온다. 그러한 여러 물음과 답을 모아 다시 치열한 논의와 실천을 거친 뒤에야 국어 교육의 모습은 다채롭고도 또렷하게 그려질 수 있을 것이다.

'창비교육총서' 첫째 권으로 기획한 『국어 교육, 어떻게 할 것인가』는 이러한 문제의식에서 출발한다. 그동안 학계에서 연구 성과가 깊이 있게 축적되는 한편, 활발한 현장 연구와 실천이 단위 학교에서 이루어지면서 국어 교육이 커다란 발전을 이룬 것은 사실이다. 그러나 각 분야의 값진 성과와 상승 작용에 대한 기대에도 연구 관습의 차이 및 소통의 장 부족으로 서로를 외면해 온 것도 사실이다. 하지만 이론은 학문의 전유물이 아니며 실천은 현장에 국한된 일이 아니다. 특히 국어 교육은 이론적 실천과 현장의 실천이 서로를 지원하고 자극할 때 더욱 빛나는 성취를 이룰 수 있는 분야다. 따라서 학문을 하는 연구자들만이 아니라 교실 안팎에서 국어 교육을 실천하는 사람들 즉 교사, 학생, 시민 등 다양한 구성원들이 논의의 장에 참여하고 발언할 수 있어야 한다. 그럴 때 국어 교육은 전통을 계승하고 전수한다는 명분에 갇히지 않고, '지금 여기'의 관점으로 새로운 물음들과 다양한 생각들을 제시하면서 앞으로 나아갈 수 있을 것이다.

무엇보다도 국어 교육은 우리의 삶과 뗄 수 없는 관계를 맺고 있다. 국어 교육은 개인의 언어 능력을 키우는 것부터 민주주의를 실천하며 공동체와 더불어 살아가는 것, 지금 우리 사회의 시대 변화에 대응하고 새로운 길을 찾는 것, 전통을 창의적으로 변용하는 것, 미래 사회를 위해 융합 교육을 지향하는 것에 이르기까지 우리 삶과 속속들이 맺어져 있다. 이 책은 국어 교육의 이러한 다양한 영역들을 재검토하면서 국어 교육을 바라보는 기본적인 관점과 시각을 새롭게 제시하려고 했다. 그리고 이러한 시각을 바탕으로 교과서 재구성 수업, 문학 및 언어 교육, 국어 교육의 평가 등 각 분야의 구체적인 실천 방법과 그 실제를 폭넓게 살펴보았다. 나아가 고정된 틀을 깨고 폭넓고 깊은 상상력으로 국어 교육을 확장하고 심화하는 현장의 실천 사례들을 모았다. 이 책에는 국어 교육이 나아갈 길에 대한 진지하고도 절실한 물음, 그리고 그 답을 찾기 위해 각 분야에서 눈물과 땀으로 길어 올린 값진 성과들이 담겨 있다. 이 생생한 목소리들은 언어가 변하고 우리의 삶이 변하듯이 국어 교육도 끊임없이 변화하고 더 나은 길을 찾아 나가는 것이라는 점을 보여 준다. 하나하나 음미해야 할 귀한 글을 보내 주신 필자 분들께 깊이 감사드린다.

말과 글을 제대로 부려 쓰는 것, 자신을 존중하고 다른 사람을 배려하면서 대화하고 소통하는 것, 나아가 합리적으로 사고하고 그 생각을 창의적으로 확장하는 것은 평생을 두고 배우고 익혀야 하는 일이다. 우리는 국어 교육이 이러한 평생의 과업에 든든하고도 즐거운 배움의 길을 열어 줄 수 있기를 바란다. 이 책은 국어 교육에 대한 그러한 바람과 희망을 담고 있다. 오늘도 교실에서 더 나은 수업을 고민하고 있는 국어 교사들, 그러한 교사의 길을 꿈꾸고 준비하는 국어교육과의 학생들, 더 나은 국어 교육을 위해 연구와 기획에 매진하는 국어 교육 연구자들 및 교육계의 관계자들, 그리고 우리 언어 공동체의 현실과 미래를 고민하고 있는 모든 이들과 함께 이 책의 문제의식과 성과를 나누고 싶다. 국어 교육의 현재와 미래는 더 많은 이들이 함께 묻고 찾아가는 이 길에서 풍성한 열매를 거두리라 믿기 때문이다.

2014년 11월
엮은이

차례

2부 국어 교육의 방법과 실제

3부 국어 교육의 확장과 심화

1부

국어 교육을 보는 시각

언어 능력을 기르는 국어 교육, 주체로서의 교사

고용우

1──언어 능력을 기르는 국어 교육

1) 빛깔 있는 수업

교사들은 학생들에게 계획적인 생활 태도가 중요하다고 강조하지만 정작 만족스러운 계획을 세우고 한 해나 한 학기를 시작하는 교사는 흔하지 않다. 나는 첫 수업을 고등학교 3학년들과 2학기에 시작한 탓에 일주일 분도 안 되는 정도의 준비로 하루하루를 때우는 수업을 해야 했다. 겨울 방학 동안 알차게 준비해서 내년에는 멋진 수업을 해 보리라 다짐했지만 방학에는 보충 수업이라든가 또 다른 할 일들이 있었다. 게다가 여느 학교나 상황이 비슷하겠지만 2월 말에야 학년이며 과목을 배정받았다. 첫해보다 별로 나아진 준비 없이 또 한 해를 허겁지겁 때우면서 내년에는 달라질 것이라고 다짐했다. 그러나 다음 해라고 해서 갑자기 달라질 리 없었다.

밤마다 추위에 떨면서 내일은 반드시 집을 짓겠다고 맹세하지만 날이 밝으면 먹고 놀기에 바빠서 영영 집을 짓지 못한다는 할단 새의 이야기가 멀리 있는 것이 아니라는 생각이 들었다. 평생 이런 식으로 교사 생활을 하게 되는 것은 아닐까 하는 끔찍한 생각마저 들었다. 결국 할단 새는 추위를 이기지 못해 죽는데, 자기가 늘 맹세하고 꿈꾸던 그 아름다운 환상의 집을 그리면서 서서히 죽어 갔다고 하지 않았는가. 생각해 보면 나는 발등에 떨어진 불을 끄듯이 중구난방, 허겁지겁, 우왕좌왕 맥락 없는 수업을 하고 있었다. 무엇을 하는지 짐작할 수 있는 수업, 일정한 방향이 있는 수업, 빛깔이 있는 수업을 해야 한다고 생각했지만 그것은 머릿속의 그림일 뿐이었다.

큰 목표를 하나 내걸면 그 구속감 때문에라도 수업에 맥락이 좀 잡히지 않을까. 그런 고민 끝에 국어 수업의 목표를 생각해 보기로 했다. 조벽 교수가 쓴 교수법에 관한 책을 읽다가 학기 초에 자신의 교육 철학을 글로 정리해 보는 것이 좋다는 내용에 깊이 공감한 적이 있다. 매시간, 매 단원의 수업 준비도 중요하지만 국어 수업의 방향이라는 큰 그림을 그려 보는 것이 무엇보다 중요하다는 생각이 들었다.

2) 왜 언어 능력인가

국어 교육의 목표는 무엇이어야 할까? 7차 개정 후 수시로 바뀌는 교육과정에서는 그때마다 표현을 약간씩 달리해서 국어 교육의 목표를 제시한다. 하지만 거듭 읽어도 막연하기만 하다. 2009 개정 교육과정에서는 공통 교육과정인 '국어' 교과의 목표를 100자가 채 안 되는 짧은 글로 압축하고 있는데, '국어'라는 낱말이 8번이나 반복되는 이 글에서 국어 교육의 목표를 짐작하기는 쉽지 않다.

국어 활동과 국어와 문학을 총체적으로 이해하고, 국어 활동의 맥락을 고려하여 국어를 정확하고 효과적으로 사용하며, 국어를 사랑하고 국어 문화를 누리면서 국어의 창의적 발전과 국어 문화 창조에 이바지할 수 있는 능력과 태도를 기른다.[*]

국어 교사로 첫걸음을 내딛던 무렵에는 '삶을 가꾸는 교육'에 관심이 많았다. 그

---

[*] 교육과학기술부, 「국어과 교육과정」, 교육과학기술부 고시 제2012-14호(별책 5), 2012, 4~5면. 이후 「국어과 교육과정」을 인용할 때는 본문에 이 자료의 면수만 밝힌다.

것은 내 개인 성향이었다기보다 당시 젊은 교사들이 비슷하게 공감하는 방향이기도 했다. 독재 정권 아래서 자행된 관변의 상명 하달 식 교육은 인간의 성장을 돕는 것과는 거리가 멀었다. '유신, 반공, 국민 교육 헌장, 새마을 운동, 교련 교육' 등으로 요약되는 학교 교육은 학생들에게 현실이나 삶과 유리된 왜곡된 인식을 심어 줄 뿐이었다. 이런 교육에 대한 반성과 변화의 몸부림은 우리가 살아가는 현실을 교육에 접목시키려는 노력으로 나타났다. 그리고 교실에서부터 교육의 내용과 방법을 바꾸고자 한 노력의 큰 흐름은 '삶을 가꾸는 교육'이라는 공통의 지향점을 지니고 있었다.

그래서 일상생활 이야기를 담은 글을 찾아 수업 자료로 활용하기도 했고, 교문 밖으로 나가서 강가를 거닐며 풀이나 꽃 이름을 적어 보게도 했고, 잔디밭이나 밤나무 그늘 아래에서 글쓰기 수업을 하기도 했다. 수업을 시작하기 전에 한 시간에 한 사람씩 돌아가면서 자기 이야기를 하게 하거나 노래를 한 곡씩 부르게 하기도 했다. 자기의 체험을 담은 글을 쓰게 하고, 중간고사에 '지금 가장 그리운 사람에게 편지를 쓰라'는 서술형 문제를 출제한 뒤 학생들이 제출한 답지를 다듬게 하여 학년 말에 문집으로 묶기도 했다.

'삶을 가꾸는 교육'은 교육 목표와 내용과 방법이 현실에 닿아야 한다는 인식을 갖게 해 주었다. 현실을 눈여겨보고, 자신을 들여다보고, 자신의 삶을 가꾸는 노력을 하게 하는 것은 분명 교육의 중요한 목표가 될 것이다. 그러나 한편으로 국어과라면 국어과 나름의 세부적인 목표와 과정을 통해 '삶을 가꾸는 교육'을 지향하는 것이 바람직할 것이라는 생각이 든다.

국어 교육의 목표는 무엇이어야 할까? 삶에 다가가는 교육, 사고력을 길러 주는 교육이라는 좀 더 큰 목표는 모든 교과 교육이 지향해야 할 방향일 것이다. 그렇다면 국어 교육에서 특별히 중점 목표로 삼아야 할 것은 무엇일까? 아무래도 국어라는 교과의 특성상 '언어 능력을 기르는 것'이어야 한다는 생각을 했다. 국어 시간임에도 언어 능력을 기르는 것과는 무관한 수업을 하는 경우가 너무나 일반적이었기 때문이다.

3) 지식 주입식 국어 수업

언어 능력이 무엇인지를 한마디로 단정하기는 어렵지만 남의 말을 제대로 알아듣고 다른 사람의 글을 제대로 읽어 내는 수용 능력, 내 생각을 상황과 목적에 맞게 말하고 내가 말하고자 하는 의도가 잘 드러나도록 쓰는 표현 능력, 문학 작품을 주체적으로 감상하고 자신의 정서를 문학적으로 표현할 수 있는 문학 능력을 종합하여 언어 능력이라고 한다면 크게 어긋난 정의는 아닐 것이다.

국가 수준의 교육과정에서도 표현만 어려울 뿐 국어 교육의 목표는 '언어 능력 신장'에 초점이 맞추어져 있다. 그런데 국가 수준의 교육과정에서는 언어 능력을 신장시키기 위해 기본 지식을 익힌 뒤 이를 실제에 적용하여 그 능력을 기르도록 하고 있다. 교육과정뿐만 아니라 대부분의 교육은 이렇게 '개념 혹은 원리 익히기 → 실습'의 순으로 진행된다. 그런데 실제 수업은 이보다 못한 경우도 많다. '교사의 설명 → 교사의 시범'이 반복되거나 그 중간에 간혹 '교사의 설명 → 교사의 시범 → 학생 대표의 실습'이 이루어지는 경우가 많다. 나머지 학생들은 교사의 설명을 받아 적고, 교과서나 공책에 밑줄을 그어 중요도를 표시하고, 교사의 시범을 지켜보고, 운 나쁘게 걸린 친구의 실습 광경을 구경하는 것으로 수업을 마친다. 다른 학생들의 실습은 진도 때문에 시간 관계상 생략된다.

지금까지 우리 교육에서 학생은 매우 수동적인 존재였고, 알아야 할 것을 주입해야 할 대상이었다. 국어 시간도 예외는 아니어서 중·고등학교에서는 읽고 말하고 쓰는 활동이 별로 이루어지지 않았다. 특히 고등학교에서는 교과서의 학습 활동도 모두 무시하고 단답형으로 대답할 수 있는 지식 중심의 교육을 하는 것이 현실이었다. 오랫동안 그런 수업을 하다 보니 단답형의 지식을 암기하게 하거나 한 편의 글을 요약해 주는 것 외에 달리 무엇을 한다는 것 자체를 이상하게 생각하는 국어 교사가 많았다. 심지어 문학 시간에 단편 소설을 읽게 하는 것을 낭비라고 생각하는 교사도 있었다.

물론 작품 읽기를 과제로 제시할 수도 있겠지만 학생들이 과제를 수행할 여건이 갖추어져 있지 않은 것이 현실이다. 만약 수업 시간에 작품을 읽지 않는다면 작품

없는 수업을 할 수밖에 없다. 작품 없는 국어 수업은 어떤 의미가 있을까. 교사가 글 한 편, 작품 한 편을 아무리 잘 요약정리해 준다고 해도 그것은 말하자면 음식을 대신 씹어 주는 것과 비슷하다. 음식을 직접 먹어 보지 않고 미식가나 요리사가 일목요연하게 정리해 준 음식 맛을 외우기만 한다면 무슨 의미가 있을까? 어떤 글을 놓고 누군가가 요약하여 정리해 준 것을 암기하는 방식으로 국어 공부를 하는 것은 이와 다를 바가 없을 것이다.

이런 방식이 말하자면 주입식 교육인 것이다. 그러나 우리가 수업 시간에 길러야 할 것은 국어와 관련한 지식이 아니라 국어에 대한 안목, 문학에 대한 안목이다. 안목을 기르기 위해 지식이 필요하기도 하겠지만 지식을 안목과 동일시할 수는 없다. 체계적으로 풍부한 지식을 주입해도 그것으로 글을 읽고 의미를 재구성하는 안목이 길러지는 것은 아니다. 언어 능력 혹은 문학 능력이란 축적된 지식의 양보다는 글을 이해하고 판단할 수 있는 능력에 가까운 것이다. 지식이 이해하고 판단하는 데는 도움이 되겠지만 시험을 위한 지식은 그냥 암기 사항에 머물 뿐이다.

직접 활동하는 수업을 안 하다 보면 학생들도 읽고 말하고 쓰는 것을 매우 귀찮게 여긴다. 학기 초 수업 시간에 질문을 하면 학생들이 자기 생각을 발표하기 전에 "틀려도 됩니까?"라고 되묻는 경우가 무척 많다. 혹은 교과서 바탕글이나 참고 자료와 관련하여 여러 가지 활동거리를 제시한 학습지로 수업을 할 때 자기가 찾은 답이나 생각을 쓰지 않고 비워 두고 있는 학생들이 더러 있다. 틀릴 수도 있기 때문에 나중에 정답이 나오면 그걸 받아 적기 위해서 기다리는 것이다. 정답을 찾는 공부가 습관이 되었기 때문에 일어나는 현상이라고 생각한다.

이런 현실이 문제라고 생각하여 내 국어 수업은 학생들의 언어 능력을 기르는 것을 눈앞의 목표로 삼게 되었다. 그리고 그 과정에서 사고력을 길러서 세상을 보는 안목을 기르는 것은 더 큰 목표였다. 그 목표를 이루기 위해 쓸 교재는 우리가 살아가는 삶과 닿아 있는 것이 좋을 것이고, 학생들은 반드시 활동을 통해 그것을 체득하는 과정을 거쳐야 할 것이다.

2——교육과정, 교과서의 한계

1) 교육과정에 무관심한 교사들

교육과정에 대한 사람들의 무관심을 생각하면 교육과 관련한 우리 현실을 어느 정도 이해할 수 있다. 교육과정의 내용을 얼마나 잘 알고 있는지 묻기조차 어려울 정도로 교육과정 자체에 대한 사람들의 관심도가 낮다. 교육과정은 주기적으로 개정되다가 지금은 수시로 개정되는데, 일반인들에게 교육과정 개정 사실을 가장 먼저 알리는 곳은 사교육 업체들이다. 광고지며 참고서나 문제집 표지, 학원 건물에 내거는 플래카드에 '새 교육과정'을 적용한 교육을 한다고 알린다. 그러나 새 교육과정의 내용이 무엇인지는 구체적으로 설명하지 않는다. 그저 새 교육과정을 적용했기 때문에 중요하다는 이야기를 한다. 과거에는 '7차 교육과정' 등의 명칭을 사용했으나 수시 개정 체제로 바뀐 요즘에는 그냥 '새 교육과정'이라고 하면 늘 써먹을 수 있다.

교육과정을 개정할 때 교원 노조와 교육부가 충돌하는 모습을 더러 볼 수 있다. 교육과정으로 명시되는 교육 정책의 변화는 학교 현장에 많은 영향을 미치기 때문이다. 그러나 이때 주로 문제가 되는 것은 교육과정의 총론이다. 과목 편제, 이수 단위 등 교육의 전반적인 틀이 제시되는 교육과정 총론은 교육 당사자들에게 매우 중요한 문제다. 특히 교과별 필수 이수 단위는 학회에서 상당히 관심을 가진다. 그러나 일반 시민이나 학생, 심지어 일반 교사들도 교육과정 총론에 큰 관심이 없다. 교사들의 경우 관심을 가질 법도 하지만 그런다고 해서 달라질 것은 없다는 무력감과 늘 그래 왔듯이 또 어떻게든 될 것이라는 현실주의가 지배하기 때문인지 적극적인 관심은 보이지 않는다.

그나마 총론은 한 번씩 정치적 논란거리가 되고 교원 노조로부터 저항을 받기도 하지만, 교과 교육과정은 아예 관심 바깥에 있다. 국어과 교육과정의 경우에도 교육과정 개발자, 교사 모임, 대학의 연구자 등이 참여하는 공청회나 토론회에서 때로는 격한 논쟁이 벌어지기도 하지만 찻잔 속의 태풍일 뿐이다. 교육과정 공시 후에는 교과서 개발자들과 일부 연구자들에게만 관심거리가 될 뿐, 교육과정은 존 재감이 거의 없다. 한마디로 현재 시행 중인 교육과정을 조금이라도 아는 교사를 만나는 것은 쉬운 일이 아니다.

2) 교실에서 너무 멀리 있는 교육과정

교사들이 교육과정에 이렇게 무관심해도 되는 이유는 무엇일까? 무엇보다 교 육과정에서 수업 관련 아이디어를 얻기가 어렵다. 교육과정을 모른다고 해도 수업 하는 데 큰 어려움은 없고, 교육과정을 꼼꼼하게 읽는다고 해도 수업 방향을 설정 하거나 수업 준비를 하는 데 큰 도움이 되지 않는다. 지나치게 원론적이어서 문서 를 위한 문서라는 느낌을 받는 경우가 많다. 예를 들어 중학교 1~3학년군의 국어 자료의 예 중에서 문학 작품 부분은 이렇게 제시되어 있다.

- 인물의 내면세계, 사고방식, 느낌과 정서 등이 잘 드러난 작품
- 바람직하고 가치 있는 삶에 대한 탐구와 성찰을 담고 있는 작품
- 보편적인 정서와 다양한 경험이 잘 드러난 한국·외국 작품
- 사회·문화·역사적 상황이 잘 드러난 작품
- 한국의 대표적인 문학 작품
- 비평적 안목이 뛰어난 비평문
- 삶에 대한 고민이나 성찰을 담고 있는 다양한 매체 자료 (62면)

이 내용을 읽고 어떤 작품을 수업 자료로 활용할지 아이디어를 얻기는 어렵다. 그저 좋은 작품을 활용하라는 의미로 이해될 뿐이다. 교수·학습 운영이나 평가에 대한 사항도 지극히 원론적인 내용을 백화점식으로 나열해 두었기 때문에 별 자 극을 받을 수가 없다.

교사들의 수업에 가장 직접적으로 영향을 미칠 수 있는 부분은 교육과정 중에

서 성취 기준이라고 할 수 있지만 이마저 신경 쓰지 않아도 된다. 어차피 교육과정을 적용한 교과서를 가르치는 것에 익숙하기 때문이다. 물론 교과서를 중심으로 수업한다고 해도 성취 기준 중심으로 수업하기보다는 제재 분석 중심으로 수업하는 경우가 많다. 그리고 교과서에 교육과정의 성취 기준이 적용되었다고 해도 교육과정의 취지에 맞게 수업하기는 어렵다. 예를 든다면 중학교 교육과정에 "주제, 목적, 독자를 고려하여 쓰기 과정을 계획하고, 점검하고 조정한다.", "관찰, 조사, 실험한 내용을 절차와 결과가 드러나게 보고하는 글을 쓴다."라는 성취 기준이 제시되어 있지만 이 성취 기준의 취지를 살려서 수업하기는 쉽지 않다. 실제 이런 활동을 해서 글쓰기의 기본적인 능력을 기르거나 보고서를 쓸 수 있게 하기보다 이게 무슨 말인지 설명한 글을 잘 분석하는 정도로 수업이 진행될 가능성이 크다. 혹은 보고서 쓰기의 원리 같은 것을 정리해서 열심히 수업할 수도 있을 것이다.

왜 그럴까? 여러 가지 이유가 복합적으로 작용하겠지만 무엇보다 평가와 교사들이 지닌 수업에 대한 관점이 중요한 몫을 차지한다. 교사들의 관점에 대해서는 다른 장에서 살필 필요가 있으니 평가를 생각해 보자. 교육과정에서는 다양한 평가 방법을 활용하라고 하지만 학교에서는 여전히 선택형 지필 고사를 절대적으로 중시한다. "관찰, 조사, 실험한 내용을 절차와 결과가 드러나게 보고하는 글을 쓴다."라는 성취 기준에 따라 열심히 보고서 쓰기를 한 뒤에 '보고서 쓰기의 과정 중 옳지 않은 것은?'과 같은 지필 고사 문제를 출제한다면 적절한 평가라고 할 수 있을까? 학교 시험만 그런 것이 아니라 고입 연합고사나 학업 성취도 평가, 수능이나 그 밖의 모든 시험이 그렇다. 흔히 우리 교육에 대하여 입시 위주의 주입식 교육이라는 말을 많이 하는데 이런 교육일수록 교육과정과 별로 관계가 없다. 단답형이나 선택형 문제는 교육과정을 극히 일부분만 반영할 수 있을 뿐이거나 교육과정을 왜곡하는 결과를 초래한다. 수능에 화법 문제가 늘어난다고 해서 말하고 듣는 활동을 열심히 하게 되는 것은 결코 아니다. 결국 교육과정은 연구자들의 관심사가 되고 수업은 교사들의 몫으로 남아 각자 별개의 것으로 존재하는 것이다.

3) 교과서는 절대적인가

　교사들은 교과서를 가르친다. 국어과 교과서는 그동안 고등학교 1학년 '국어'까지는 국정, 고등학교 2학년부터 활용하는 선택 과목들은 검정 체제로 발행되다가 최근에 중·고등학교 국어과의 모든 교과서가 검정 교과서로 바뀌었다. 너무 오랫동안 국정 체제를 유지했기 때문인지 모르지만 교사들은 교과서를 활용해서 국어를 가르치는 것이 아니라 교과서 자체를 가르치는 경향이 강하다. 교과서를 수업할 자료로 보는 것이 아니라 수업할 목표로 보는 것이다. 그러다 보니 교과서 진도에 쫓기는 수업을 하게 된다.

　그러나 세밀하게 살펴보면 교사들이 절대시하는 교과서가 그렇게 훌륭한 자료는 아니다. 교과서는 가장 기본적인 수업 자료이기 때문에 수업의 골격 구실을 해 줄 수 있어야 한다. 국어 수업은 다양한 자료를 적절하게 배치하여 읽고 쓰고 말하는 활동을 하면서 사고력을 기르고, 이를 통해 성장을 도모하는 과정이라고 볼 수 있다. 따라서 무엇보다 제시되는 자료들이 학생들의 관심과 흥미를 자극할 수 있어야 하며, 나와 이웃과 세상에 대한 건강한 관점을 지닌 의미 있는 내용을 담고 있어야 한다. 흥미 있고 의미 있는 자료를 바탕으로 의미 있는 활동을 할 때, 이 과정을 통해 언어 능력이 길러지는 것이다.

　그러나 지금 사용되는 대부분의 교과서들은 교육과정을 요령껏 배치해 놓았다는 느낌을 줄 뿐이다. 어떤 교과서는 책의 목차에 교육과정 내용을 그대로 표현하기도 했다. 그런 교과서는 너무 딱딱하고 이론적이라 신선함은 전혀 느낄 수가 없다. 교과서로 수업을 하는 중에 교육과정의 성취 기준에 도달하게 한 것이 아니라 바로 성취 기준을 공부하도록 해 놓은 것 같다. 단원 제목부터 '독서의 특성과 방법, 작문의 과정과 방법, 독서 문화의 이해, 읽기의 목적과 방법'과 같이 교육과정의 한 영역을 다루고 있다는 사실을 그대로 보여 준다. 좋은 글을 읽고 자신의 체험과 생각을 쓰는 활동을 반복하면서 읽기와 쓰기의 어떤 수준에 도달하게 하는 것이 아니라 교육과정이 제시한 읽기와 쓰기의 원리를 공부하고, 예문을 통해서 그것을 확인하는 형식인 셈이다. 이런 학습을 통해 얻은 지식은 살아 있는 지식과 능력으로 남아 있기 어렵다. 영역을 통합해서 '읽고 쓰고 생각하고'라는 대단원 하위에 '(1) 독서의 특성과 방법, (2) 작문의 과정과 관습'과 같이 소단원 편성을 한 경우도 있었지만 이를 두고 영역 통합이라고 하기는 어려울 것이다. 통합한 영역을 확장하고 단원 제목에서 교육과정의 흔적을 지운 경우에도 크게 다를 것은 없었다. '다양성의 열매'라는 대단원 아래 '(1) 어떻게 읽을까, (2) 표현하고 고쳐 쓰고, (3) 소리와 표기 사이'의 소단원을 구성한 예를 볼 수 있는데 이것 역시 영역 통합으로 보기는 어렵다. 교과서가 교수·학습이 이루어지는 과정을 면밀하게 고민한 결과물이 아니라는 생각을 하게 된다. 교과서 제작 기간이 길지 않고 검정 심사를 반드시 통과해야 하는 상황에서 가장 쉽고 확실한 방법이 교육과정을 표면에 노출시키는 것이 아니었을까 짐작하게 한다.

교과서에 수록된 제재들은 성취 기준을 학습하기에 적절하다고 여겨지는 것들이 다수를 차지하고 있다. 학습 활동을 염두에 둔 제재를 찾는 것은 교과서를 만들 때 피할 수 없는 일이라는 것은 이해하지만 학습 활동에 지나치게 얽매이면 좋은 자료들이 교과서에 수록되기 어렵다는 것도 새삼 확인했다. 교과서에 수록된 제재들은 단순히 언어 활동을 이끄는 자료가 아니라 감성과 사고를 자극하는 중요한 구실을 하기 때문에 좋은 글을 싣는 것은 매우 중요하다. 그리고 작품 수준에서 편차가 심한 경우가 더러 보였다. 몇 편의 시나 소설은 고등학교 1학년이 공감하기에 무리가 있어 보이기도 했다. 그런가 하면 중학교 저학년 교과서에 수록된 작품이 고등학교 교과서에 실리기도 했다. 특히 문학 작품의 경우에는 근본적으로 갈등 구조라든가 인물 간의 관계 등 여러 측면에서 수준 차이가 존재한다는 점을 가볍게 봐서는 안 된다고 본다.

학습 활동도 교육과정의 성취 기준이 직설적으로 드러나 있는 경우가 많았다. 그러니까 대부분의 교과서가 교육과정의 성취 기준을 중심으로 단원을 편성하여 목차에서부터 그 흔적이 드러내며, 학습 목표는 성취 기준을 그대로 옮겨 제시하는 형식을 취하고 있었다. 성취 기준을 학습하기에 적절한 제재를 제시한 뒤 학습 활동에서 성취 기준을 활동거리로 제시하는 형태다. 예를 들어 교육과정에 "문학 작품에 나타난 작가의 개성을 이해하고 작품을 감상한다."라는 항목이 있을 경우

단원은 '작가와 개성' 혹은 '글과 개성'이 되고, 학습 목표는 '문학 작품에 나타난 작가의 개성을 이해하고 작품을 감상한다.'가 되며, 학습 활동은 '이 글에서 작가의 개성이 드러난 부분을 찾아보자, 이 글을 통해서 알 수 있는 작가의 개성은?'과 같은 형태를 띤다. 이런 교과서로 수업을 하게 되면 주입식 수업을 할 수밖에 없고 학생들은 정해진 답이 무엇인지에만 관심을 가질 것이다. 이런 상황에서 좋은 수업을 하기는 참 어렵다.

3——교수·학습 주체로서의 교사

1) 수업을 보는 교사들의 관점

현실적으로 교사들의 수업 방향을 좌우하는 가장 중요한 기준은 교과서와 시험이다. 국가 단위 학업 성취도 평가나 각종 학력 평가, 입시를 위한 고입 연합고사나 수능, 내신에서 절대적 비중을 차지하는 중간고사나 기말고사 등의 시험은 모두 수업의 방향을 결정하는 중요한 기준이 된다는 점을 앞에서 언급했다.

그러나 교사들과 국어 수업에 대하여 대화를 해 보면 수업의 방향을 결정하는 것은 시험보다 교사들의 관점이라는 생각이 들 때가 많다. 국어 수업은 학생들에게 국어와 문학에 대한 지식을 전달하는 것이라고 생각하는 교사들이 있는가 하면, 지식 자체는 크게 중요하지 않다고 생각하는 교사들이 있다. 지식 전달을 중시하는 교사들은 가르쳐야 할 요점을 잘 정리해 전달하고, 잘 이해하고 기억하게 하면 그것이 가장 훌륭하고 효과적인 교육이라고 생각하는 것 같다. 반면에 지식보다 학생 스스로 문제를 해결하는 과정을 많이 접하게 하는 것이 좋은 교육이라고 생각하는 교사들이 있다. 이런 교사들은 학생들이 많은 자료를 접하고, 뭔가를 할 수 있고, 뭔가를 깨닫게 되는 것이 진정한 교육이라고 생각한다. 흔히 이런 수업 방식을 활동 중심 수업이라고 부르기도 한다.

수업은 교사가 지식 전달을 중시하느냐 학생들의 활동을 중시하느냐에 따라 상당히 다른 방식으로 진행될 수밖에 없다. 전달하는 수업은 효과적인 전달에 비중을 두기 때문에 수업 시간이 중요하지만, 학생들이 활동하는 수업은 준비 과정이 이보다 훨씬 복잡하다. 앞의 수업을 위해서는 학생들의 수준을 파악하는 일과 효과적으로 통제하는 일이 중요하다. 반면 뒤의 방식은 학생들의 상태를 잘 파악해야 하고, 학생들이 직접 활동해 볼 수 있는 적절한 자료를 준비해야 하며, 활동한 결과에 대해 평가하고 반응해야 한다. 앞의 관점을 지닌 교사는 늘 진도를 맞추느라 바쁘고, 뒤의 관점을 지닌 교사는 수업 자료를 준비하고 수업 결과물을 읽느라 바쁘다. 지식 전달을 중시하는 교사는 학생들에게 필기를 시키고, 학생들의 활동을 중시하는 교사는 글쓰기를 시킨다. 앞의 관점을 지닌 교사는 선택형 시험으로 학생들의 성취도를 판단하는 반면, 뒤의 관점을 지닌 교사는 학생들의 과제 수행 과정을 평가하는 수행 평가를 중요시한다.

교사들은 흔히 입시 위주의 교육이라는 현실적 요구 때문에 어쩔 수 없다는 말을 하지만 입시와 상관없이 자기 나름의 교육관으로 수업을 하는 것이라고 생각한다. 대학 입시가 학력고사 체제일 때의 수업과 수능으로 바뀐 뒤의 수업을 비교해봐도 별 차이가 없는 사람들이 매우 많다. 교과 내용을 얼마나 많이 기억하고 있는가를 측정하는 성격이 강했던 학력고사에서 사고력·추리력 등을 바탕으로 하는 언어 능력을 묻는 수능으로 평가 방식이 바뀌어도 여전히 지식 전달 위주의 수업 방식을 고수하는 교사들이 많은 것이다. 그러면서도 입시 때문에 지식 전달 위주의 수업을 한다는 것은 설득력이 떨어진다. 그들은 앞으로도 입시 문제 유형이 어떻게 바뀌든 그런 방식의 수업을 할 가능성이 크다.

2) 수업의 주체는 교사와 학생

교실에서 수업의 주체는 교사와 학생이다. 교사는 수업을 설계하고 준비하며 운영한다. 학생은 활발하게 활동하면서 수업에 참여하고, 이 과정을 통해 성장한다. 시험을 핑계로 교과서에 얽매인 수업을 하는 것은 시험을 대비하는 방법도 되지 못할뿐더러 교육과정의 취지에도 부합하지 않는다. 교과서가 중요하지만 그건 하나의 중요한 자료일 뿐이며, 실제로 모자라는 점도 많고 적절하지 않은 부분도 많다. 교사가 좀 더 주체적으로 자신의 수업을 설계하고, 준비하고, 운영하고, 평가하는 노력을 기울일 필요가 있다.

우선 교과서를 수업 상황에 맞게 재구성할 필요가 있다. 고등학교 '국어 I' 교육과정의 '교수·학습 계획'에서는 다음과 같이 재구성 수업을 권장하고 있다.

(라) 여러 영역을 통합하여 지도하기 위해 자료를 개발할 때에는 교육 내용과 학습 상황에 맞게 다양한 방법을 모색하도록 한다.

① 학습 주제를 중심으로 내용 요소를 유기적으로 통합하여 조직한다.

② 다양한 상황을 중심으로 관련되는 내용 요소를 통합하여 조직한다.

③ 종합적인 사고가 요구되는 문제 상황을 제시하고 이를 해결하는 과정에서 필요한 내용 요소를 통합하여 조직한다.

④ 다양한 담화와 글을 중심으로 내용 요소를 통합하여 조직한다. (79면)

여기서 말하는 여러 영역이란 '화법, 독서, 작문, 문법, 문학'과 같은 하위 영역을 일컫는 것이다. 교과서는 교육과정에서 언급한 것처럼 구성되어 있지 않기 때문에 교과서를 재구성해서 수업할 필요가 있는 것이다. 물론 이것은 매우 어려운 과제다.

교육과정이 제시하는 방법은 '주제나 상황 중심 재구성', '프로젝트 중심 재구성', '자료 중심 재구성' 등으로 정리할 수 있다. 어느 것 하나 쉬운 방법이 아니기에 혼자 힘으로 하는 것보다는 교사 모임 등을 통해서 방향을 논의하는 것도 좋은 방법일 것이다. 그리고 현실적으로 실현 가능한 대안을 찾아보는 것도 필요하다고 생각한다.

2007 개정 교육과정에 따른 국어 교과서를 처음 활용할 때 초보적 수준에서 교과서를 재구성해서 활용했던 경험을 이야기하자면 이렇다. 당시 3명의 교사가 한 학년을 수업해야 하는 상황이어서 함께 재구성 작업을 진행했다. 16종의 검정 교과서 중 하나를 선정한 상황이었는데 나머지 교과서들을 대략 검토한 뒤에 다

음과 같이 재구성 수업의 방향을 정했다.

첫째, 우리가 선정한 교과서의 내용을 중심으로 하되, 수업하기에 현실적으로 적절하지 않은 단원은 수정한다. 단원 구성이 적절하지 않은 것은 다른 단원과 섞어서 재구성한다.

둘째, 단원별로 중점 활동을 설정해서 집중하고, 나머지 학습 활동은 생략한다.

셋째, 16종 교과서의 바탕글과 학습 활동을 충분히 활용한다.

넷째, 독해 능력, 문학 감상 능력을 기르는 데 많은 비중을 두되, 단원별 중점 활동은 표현 활동으로 하고 수행 평가에 반영한다.

다섯째, 재구성한 내용을 교과서와 함께 학습 자료로 활용하기 위해 학기가 시작되기 전에 책으로 묶어서 학생들에게 배포한다.

선정한 교과서를 기본으로 하되 재구성한 부교재를 함께 활용하는 방식이었다. 우선 16종 교과서가 각각 어떻게 구성되어 있는지 검토·정리한 자료를 만들었다. 그다음 선정한 교과서를 분석해서 단원별 성격을 명확히 했다. 다른 교과서와 비교해서 내용이 더 충실한 자료나 좋은 아이디어는 적절하게 수용했다. 다른 교과서의 글들을 활용하고 교과서에 없는 글도 실었다. 2007 개정『국어과 교육과정』(교육인적자원부, 2007: 67면)에서 "교수·학습 자료는 다양하고 풍부한 담화(또는 글, 언어 자료, 작품)를 활용하여 학습자의 경험을 확대하고, 국어 현상 및 국어 활동 양상에 대해 흥미를 유발할 수 있도록 개발한다."라고 한 부분에서 아이디어를 얻은 것이다.

한 단원을 예로, 원래 교과서의 내용과 그 내용을 보완해 재구성한 예를 보자.

● 재구성 전의 단원 내용

1. 개성적인 삶, 효과적인 표현

(1) 나를 소개합니다

(2) 아름다운 흉터/이청준

(3) 한바탕 울 만한 자리/박지원

● 재구성 후의 단원 내용

1. 개성적인 삶, 효과적인 표현

(1) 아름다운 흉터/이청준

　　젊은 아버지의 추억/성석제

　　흔들리며 피는 꽃/도종환

　　푸를 청, 봄 춘/박민규

(2) 한바탕 울 만한 자리/박지원

　　명명 철학/김진섭

　　이름 없는 꽃/신경준

　　나는 왜 너가 아니고 나인가/시애틀 추장

　　나/김광규

(3) 나를 소개합니다(자기소개서 쓰기)

'나' 혹은 성장에 관한 글을 여러 편 읽고 자기소개서 쓰기에 초점을 맞추었다. 자료가 많이 제시되었기 때문에 학습량이 늘었다고 볼 수도 있지만 실제 수업은 '나'를 생각해 보는 것이 중심이었다.

이렇게 다른 교과서를 활용해 기존 교과서를 보완하는 것은 초보적인 수준의 재구성이다. 학생들의 관심과 흥미에 접근하면서 좀 더 의미 있는 수업이 되도록 하려면 주제별로 교과서를 재구성하는 것이 좋을 것 같다. 학생들이 '나', '이웃', '자연' 등의 주제별로 깊이 고민하는 과정에서 언어 능력을 기를 수 있다면 바람직하지 않을까 한다. 좀 더 진전시킨다면 '나를 찾는 시간'과 같은 프로젝트형 수업이 매력적일 것 같다. 자신이 살아온 과정과 주변 사람들, 그리고 현재와 미래 등을 탐구하고 성찰하면서 자서전 쓰기로 마무리를 하는 수업을 구성할 수 있을 것이다.

교과서를 기반으로 단원을 재구성하는 것 외에도 다양한 수업 자료를 활용하려는 노력이 필요하다. 특히 사회적으로 관심이 집중되는 사건이나 문제 등에 대해서는 종합적으로 생각해 볼 기회를 제공할 필요가 있다. 논란이 되는 사안에 대해서는 어느 한 방향으로 견해를 이끌어 가는 것이 위험할 수도 있으니 좀 더 본질적인 접근을 돕는 자료를 제시해 스스로 생각하고 토론하고 판단하게 하는 것이 좋을 것이다. 즉 화제에 대해서 분석한 신문 기사나 서로 다른 주장을 하는 칼럼 등을 함께 제시하고, 각각의 주장과 그 근거를 찾게 한 후 공감하거나 지지하는지 여부를 밝히는 글쓰기로 마무리하는 방식이다. 이런 과정을 통해 어떤 사회적 문제에 대해서 자신의 견해를 정립해 갈 수 있는 힘이 바로 언어 능력이 아닐까 한다.

4── 교사와 학생의 성장을 돕는 교육

교과 교육이 지나치게 개별화되어 지식 중심으로 흘러왔고, 그런 현상은 더 심화되고 있다. 지식과 기능은 인간을 주체적 존재로 성숙하게 하는 밑바탕이기는 하지만 그것 자체에만 머문다면 오히려 인간은 사회의 고립된 부품과 같은 처지에 머물게 될 수도 있다. 언어 능력을 기르고, 사고력을 키우고, 이런 과정을 통해 삶을 가꾸는 교육이 되도록 한다는 것은 성장을 교육의 목표로 한다는 말이다. 언어 능력을 기르는 것이 단순히 기능적인 것에 머문다면 무슨 의미가 있겠는가. 언어 능력을 기른다는 것은 언어 능력도 길러 주지 못하는 교육이어서는 안 된다는 의미일 뿐, 언어 능력 자체가 목표일 수는 없다. 사고력을 기른다는 것도 마찬가지일 것이다.

삶에서 중요한 요소를 화두로 삼고 그 문제를 진지하게 탐색하는 수업이 의미 있는 장이 되지 않을까. 최근 수업을 설계하고 준비할 때 '공감'이라는 화두를 가장 중심에 두는 경우가 많다. 꽤 오랫동안 옳고 그름의 문제, 시비지심의 문제를 중심에 두는 수업에 관심이 많았으나 최근에는 수오지심과 측은지심으로 관심의 축이 옮겨 가는 것 같다. 수업을 통해 학생만 성장하는 것이 아니라 교사도 성장한다. 물론 이것은 주입식 교육에서는 꿈꿀 수 없는 일이다.

요즘 들어 사람들 사이에 연대와 소통의 고리가 점점 약화되는 느낌이다. 특히 사이버 세계를 중심으로 관계망을 형성하고, 미디어로 세상을 접하는 정도가 심해질수록 이웃에 대한 관심은 오히려 줄어들고 단절되어 간다는 생각을 할 때가 많다. 이와 같은 상황에 대해 엄기호는 『단속 사회』(창비, 2014: 10면)에서 "같고 비슷한 것에는 끊임없이 접속해 있다. 하지만 타인의 고통같이 조금이라도 나와 다른 것은 철저히 차단하고 외면하며 이에 개입하지 않으려 한다."라고 진단하기도 했다. 그러다 보니 살아 숨 쉬는 인간에 대한 연대감은 약화되고, 공감 능력도 현저히 감소해서 때로는 괴물 같은 인간이 나오게 되는 것은 아닌가 생각한다.

진지함이 밀려나고 가벼움이 득세하는 분위기다. 쉽게 접하는 대부분의 매체들은 말초 신경을 자극하는 오락거리인 경우가 많다. 텔레비전은 오락이나 연예인들의 잡담이 주류를 이루고 인터넷은 자극적인 제목의 게시물이 시시각각으로 순위를 바꿔 가며 등장한다. 새로운 이야기도 몇 시간이 지나면 더 새로운 것에 밀려 까마득히 묻힐 수 있다. 생각하고 음미하고 곱씹을 여지가 별로 없다. 공감 능력이 약화될 수밖에 없다.

세상의 다양한 상황과 다양한 목소리를 접해 보는 것은 그래서 중요하다고 생각한다. 국어 시간의 언어 활동은 여러 가지 상황과 처지에 놓인 다양한 목소리를 접하고, 그 문제에 대해 따져 보고, 음미해 보고, 토론해 보는 시간이 되어야 하지 않을까. 이런 언어 활동을 해야 사고력과 감성을 기르고 주체성을 지니게 되는 것이 아닐까. 스스로에 대한 자존감은 타인에 대한 배려와 공감 속에 강화되는 것이 아닐까. 그러나 요약된 지식을 주입하는 과정에서는 학생도 교사도 성장을 도모하기 어렵다.

"'나쁜 것을 주입하는 교육'에 대한 윤리적 대응이 '좋은 것을 주입하는 교육'이 될 수는 없을 것이다. 그 유일한 대응책은 주입을 하지 않는 것이리라. 아이들에게 자유롭고 개방적인 생각의 장을 마련해 주는 것이 그 답이다."라는 말이 의미 있게 느껴진다. 조너선 코졸(Jonathan Kozol)의 『교사로 산다는 것』(양철북, 2011: 132면)에서 읽은 이 구절은 두고두고 음미해 볼 만하다고 생각한다.

참 삶을 가꾸는 국어 교육

박종호

1──말, 글, 삶의 어긋남

사람은 나고 자라면서 다른 사람과 소통하는 법을 어머니한테 배우고, 형제자매에게 배우고, 이웃에게 배운다. 갓난아기는 엄마 품에서 옹알이를 시작하면서 이미 모국어의 세계에 다가간다. 더욱이 우리나라는 모국어가 하나이기에 모국어를 익히고 부려 쓰는 일은 너무나 자연스럽다. 그러다 학교에 들어갈 무렵이면 글자를 배우느라 부모와 아이들은 골머리를 앓는다. 자음과 모음의 체계는 마음껏 내지르는 소리의 세계와 엇갈리기 일쑤다. '받아쓰기 100점'을 받기 위해 늦은 시간까지 종아리를 맞아 가며 그놈의 글자와 씨름을 해 본 사람은 안다. 도대체 받침은 왜 이렇게 어려운지, 모음은 또 왜 이랬다저랬다 하는지 잘 모르겠다. 학교에서 배우는 모국어의 체계는 어릴 적부터 몸에 밴 말법하고 다르지 않기에 이미 다 아는 것이라고 말하는 사람도 있지만, 정작 아이들에게는 고통을 더하는 노동일 뿐이다.

초등학교에서 중학교, 고등학교로 올라가면서 국어 시간에 하는 일은 참 많다. 글자가 빼곡 들어찬 교과서를 붙들고 읽고, 쓰고, 말하고, 시험을 보면서 시간을 보낸다. 말하기, 듣기, 읽기, 쓰기, 문법, 문학으로 나눠 이루어진 교과서는 때로는 '따로국밥'을 먹는 기분이 들게 한다. 자기 생각을 잘 표현하고 다른 사람과 말과 글로 주고받을 수 있는 능력은 어느새 뒷전으로 밀리고 만다. 그 대신에 중간고사, 기말고사, 논술 경시대회, 토론 대회, 수능, 구술 면접, 적성 고사가 자리를 차고앉는다. 듣고 말하면서 어떤 점을 더 잘 듣고, 말을 제대로 하기 위해 어떻게 했다는 과정이나 흐름은 '평가'에서 빠져 버린다. 오직 정답만 찾아야 한다. '가장' 적절한, 또는 적절하지 '않은' 것 하나만 골라야 한다. 다섯 개의 답지 가운데 하나만 골라야 하는 객관식 시험은 말하기, 듣기, 쓰기, 읽기 과정에서 저마다 느끼고 깨달아 얻은 성과는 쳐다볼 수도 없게 만든다. 오히려 '아, 이런 것은 정작 아무 짝에도 소용이 없는 것이구나.' 하고 과정이 중요하지 않다는 것을 깨우쳐 주는 셈이다.

말하자면 학교에서 이루어지는 국어 수업은 정작 우리 학생들이 살아가면서 필요한 능력, 말하고 듣고 읽고 쓰는 일로 자기를 더 잘 알고 곁에 있는 사람과 소통하며 살아가는 힘을 키우는 일을 완전히 뒷전으로 밀어내 버렸다. 그래서 겉으로는 온갖 문자로 치장해서 할 말 못 할 말을 마구 주워섬기며 아는 척 자랑하지만, 정작 아는 것은 별로 없고, 제대로 알아듣지도 표현하지도 못하는 사람들이 넘쳐난다. 이것은 국어 교육이 정작 말과 글을 살려 쓰고 더 잘 살아가는 데 필요한 힘을 주는 것에서 아주 멀리 떠나 버렸음을 증언하는 것이다.

2 —— 왜 국어 교과서에서 삶이 사라졌을까

국어 공부는 교과서로 한다. 그 교과서는 교육과정에 따라서 만들고, 그렇게 만든 교과서는 교사와 학생에게 공부의 길잡이가 된다. 그럼 국어 교과서는 무엇을 담고 있을까? 교육과정과 교과서 제도의 변화가 앞서 언급한 문제를 어떻게든 해결하려고 시도해 왔을 터이니 이를 따져 살펴보면 문제의 뿌리에 좀 더 가까이 다가설 수 있을 것이다.

한창훈(2009)은 교육과정이 개정되고 그에 따라 새로운 교과서를 제작하는 것은 교과서를 가지고 배울 학생들이 살아가고 있는 시대와 삶이 바뀌기 때문이며,

따라서 교과서나 교육과정 변화에서 가장 중요한 점은 학생, 교사, 학교의 현실이라 본다.

> 교육과정과 교과서를 개정하는 이유는 현실의 반영 때문이다. 그러나 우리 교육과정과 교과서는 현실을 실질적으로 반영하기보다 이전 교육과정과 교과서가 국어 교육의 본질에서 어떤 점이 문제인지를 반성하여 좀 더 본질에 접근하도록 개정하여 왔다고 할 수 있다. 따라서 교육과정은 현실에서 도외시되었고, 교과서는 사서삼경처럼 1차부터 지금까지 경전이 되어 왔다. 이제는 국어 교육의 본질에 대한 근본적 접근보다는 그 인식의 변화와 학생, 교사, 학교의 현실을 반영하여야 한다. (한창훈, 2009: 158~159면)

교육과정이 국어 교육의 본질에 좀 더 접근하도록 개정되어 왔다는 말은 국어 교육학 연구자들이 생각하는 국어 교육의 학문적 본질에 대한 논의에 따라 교과서 내용이 좌우되었다는 말이다. 국어 교육을 전문으로 연구하는 학자, 학회들이 교육과정 개편 논의 때마다 떼를 지어 목청을 높이고, 심지어 공청회 자리마다 자기 학회, 자기 대학 대학원생을 청중으로 동원하여 힘을 보여 주려고 하는 것도 '본질 논의'에 자신이 발을 담그고 있는 분야의 몫을 교육과정에 관철시키려고 하기 때문이다. 우리나라의 경우 국어국문학과와 국어교육과에서 가르치는 내용이 많은 부분 겹친다. 두 전공 학과 사이에는 그만큼 많은 연구자가 모여 있고, 그 연구자들은 온갖 학회를 만들어 해마다 '학진 등재' 논문집을 쏟아 낸다. 그러니까 교육과정 개편과 교과서의 변화를 둘러싼 논의 과정이 전공 학과나 학자들의 밥그릇 나누기로 아주 자연스럽게 흘러가게 된 것이다. 그것도 국어 교육의 본질을 더 잘 구현하기 위한 학문적 논의라는 허울을 뒤집어쓴 채로 말이다.

교육과정 개편과 교과서 제작 과정에 대한 논의를 이어 가 보자. 우리 사회에서 교과서는 하나의 '신화'이자, 막강한 '권력'이다. 시간의 변화에도 아랑곳하지 않고 변하지 않는 '권위'를 인정받고 있다는 점에서 그렇다. 교과서를 만드는 이, 유통하는 이, 사용하는 이 간의 관련성을 따져 보면 더욱 견고한 관계를 확인할 수 있다.

'교육부–교과서 제작자(집필자, 출판사)–전국의 모든 학교, 교사, 학생'으로 이어지는 이 사슬은 그야말로 수직적이고 절대적인 힘을 행사한다는 점에서 그 누구도 흔들 수 없는 '철옹성'인 셈이다.

이 단단한 '철옹성'은 우리나라의 거의 모든 학교 교실에서 그야말로 엄청난 영향력을 행사해 왔고, 지금도 그렇다. "교과서에 나온다."라는 말 한마디면 그 어떤 반론도 틀어막을 수 있는 종교적인 권위를 지니고 있기까지 하다. 그래서 전국의 중학교, 고등학교 국어 수업 장면은 그야말로 공시적인 일체성을 갖추고 있다. 학습자를 전혀 고려하지 않고 오로지 교과서와 교사의 입장에서만 진행되는 딱딱하기 그지없는 강의식 일방통행 수업이 그것이다. 교사가 전해 주는 지식을 무조건 받아들여야 하는 학생의 모습, '참고서'라는 또 다른 '새끼 교과서'의 등장, 이런 모습은 지금도 우리 학교 교실에서 그리 낯설지 않은 광경이다.

그러면 도대체 왜 교과서가 이토록 절대적인 권위를 행사하게 되었을까? 아울러 교사들은 어째서 그저 교과서의 내용을 앵무새처럼 되풀이해서 불러 주는 일에만 매달리고 있는지, 학생들은 왜 교과서와 참고서를 달달 외우는 것을 공부의 모든 것으로 여기는지 의문이 생긴다. 여기서 우리는 교과서와 교과서를 둘러싼 여러 힘의 문제, 곧 교과서 권력의 실체를 만나게 된다. 나는 교과서 권력의 실체에 대해 이미 다음과 같은 내용을 언급한 바 있다.

'교과서 권력'이라고 했을 때, 이것은 교과서를 편찬하고 그것을 사용하게 하는 교육계 내부에서 행사할 수 있는 권력 관계를 일컫는 말이 된다. 여기에는 교과서 편찬과 채택 과정을 연결하는 교과서 제도의 근간을 이루는 요소들이 모두 포함되는 것이다. <u>교육과정, 교과서 정책의 결정권자(교육부), 그리고 실제 편찬에 참여하는 집필자, 연구자, 출판사,</u> 교과서를 실제로 채택해서 사용하는 국어 교사들이 모두 여기에 해당한다. 나아가 학교의 평가 방식, 국가의 입시 제도, 대입 수능 시험, 국어 교사 임용 시험 등의 시험 제도도 여기에 포함되어야 한다. (박종호, 2001: 24면, 밑줄 부분은 인용하며 수정함.)

그동안 교과서는 국가가 주도적으로 편찬해 왔다. 이를 학교에 공급하면 교사와 학생은 그 교과서를 가지고 수업을 해야 하고, 그 교과서 안에서 시험 문제가 출제되고, 그 시험 결과로 상급 학교에 진학해야 했다. 조금 과장해서 말하면 학교에서 이루어지는 모든 일은 교과서에서 출발해서 교과서로 끝나는 셈이다. 교과서 권력 문제에서 가장 중요한 것은 '교과서의 출판과 보급 과정에서 가장 막강한 지배권을 갖고 휘두르는 기관이 누구이며, 그 과정이 투명하고 민주적으로 이루어지는가?', '교과서를 수용하는 교사와 학생이 이러한 지배 과정에 자신들의 이해나 요구를 어느 정도 관철시킬 수 있는 통로가 마련되어 있는가?', '교과서의 바람직한 역할에 대해 당사자들 사이의 토론과 대화가 이루어지는가?' 하는 점이다.

알다시피 1차 교육과정에서 7차 교육과정에 이르기까지 교과서는 교육과정의 개편과 운명을 함께해 왔다. 교육과정이 개편되면 교과서도 덩달아 개편되는 길을 걸어온 것이다. 국어의 경우 7차 교육과정 때까지는 초등학교에서 고등학교까지 국정(1종 도서)으로 교과서를 발행해 왔고, 2007 개정 교육과정 때부터 중학교와 고등학교 국어 교과서를 검정으로 전환해서 발행하고 있다. 흔히 국정 교과서는 교과서 편찬 과정에 국가의 요구가 절대적으로 관철되는 데 비해 검인정 교과서는 집필자와 출판사가 발행의 주체가 되기에 상대적으로 자율성을 발휘할 수 있다는 점이 대비되기도 한다. (물론 검인정 교과서도 교과서 체제, 제재 선정, 편집, 가격 등에 대한 교육부의 지침이 그대로 관철된다는 점에서 국정과 큰 차이가 없다고 보는 의견도 있다.)

7차 교육과정은 6차 교육과정과는 달리 교과서와 관련해 몇 가지 큰 변화를 선언한 바 있다. '수준별 수업이 가능한 교과서, 활동 중심의 수업이 가능한 교과서, 통합적 교수·학습이 가능한 교과서'를 제안한 것이다. 거기에 '교과서'라는 말 대신에 '교재(수업 자료)'라는 말을 쓰면서 교실에서 교과서만이 아닌 다른 다양한 교재(수업 자료)를 쓸 수 있도록 길을 열어 놓았다.

이런 큰 변화를 안고 나온 국어 교과서는 현장에서 어떤 반응을 얻었을까? 7차 교육과정에 따른 고등학교 『국어(상)』, 『국어(하)』 교과서 목차를 살펴보면, 바탕 글에서는 여전히 6차 교과서의 재탕인 작품이 눈에 많이 들어온다. 「기미 독립 선언서」, 「관동별곡」, 『삼대』, 「민족 문화의 전통과 계승」, 「산정무한」, 「진달래꽃」, 「봉산 탈춤」은 교육과정이 바뀌어도 굳건하게 바탕글 자리를 지켰다. 애국, 반공, 전통, 협동, 정의 구현, 세계화 같은 국가(정부)가 주도하는 이데올로기적 가치를 담은 제재는 교육과정이 개편되어도 줄기차게 선정된다는 것은 두루 아는 사실이다. 예를 들면, 「기미 독립 선언서」에 담긴 내용이 교육과정 목표에 부합하기에 제재로 선정했다고 말하지만, '그 목표는 오늘을 사는 고등학생들에게 적절한가?', '무엇을 배우고 느끼고 감동하게 할까?' 하는 물음을 던지면 글쎄, '왜 꼭 국한문이 혼용되어 학생들이 읽기에는 버거운 글을 그 자리에 두어야 하나?' 이런 의문을 떨치기 어렵다.

실제로 이 교과서로 공부한 고등학교 학생들과 국어 교사들을 대상으로 한 김종철·박종호 외(2007)의 연구 결과는 이런 의문이 지나치지 않음을 보여 준다. 그 중 7차 교육과정 『국어(상)』 교과서 단원을 놓고 흥미도와 중요도로 항목을 나누어 벌인 설문 조사의 결과를 요약해 살펴보자.

● 흥미도

학생들이 재미없어 하는 단원은 기미 독립 선언서(27%), 말 다듬기(6%)/문장 다듬기(10%)/글다듬기(7%)[23%], 동국신속삼강행실도(13%), 나의 소원(12%) 등의 순이었다.

교사들이 수업하기에 재미없는 단원은 말 다듬기(6%)/문장 다듬기(12%)/글다듬기(6%)[24%], 황소개구리와 우리말(12%), 기미 독립 선언서(12%), 동국신속삼강행실도(12%), 삼대(12%) 등의 순이었다.

● 중요도

학생들이 생각하기에 국어 공부에서 중요한 단원은 말 다듬기(16%)/문장 다듬기(17%)/글다듬기(14%)[47%], 기미 독립 선언서(11%), 구운몽(9%) 등이었다.

교사들이 생각하기에 국어 학습에서 중요한 단원은 말 다듬기(24%)/문장 다듬기(24%)/글다듬기(24%)[72%], 봄봄, 삼대, 기미 독립 선언서 등이었다.

흥미도와 중요도라는 변인 설정이 타당한가에 대한 논의는 논외로 하더라도 학생들은 국어 지식 관련 제재나 지금의 현실과 거리감이 있는 제재를 재미없어 하는 경향을 보였고, 교사들도 비슷하게 반응하였다. 그렇지만 국어 공부에 중요한 정도를 묻는 데는 국어 지식을 다룬 소단원이나 「기미 독립 선언서」를 다루는 단원 등을 꼽았다. 교사나 학생 모두 흥미는 없어도 이러한 단원을 국어 학습에 중요하게 여긴다는 것을 알 수 있다. 또 하나 덧붙이자면 이런 바탕글로 이루어지는 '수준별 수업', '활동 중심의 수업', '통합적 교수·학습'에 대해서는 학생과 교사 모두에게서 긍정적인 평가보다 부정적인 평가가 우세하게 나타났다.

한편 7차 교육과정의 정신을 살려서 전국국어교사모임이 펴낸 『우리말 우리글』시리즈가 현장 교사들과 학생들의 높은 호응과 지지를 받았다. 이 대안 교재는 말하기, 읽기, 쓰기 능력을 따로따로 배우는 것이 아니라 주제가 명확한 바탕글을 중심으로 언어 사용 능력을 통합적으로 학습할 수 있는 통합형 교과서를 지향한다. 단원 배열도 국정과 달리 주제별, 영역별 통합이 실현된 형태로 제시하고, 학습 활동도 학생들이 흥미를 갖고 접근할 수 있도록 배치하였다. 영역을 어설프게 엮는 바람에 각 영역이 따로 노는 국정 교과서와는 달리 주제별로 편성된 한 단원 안에서 읽기, 말하기, 쓰기가 함께 이루어지는 통합 학습을 할 수 있게 한 것이다. 『우리말 우리글』의 등장은 7차 교육과정의 정신을 온전히 실현하려면 국정으로 교과서를 발행하는 제도 자체를 바꾸어야 한다는 것을 역설적으로 증명했다는 평가를 받았다. 이러한 현장의 요구가 반영된 결과로 2007 개정 교육과정에 이르러 국어 교과서의 국정 폐지, 검정 교과서로의 전환이 현실로 나타나게 되었다.

교과서에 학생(학습자)의 요구와 현실의 요구가 어느 정도 반영되어있는지를 더 살피려면, 결국 바탕글의 수준에 대한 논의로 나아가야 한다. 학생들이 쉽게 다가갈 수 있는 작품과 그렇지 않은 작품은 학습 과정에서 일어나는 반응에서도 큰 차이가 난다. 최근에 이루어진 연구 결과도 이를 분명하게 보여 준다. 다음은 2007 개정 교육과정에 따라 개발된 고등학교 『문학 Ⅰ』, 『문학 Ⅱ』(박종호 외, 창비, 2012) 교과서로 공부한 학생과 가르친 교사를 대상으로 한 김주환(2013)의 반응 조사 결과를 정리한 것이다.

교사, 학생이 선호하는 작품

	교사		학생	
	빈도수	백분율	빈도수	백분율
① 대중가요나 만화와 같이 가볍고 재미있는 작품들	3	0.81	**54**	**21.1**
② 청소년들이 즐겨 읽는 대중 소설이나 연애시들	21	5.69	**57**	**22.3**
③ 동서양에서 유명한 고전적인 작품들	35	9.49	24	9.4
④ 문학사에서 좋은 작품으로 평가받은 작품들	**140**	**37.94**	50	19.5
⑤ 우리 민족의 문화와 전통을 알 수 있는 작품들	29	7.86	13	5.1
⑥ 청소년들의 인격 성장에 도움이 되는 작품들	**135**	**36.59**	38	14.8
⑦ 문학에 대한 지식을 익힐 수 있는 작품들	6	1.63	14	5.5
⑧ 기타	0	0.00	6	2.3
계	369	100.0	256	100.0

(강조는 인용자)

한민족의 정신과 문학의 정수를 학생들에게 전수하고 그 바탕에서 학생 스스로 문학 작품을 통해 자아를 성찰함으로써 타인과의 조화로운 공동체를 만들 수 있는 가치관을 형성하게 하려는 문학 교육의 목표는, 교과서에 어떤 작품을 선정하여 싣느냐에 달려 있다.

위의 조사 결과는 '청소년들이 즐겨 읽는 대중 소설이나 연애시들, 대중가요나 만화와 같이 가볍고 재미있는 작품들'에 대한 학생들의 선호도를 분명하게 보여 준다. 학생들은 자신들이 발 딛고 있는 현실을 담은 이야기를 읽고 싶어 하는 것이다. 교사들이 뽑은 두 개 기준, '문학사에서 좋은 작품으로 평가받은 작품들, 청소년들의 인격 성장에 도움이 되는 작품들'은 그 자체로 오랜 학문 논의를 거쳐 합의에 이른 타당한 기준이라고 할 수도 있다. 그러나 이 결과는 문학 공부를 통해 주체로 성장해야 할 학생들의 눈높이와 교사들이 중요하다고 여기는 기준이 다르다는 것을 확인해 준다.

우리는 여기서 대중 소설이나 대중가요, 만화는 필요하면 그저 양념 정도로만,

학습 활동이나 참고 자료로 넣으면 된다고 생각하는 교사와 그렇지 않은 학생 사이의 거리감을 걱정해야 할지도 모른다. 그저 교과서 검정 기준에 맞추기 위해, 수능 국어 영역에 나오거나 나올 작품을 고르기 위해, 민족정신과 민족 문화의 정수를 담은 좋은 작품(정전)과 인격 성장에 도움이 되는 작품을 고르기 위해 애쓰는 교과서 집필자들이나 교사들이 부디 놓치면 안 될 것이 무엇인지 알았으면 좋겠다.

가벼운 것, 재미있는 것, 즐겁게 읽을 수 있는 것, 이런 조건을 충족하는 바탕글이 곧 가장 좋은 제재라고 말할 수는 없다. 그렇지만 교과서로 배울 학생들도 바탕글을 고르는 데 참여할 수 있어야 한다. 어른들이 교육과정을 짜고, 교과서를 만들고, 수업을 주도하는 '어른들의 나라'지만, 그 속에서 주인으로 서야 할 사람은 학생임을 잊지 말아야 한다. '가만히 있으라' 해서 가만히 있어야 할 존재는 그 어디에도 없다. 살아 꿈틀대야 하고 그래서 맞서고 저항하고 이의를 제기하고 행동해야 할 학생들이 있을 뿐이다.

3──글쓰기와 민주주의 삶의 실천

말과 글을 가르치고 배울 때 민주주의는 왜 중요한가? 이 물음은 '말과 글을 익히고 부려 쓸 때 그 안에 민주주의 '가치'를 어떻게 녹여서 살아나게 할 수 있는가? 이것을 국어 교육에서 감당하려면 무엇을 어떻게 해야 하는가?'로 바꾸어 물을 수 있다. 우리는 그 실마리를 논술 능력에서 찾아보고자 한다.

논술은 말 그대로 '자기주장을 논리에 맞추어 풀어 가는 것'이다. 그러면 논리는 무엇인가? 참과 거짓을 가릴 수 있는 글 가운데 참이라고 할 수 있는 글을 생각의 실마리에 따라 차례대로 이치에 맞게 풀어내는 일이다. 가령 우리가 말을 주고받을 때 흔히 '사람은 개와 다르다'고 쓰는 것을 논리 언어로는 '사람은 개가 아니다'로 바꿔 쓰는데, 이때 '이다', '아니다'로 맺어지는 임자말과 풀이말을 보고 우리는 그것이 참말인지 거짓말인지 가려내게 된다. 이때 한마디 한마디 떼어 놓고 보면 모두 참말이더라도 이어 놓으면 거짓말이 되는 수도 있으니 논리에 맞게 생각하고 글로 풀어내는 일이 쉽지만은 않다. 피아제(Piaget)는 인지 발달 단계를 나누며 논리적 사고는 형식적 조작기에 이르러야 제대로 할 수 있는데, 사람은 만 열두 살이 넘어야 형식적 조작 능력이 생긴다고 하였다. 쉽게 말해서 생각에 틀이 생기고, 그 틀에 따라 추상하는 능력이 생기는 나이(중학교 2~3학년 때, 청소년기)가 되어야 논리에 맞는 생각을 제대로 풀어 나갈 수 있다는 말이다. 그러니까 논리적 사고를 제대로 할 수 없는 나이인 구체적 조작기(초등학생)에 논술을 가르치는 것은 미처 구체적인 사물들을 생각의 틀로 거를 수 있기도 전에 억지로 논리 법칙을 달달 외우도록 만들어 생각을 비뚤어지게 할 걱정이 있다는 말이다.

그러면 초등 교육에서는 무리인 논술 교육이 중학교, 고등학교 과정에서는 제대로 이루어질 수 있는가? 지금 고등학교에서 논술은 국어과를 넘어 가장 중요한 대접을 받고 있다. 우리 고등학생들에게 꼭 필요한 능력이 논술 능력이라는 공감대에서 출발한 것이라면 정말 환영할 일이다. 그러나 현실은 그렇지 않다. 대학 입시에서 학생들을 가려 뽑는 시험 가운데 하나로 논술이 대접받는 것이다. 이른바 상위권 대학을 중심으로 논술 시험을 거쳐 학생들을 뽑는 경우가 많다 보니, 그 대학에 가고 싶어 하는 학생들은 너나없이 논술에 목을 매야 하는 것이다. 이런 식의 논술 시험에 대한 비판은 일찍이 평생을 아이들을 살리는 글쓰기 교육을 실천해 온 이오덕(1986)에게서도 나온다.

논술 고사가 또 문제다. 과거 중·고등학교에서 하여 오던 문학소녀 글이나 회고 취미의 어른들 글을 모방하게 한 문예 지도에서 벗어나 논리적인 생각을 전개하는 글을 쓰게 하는 점에서는 확실히 한걸음 나아갈 수 있는 교육이다. 그런데 올해 각 대학의 논술 고사 문제를 보면 너무 추상적인 데다가 기계적인 사고를 하도록 하는 것으로 되어 있다. 체험에서 우러난 창조적이고 자유로운 생각의 전개를 하게 하는 것이 아니라, 이미 수없이 읽고 쓰고 한 남의 글―그것도 추상적인 논리를 적당히 모방하고 조립하여 천편일률의 글을 쓰도록 하고 있다. 앞으로 이런 방향의 논술 시험에 대비해서 고등학교 이하 학생들의 글쓰기 지도의 방향이 다시 새로운 잘못된 길로 치닫게 될 것이 우려된다. 그렇잖아도 올해 각 고등학교에서 논술 고사에 대비해 한동안 그 아무 맛도 없는 글을 날마다 시간마다 진저리 나도록 쓰게 하는 것을 보고 기가 막혔는데, 참된 글쓰기와는 너무도 거리가 먼 허공에 뜬 말 만들기가 앞으로는 더욱 성행해서 아이들이 글을 쓰는 기쁨을 아주 잃어버리고, 글과 삶, 글과 사람은 전혀 다른 것이라고 알게 될 것 같다. (『참 삶을 가꾸는 글쓰기 교육』 제11호(1986)에 실린 글을 재인용함.)

이오덕 선생이 1980년대 중반에 한 논술 고사 비판이 지금도 여전히 울림을 주는 것은 논술을 시험으로 만들어 학생들에게 강요하는 현실이 그대로 살아 있기 때문이다. 현재 시행 중인 논술 고사는 독해력, 비판적 사고력, 문제 해결 능력, 논리적 글쓰기 능력을 평가하기 위해 다양한 교과를 통합한 제시문을 보기로 준다. 그런 뒤에 요약하기, 비교하기, 개념 파악하여 현상 설명하기, 도표나 자료 해석하기, 논리적 추론에 근거하여 평가하기 등의 2~3개 문제를 내고 두 시간 정도에 2,000자 안팎의 글을 쓰게 한다. 고등학교 교실에서 이루어지는 객관식 평가에 견주면 그야말로 전혀 다른 평가 방식이다. 이 방식에 적응하기 위해 수험생들은 논술 유형에 맞게 단계적으로 논술하는 방법을 열심히 따라 익히고, 또 익히는 훈련을 반복한다. 왜냐고? 내용은 하루아침에 채울 수 없으니 어느 정도 틀만이라도 갖춘 답안을 작성하는 것이 목표가 되는 것이다. 더욱이 학교에서는 통합 교과 수업을 받을 수 없으니 이 논술 시험을 준비하기 위해서는 사교육 시장으로 달려가야 한다. 그러니 논술 과정에서 길러야 할 생각하는 힘, 표현하는 능력 따위는 시험이 끝나면 논술 교재와 함께 쓰레기통으로 들어가 버리고, 싹 잊고 마는 것이다.

이렇게 어른들은 아이들에게 창조의 싹이 터 나올 수 없도록 아주 어렸을 때부터 갖은 방법으로 봉쇄하다가 그다음에는 남의 것, 어른스러운 것, 거짓을 흉내 내도록 강요하고, 다시 그다음에는 추상적인 논리를 조립하는 훈련을 신물 나게 시킨다. 이것이 우리 학생들이 모국어로 감정과 사고와 인식을 배우는 과정의 실체이다. 이렇게 하여 학생들은 자기가 살고 있는 땅과 삶의 실체를 파악하지 못하고, 행동은 없이 다만 입으로 지껄이는 인간, 겉돌아 가는 생각으로 허공에 떠 있는 인간이 된다.

그럼 이 문제는 어디까지 흘러가고 어디에 가 닿을까? 우리 고등학생들이 그토록 가고 싶어 하는 대학에 들어가면 발표 수업을 하게 된다. 학생들은 우선 다른 사람이 쓴 논문, 보고서를 열심히 읽어야 한다. 그리고 그 논문이나 보고서를 적절하게 '인용'하여 발표를 하고 논문을 쓴다. 이렇게 자기 생각이 자리 잡기에 앞서 선행 연구를 이해한다는 핑계로 마구잡이로 읽어 대고 원전인 1차 텍스트를 뒤섞어 논문을 써 낸다. 원전 텍스트를 정확하게 읽지도 않고 그것을 자기 삶과 연관하여 자기 눈으로 보기도 전에, 결과물을 생산해 내고 학점을 따는 데 급급해 남의 해석과 감상을 모방하고 표절하는 것이다. 이렇게 공부하다 보면 자기가 생각해서 얻은 결론인지 주위들은 생각인지를 구분하지 못하고, '표절'을 대수롭지 않게 생각하게 되는 것이다. 이렇게 앎과 삶의 분리가 낳은 상처가 너무 깊고 넓어서 어디서부터 손대야 할지, 어떻게 해야 할지 엄두가 나지 않는다.

　말과 글을 배우는 일은 삶, 현실에 뿌리를 두고 시작해야 한다. 초·중·고등학교와 대학에서 가르치는 '공부'는 모두 우리 아이들이 자기가 선 자리, 현실, 삶에서 비롯해야 한다. 추상적인 논리를 비교하고 분석하고 적용하는 기계적인 생각이 아니라, 체험에서 길어 올린 자유롭고 창조적인 생각을 키워야 한다. 그렇다. 학생들에게 글과 삶, 논리와 실천은 따로 있는 것이 아니고 하나임을 배우게 해야 한다. 더 많이 배울수록 헛된 이론이나 말장난을 늘어놓기보다는 자기 생각을 차곡차곡 쌓아 갈 수 있게 해야 한다.

　그릇된 현실을 바꾸는 힘은 그릇된 현실을 바로 보는 일에서 생겨난다는 점에서 정직한 글은 좋은 글, 가치 있는 글 앞에 놓인다. 또한 좋은 글, 가치 있는 글은 좋은 세상, 가치 있는 삶을 지향하는 의지를 불러일으키고, 그 의지를 실천으로 이끄는 길이라고 할 수 있다. 이때 '가치 있는' 글쓰기란 바로, 있을 것이 무엇인지 꼼꼼히 따져 없으면 새로 만들어 내고 없을 것이 있으면 과감히 없애 버리는 데 지침이 되는 글을 쓰는 것을 말한다. '지금-여기'에서 필요한 가치가 무엇인지 고민하고, 버려야 하고 없애야 할 문제가 있다면 그 정체를 드러내고 숨김없이 터뜨려서 더 이상 현실에서 힘을 쓰지 못하게 해야 한다. 이는 글쓰기만이 아니라, 글 읽기, 말하기, 듣기, 문학, 문법 등의 교육이 모두 학생들을 민주 시민으로 살아가는 데 필요한 실천으로 이끌 수 있어야 한다는 말이다.

　4·19 혁명을 겪은 시인 김수영의 글쓰기가 보여 준, 또는 시인 신동엽의 시와 산문이 보여 준 그런 글쓰기는 지금도 여전히 필요하다. 민주주의가 제대로 실현되는 세상을 앞당기자면 정치적 변화만으로는 부족하다. 인간에 대한 존중과 배려가 기본인 사회를 이루고 누리는 일은 오늘날 민주주의의 핵심이다. 이미 '인간에 대한 예의'를 잃어버린 사회에서 다시 인간에 대한 배려를 되찾는 일은 진실이 담긴 말과 글로 시작해야 한다. 그럴 때 말과 글은 이 땅의 변혁을 이끄는 아주 소중한 무기가 되는 것이다.

　여기 어느 고등학교 교실에서 길어 올린 글 한 편이 있다. 동화 작가 권정생 선생이 세상을 뜬 즈음일 것이다. 작가 자신의 자서전이라고 할 수도 있는 글 「오물덩이처럼 딩굴면서」(종로서적, 1986)를 읽고 이야기를 나누고, 자유롭게 글쓰기를 했다. 나는 이 글을 읽으면서 한 학생이 힘겹게 살아온 삶의 무게와 그 무게를 견뎌 내는 힘을 만났다. 뭐랄까, 그 어떤 영화보다도 뜨거운 감동을 맛보면서 동시에 이 학생이 걸어갈 삶이 이전과는 다른 전혀 모습으로 펼쳐질 것을 기대하게 되었다.

오물덩이처럼 딩굴면서　　　　　　　　　　　　　　강다은

　솔직히 말해 내가 이 글을 읽고 어떤 느낌을 받았는지 적을 수가 없다. 슬픔과 연민과 그 외의 온갖 복잡한 감정들이 실타래처럼 얽힌 느낌이라고 해야 할까. 이 느낀 점을 적기 전에 '지식 채널 정생'을 보고는 정말로 눈물이 나와 다른 애들에게 들킬까 봐 계속 눈물을 닦았다. 그런데 왜 눈물이 나왔는지, 마음이 왜 이렇게 착잡한지, 무엇이 이렇게 공감이 가는지 알 수가 없어서 더욱더 마음이 아픈 거 같다. 이런 기분이 될 것까지는 없는데, 비가 내려 더 우울한지도 모르겠다.

　난 이 학교에 오기 전까지 권정생 선생님에 비하면 새 발의 피지만, 그래도 힘든 삶을 살아왔다. 물론 가난해서 힘든 것은 아니다. 하지만 가난한 것 못지않게 유치원 때부터 따돌림과 괴롭힘을 받아 왔고, 친구가 거의 없는 것을 당연한 것처럼 여기며 그저 오늘은 조용히 지나갔으면 하고 생각하며 날 괴롭히는 아이들을 저주하며 지내 왔다.

그래서 체념하고 세상을 원망하던 나와 달리 권정생 선생님은 그런 험난한 고통 속에서도 그렇게 무욕하게, 신을 의지하여 세상을 원망하지 않고 돌아가셨다는 것이 이렇게 복잡한 느낌을 가져온 것인지도 모른다.

나라면 그렇게 할 수 없다. 하지만 그는 세상의 바닥 끝에서 만족한 채 평생을 살았다. 그런 사실이 오히려 부럽기까지 하다. 고등학교에 온 뒤, 목적 없이 공허하게 하루하루를 사는 나와, 세상 끝자락에 놓였지만, 그곳에서 벗어나려 하지 않고 만족하며 살다 간 그 중 과연 누구의 삶이 행복할까? 그런 것을 생각하게 되면 더욱 머리가 아파서 곤란하지만.

그래서 다른 아이들과 달리 난 권정생 선생님의 글을 읽고 불쌍하다는 생각은 단 한 번도 하지 않았다. 오히려 그런 삶 속에서 그렇게 살다 간 그의 모습이 너무나도 머나먼 이상향, 손에 닿지 않고 나로서는 결코 다다를 수 없는 곳이라는 것을 느꼈다.

내가 살아오면서 느꼈던 고통은 이 사람에 비하면 보잘것없는 것이었는데도 그 상처에서 아직도 완전히 벗어나지 못했으니까. 계속되는 왕따, 거의 얼굴을 마주칠 일도 없고 대화도 한 달에 한 번 하기 힘든 아버지, 세상 모든 사람들에게 정신 지체 취급을 받고 항상 괴롭힘을 당하는 막냇동생, 이젠 나아졌지만 이전에는 툭 하면 물건을 깨뜨리며 엄마에게 발악했던 언니, 줄곧 그런 곳에서 살았기에, 내가 눈물이 나왔던 것일까라는 생각이 든다. 하지만 나는 결코 권정생 선생님하고는 같을 수 없고, 앞으로 다른 삶을 살 테고, 그때와는 달리 어둠에서 벗어나 살아갈 수 있을 것이라 생각한다.

4── 말과 글이 살아 있는 교실을 꿈꾸며

교육은 삶을 바탕으로 교사와 학생이 저마다 자신의 삶을 스스로 꾸릴 수 있는 힘을 기르도록 돕는 일이다. 이때 삶을 가꾼다는 것은 말과 글이 하나가 되고, 앎과 삶이 일치되는 것을 말한다. 이것은 말과 글이 따로 떨어져 다른 길로 가거나 앎과 삶이 어긋나도록 이끄는 현재의 교육, 지식 체계에 대해서는 비판하고 거부하는 것이다.

그렇다면 국어 교육은 자기 삶을 온전하게 드러내는 말과 글을 소중하게 다루고, 말하기, 듣기, 쓰기, 읽기가 한데 모여서 그 사람의 삶을 고스란히 표현하도록 이끌 수 있어야 한다. 이를 위해 자기 삶을 거침없이 말하고, 쓰고, 주장할 수 있도록 격려하고 다른 사람과 토론하고 설득하면서 어울려 살아가게 해야 한다. 책을 읽고 글을 쓰는 일은 시험을 위해서가 아니라 가치 있는 삶을 판단하고, 스스로 실천하는 힘을 기르기 위해서여야 한다.

그러자면 국어, 문학 수업은 배움과 가르침이 동시에 일어나야 할 것이다. 학생도 교사도 같이 듣고, 자유롭게 말할 수 있어야 한다. 일방 전달 수업에서 발표, 모둠 토론, 모둠 활동이 중심이 되는 수업으로 바꿔 가야 하는 것이 그래서 중요하다. 문학 수업에서 중요한 것은 학생이 스스로 작품을 읽고 이해하는 내면화 과정이다. 맥락 읽기, 감상하기, 발표하기, 모둠 활동 보고서 쓰기 등을 권장하여 학생 스스로 앎을 넓혀 가도록 도우면 좋겠다.

국어 교실에서 삶을 중심에 둔 수업의 모습은 어떤 것일까? 전현욱(2014: 105면)이 정리한 아래 그림에서처럼 교사는 끊임없이 학생들에게 말하는 시간을 주어야 하며, 그러한 수업 속에서 교사 자신도 듣는 사람이 되어야 한다. 즉 학생과 교사가 서로 배우고 가르치는 수업을 말한다.

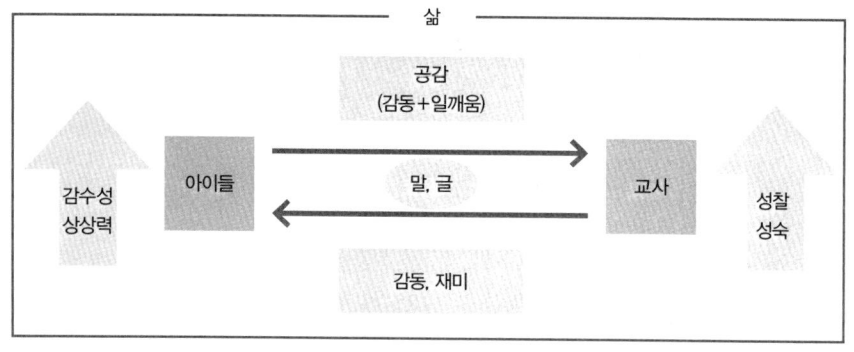

삶과 국어 교육

이런 수업의 결과는 어떻게 확인할 수 있을까? 아이들에게 남아야 할 것은 자기 스스로 얻은 삶에 대한 감수성과 상상력이어야 한다. 그럼으로써 자신이 만난 삶의 문제들을 피하지 않고 한 번 더, 그 세계 속으로 들어가 볼 수 있는 힘을 기를 수 있으면 좋겠다.

교사는 수업 과정을 성찰하면서 스스로가 성숙해 가야 한다. 학생들이 수업에서 감동과 재미를 제대로 느낄 수 있도록 했는지 살피며 돌아봐야 하고, 수업 시간마다 수업 자료를 바꾸고, 수업 방법을 다르게 하려고 노력해야 한다. 첫 시간 수업에 대한 성찰을 다음 시간에 반영하는 유기적인 수업을 만들어 갈 수 있으면 좋겠다. 그러자면 교과서가 지금보다 훨씬 유연한 자리에 들어서고, 교사와 학생은 한 덩어리가 되어 한판의 '마당극' 같은 수업을 경험할 수 있어야 한다. 마당극에서 연출가, 배우, 관객이 함께 이야기 속으로 빨려 들어가듯 교사와 아이들 또한 서로가 대등한 공동체의 일원이 되는 것이다.

이러한 수업에서 학생들은 교사나 다른 친구들의 이야기에 공감하고 재미를 느낄 수 있고, 교사도 늘 아이들의 반응을 통해 성찰하면서 성숙한 교사가 될 수 있으리라. 삶을 온전히 가꾸는 교실에서 배우고 자란 학생들이 바깥세상으로 걸어 나가는 날, 온전한 민주 세상도 이루어질 수 있을 것이다.

참고 문헌

- 권정생(1986), 『오물덩이처럼 딩굴면서』, 종로서적.
- 김종철·박종호 외(2007), 「7차 교육과정 고등학교 국어 교과서에 대한 비판적 검토」, 『국어 교육 연구』 제19집, 서울대학교 국어교육연구소.
- 김주환(2013), 「고등 『문학』 교과서 텍스트에 대한 교사와 학생들의 반응 연구」, 『교육과정평가 연구』 제16권, 한국교육과정평가원.
- 박종호(2001), 「'국정 공모제'의 전말과 교과서 권력의 변화」, 『함께 여는 국어 교육』 제47호, 전국국어교사모임.
- 박종호(2001), 「주제 통합, 활동 중심 교과서 시대가 열리다」, 『함께 여는 국어 교육』 제50호, 전국국어교사모임.
- 백낙청(2011), 『문학이 무엇인지 다시 묻는 일』, 창비.
- 오연경(2013), 「김수영의 사랑과 도래할 민주주의」, 『한국 문학과 민주주의』, 함돈균 외, 소명출판.
- 윤구병(2014), 『실험 학교 이야기』, 보리.
- 이오덕(1993), 『글쓰기 어떻게 가르칠까』, 보리.
- 전현욱(2014), 「교육 운동 참여의 자유 변경 과정에 관한 사례 연구」, 서울대학교 교육학과 박사 논문.
- 한창훈(2009), 「새로운 국어 교과서의 개발 전략 탐색」, 『고전 문학과 교육의 다각적 해석』, 역락.

삶을 위한 우리말글 교육

노혜경

—대학 강의실에서 국어 교육 바라보기

1──들어가며

대학 국어 교육 강사, 이것이 꽤 오랫동안 나의 직업이었다. 나는 1990년대 중반부터 2000년대 초반까지 여러 대학을 전전하며 학생들을 가르치다가 학교를 떠나 다양한 사회 경험을 하게 되었다. 그러다 지난 학기 다시 강의를 맡아 강단에 섰다. 떠났다 돌아와서인지 대학에서 '말글'을 가르친다는 일의 의미에 대해 이전보다 생각이 많아졌다. 이에 지난 학기 동안, 그리고 그 이전에 경험하고 깨우친 것들을 이야기함으로써 우리말글 교육에 대한 몇 가지 생각거리를 풀어 놓고자 한다.

첫 번째 시기의 강의 때 나는 세상에 대한 다양한 시각을 제시해 학생들로 하여금 고민하게 하고 발언하게 하는 일을 강의의 주목표로 삼았다. 내가 강의를 시작할 무렵은 세계화 열풍의 뒤끝에서 IMF 관리 체제로의 추락, 최초의 정권 교체, 남북 정상 회담 등 굵직굵직한 사회 현안도 많았고, 학생들도 토론에 열정적으로 참여하곤 했다. 발표하고 토론하고 리포트로 제출하는 복합적 과정을 통해 학생들의 비판적 언어 능력을 기르는 일은 즐거운 성장의 과정이었다고 지금도 생각한다. 그런데 시간이 가면서 점점, 대학을 포함한 학교에서의 국어 교육과 사회 전반에 걸친 국어 사용 사이에 당연히 있어야 할 연관이 그렇게 가깝거나 단단하지 않다는 것을 깨닫게 되었다.

20세기 전파 매체 시대 이후로 이미 세상의 의미 대부분은 미디어를 통해 생겨난다. 그런데 미디어 언어를 담당하는 사람들은 이 새로운 매체가 실어 나르는 언어가 우리가 전통적으로 이해해 온 모국어를 어떻게 변화시키고 있는지에 대해 관심을 기울이지 않는다. 자신들이 이해하는 전통적인 모국어 어법과 실제로 자신들이 만들어 내는 언어 사이에 존재하는 간극과 차이를 염려하지도 않는다. 정치와 사회가 타락하는 이유가 말과 삶 사이에 생겨나는 이런 균열이 점점 커지기 때문이라고 생각할 때도 있다.

이런 현실 자체도 문제지만 학생들이 그 변화를 학교에서가 아니라 미디어를 통해 자기 멋대로 습득하고 있다는 것이 더 큰 문제다. 더구나 대학에서의 '교양 국어' 강의를 마지막으로 학생들은 체계적인 국어 교육을 받을 기회가 더는 없다. 언제나 매스컴의 자장(磁場) 속에 있게 된다.

사회와 학교 사이의 괴리뿐 아니라, 고등 교육과 중등 교육 사이의 괴리도 깨닫게 되었다. 대학의 국어 강좌를 설계하고 운영하는 주체들이 고등학교 때까지의 중등 교육이 어떻게 이루어지는지 제대로 인식하지 못하고 있다. 동시에 중등학교 과정의 국어 교육 전반에 표준화가 제대로 되어 있지 않은 게 아닐까라는 의문도 생겼다. 학생들에게서 출신 학교에 따라, 심지어 국어 교사가 누구였던가에 따라서도 능력의 편차를 느꼈다고 하면 과장으로 들릴지도 모르겠다.

되돌아간 강의실에서 나는 내가 십여 년 전에 느꼈던 문제들이 크게 달라지지 않은 모습을 본다. 강단과 현실 사이에 존재하는 괴리는 단지 이른바 '갑'과 '을'의 위치가 뒤바뀐 채로 지속되고 있다. 예전에는 강단 교육이 갑이었다면, 이제는 실제 생활에 바로 적용 가능한 실용성이 글쓰기 능력이라는 이름 아래 대세가 된 것뿐이다.

그런 깨우침을 바탕으로 이 글에서 나는 21세기 대학에서 이루어지는 국어 교육의 특성을 간략히 짚어 보고, 내가 알게 된 대학생들이 언어 능력과 관련해서 드러낸 문제를 살펴보고자 한다. 이를 통해 삶에 직결되는 국어란 무엇인가에 대한 생각도 할 수 있기를 바란다.

2──대학 국어 교육의 현실

우선, 대학 국어 교육의 현실을 살펴보자. 국어라는 교과목이 추구하던 학습 분야는 여전히 대학 교육과정에 들어 있다. 그러나 '대학 국어'라는 이름을 가장 오랫동안 고수한 서울대에서도 2014년부터는 '글쓰기의 기초'로 강좌 이름을 바꾸었다. 많은 대학이 이보다 먼저 전통적인 '대학 국어' 강의를 '발표와 토론', '글쓰기' 같은 국어 관련 과목으로 개편해서 가르치고 있다. 이는 고등학교까지 적용되는 국어과 교육과정 중에 쓰기, 말하기, 듣기를 특화한 것이다.

학자들은 대학에서도 국어를 가르쳐야 하는 이유를 주로 대학의 공부가 보다 전문적이고 지적인 독해 능력과 언어 구사력을 필요로 하기 때문이고, 전공 지식을 습득하는 기초 능력이 바로 국어 능력이기 때문이라고 말해 왔다. '대학 국어'는 전공 강의를 제대로 따라갈 수 있게끔 하는 전문적인 국어 능력을 키우기 위한 강의라는 것이다. 90년대까지만 해도 '대학 국어'는 문장 독본 강의에 가까웠다. 되도록 고급 문장을 읽고 이해하고 토론하고 반응하는 것이 중심이었다. 그러다 인터넷 사회가 되면서 쓰기가 급격히 중요해지기 시작했다. "모든 시민이 기자다."라는 표어를 내걸고 창간한 인터넷 신문 『오 마이 뉴스』는 이런 변화를 잘 보여 주는 사례다. 읽기에서 쓰기로의 급격한 변화, 그 사이에 어정쩡하니 걸쳐 있는 것이 현재의 대학 국어 교육이라고 하면 좀 과할까?

비록 글쓰기로 집중한다 하더라도 대학에서의 국어 교육 목표는 고등학교 국어 교육을 기초로 시민 사회의 일원다운 지성적 글쓰기를 하게끔 하는 것이라고 생각한다. 각 대학은 국어 교육의 방향을 글쓰기로 전환하면서 구술 문화에서 문자 문화로, 다시 2차 구술 문화 시대로 이행하는 현대 사회의 특성이 글쓰기를 요구한다는 철학적 배경을 주장하고 있기도 하다. 그렇다면 대학에서의 글쓰기 강의는 주체적인 사고를 할 수 있는 학생들을 대상으로 전문적인 언어 능력을 길러 주고, 언어를 통해 구체적인 실천에 이르는 길을 모색하게 하는 것이 올바른 방향 아닐까.

그런데 대학들의 실상은 매우 다르다. 최근 들어 글쓰기 강좌 중심으로 바뀌고 있는 대학 국어 교육의 현실은 아무리 높게 잡아도 결코 전문적 언어 능력을 배양하는 것은 아니다. 목차를 살펴보면 대다수 대학의 교재가 글쓰기의 기초와 논문 및 리포트 쓰기 능력을 기르는 데 집중되어 있다. 여기에 자기소개서 쓰기, 인터넷 공간에서 쓰기 등이 덧붙는다. 심지어 서울대에서조차도 거의 기초 글쓰기라 할 수준의 글쓰기 강좌를 개설해 두고 학생들에게 교과 과정 외의 시간을 할애해서라도 글쓰기 능력을 기를 것을 주문하는 형편이다. 글쓰기가 사유를 드러내고 세상과 소통하는 과정이 아니라, 사회생활에 필요한 단순 기능의 일부가 되었다.

우리는 '무려 14년을 영어 공부에 매달려도 외국인을 만나면 벙어리'라면서 영어 교육을 탓한다. 그런데 모국어 사용자로 20여 년을 살고 있고 16년을 모국어로 공부하고 따로 국어 교육을 받으면서도 왜 학생들은, 그리고 사회에 진출한 대개의 사람들은 글쓰기와 말하기가 그토록 두려운 걸까. 학교마다 학생들의 글쓰기 능력이 갈수록 저하되는 데 염려가 많고, 리포트와 논문을 쓰는 최소한의 요령도 숙지하지 못할까 봐 걱정한다. SNS 시대의 손쉬운 쓰기 환경, 다른 말로는 2차 구술 문화 시대라고도 하는 환경에서 쏟아지는 정보를 지식화하는 언어 능력을 길러 내야 한다는 데까지는 생각이 미치지 못한다. 지금 대학에서 이루어지는 글쓰기 강의는 비판적 사유를 통한 고급 언어 능력을 기르는 강의가 아니라 최저선을 탈출하기 위한 강의처럼 보이기까지 한다.

한편 쓰기의 짝이 되는 읽기는 문제가 더 심각했다. 대학들은 학생들의 읽기 수준에 대한 기대가 여전히 높은 편이다. 각 대학에서 필독서로 선정해 둔 도서 목록을 보면 동서고금의 명저들이 망라되어 있다. 지난 학기에 내가 출강했던 부산의 한 대학에서도 학생들이 점점 더 책을 읽지 않는 현실을 염려하며 교재의 일부를 독서를 장려할 목적으로 편집했다. 그러나 막상 강의에 들어가 교재가 요구하는 정도의 화제를 놓고 학생들과 대화해 보면, 학생들의 '말문'과 '글문'이 닫혀 있음을 금세 깨닫게 된다. 한 학기 내내 내 강의는 무엇을 가르치기보다 이 말문과 글문을 트게 하는 일에 매달리면서 지나갔다. 그러면서 깨달은 것은 상당수의 학생들이 말문과 글문만 막혀 있는 것이 아니라 근본적으로 생각하는 능력에 심각한 장애가 있다는 사실이었다.

'아무 생각 없다', '생각해 보지 않았다'는 태도가 일반적이고, 질문을 받아도 적극적으로 생각하려 하지 않는다. 이런 현상이 내가 가르친 학생들에 국한된 특수한 사례가 아님은 페이스북에서 간헐적으로 나눈 여러 대학 강사들과의 대화를 떠올려 보아도 분명한 것 같다. 나만 이런 현상에 맞닥뜨려 고민하는 게 아니었다. 생각하는 일에 무능한 것이 홀로코스트 비극의 무감각한 하수인을 만들어 냈다는 한나 아렌트(Hannah Arendt)의 말이 저절로 떠오른다. 더 걱정스러운 것은 이 생각의 무능함이 단순히 문자 그대로 아무 생각 없음에 그치지 않고, 자신의 생각이 아닌 생각을 맹목적으로 수용하는 것으로 이어지기도 한다는 사실이다. 알에서 깨어나 처음으로 만난 생명체를 어미로 알고 따른다는 어떤 날짐승처럼, 주입된 생각에 대한 비판적 사유가 없다.

이런 현상이 예전에는 그렇지 않았는데 최근에 더 심해졌다고 보는 것은 불공평할 것이다. 하지만 엄청나게 늘어난 인터넷 언론과 종편 채널은 고등 국어가 아닌 덜 정리된 국어를 매체를 통해 지속적으로 접하게 되는 결과를 낳았다. 반면에 학생들이 보다 수준 높은 언어를 내면화하는 가장 중요한 통로인 독서의 절대량은 점점 줄었다. 대학들이 쓰기와 읽기가 긴밀히 연계되어 있다고 주장하기는 하지만, 쓰기(와 말하기) 중심으로 개편되어 가는 대학의 국어 교육은 언어 능력의 고도화가 아니라 실용화를 지향할 따름이다.

대학이 이러한 국어 교육의 문제를 극복할 수 있도록 커리큘럼을 짜는 것이 아니라 현실에 영합하여 실용성을 강조하는 데는 불만이지만, 문제에 맞닥뜨리게 된 것이 전부 대학의 탓이라고 할 수는 없다. 글쓰기의 기초는 중등 교육에서 충분히 가르쳤어야 한다. 고등학교 때까지는 입시를 위한 오지선다형 교육이 대세이고 대학 들어와서는 학점을 따고 장차 직업에 적응하기 위한 판에 박힌 보고서 쓰기 식의 글쓰기 교육이 대세인 현실에서, 언어가 존재의 집이기는커녕 새가 언제 알에서 깨어날 수 있을까 싶다.

3──문해맹을 양산하는 교육

　대학 국어 교육이 쓰기 위주로 개편되고 있다는 점은 이미 말했다. 비록 쓰기가 전면에 나서더라도, 대학 교재들은 쓰기와 읽기가 긴밀히 연계되어 있음을 강조한다. 그런데 읽기 문제를 주로 학생들이 보기에 지나치게 어려운 고전이나 양서들로 채워진 필독서 목록이라든가 또는 그 시기에 유행하는 담론들을 읽히는 것으로 해결하려는 학교와 교수자가 의외로 많다. 쓰기와 읽기 사이의 불균형이 학생 개개인뿐 아니라 학교의 교수 계획에도 있다. 어려운 글을 읽게 해 보면 학생들은 이해하는 듯 보여도 실상은 전혀 그렇지 않다. 어릴 적부터 꾸준히 고급 문장을 접하거나 강독을 통해 읽는 방법을 익혀야 한다.[1]

　20세기 말에 대학에서 '창의적·실용적 문장의 이해와 표현'이라는 이름으로 글쓰기를 가르치던 나는 기묘한 어려움에 맞닥뜨리게 되었다. 학생들이 텍스트의 맥락을 파악하는 데 예기치 않은 문제가 있음을 깨닫게 된 것이다. 두 가지 다른 문제였다. 하나는 똑같은 텍스트라도 독자의 상황과 경험에 따라 다른 해석을 불러온다는 차원이었다. 이것은 당위적으로는 당연하다. 그러나 정치적이거나 사회적인 입장에 따라 해석의 방향을 정해 놓고 텍스트 자체를 왜곡하는 현상이 생긴다면 고민스러운 일이 아닐까.

　또 하나는 훨씬 심각했다. 똑같은 문장을 읽고도 같은 문법적 독해를 하지 못하는 경우가 있었다. 나는 문법적 독해를 글을 투명하게 이해한다는 말로 표현하곤 한다. 어휘와 문장 구조가 제시하는 바대로, 즉 텍스트 그 자체를 이해하는 일이 먼저다. 맥락은 그다음이다. 그러나 대다수 학생들은 맥락을 통한 이해라는 이름 아래 서슴지 않고 주관적 독해를 하고는 했다. 심지어 문법적으로 문장을 이해하는 것을 힘들어하는 학생들도 있었다. 사소하지만 황당한 사례를 들자면 이런 것

1　글의 주제와 조금 어긋나는 이야기라서 각주로 쓰자면, 대학 국어는 쓰기가 아니라 강독과 토론으로 바뀌었으면 좋겠다. 중요한 문학 작품이나 정치 문건 또는 역사 문건을 교재 삼아 꼼꼼히 읽는 강의는 실용적 쓰기 교육보다 훨씬 많은 것을 가르칠 수 있다. 나는 90년대 후반 부산외국어대학에서 1학년 교양 과목 '문학의 이해' 수업 교재로 사르트르의 『문학이란 무엇인가』를 강독한 일이 있었는데, 처음 몇 시간의 고생스러운 순간이 지나니 학생들이 쑥쑥 자라나는 것을 느낄 수 있었다. 초반의 고생도 책 자체가 어려워서라기보다 번역된 책이라는 점이 좀 더 문제였다고 생각한다. 번역문에 대해서는 이 글의 다음 장에 썼다.

이다.

'철수가 미자를 두고 영희와 만나는 것이 사실이라면 철수는 바람둥이다.'

이 문장을 두고 알 수 있는 정보가 어떤 것이냐고 질문했을 때 예상보다 많은 학생들이 "철수는 양다리를 걸치고 있으니 나쁘다.", "철수는 바람둥이다."라고 답했다. "미자하고 사귀고 있는 철수가 영희를 만나는 것은 나쁘니까요."라고 답하기도 했다. 아직 철수가 영희와 만나는지 확실하지 않다는 점을 문법적 요소가 드러내고 있는데도 이를 이해하지 못한 것이다.

"아버지가 너에게 돈을 백만 원 준다면 너는 무얼 하고 싶으냐?"라는 질문에 "우리 아버지가 그럴 리가 없는데요."라고 답한 학생도 있다.

흔히 이런 현상을 뭉뚱그려 '오류'라고 부르는데, 가장 기본적인 독해에서 오류를 저지르는 학생들이 제법 있었다. 자신이 읽은 말의 의미를 이해하지 못하면서 이해한 줄로 아는 현상이다. 한글을 소리로 읽기는 정말 쉬우나, 그 뜻은 소리로 읽어 낸다고 알 수 있는 것이 아님을 모르는 것이다. 이를 문해맹(文解盲)이라는 말로 부를 수 있겠다. 문해맹은 문법의 문제라기보다 논리적 사고력의 문제라고 생각하지만 논리적 사고력이라는 것 자체가 문법을 통해 구조화되는 것이니, 이는 결국 언어 능력의 문제다.

언어생활에서 드러나는 오류가 의외로 광범위하게 퍼져 있는 소통 장애의 주요한 원인이라는 것을 나는 전 강의에 걸쳐 인식하게 되었다. 이런 문제의식은 학생들이 논리력을 기르고자 언론 매체의 글들, 특히 사설을 주된 교재로 삼았다는 사실을 알게 되면서는 언론 개혁이 필요하다는 인식에로까지 번졌다. 검토해 보니 특정 언론의 사설들은 정치적 의도로 각종 오류를 일부러 이용한다는 생각이 들 정도로 문제투성이였던 것이다.[2]

정치적 의도로 사설이나 기사의 제목 등에 저지르는 오류는 언론 개혁 운동의 대상이지만, 사실 전달을 위주로 써야 할 기사 본문에서 저지르는 오류는 국어 교육의 실패라고 해야 하지 않을까. 한 가지만 예를 들면, 이런 기사는 어떨까? 인터

---

2 앞에 잠깐 사례로 든 것처럼, 가정법을 사람들이 잘 이해하지 못한다는 점을 악용해서 「조선 일보」는 정치인들에게 딱지를 붙이는 사설을 자주 썼고, 이에 '라면 사설' 신문이라는 비판이 나오기도 했다.

넷 포털 사이트에서 무작위로 가져온 기사다.

전국 공무원 노동조합 충북지역본부 증평군지부는 14일 군이 제출한 일부 의안에 대해 증평군 의회가 철회 요구와 반송 등 발목 잡기 식 형태로 파행을 초래하고 있다는 성명을 발표해 <u>파장이 예상된다.</u>

증평군 공무원 노조는 이날 군청 소회의실에서 기자 회견을 열어 "증평군 의회는 기본 책무를 망각하고 정파적 이해득실이나 사사로운 감정과 정치적 배경에 얽매여 있다."라며 "의원들은 권위 의식에 사로잡혀 의무 절차가 아닌 의원 간담회를 거치지 않았다는 이유로 신속히 처리해야 할 의안에 대해 철회를 요구하거나 반송하는 등 전례를 찾을 수 없는 비상식적인 행태를 보이고 있다."<u>라고 비난했다.</u> (중략)

공무원 노조는 "증평읍 종합 정비 사업과 군립 도서관 건립 사업 등 80% 내외의 국·도비를 지원받는 주민 숙원 사업임에도 의회의 지나친 견제로 사업 추진이 지연되는 반면 집행부와 다수 군민이 몸살을 앓는 농축 순환 자원화 시설 설치 문제에 대해서는 방관으로 일관하고 있다."<u>라고 꼬집었다.</u>[3]

밑줄 쳐 놓은 곳은 대부분의 언론 기사가 취재원의 발언을 인용할 때 주로 사용하는 서술어다. 이 문장들은 그냥 '발표했다', '말했다'고 하면 충분하다. 그러나 이 기사뿐 아니라 거의 대부분이라 할 정도로 언론 기사들은 가치 판단의 표지를 담은 술어를 사용하여 사실을 전달한다. 이런 기사를 통해 사실을 접하는 독자들은 인용된 발언의 의미를 기사의 가치 평가에 실어서 받아들이게 된다. 가치를 제시하는 술어가 아니라 단순한 인용 서술어를 사용한, 즉 '말하다'라고 쓴 기사를 읽은 사람들과 원 기사를 읽은 사람들 중 후자가 훨씬 더 편파적이고 감정적 반응을 보이게 된다. '파장', '비난', '꼬집다' 등의 어휘가 주는 감정적 이미지 때문이다.

이는 분명 의도적인 오류는 아니다. 그러나 이렇게 써서는 안 된다는 것을 기자는 한 번도 생각해 본 적 없을 것이다. 발언을 인용할 때 자신의 평가를 동시에 전달하면 기사로서의 중립성을 해치는 것은 물론이고, 사실 자체의 전달도 어려워진

---

3 「증평군 공무원 노조 "의회는 지역 현안 발목 잡지 말라"」, 『뉴시스』 2012년 5월 14일 자 기사. 밑줄은 인용자.

다는 것을 인지하지 못하는 듯하다. 투명하고 정확한 문장이 어떤 것인지를 모른다는 의미이다.

다시 돌아와 본 강의실에서 달라지지 않은 가장 중요한 문제가 바로 이런 것이었다. 상당수의 학생들이 고등학교 과정에서 당연히 배워 갖추었을 것이라 기대한 국어 능력을 갖추지 못하고 있었다. 글쓰기 과목에서 기본 소양이라 할 독서의 절대량이 부족한 것은 잘 알려진 사실이지만, 의외로 학생들의 문법 실력 역시 좋지 않았다. 특히 구문에 대한 이해가 부족했고, 구문이 만들어 내는 의미를 자기 마음대로 해석하곤 했다. 이를 지적하면 "해석의 자유예요."라고 말하는 학생들도 있었다. 가슴이 쿵 떨어지는 일이다. 자신의 문해 능력 부족에 따른 오독을 '해석의 자유'라고 말하는 것이야말로 사회적 소통을 가로막는 크나큰 장애다. 이렇게 되면 아무리 양서를 많이 읽어도 다 헛것이 아니겠는가.

그 밖에도 들 수 있는 오류의 사례는 많다. 이것은 일종의 악순환을 만든다. 언어적으로 정확하게 구성되지 않은 문장들이 매체를 통해 수없이 쏟아지는데, 이것을 파악하고 비판하는 독해 또는 문해 능력을 학교에서 길러 주지 못하고 있다. 학생들이 글을 투명하게 읽는 일, 즉 순수하게 문법적으로 이해하는 능력이 부족하다는 것과 순수하게 문법적 의미를 먼저 이해하는 일이 중요하다는 사실을 인식하지 못하는 것은 학교 국어 교육이 지닌 문제점이라고 생각한다. 이렇게 되면 생각은 단어의 수준에 갇혀 버리고, 보다 성찰적인 사유를 할 수 있는 기본 도구가 망가지는 것이다.

한 가지를 덧붙이자면, 십여 년 전의 학생들과 비교해서 최근의 학생들에게서 발견되는 극단적인 정치적 무관심을 지적하고 싶다. 십여 년 전 학생들이 서로 다른 정치적 의견 때문에 다투었다면, 최근의 학생들은 시민으로서 마땅히 지녀야 할 견해를 표명하거나 제안하는 일 자체를 '정치적'이라고 간주하며, '정치적'인 것은 해서는 안 될 이야기라고 판단하고 있는 듯 보였다. 이는 얼핏 국어 교육과 관련이 없어 보일 수도 있으나 국어란 결국 모국어라는 점에서 당대를 살고 있는 사람들의 생활과 분리될 수 없다. 현안에 대한 관심을 이야기하지 않고 국어 사용이 가능할까. 이론적으로만 존재하는 구문이 아니라 실생활에서 만날 수 있는 구문을 통해서라야만 제대로 언어 능력을 기를 수 있다. 그리고 새로운 생각은 늘 새로운 문장에서 온다.

정리해 보면, 학생들은 우리말 구문의 특성을 잘 모르고 있다. 의미를 실어 나르는 최소 단위가 구문이라고 이론적으로 배우기는 하지만 의미를 어휘 수준에서 파악하는 경향이 있다. 그 연장선상에서 당연히 논리적 사고를 어려워한다. 그러므로 의견을 지니는 것 또한 쉽지 않다. 이 모든 일들을 구문론 교육을 잘해서 해결할 수 있다고 말하는 것은 과장이겠으나 언어를 구문을 통해 구조적으로 이해하는 능력이 있어야 나머지를 독서가 채워 줄 수 있다고 말하고는 싶다.

4——번역물로 배우는 우리말을 고민할 때

나는 글쓰기 선생으로서 학생들에게 생각하기와 말하기와 글쓰기는 알고 보면 같은 것이고, 이 세 가지의 거리가 가까워야 좋은 글을 쓸 수 있다고 자주 이야기한다. 그런데 실제로는 생각하는 능력과 써 내는 능력 사이의 거리가 보기보다 크다. 정확히 말하면 쓰기가 안 되는 것은 생각을 분명한 문장으로 표현해 내지 못하기 때문이다.

학생들에게 과제를 내어 주고 점검해 보면, 의외로 제대로 된 문장을 구사하는 학생들이 드물다. 못 읽을 뿐 아니라 쓰지도 못하는 것이다. 조사를 정확하게 사용하지 못하거나 주술 호응이 어긋난다. 실사와 실사를 어떻게 연결해야 자신이 말하고 싶은 의미에 도달하는지 모른다. 아마 이것을 말로 하라고 하면 우물대거나 조사와 접속어를 적당히 생략하고 두루뭉술하게 넘어가려 할 것 같다. 제대로 말하거나 쓰지 못한다는 것은 학교에서 애써 가르치려는 실용적 글쓰기 이전에 생각하기가 정확하게 안 된다는 뜻이다.

나는 학생들에게 생각은 '나는' 것이 아니라 '하는' 것이며 가만히 있어도 무언가 떠오른다고 해서 그것을 생각하는 것이라고 여기면 안 된다는 말을 하곤 했다. 정확하고 분명한 문장으로 무언가에 대해 마음속으로 말하는 것이 생각이고 입으로 내보내면 말이고 글자로 쓰는 것이 글이라고. 분명한 한 줄의 의견이 있으면 거기서부터 생각이 펼쳐지지만 머릿속에 물렁물렁하고 뒤죽박죽인 글자들의 반죽이 있다 해서 자기가 무슨 생각을 하는 건지 알 수 있겠니, 라고 하면 학생들은 웃지만, 이내 이렇게 말하곤 했다.

"정리 정돈하기가 어려워요."

바로 이 정리 정돈에 필요한 것이 구문이다. 그래서 생각하고자 하는 의지가 있을지라도 어떻게 말해야 오해 없이, 오독 없이 소통할 수 있을지 구문을 좀 더 공부하여 실마리를 풀어 보자고 주장했다. 그런데 구문론을 공부한다고 글쓰기가 정말로 원활하게 될까. 아닐 것임은 이미 말했지만, 이 문제를 좀 더 생각해 보자.

생각한다는 것은 어휘의 다발이 하늘에서 뚝 떨어지는 것이 아니기 때문에 미리 축적된 문장의 일정한 양이 필요하다. 사유의 깊이를 위해서는 독서가 필요하다고 말할 수도 있겠다. 나는 앞에서 학생들이 주로 접한 문장 대부분이 매스컴 언어라는 점을 염려했다. 그런데 보다 고급 언어라 할 수 있는 책은 어떨까. 각 대학에서 신입생에게 권하는 필독서의 태반은 번역된 책들이다. 최근 들어 우리말 필자가 조금 늘어나고는 있지만 여전히 번역서가 상당한 비중을 차지한다. 저작권 협약이 본격 발효된 이래 번역의 질적 수준이 몹시 떨어졌다.

버트런드 러셀(Bertrand Russell)의 자서전 『인생은 뜨겁게』(사회평론, 2014)를 보면, 러셀은 아주 어린 시절부터 고전에 해당하는 책들을 읽고 감명을 받으며 자랐다. 그리고 좀 더 고전에 가까운 원전들을 읽고자 그리스 어와 라틴 어를 독학했다는 이야기도 나온다. 물론 그리스 어, 라틴 어가 영어와 유사한 어족에 속해 있어 독학하기도 쉬워서였겠지만, 어린아이가 다른 나라 언어를 독학하는 데 참고할 만한 교재가 이미 있었다는 이야기도 되겠다. 모국어에 대한 정확한 이해 없이 외국어를 습득하는 일은 보기보다 쉽지 않다. 또 모국어로부터 연원하지 않은 지식을 축적하는 일도 보기보다 쉽지 않다. 러셀이 어린 시절에 고전을 읽고 원전에 흥미를 느꼈다는 이야기는 고전이 러셀의 모국어로 잘 번역되어 있었다는 이야기로 보여 몹시 부러웠다.

내 학창 시절을 돌이켜 보면 특히 번역 시를 읽는 일을 나는 몹시 어려워했다. 시에 등장하는 구문을 이해하지 못했기 때문이다. 시라는 것이 원래 시적 허용의 정도, 쉽게 말하면 표현을 위해 문법적 오류를 허용하는 정도가 좀 큰 장르이긴 하지만 내가 힘들어했던 것은 그러한 시적 허용 때문이 아니라 문장이 우리말에서 사용하지 않는 형식으로 전개되는 것을 이해하지 못했기 때문이다.

시만 그랬던 것은 아니다. 주변에 말 잘하는 할머니, 이모, 고모 들이 많아 어릴 적부터 갖은 방언으로 된 이야기를 듣고 자란 덕택에 모국어의 문장 감각이 몸에 밴 나는, 바로 그 탓으로 번역 문장을 읽는 일이 몹시 힘겨웠던 것이다. 특히 인문학에 해당하는 대부분의 번역서들이 어려웠다. 그렇다고 차라리 원서로 읽자를 외칠 만큼 외국어를 잘 하는 것도 아니었다. 내가 꽤 오랫동안 외국 책이나 좀 까다로운 번역 책을 읽은 방식은 황당하게도 모든 어휘를 일단 사전에서 찾아 그 뜻을 옮긴 다음 그 어휘들을 가지고 내가 작문한다면 어떤 구문으로 할 것인가를 상상해 보는 방식, 대충 이해한 외국어 문장이 제시하고자 하는 정황이 실제로는 어떤 것일까를 상상해 보는 방식에 가까웠다. 나중에 영어를 조금 공부한 뒤로는 우리말과 다른 구문의 생각법을 이해하는 일이 조금 쉬워지긴 했지만 아직도 다른 나라 방식의 생각법이 쉽지 않긴 마찬가지다. 그럴 수밖에 없는 것이 그들의 문장은 그들의 현장에서 그들의 모국어적 생각 틀로 쓰인 것이다. 현장이 다른데 문장이 같을 수는 없다.

그런데 잘 생각해 보면 우리말을 글로 쓰던 아주 초기부터 글말은 입말과 달리 일본 문체거나 또는 일본어로 번역된 외국어 문체의 영향을 많이 받았다. 그 뒤로도 번역된 글에서 온갖 사유를 배워 왔기는 마찬가지다. 생각과 말과 글이 어긋나기 아주 쉬운 지적 환경이 아닐 수 없다. 외국어에서 유래한 어휘에 대한 염려가 매우 높은 데 비해 구문의 문제는 아직까지는 덜 염려하는 것 같다. 하지만 '우리말 글'이 지닌 특성을 잘 이해하고 되살려 내는 일은 우리 '삶길'이 어떻게 가야 하는지에 대해 숙고하는 일과 같이 간다고 생각한다. 모국어를 배운다는 것은 모국어에 아로새겨진 역사와 민중의 지혜를 같이 배운다는 뜻이기 때문이다.

5——나오며

대학생들을 다시 만나 글쓰기를 가르치게 되면서 나는 학교에서 수업한 내용을 가끔 페이스북에 올리곤 했다. 놀랍게도 그때 이미 대학을 졸업하고 각계각층에서 그 나름으로 제 몫을 하고 있는 분들이 글쓰기의 어려움을 호소하거나 나의 주장에 공감해 왔다. 특히 이공계 대학 출신들이 많이 그랬다. 이공계 출신들이 학생 때는 글쓰기가 자신들과 크게 상관없는 일이라고 생각했을 수도 있다. 하지만 국어 교육이 전반적으로 인문 사회계 학생들에게 초점을 맞추고 있는 것은 아닐까도 생각해 보았으면 싶다. 수학도 절반은 국어라는 말이 있다. 수의 약속이라는 언어가 사회성이나 역사성을 덜 지니는 언어이긴 하지만 그 수가 현실에서 구현될 때는 그것이 어떤 의미인지를 모국어를 통해서 말할 수밖에 없다.

이공계를 위한 글쓰기에 관심을 가지면서 알게 된 사실은 이공계 학생들이 특히 국어 과목 중 문법에 취약하다는 것이다. 글쓰기를 제대로 하기 위한 문법의 필수 분야는 문장론 또는 구문론이지만 고등학교의 국어는 문법을 음운론, 맞춤법, 띄어쓰기 정도에서 행하고 있었다. 인문 사회계 학생들은 비교적 독서량이 많으므로 문장을 저절로 터득하기도 하지만 대개 단편적 독서로 습득한 지식이나 상황의 도움을 받아 소통하게 마련인 이공계 출신들은 과장해서 말하면 입말과 전문 용어와 매스컴 언어로 문장의 대부분을 배웠을 가능성조차 있다. 이렇게 되면 생각이 저절로 보수화되지 않을까.

깊이 있는 생각을 실어 나르는 문장들을 풍부하게 가르치면서 우리말글의 기초를 닦게 하는 일이 그렇게 어려운 일은 아니다. 다만 현재의 학교 교육에서 입시를 위한 객관식 평가가 대세가 되면서 개개인의 삶과 깊이 관련을 맺는 문장 교육이 설 자리가 없어졌다. 많이 쓰고 많이 읽고 많이 대화를 나누는 것보다 더 나은 국어 교육은 없고, 새로운 문장을 만나고 써 보지 않은 문장을 써 보는 것만큼 삶의 활력을 깨우치는 일은 드물다. 어렵더라도 학생들에게 더 많이, 더 좋은 우리말글로 된 문장을 읽고 쓰게 했으면 좋겠다.

국어 교육에서 교육과정의 의미와 역할　　이도영

1───교육과정이란 무엇인가

　교육과정은 영어로는 curriculum이다. curriculum이란 용어를 처음으로 사용한 책은 보빗(Franklin Bobbitt)의 *The Curriculum*(1918)이다. 이 책은 교육과정을 과학의 하나로 만든, 또는 교육과정을 다양한 측면에서 과학적으로 탐구하게 만든 최초의 책이라 할 수 있다. 보빗이 사용한 curriculum이란 용어는 라틴어의 currere에서 온 말이다. currere는 경주로(race-course), 경주하는 그 자체(the race itself)에 해당하는 말로 활동의 장소나 활동의 연속을 의미한다.

　경마장에 가 본 사람은 알겠지만, 경주로는 다음과 같은 몇 가지 특성을 기본으로 하여 만든다. 첫째는 출발점과 도착점이 있다. 둘째는 제한된 공간에서 달릴 수 있도록 울타리를 친다. 셋째는 잘 달릴 수 있도록 경주로를 최적의 상태로 만든다. 초창기의 교육과정은 이러한 경주로의 특성을 교육의 장으로 끌어들여 학습자가 도달해야 하는 지점, 즉 목표를 어떻게 설정할 것인가와 학습자가 목표를 달성하기 위해 어떤 절차를 거치고 어떤 활동이나 경험을 해야 하는지와 관련된 교육 내용의 목록을 제시하는 데 치중하였다.

　그러나 오늘날에는 교육과정의 의미를 이처럼 협의로 해석하는 경우는 드물다.

이보다는 학습자가 도달해야 할 목표, 교수자와 학습자가 가르치고 배워야 하는 내용, 이러한 내용을 어떻게 가르치고 배워야 할 것인가 하는 교수·학습 방법, 앞의 여러 교육 행위들이 잘 이루어졌는지 알아보기 위한 평가 등을 아우르는 광의의 개념으로 받아들이는 것이 일반적이다. 워커(Walker, 1988)에 따르면, 더 나아가 교사와 학습자, 교육 이론가를 포함한 교육 공동체의 의도나 희망, 두려움 또한 교육과정의 일부로 간주할 수 있다. 그 결과 현재의 교육과정은 교육과정의 계획, 개발, 실천에 관련된 모든 과정과 결과를 포함하게 되는데, 이로 인해 교육과정은 어떤 고정적인 실체라기보다는 역동적인 하나의 교육 현상으로 자리매김하게 된다.

우리나라는 교육과정에 대한 논의가 미비한 것도 하나의 이유가 되겠지만, 교육과정 하면 교육부에서 공식적으로 공포한 문서로 된 교육과정만을 떠올리게 된다. 보통 이러한 교육과정을 '문서로서의 교육과정'이라 하며 이는 일종의 계획된 (또는 의도된) 교육과정이다. 문서로서의 교육과정은 우리나라의 경우 교육과정을 편성하고 운영하는 주체에 따라 국가 교육과정, 지역 교육과정, 학교 교육과정으로 구분된다. 대체로 국가 교육과정은 교과서 개발의 근거가 되며, 학업 성취도 평가의 준거로 활용된다. 지역 교육과정과 학교 교육과정은 교사들이 수업을 계획하고 학생들을 평가하는 지침이 되며, 교사들의 교수 활동에 대한 장학(獎學)과 교육과정의 실행, 그리고 그 결과에 대해 책무성을 부과하는 토대가 되기도 한다.

하지만 학교 교육은 항상 계획된 문서대로 이루어지지 않는다. 문서는 문서일 뿐이고 하나의 계획이기 때문에 학교에서 이루어지는 하루하루의 교육은 계획과 전혀 다른 방식으로 진행되기도 한다. 계획과 실행 사이에 존재하는 이러한 괴리를 극복하기 위해 마련된 교육과정이 '실천으로서의 교육과정' 또는 '전개된 교육과정'이다. 쉽게 말하면, 학교와 교실에서 교사와 학생이 실제로 가르치고 배운 것이 실천으로서의 교육과정이 되는 것이다. 교사는 의식적이든 무의식적이든 반드시 문서로 된 교육과정을 자신의 지식, 신념, 가치관, 태도, 교육관 등에 따라 해석하게 된다. 그렇기 때문에 학교 교육은 똑같은 내용의 문서로서의 교육과정을 참고한다고 해도 누가 가르치느냐에 따라 그 양상이 사뭇 달라진다.

일반적으로 실천으로서의 교육과정은 문서로서의 교육과정보다 학생들에게 더 큰 영향을 미친다. 문서로서의 교육과정을 아무리 잘 만들어도 교육과정 문서로 교사가 수업을 하지는 않는다. 교사는 교육과정을 근거로 해서 만든 교과서나 교재를 바탕으로 하되 자신의 교수·학습 계획안을 토대로 수업도 하고 평가도 한다. 학생들의 경우에는 문서로서의 교육과정은 구경조차 하지 않는다. 학생들에게 실감 있게 다가오는 것은 교과서와 교사의 수업인 것이다. 더구나 문서로서의 교육과정은 대체로 단위 학교의 사정을 감안하여 만들기보다는 일반적이고 보편적인 성격을 띠게 되므로, 모든 학교의 교수·학습 상황 역시 고려할 수가 없다. 이런 이유로 실천으로서의 교육과정은 꼭 필요하며 문서로서의 교육과정과도 구별되어야 한다.

문서로서의 교육과정이나 실천으로서의 교육과정과는 성격이 다소 다른 '성과/산출로서의 교육과정' 또는 '실현된 교육과정'이 있다. 교육은 어찌 되었건 그 결과로 학생들에게 특정 지식, 정서, 태도, 경험, 성취 등을 갖게 한다. 아무리 계획과 실천이 뛰어나도 학생들이 그러한 계획과 실천대로 성장하지 않을 수 있기 때문에 결과가 별무소득이면 그 교육과정은 실패한 것이라 할 수도 있다. 그래서 교육과정에 대한 평가는 대부분 학생들에 대한 평가를 통해 이루어진다. 예를 들어, 현재 우리나라의 학생들이 무엇인가 부족하다면 그 책임은 문서로서의 교육과정이나 실천으로서의 교육과정에 문제가 있어서 그렇다고 할 수 있는 것이다.

이러한 교육과정의 개념은 자연스럽게 국가 또는 학교에서 계획 또는 의도하지 않은 것을 학생들이 배울 수 있다는 생각으로 이어지게 된다. 이것이 바로 '잠재적 교육과정(latent curriculum)' 또는 '숨겨진 교육과정(hidden curriculum)'이 나오게 된 배경이다.[1] 학교도 일종의 사회이므로 학교생활을 하다 보면 온갖 우여곡절을 겪는다. 그 과정에서 학생들은 특정한 태도, 규범, 가치관, 권력 관계 등을 부지불식간에 배우게 된다. 그것이 긍정적일 수도 있고 부정적일 수도 있지만, 어떤 경우이든 그것은 오랜 기간에 걸쳐 학습되며 한 번 학습된 내용은 오랫동안 잊히지 않는다. 그래서 어떤 사람은 학교에서 좋은 기억을 얻지만, 어떤 사람은 학교에서 많은 상처를 받기도 한다.

---

1 이와 반대가 되는 교육과정은 '명시적 교육과정(manifest curriculum)'이라 한다.

의도하지.않았는데도 가르치고 배우게 되는 현상을 개념화한 잠재적 교육과정과는 달리, 꼭 필요한 내용인데도 가르치거나 배우지 않은 교육 내용이 있을 수 있다. 이를 개념화한 것이 '영 교육과정(null curriculum)'이다. 가르치지 않은 교육 내용에 대해서 학생들은 무의식중에 그 교육 내용이 중요하지 않다는 것을 배울 수도 있다. 또한 암암리에 학생들에게 특정 가치관이나 세계관을 주입할 수도 있다. 그렇기 때문에 영 교육과정은 우리들에게 교육이 부주의로 인해 빠뜨린 내용이 없는지 살펴볼 수 있는 계기를 만들어 주기도 하고, 교과 교육 중심의 학교 교육만이 능사가 아니라는 것을 깨닫게 하기도 한다.

교육과정의 개념이 이처럼 다양하다면 응당 국어과 교육과정에서도 이를 반영해야 할 것이다. 하지만 이는 현실적으로 가능하지 않다. 만약 위의 모든 교육과정의 개념을 받아들여 교육과정을 논한다면 이것은 결국 학교 교육의 모든 것을 언급해야 함을 의미하게 되고, 이렇게 된다면 논의의 초점이 흐려질 수도 있다. 따라서 이 글에서는 우리나라의 현실을 고려해, 문서로서의 교육과정을 바탕으로 계획된 국가 수준의 교육과정을 중심으로 논의할 것이다. 왜냐하면 우리의 경우 국가 수준의 교육과정만큼 큰 고민 끝에 제시된 교육과정이 거의 없을 뿐만 아니라, 현실적인 영향 면에서도 국가 교육과정을 능가할 만한 교육과정이 없기 때문이다.

2──국어과 교육과정은 어떤 역할을 해 왔는가

'국어과 교육과정은 꼭 필요한 것일까? 필요하다면 그 이유는 무엇일까? 국어과 교육과정을 가지고 무엇을 할 수 있을까?' 교육과정에 대해 논의하려면 이 같은 질문에 답을 할 수 있어야 한다. 교육과정의 역사를 살펴보면 교육과정이 등장하게 된 배경에는 교육을 과학화하려는 의도가 깔려 있었다. 연구 분야의 하나로서 교육과정이 탄생하게 된 20세기 초기는 교육적 발효의 시대였다. 과학적인 연구 방법, 심리학의 영향, 아동 연구의 움직임, 산업적 효율성, 진보주의 운동 등이 교육에 영향을 미쳤다. 이로 인해 교육과정은 단순히 교육 내용이나 교과를 모아 놓은 것이 아니라 원리와 방법론을 가진 하나의 과학으로 생각되었고, 교육을 체계적으로 관리하는 기능을 떠맡게 되었다. 이러한 기조는 지금까지도 이어져 교육과정은 전가의 보도처럼 모든 교육 활동을 관장하는 상위법으로서의 존재감을 드러낸다.

교육과정은 무엇을 관리하는가? 범상하게 말하면, 교육을 관리한다고 할 수 있다. 그러면 교육을 관리한다는 것은 무엇인가? 국어과 교육과정의 구성 체제를 역사적으로 살펴보면 교육과정이 교육에 무엇을 어떻게 관여하는지 엿볼 수 있다. 먼저, 1차 국어과 교육과정의 구성 체제를 살펴보자.

1차 국어과 교육과정의 구성 체제

초등학교	중학교	고등학교
一. 초등학교 국어과의 목표 　1. 초등학교 교육의 목표와 국어 교육 　2. 초등학교 국어과의 목표 二. 초등학교 국어 교육의 영역 三. 초등학교 각 학년의 지도 목표 四. 초등학교 국어과 학습 지도 방법	1. 우리나라의 교육 목적과 국어 교육 2. 국어과의 지도 목표 3. 중학교 국어과의 지도 내용 4. 각 학년의 지도 내용	一. 고등학교 국어(一)의 목적 二. 고등학교 학생의 언어생활 三. 고등학교 국어(一) 지도 내용 四. 고등학교 국어(一) 지도의 구체적 목표 五. 단원 예

지금의 교육과정과 비교해 보면 좀 엉성하다는 느낌이 들 정도로 학교 급별로 구성 체제가 통일되어 있지 않음을 알 수 있다. 예를 들면, 초등학교에서는 중·고등학교와는 달리 '목적'과 '목표'를 구분하지 않고 '목표' 한 가지로 통일시켜 사용하고 있으며, '지도 내용'이 빠져 있다. 한편 중학교와 고등학교에는 초등학교에 나와 있는 '학습 지도 방법'이 없으며, '단원 예'는 고등학교에만 있다.

이를 통해 교육에 대한 그 당시 고민의 흔적을 알 수 있으며, 교육과정에서 무엇을 중시하고 있는지도 파악할 수 있다. 교육에서 목표와 목적은 명확하게 구분되는 개념은 아니지만, 이는 모두 교육의 지향점, 방향성과 관련이 있다. 더 나아가면 교육과정이 원하는 인간상과 밀접한 연관이 있다. 하지만 교육은 목표나 목적으로만 이루어질 수 없기 때문에 반드시 목표 달성을 위한 교육 내용이 필요하다. 그렇기 때문에 초창기의 교육과정은 교육 목표와 내용을 체계화하는 것에 집중하게 된다. 교수 학습의 필요성에 대한 인식도 어느 정도 드러나지만 이는 선언적인 의미만 지닐 뿐이다. 또한 교과서와의 관련성도 미미하나마 의식하고 있었지만 구체성을 띠고 있지는 못하다. 이러한 흐름은 2차와 3차 교육과정까지 이어진다.

　　교육과정에 평가가 처음 등장한 것은 4차 국어과 교육과정에서다. 다음 표에서 볼 수 있듯이 초·중·고 모두 '교과 목표, 학년 목표 및 내용, 지도 및 평가상의 유의점'으로 체제가 통일되어 있으며, '지도상의 유의점'에 평가를 추가한 것이 이전보다 새로워진 모습이다. 전체적으로 보면, 4차 국어과 교육과정의 구성 체제는 '목표 → 내용 → 교수·학습 → 평가'로 이어지는 교육의 전 과정을 교육과정에 반영하고 있으며, 이러한 흐름은 5차 국어과 교육과정에까지 이어진다. 형식의 통일과 간결함은 교육과정을 좀 더 안정화하고 체계화하는 데에 큰 기여를 했지만, 한편으로는 이때부터 국가가 교육과정 개발에 적극 관여했음을 의미한다.

4차 국어과 교육과정의 구성 체제

초등학교	중학교	고등학교
가. 교과 목표 나. 학년 목표 및 내용 다. 지도 및 평가상의 유의점	가. 교과 목표 나. 학년 목표 및 내용 다. 지도 및 평가상의 유의점	교과 목표 국어 Ⅰ 　가. 목표 　나. 내용 　다. 지도 및 평가상의 유의점 국어 Ⅱ 　가. 목표 　나. 내용 　　1) 현대 문학　　2) 작문 　　3) 고전 문학　　4) 문법 　다. 지도 및 평가상의 유의점

　　국가의 개입이 본격화하면서 국어과 교육과정은 이전보다 더욱더 세련된 형태를 보이게 된다. 이런 점에서 6차 국어과 교육과정은 시사하는 바가 많다. 6차에는 이전에는 없던 '성격', '내용 체계'를 신설하고, '지도 및 평가상의 유의점'을 '방법'과 '평가'로 나누었다. '성격' 항목은 대체로 이원 체제로 기술되어 있는데, 앞부분에서는 '국어과 교육의 정의, 국어과 교육의 영역 구분과 각 영역의 역할' 등 국어과의 일반적인 성격을, 뒷부분에서는 국어과 교육의 학교 급별 성격을 다루고 있

다. '내용 체계'에서는 각 영역의 내용을 범주화하여 말 그대로 체계적으로 제시하고 있다. 이전 교육과정의 '지도'는 '방법'으로 그 용어가 바뀌었고, '평가'가 독립되어 제시되었다. 전체적으로 6차의 구성 체제는 이전의 체제와 비교해 볼 때, 거의 완성 단계에 이르렀다 할 정도로 잘 짜여 있다. 잘 짜여 있는 만큼 교육과정은 이제 국가의 통제와 관리 속에 편입되게 된다.

국가가 국어과가 어떠한 과목이어야 하는지도 명시적으로 언급하고, 가르쳐야 할 내용도 운신의 폭을 넓힐 수 없도록 제한하고, 방법과 평가도 교육 내용과 관련지어 제시하는 등 모든 교육 행위가 국가가 의도한 목표 속에 녹아들게 된다.

6차 국어과 교육과정의 구성 체제

초등학교	중학교	고등학교
1. 성격 2. 목표 3. 내용 　가. 내용 체계 　나. 학년별 내용 4. 방법 5. 평가	1. 성격 2. 목표 3. 내용 　가. 내용 체계 　나. 학년별 내용 4. 방법 5. 평가	1. 성격 2. 목표 　2-1. 국어 　　1. 성격 　　2. 목표　　4. 방법 　　3. 내용　　5. 평가 　　　가. 내용 체계 　　　나. 내용 　2-2. 화법, 2-3. 독서, 2-4. 작문, 　2-5. 문법, 2-6. 문학(이하 '2-1. 　국어'와 동일)

이후의 교육과정은 모두 6차 교육과정의 변주에 불과하다. 교육 내용을 좀 더 세련되게 진술하거나, 방법과 평가의 하위분류를 좀 더 체계화한 것이 전부라 할 수 있다. 현행 2009 개정 교육과정의 구성 체제를 보면 이를 단적으로 알 수 있다.[2]

2009 개정 국어과 교육과정의 구성 체제

1. 추구하는 인간상 2. 학교 급별 교육 목표 　가. 초등학교 교육 목표 　나. 중학교 교육 목표 3. 목표 4. 내용의 영역과 기준 　가. 내용 체계 　나. 학년군별 세부 내용	5. 교수·학습 방법 　가. 교수·학습 계획 　나. 교수·학습 운용 6. 평가 　가. 평가 계획 　나. 평가 운용 　다. 평가 결과 활용

지금까지 살펴보았듯이 초창기에는 목표와 교육 내용을 중심으로 교육과정이 구성되어 있었다. 하지만 그 후에는 교수·학습 방법과 평가가 추가되면서 일련의 교육 활동이 교육과정에 모두 반영되었을 뿐만 아니라 교육 활동을 단위별로 나누어 체계화하고 있음을 알 수 있다. 교육 행위는 우리가 생각하는 것보다 매우 복잡한 활동이므로 이러한 시도는 어느 정도 필요하며, 교육을 과학화하는 데에도 일조했음은 분명하다. 관리를 하지 않으면 교육이 중구난방이 되어 혼란을 자초할 수도 있기 때문이다. 그렇지만 이러한 시도의 이면에는 국가가 교육을 통제하려는 의도가 있음도 명약관화하다. 이러한 이중성을 지니는 교육과정을 우리는 어떻게 읽어야 할까?

3──국어과 교육과정, 어떻게 읽을 것인가
교육과정과 교과서의 관계를 생각하며

목표로 시작해서 평가로 끝나는 교육과정은 랠프 타일러(Ralph Tyler)의 모형을 기반으로 한 교육과정이다. 타일러는 교육과정 개발이나 설계에서 기본적으로 제기되는 문제는 다음의 네 가지라고 하였다.

첫째, 학교에서 달성하고자 하는 교육의 목적은 무엇인가?
둘째, 이 목적을 달성하기 위해서는 어떤 교육적 경험을 이수하도록 설계되어야 하는가?
셋째, 이 교육적 경험을 어떻게 조직하면 가장 효과적이겠는가?
넷째, 이러한 목표가 달성되었는지를 어떻게 평가하는가?

이러한 타일러의 모형은 교육과정 구성에 대한 합리적·논리적·체계적 접근을

---

2 편의상 공통 교육과정만 예로 들었다. 고등학교 선택 교육과정도 이와 별반 다르지 않다.

나타낸다. 어떠한 과목도 이 접근에 의해 교육과정을 구성할 수 있다는 점에서 타일러의 모형은 어떠한 정치적 편견도 포함하고 있지 않은 중립적 모형이라 할 수 있다. 거의 모든 나라가 이 모형에 의해 교육과정을 구성하고 있는 것을 보면 가히 그 영향력을 짐작할 수 있다.

타일러 모형은 흔히 공학적인 생산 체제 방식이라 일컬어진다. 그 특징을 몇 가지로 나누어 살펴보면 다음과 같다. 첫째, 생산 지향적이다. 산출물에 초점을 두고 학습 성과를 강조하게 된다. 둘째, 목적과 수단의 관계를 전제하고 있다. 수단은 성취될 목적을 토대로 해서 정당화되며, 수업도 바라는 학습 성과에 따라 정당화된다. 셋째, 모형의 토대는 공학적이다. 주로 전문가에 의해 교육과정이 구성되며, 교과서 개발이나 수업 모형도 그 분야의 전문가에 의해 결정된다. 넷째, 교육을 직선적 과정으로 파악하고 있다. 그래서 목적이 수단에 앞서 설정되며, 목적은 이후의 교육 내용, 교수·학습 방법, 평가, 교과서 개발, 수업 모형 개발 등과 관련된 의사 결정의 기초로 활용된다. 다섯째는 앞서 말한 것처럼 객관적이고 중립적이라는 점이다. 개인적 가치나 편견의 영향을 받지 않고 과학적 근거에 의해 의사 결정을 하려고 한다. 또한 수업 목표와 방법은 효과성과 능률성을 근거로 하여 선택된다.

이러한 특징들에 대한 비판 역시 다양하다. 가장 완화된 비판은 타일러식의 접근 방법은 기껏해야 교육을 경영, 통제의 대상으로 보는 무감각하고 비감정적이며 비인간적인 접근 방법이라는 것이다. 가장 심한 비판은 중립적이고 공학적이라는 미명 아래 지역적·계층적·성적 차별 등을 양산함으로써 특정 집단의 지배와 그 밖의 다른 집단의 복종을 강화한다는 것이다.

교과서를 만들기 위해서는 기본적으로 국어과 교육과정이 타일러식의 접근 방법에 기반하고 있다는 것을 의식해야 한다. 또한 이를 극복하기 위해서 어떻게 교육과정을 읽어야 할지를 고민해야 할 것이다. 한 예로 국어과 교육 내용 선정과 진술 방식을 어떻게 읽어야 하는지를 살펴보고자 한다.[3]

현재 국어 사용 영역에서 주류를 이루는 교육 내용은 심리학에 기초한 언어 사

---

3 이하 내용은 이도영의 「국어 사용 영역의 변화와 발전 방향—교육 내용을 중심으로」(『국어 교육 연구』 제 50집, 국어교육학회, 2012)의 내용을 이 글의 논지에 맞게 재구성한 것이다.

용 과정이다. 과정 중심 교육 내용 선정의 특징 중 하나는 교육 내용과 교육 방법의 경계가 명확하지 않다는 것이다. 예를 들어, 쓰기 영역의 전형적인 교육 내용인 '내용 선정, 내용 조직, 표현, 고쳐쓰기'를 보면, 이러한 내용들은 쓰기에서 가르쳐야 할 내용이기도 하면서 쓰기를 가르치기 위한 방법도 된다.

이러한 유형의 교육 내용으로서의 언어 사용 과정은 잘 살펴보면 '~을 하기 위한' 수단 또는 과정이지, 그 자체가 목적은 아니다. 즉 지금의 국어 사용 영역 교육은 타일러식의 목적과 수단 관계를 전제하고 있지만, 타일러와는 달리 목적보다는 수단을 더 강조하고 있다고 볼 수 있다. 그래서 교사나 학생들 입장에서 보면, 주어진 활동을 하긴 하는데 왜 하는지에 대해서는 큰 자각을 가지기 어렵다. 이는 언어 사용 목적에 대한 의식 없이 수단 중심의 활동을 주로 하기 때문이다. 강하게 말하면 퇴행적으로 타일러식의 접근 방법을 채용했다고 할 수 있다. 물론 교과서에 목표가 제시되어 있지만 그 목표는 구체성을 결여한 일종의 장식일 뿐이다.

수단을 강조하는 이러한 도구관적 교육 내용은 그 특성상 보편성, 일반성을 띠게 된다. 쓰기로 예를 들면, 누가 어떤 글을 쓰든 제시된 쓰기 과정을 거칠 수밖에 없다. 내용 선정, 내용 조직, 표현 등을 안 하고는 글을 쓸 수가 없기 때문이다. 미국이나 영국의 교육 내용과 우리나라의 교육 내용이 유사한 것도 다 이런 연유에서 비롯된 것이다. 이처럼 보편성과 일반성을 추구하면 필연적으로 구체적인 맥락과 언어 사용자의 특수성은 국어 사용 영역 교육에서 소홀히 취급된다. 인간이 배제된 채 탈맥락적 상황에서 이루어지는 언어 사용 교육은 무미건조할 수밖에 없다. 2007 개정 교육과정에서의 '맥락' 도입은 성공했다고 볼 수 없지만, 실은 이에 대한 반발이라 볼 수 있다.

한편 지금의 언어 사용 과정 중심의 교육 내용 선정 방식은 언어 사용의 하위 과정을 몇 단계로 나누고 어느 정도는 위계 관계가 있는 것으로 보고 있다. 일종의 구조주의적 관점이라 할 수 있으며 '부분-전체' 또는 '상위-하위' 관계를 상정하고 있다. 즉 내용 선정, 내용 조직, 표현과 같은 하위 과정을 경험하게 하면 쓰기 전체 과정을 경험하게 된다는 것이다. 이는 기능주의와도 관계가 있으며, 결과적으로 국어 사용 영역 교육을 하위 과정 중심으로 이끌게 된다. 하지만 언어 사용 과정은 몇 개의 하위 과정으로 명확히 나눌 수 있는 것이 아니며, 정해진 순서나 고정된 순서가 있는 것도 아니다. 그렇기 때문에 하위 과정 중심의 언어 사용 교육은 한계가 있을 수밖에 없다. 실제 언어를 사용할 때는 언어 사용 전 과정이 동시다발적으로 경험되는 것이지 하위 과정들이 분리된 채로 경험되는 것이 아니다.

언어 사용 과정 중심의 내용 체계화가 지닌 이러한 약점을 보완하기 위해서는 교과서 개발을 달리 해야 한다. 즉 학생들이 언어 사용의 전체 과정을 특정한 맥락 속에서 동시에 경험할 수 있도록 교과서를 구안할 필요가 있다. 그러나 이렇게 하기 위해서는 어떤 장치가 필요한데, 텍스트 유형을 도입하는 것이 그 한 방법이 될 수 있다. 텍스트 유형과 언어 사용 과정을 결합하여 내용과 활동을 체계화하는 것이다. 학생들이 언어 사용의 전 과정을 동시에 경험하면서 어려움을 겪게 되면, 교사는 언어 사용 과정에 비추어 어디에서 어려움이 생겼는지를 파악하고, 그 어려움을 해결해 준다. 이처럼 처방적 관점에서 언어 사용 과정을 활용해야 언어 사용 과정 중심의 교육 내용이 가치가 있다. 따라서 텍스트를 도입하여 '부분 → 전체' 접근에서 '전체 → 부분' 접근으로 바꿀 수 있는 교과서 구성 체제를 개발할 필요가 있다.

교육 내용 진술과 관련해서 또 하나 주목해야 할 사항은 '성취 기준'이라는 용어이다. 주지하다시피 2007 개정 교육과정부터 교육 내용 대신에 성취 기준이라는 용어를 도입했다. 이러한 성취 기준의 도입은 미국과 영국의 교육과정에 영향을 받은 것인데, 교육의 책무성, 교육 경쟁력 강화와 맞물려 있다. 이 시점부터 국가 수준 성취도 평가가 본격적으로 시행되었는데, 당연히 관심은 학생들이 성취 기준에 도달했는지 여부이다. 교육 내용이라고 이름을 붙이나 성취 기준이라고 이름을 붙이나 별 차이가 없다고 생각할 수도 있다. 실제로 성취 기준의 진술을 보면 이전 교육과정의 내용 진술과 크게 다를 바 없다. 하지만 교육 내용이라고 했을 때에는 가르치고 배워야 할 것이라는 교육적 의미가 강한데, 성취 기준이라고 했을 때에는 '도달/미도달'이라는 말이 먼저 떠오른다. 교육 내용과 평가의 연계를 생각하면 긍정적이라고 할 수도 있다. 문제는 이로 인해 교육 내용을 바라보는 시각이 달라진다는 것이다.

성취 기준의 도달 여부를 판정하려면 양적 평가를 도입해서 객관성을 확보해야 한다. 달리 말하면 학생들의 언어 사용 수준을 몇 등급으로 나누어 이를 표준화해야 한다. 이런 식의 표준적인 평가 기준 개발은 언어 사용을 획일화, 규격화하며 언어 사용의 본질인 다양성, 다의성 등을 훼손할 염려가 있고, 언어 사용을 정답이 있는 것처럼 여기게 할 가능성이 많아진다. 부연하면 언어 사용의 적절성, 타당성 여부를 따지는 것이 국어 사용 영역 교육의 본령 중 하나인데, 언어 사용 문제를 '맞다/틀리다' 문제로 환원하면 국어 사용 영역 교육은 경직된다. 지금의 교과서 활동들도 점점 정답을 상정하고 구안하는 추세라 할 수 있으며, 교사와 학생 모두 이를 원하기도 한다. 가르치고 배웠으니까 평가를 해야 하는데 정답이 없으면 교사와 학생 모두 불안하기 때문이다.

성취 기준 도입의 또 다른 문제는 이러한 교육 내용 진술 방식이 공장에서 제품을 생산하는 과정을 떠올리게 한다는 것이다. 즉 다음과 같은 등식이 학교 교육 체제를 설명할 수 있는 유력한 방법이 된다.

- 성취 기준 미달＝규격 미달＝불량품
- 성취 기준 통과＝생산성 증가＝경쟁력 강화

과도한 유추라고 할 수도 있지만, 실제로 성취 기준 미달 학생이 없는 학교를 좋은 학교라고 칭찬하고 그 학교의 교장은 능력 있는 교육자로 인정받고 있다. 말하자면 불량품이 없는 학교를 지향하는 것인데, 학생들을 기준 미달로 만들지 않으려면 연습, 훈련을 반복해서 시킬 수밖에 없다. 이는 창의적 국어 사용 능력을 지향하는 국어 교육의 목표와 거리가 멀어도 한참 멀다. 평가 결과를 수치화하여 특정 기준의 도달 여부로만 언어 사용 능력을 판단하면 몰개성적인 언어 사용자만을 산출하게 될 뿐이다. 극단적으로 말하면, 현재의 교육과정은 교육 내용은 없고 성취 기준만 있다. 따라서 우리는 학생들의 언어 수행 수준과 표현 및 이해 발달을 기반으로 교과서를 재구조화할 필요가 있다.

관리가 지나치면 그것은 구속 또는 억압이 된다. 또한 관리에 치중하다 보면 교육과정을 표준화할 필요가 있고, 이러한 표준화를 따르지 않으면 일탈로 간주하게 된다. 말하자면, 교육이 획일화하고 몰개성화하는 것이다. 작금의 교육과정은 교육을 과학화하기보다는 행정화하고 있다. 즉 관리 모드가 강해져서 교육과정을 통제의 수단으로 활용할 가능성이 농후하다고 할 수 있다. 최근 몇 년 사이에 교육과정을 조변석개하는 것을 보면 이러한 심증이 기우만은 아니다. 따라서 교육과정이 제 역할을 다하려면 이제 '갑'의 위치에서 내려와 '을'이 되어야 한다. 특히 국가 수준의 문서로서의 교육과정은 학교 또는 교실에서 이루어지는 실천으로서의 교육과정에 실질적인 도움을 주어야 한다. 효율성과 표준화로부터 벗어나 교육의 질을 생각하고, 학교 현장에서 교육과정을 선택할 수 있게 단위 학교 기반의 복수의 교육과정을 구안할 필요가 있다. 더 나아가면 각 학교의 교육 문제를 해결할 수 있는 주문 생산식 교육과정도 고려해 봄 직하다.

주지하다시피 교재는 교육과정을 근거로 해서 만든다. 그렇기 때문에 교과서에는 교육과정에 제시된 '목표, 내용, 방법, 평가' 등이 담기게 되지만, 교육과정의 진술이 그대로 반영되는 것은 아니다. 교과서를 만들 때 가장 먼저 해야 할 일은 교육과정의 재해석이다. 재해석을 할 때에는 교육과정의 진술을 액면 그대로 해석할 수도 있고, 적극적으로 재구조화할 수도 있다. 현재 우리나라는 적극적 해석을 권하지도 않거니와 교과서를 개발하는 입장에서도 그렇게 하기 어렵다. 이는 다분히 교과서 검정 합격 여부와 밀접한 관련이 있다. 교육과정의 목표와 내용은 거의 그대로 수용하더라도 교수·학습 방법과 평가는 많은 재해석을 가해야 한다. 이는 교육과정에 진술된 교수·학습 방법과 평가가 목표와 내용(성취 기준)에 비해 상대적으로 구체적이지 않기 때문이다. 그래서 현재 교과서 개발의 관건은 교수·학습 방법과 평가가 된다.

교과서는 수업을 전제로 한다. 수업을 염두에 두지 않는 교과서도 이론적으로는 있을 수 있지만, 우리의 교육 현실에서는 가능성이 거의 없다. 이 때문에 수업은 교과서를 구성하는 데 제약이 되는데, 가장 큰 제약은 시간과 공간 문제다. 수업은 정해진 시간 안에 이루어진다. 그래서 수업의 앞부분에서 해야 할 일, 중간 부분에서 해야 할 일, 끝 부분에서 해야 할 일이 어느 정도는 정해져 있다. 예를 들면 목표 제시는 수업의 앞부분에서 해야 효율적이고, 배운 내용을 정리하거나 평가하는 것은 수업의 뒷부분에서 하는 것이 좋다. 수업 중에 할 수 있는 행위를 교사 입장에서 시간 순으로 간략하게 나타내면 다음과 같으며, 교과서는 수업의 이러한 시간적 선조성을 따를 수밖에 없다.[4]

수업 앞	수업 중간	수업 끝
• 목표 제시하기 • 선수 학습 확인하기 • 동기 유발하기	• 활동 안내하기 • 활동 제시하기 • 활동 유도하기 • 피드백 하기	• 평가하기 • 학습 내용 정리하기 • 차시 예고하기

또 다른 제약은 공간이다. 이는 수업이 주로 교실에서 이루어지는 것과 관련이 있다. 교실이라는 공간은 실제의 생활 공간과는 많이 다르므로 실생활에서 행해지는 다양한 언어 활동들을 자연스럽게 할 수가 없다. 그래서 교과서는 목표와 활동에 맞게 교실 환경을 가상으로 꾸며 제시할 때가 있다. 하지만 효과는 의문이다.

교육과정을 기반으로 만든 교재의 실수요자는 교사와 학생이다. 따라서 교재는 원칙적으로는 교사와 학생 둘 다를 만족시켜야 한다. 교육과정의 용어를 빌리면, 교수 방법과 학습 방법 둘 다 고려하여 교과서를 만들어야 한다. 하지만 이 부분에서 교과서는 거의 실패하게 된다. 왜냐하면 교사만을 위한 교과서는 학습자들에게 불편할 가능성이 많고, 학생만을 위한 교과서는 너무 친절하게 모든 것을 다 제공해서 교사가 불필요할 수도 있다. 사정이 어찌되었건 교과서는 교육과정을 교사와 학생에게 이어 주는 의사소통 매체라는 점을 인식할 필요가 있다. 정리하면, 교과서는 교육과정의 목표·내용·방법·평가를 결합하여 교사와 학생이 교육적으로 의사소통하는 수업에 투입되는 물리적 실체라 할 수 있으며, 다음과 같은 층위로 나누어진다.

① 교육 목표 층위: 무엇을 달성하고자 하는가?

---

[4] 이도영의 「말하기·듣기 교수 방법 연구」(『국어 교육학 연구』 제26집, 서울대학교 국어교육연구소, 2006) 271면을 바탕으로 부분 수정하였다.

② 교육 내용 층위: 무엇을 가르칠 것인가?

③ 언어 자료 층위: 어디서 어떤 언어 자료를 가져올 것인가?

④ 교수·학습 방법 층위: 교사와 학생은 어떻게 가르치고 배울 것인가?

⑤ 교육 평가 층위: 교육 목표 달성 정도를 어떻게 평가할 것인가?

⑥ 참여자 조직 층위: 학습자들을 어떻게 조직할 것인가? (개별, 모둠 등)

⑦ 전달 매체 층위: 어떤 매체로 교육 내용과 교수 학습 방법, 평가 방법을 표상할 것인가?

⑧ 시간 층위: 시간을 어떻게 단위화하여 교사와 학생에게 제시할 것인가?

⑨ 공간 층위: 공간을 어떻게 재구성해야 목표 달성을 할 수 있을까?

교과서의 이러한 다층적 구조로 인해 교육과정은 교과서 개발과 제작의 모든 사항에 관여할 수도 없고, 관여할 필요도 없고, 관여해서도 안 된다. 서두에 언급했듯이 교육과정이 말이 달리는 경주로라면 출발점과 도착점, 가야 할 길과 벗어나면 안 되는 울타리를 제공하는 선에서 그 역할을 다해야 한다. 나머지는 말과 기수에게 맡겨야 한다. 그래야만 교육의 실제 당사자들의 자율성과 이를 바탕으로 한 창의성을 최대로 이끌어 낼 수 있다. 그런 연후에야 교육의 책무성을 묻더라도 묻는 것이 순서이고 도리일 것이다.

참고 문헌

- 고영철·류광찬(1995), 『교육과정과 평가』, 삼선.
- 김인식·정찬기오·권요한(1999), 『교육과정 및 교육 평가』, 교육과학사.
- 김재춘·부재율·소경희·채선희(2001), 『예비·현직 교사를 위한 교육과정과 교육 평가』, 교육과학사.
- 노명완 외 7인(2012), 『국어 교육학 개론』(제4판), 삼지원.
- 유봉호·정영주(1998), 『교육과정 및 교육 평가』(제2판), 교학연구사.
- 이도영(1998), 「언어 사용 영역의 내용 체계에 관한 연구」, 서울대학교 박사 학위 논문.
- 이도영(2006), 「말하기·듣기 교수 방법 연구」, 『국어 교육학 연구』 제26집, 서울대학교 국어교육연구소.
- 이도영(2012), 「국어 사용 영역의 변화와 발전 방향 — 교육 내용을 중심으로」, 『국어 교육 연구』 제50집, 국어교육학회.
- 최미숙 외 7명(2008), 『국어 교육의 이해』, 사회평론.
- 온스타인·헌킨스(Ornstein, Allan C. & Hunkins, Francis P., 2007), 『교육과정』, 장인실 외 11명 공역, 학지사.
- 워커(Walker, D. F., 1988), 「교육과정 연구의 문제」, 『교육과정 논쟁』, Giroux, Henry A. & Penna, Anthony N. & Pinar, William F. 편저, 한준상·김종량·김명희 공역, 집문당.
- 포스너(Posner, George J., 1996), 『교육과정 이론과 분석』, 김인식·박영무·최호성 공역, 교육과학사.
- Bobbitt, Franklin(1918), *The Curriculum*, Boston: Houghton Mifflin.
- Tyler, Ralph W.(1949), *Basic Principles of Curriculum and Instruction*, Chicago: The University of Chicago.

'문학 전통' 교육과 창의성

김현양

—교육과정을 통해 살펴본 '문학 전통' 교육의 목표

1——단절론과 계승론, 그 논리와 귀결

한국 문학의 전통, 그 특수한 자질들과 가치, 그것의 계승에 대해 논의했던 역사적 시간은 짧지 않다. 최근에는 다소 미지근해진 감이 없지 않으나 일제 식민지 시기인 1920년대부터 1980년대까지 이와 관련된 논의는 매우 뜨거웠다. 여기서 그 논의의 경과와 내용을 살펴볼 겨를은 없으나, 핵심은 한국 문학의 전통이라 말할 수 있는 특수한 자질들은 무엇이며 그것이 한국의 근대 문학을 구성하는 가치 있는 문학 유산으로서 의미 있게 계승되고 있느냐 혹은 계승되어야 하느냐는 것이었다.

논의가 매우 뜨거웠다는 말에서도 알 수 있듯이 근대 이전의 '문학 전통'이 현재를 구성하는 가치 있는 문학 유산으로 의미 있게 계승되었다는 견해(계승론)와 그렇지 않다는 견해(단절론)는 팽팽히 맞서 왔다. '단절론'은 한국의 근대 문학은 문학 전통과의 단절을 통해 성립되었다고 보았으며, 이러한 인식의 바탕에는 우리의 과거를 부정적으로 바라보는 생각이 자리 잡고 있었다. 이와는 달리 계승론은 한국의 근대 문학이 문학 전통을 긍정적으로 계승하고 있는 면에 주목하고 이를 강조했다.

단절론이 던지는 근본적인 질문은 과거로서의 문학 전통이 오늘날 살아 있느냐는 것이다. 과거의 문학 전통은 이미 역사의 뒤안길로 사라지고 없으며, 오늘날 살아 있는 문학으로 향유되는 것은 우리의 문학 전통이 아니라 이식·수용된 서양의 근대 문학이지 않으냐는 것이다. 자발적인 것이었든 아니면 강압적인 것이었든 한국의 근대 문학은 서양의 근대 문학을 수용한 '이식된 근대'이며, 이 서양식 근대의 이식은 우리가 도달하고자 했던 목표이기도 했다고 단절론은 주장한다.

하지만 계승론은 우리가 서양의 근대를 추구하고 이를 전폭 수용했다고 해서 근대 문학에서 문학 전통이 단절되었다는 주장은 온당하지 않다고 비판한다. 여기서 더 나아가 계승론은 '서양식 근대를 우리가 도달해야 할 목표로 추구하는 것이 바람직한 것인가?'라는 근본적인 질문을 던진다. 계승론은 서양의 근대를 수용·이식하는 과정에서도 문학 전통은 여전히 눈에 보이게 혹은 보이지 않게 근대 문학의 내부에 존재하고 있다고 주장하며 그것을 의미 있게 주목한다.

한 세기가 넘는 근대화의 시간이 흐른 지금, 우리 삶의 모습이 서양의 근대적 삶과 너무나도 닮아 있다는 지적은 사실과 다르지 않다. 학교 교실만 둘러보아도 그 교실 안에서 전통 혹은 전통을 계승한 것이라고 말할 수 있는 것을 발견하기란 매우 어렵다. 교실이라는 특수한 공간만이 아니라 일상의 여러 공간에서도 이는 마찬가지이다. 이를 두고 우리가 서구화된 삶을 살고 있다고 말하기도 하고, 이 서구화된 삶이 곧 우리의 '근대적 삶'이라고 말하기도 한다.

하지만 그럼에도 불구하고 전통이 단절되었다고 말하기는 어렵다. 우리는 여전히 '김치'를 먹고 있다. '김치'는 계승된 전통이며, 이러한 계승된 전통은 현재 우리의 삶을 구성하고 있는 살아 있는 전통이라고 말할 수 있다. '아파트'는 서양의 근대 건축 양식을 수용한 대표적인 '이식된 근대'이다. 그렇지만 우리가 살고 있는 아파트는 서양식 아파트와 전적으로 같지는 않다. 왜냐하면 한국식 아파트의 내부에는 온돌이 있기 때문이다. 아파트라는 서양식 근대의 내부에 우리의 전통을 담고 있기에 그 아파트를 서양의 근대가 오롯이 이식·수용된 것이라 말할 수는 없는 것이다. 오늘날 우리는 서구화된 근대적 삶을 살고 있지만 그 근대적 삶의 내부에는 살아 있는 전통이 의미 있는 자리를 차지하고 있다고 말할 수 있는 것은 이 때문인데, 문학 또한 예외는 아니다.

　문학 전통의 단절론과 계승론의 논쟁은 계승론 쪽으로 사회적 합의가 모아졌다. 중등학교 교육과정에서 '한국 문학의 전통'을 학습하도록 규정한 것은 이러한 사회적 합의를 반영한 것이라 말할 수 있다. 그렇다면 어떻게 계승론으로 사회적 합의가 모아질 수 있었을까? 그것은 무엇보다 단절이라 주장하는 것이 실상에 부합하지 않기 때문이지만, 특히 단절론의 바탕에 식민 지배를 정당화하는 식민주의와 서양을 세계의 절대적 중심으로 사유하는 서양 중심주의가 놓여 있기 때문이며, 이를 용납할 수 없기 때문이다.

　단절론은 전통을 소홀히 여기고 이식된 서양식 근대를 중시하며, 그것을 한국 근대의 실상이자 한국의 근대가 추구해야 할 방향이라 주장한다. 여기서 그치는 것이 아니라, 한국은 주체적으로 자신의 미래를 구상해 실천하고 실현할 수 있는 능력을 결여한 민족이라 말하며, 그렇기에 정체된 야만의 상태에서 벗어나기 위해 다른 나라, 다른 민족의 지배가 필요했다고 주장한다. 서양의 근대를 이식·수용하기 이전의 한국을 역사 발전이 정체된 지역으로, 한국 민족을 주체적으로 자신의 삶을 개선·발전시킬 수 있는 능력을 결여한 타율적 존재로 파악하는 이러한 생각을 식민주의라고 말하는바, 단절론은 바로 이 식민주의에 기초한 것이었다.

　또한 단절론은 서양의 근대를 최선의 문명으로 중심화하는 생각에 기초해 있다. 단절론이 한국을 열등한 야만으로 주변화할 수 있었던 것도 서양의 근대를 우등한 문명으로 절대화했기 때문이다. 전통이 단절된 것을 아무렇지도 않게 여길 수 있었던 것은, 아니 오히려 그렇게 되어야 하고 그렇게 되는 것을 다행으로 여길 수 있었던 것은 서양의 근대를 절대적으로 긍정하고 이를 이식·수용하는 것의 역사적 정당성을 의심하지 않았기 때문이었다. 하지만 이러한 생각은 서양 세계가 지구의 다른 지역을 식민화하면서 내건 제국주의의 논리, 바로 그것이었다.

　그렇기에 계승론으로 사회적 합의가 모아진 것은 당연하면서도 정당한 귀결이었다. 서양의 근대를 부정하기 위해서가 아니라 식민주의와 제국주의의 '지배 논리'에서 벗어나기 위해, 민족적 주체성과 자율성에 기초한 주체적 근대 국가를 건설하기 위해 계승론은 주장되었던 것이며, 계승론의 그 생각이 우리의 바람직한 삶을 위해 온당하고 정당한 것이기에 사회적으로 승인되고, 교육과정에 반영될 수 있었던 것이다.

2── '문학 전통' 교육과 교육과정, 그리고 창의성

중등 국어과 교육과정에서는 근대 이전으로부터 근대에 이르기까지 문학 전통이 지속적으로 계승되어 왔음을 학습하도록 제시하고 있는데, 2009 개정 국어과 교육과정의 경우에는 다음의 성취 기준이 이에 해당하는 것이다.

(가) [국어 Ⅱ] (13) 전승 과정에 유의하여 한국 문학의 흐름을 이해한다.

한국 문학은 이전의 문학 전통을 그대로 이으면서 전달하는 긍정적 계승과 함께 이전의 문학 전통을 부정하면서 새로운 방향으로 나아가는 부정적 계승을 통해 전승되어 왔다. 한국 문학의 주요 작품을 중심으로 한국 문학의 전통이 어떻게 유지되고 변형되고 있는지를 이해함으로써 한국 문학의 전통 개념을 도출하고 다양한 문학 활동을 통해 전통에 대한 이해를 심화할 수 있게 한다.

(나) [문학] (7) 대표적인 작품을 통해 한국 문학에 나타난 전통과 특질을 이해한다.

한국 문학의 전통과 미적 특질을 이해하는 일은 오늘날 한국 문학을 생산하고 수용하여 내일의 한국 문학을 창의적으로 발전시키는 데 밑거름이 된다. 주제 의식, 가치관, 표현 형식 등 다양한 부문에서 걸쳐 나타나는 한국 문학의 전통과 미적 특질을, 문학사에서 중요하게 평가되어 온 작품을 통해 확인하고 경험함으로써 이해하도록 한다.[1]

---

1 교육과학기술부, 「국어과 교육과정」 교육과학기술부 고시 제2012–14호(별책 5), 2012, 90면, 137면. 이후 「국어과 교육과정」을 인용할 때는 본문에 이 자료의 면수만 밝힌다.

(가)는 2009 개정 교육과정의 국어과 선택 교육과정 '국어 Ⅱ'의 15가지 성취 기준 가운데 문학 영역의 (13)번 성취 기준이다. (나)는 2009 개정 교육과정의 국어과 선택 교육과정 '문학'의 14가지 성취 기준 가운데 '한국 문학의 범위와 역사' 영역의 (7)번 성취 기준이다.

(가)는 학생들이 '국어 Ⅱ' 수업을 통해 한국 문학의 흐름을 이해하는 능력을 성취하도록 요구하고 있다. 그런데 전제가 있다. 한국 문학의 흐름을 이해하도록 하되 문학 전통의 전승 과정, 즉 긍정적 계승과 부정적 계승의 과정을 통해 전통이 전승되어 왔다는 것에 유의하라는 것이다. 이 전승 과정에 유의하기 위해서 선행되어야 할 것이 문학 전통의 개념적 이해임은 두말할 나위 없다.

(나)는 학생들이 '문학' 수업을 통해 한국 문학의 전통과 미적 특질을 이해하는 능력을 성취하도록 요구하고 있는데, 그 방법과 이유까지 구체적으로 제시하고 있다. 한국 문학의 전통과 미적 특질을 이해하는 능력을 성취할 수 있는 방법은 문학사에서 중요하게 평가되어 온 작품(정전)에 나타난 주제 의식, 가치관, 표현 형식 등을 경험(수용)하고 확인하는 것이다. 한국 문학의 전통과 미적 특질을 이해하는 능력을 마련하도록 요구하는 이유는 학습자인 학생들에게 "내일의 한국 문학을 창의적으로 발전시"킬 수 있는 창조의 밑바탕을 마련하게 하기 위해서라고 제시하고 있다.

(가)와 (나)를 통해 문학 전통의 학습 내용, 방법, 이유를 도출해 낼 수 있다. 먼저 문학 전통의 학습 내용을 도출해 보자. 학습 내용은 성취 기준에 도달하기 위해 내세워지는 학습 목표로 구체화할 수 있는데, (가)는 3가지의 학습 목표로 (나)는 2가지의 학습 목표로 다음과 같이 정리할 수 있다.

(가)	① '문학 전통' 개념을 도출하고 이해한다. ② 한국 문학이 긍정적 계승과 부정적 계승의 과정을 통해 전승되었음을 이해한다. ③ '문학 전통'의 전승 과정에 대한 이해를 통해 한국 문학의 흐름을 이해한다.
(나)	① 문학사에서 중요하게 평가되어 온 작품의 수용을 통해 한국 문학의 전통과 미적 특질을 이해한다. ② 한국 문학의 전통과 미적 특질에 대한 이해가 미래의 한국 문학을 창의적으로 발전시키는 데 밑거름이 된다는 것을 이해한다.

이 다섯 가지의 학습 목표를 통해 문학 전통의 학습 영역을 도출해 낼 수 있다. 학습 영역은 '국어 Ⅱ'의 학습 목표인 (가)와 '문학'의 학습 목표인 (나)가 중복되는 것을 고려하여 학습 내용을 재범주화한 결과라 할 수 있는데, 이를 구체적으로 제시하면 다음과 같다.

전통 개념론	(가) – ①, (나) – ①, (나) – ②
전통 계승론	(가) – ②, (가) – ③, (나) – ①, (나) – ②
전통 특질론	(나) – ①, (나) – ②

이 '개념론', '계승론', '특질론'을 문학 전통 학습의 3가지 내용 이해 범주라 말할 수 있다. 개념론의 영역에서는 문학 전통이란 무엇이며 문학 전통과 (민족의) 문화 창조는 어떠한 관계가 있는지 학습하게 하며, 계승론의 영역에서는 전통 계승의 구체적 양상에 대해 학습하면서 이를 바탕으로 한국 문학의 흐름을 살펴보게 하고, 특질론의 영역에서는 전통에 구비되어 있는 특수한 자질에 대해 학습하게 하는 것이 국어과의 '문학 전통 교육'과 관련된 필수적인 학습 내용인 것이다.

개념론, 계승론, 특질론은 각각 고유성, 연속성, 우수성이라는 핵심적 내용을 확인하고자 하는 의도를 내포하고 있다. 개념론에서 중요성에 앞서 학습해야 할 내용이 고유성이다. 전통이 한 집단에서 전승되고 있는 고유한 내적 자질임을 이해해야만 문화 전승에서 외적 자질인 외래성과의 대립 관계를 파악할 수 있으며, 내적 자질의 중요성을 인식할 수 있다. 계승론의 핵심적 학습 내용은 연속성이다. 전대(前代)에서 후대(後代)로 내적 자질이 지속될 때 전통이 계승되었다고 말할 수 있으며, 연속성을 통해 전통 계승이 문화 창조의 매우 중요한 방식임을 확인할 수 있다. 특질론의 핵심적 학습 내용은 우수성이다. 고유하고 연속적인 것 가운데 특별히 우수한 자질이 무엇인가에 초점을 맞추고 있는 것이 특질론이다. 특질론 또한 고유하며 연속적인 것을 확인하고자 하므로 고유성과 연속성이 바탕이 되는 것은 물론이다. 하지만 고유하며 연속적인 것의 우수성을 확인하고 드러내고자 하는 의도가 특질론의 내부에 자리 잡고 있다. 특질론은 미(美)적인 차원에서 다루어지는 경향이 있어 미적 특질론이라 말하기도 하지만, 그렇다고 해서 전통 특질론이 특별히 미적인 차원에서만 논의될 수 있는 것은 아니다.

앞서 말했듯이 개념론, 계승론, 특질론으로 범주화할 수 있는 문학 전통 교육은 식민주의와 서구적 근대주의를 비판하고 이를 넘어서고자 하는 실천적 의도와 긴밀히 관련된다. 그렇기에 국어과 교육과정은 학습자가 이 세 영역의 학습을 통해 문학 전통의 고유한 가치를 인식하고, 문학 전통이 전근대로부터 근대에 이르기까지 어떻게 계승되었는가를 확인하고 이해하기를 요구하는 것이다.

그렇지만 학습의 과정에서 학습자가 폐쇄적이고 배타적인 태도를 갖게 되지 않도록 경계해야 한다. 당연한 말이지만 자신이 속한 집단의 전통, 그 우수성에 매몰되어 우월 의식을 지니거나 다른 집단(민족)의 전통에 대한 무지나 무시를 조장하는 것은 문학 전통 교육의 취지와 전혀 관계없는 것이다. 이는 오히려 문학 전통 교육을 통해 극복하고자 하는 식민주의, 서구 중심적 근대주의의 폐해를 그대로 답습하는 것일 뿐이다.

문학 전통 교육을 개념론, 계승론, 특질론의 세 영역으로 구분했지만 이 세 영역의 학습을 통해 도달하고자 하는 궁극적 목표가 '창의성'에 있다는 것을 분명히 인식하는 것은 매우 중요하다. 문학 전통 교육의 궁극적 이유가 '창의성'에 있다는 것은 '문학'의 (7)번 성취 기준을 통해 도출한 학습 목표 (나)-② '한국 문학의 전통과 미적 특질에 대한 이해가 미래의 한국 문학을 창의적으로 발전시키는 데 밑거름이 된다는 것을 이해한다.'를 통해서도 분명하게 확인할 수 있다. 문학 전통이란 무엇인지, 문학 전통은 어떻게 계승되었는지, 우리가 계승해야 할 문학 전통은 어떤 특질을 지니고 있는지를 이해하고자 하는 궁극적 이유가 내일의 한국 문학 창조에 있다는 것이다.

문학 전통 학습의 궁극적인 이유가 '창의성'에 있다는 것은 다음에 제시한 교육과정상의 교육 목표 혹은 교과 목표를 통해서도 확인할 수 있다. '한국 문학의 전통'과 관련된 2가지의 성취 기준은 다음과 같은 상위의 교육 목표 혹은 교과 목표와 관련된다.

(다) '국어 Ⅱ' 문학 영역의 목표

'문학' 영역에서는 **한국 문학의 전승과 흐름을 이해**하고, 문학에 내재된 다양한 가치를 고려하여 작품을 수용·생산하며, 이를 바탕으로 문학 활동을 생활화하여 **공동체의 문화 발전에 능동적으로 이바지하도록 한다.**

(라) '국어 Ⅱ'의 목표

국어 활동과 국어와 **문학을 심층적으로 이해**하고, 성숙한 교양인으로서 갖추어야 할 전문적인 국어 능력을 신장시켜 **국어의 발전과 국어 문화 창조에 이바지**할 수 있는 능력과 태도를 기르는 것을 목표로 한다.

(마) '국어' 교과 목표

국어 활동과 국어와 **문학을 총체적으로 이해**하고, 국어 활동의 맥락을 고려하여 국어를 정확하고 효과적으로 사용하며, 국어를 사랑하고 국어 문화를 누리면서 국어의 창의적 발전과 **국어 문화 창조에 이바지**할 수 있는 능력과 태도를 기른다.
(86면, 4면. 강조는 인용자)

(다)는 '한국 문학의 전통'과 관련된 성취 기준이 학습 내용으로 있는 '국어 Ⅱ' 문학 영역의 목표이며, (라)는 (다)의 상위 범주인 '국어 Ⅱ'의 목표이고, (마)는 (라)의 상위 범주인 '국어' 교과 전체의 목표이다.

(다)를 통해 한국 문학의 전승과 흐름을 이해하는 것은 공동체의 문화 발전에 능동적으로 이바지하고자 하는 목표와 관련된다는 것을 알 수 있다. (라)와 (마)를 통해 문학을 총체적 혹은 심층적으로 이해하는 것은 국어 문화를 향유하면서 국어 문화 창조에 이바지하고자 하는 목표와 관련된다는 것을 알 수 있다. 한국 문학의 전승과 흐름을 이해하는 것은 문학(한국 문학)을 총체적·심층적으로 이해하는 것의 일부이다. 결국 한국 문학의 전승과 흐름을 이해하고자 하는 것은 '국어 공동체'의 문화(국어 문화)를 향유하면서 이의 창조에 이바지하기 위한 것이라고

말할 수 있다.

'국어 문화'를 향유하면서 이의 창조에 이바지하고자 하는 국어 교과의 교육 목표는 상위의 고등학교 교육 목표를 실현하는 것이기도 하다.

(바) 고등학교 교육 목표

고등학교 교육은 중학교 교육의 성과를 바탕으로, 학생의 적성과 소질에 맞는 진로 개척 능력과 세계 시민으로서의 자질을 함양하는 데 중점을 둔다.

(1) 성숙한 자아의식을 토대로 다양한 분야의 지식과 기능을 익혀 진로를 개척하며 평생 학습의 기본 역량과 태도를 갖춘다.

(2) 학습과 생활에서 새로운 이해와 가치를 창출할 수 있는 비판적, 창의적 사고력과 태도를 익힌다.

(3) 우리의 문화를 향유하고 다양한 문화와 가치를 수용할 수 있는 자질과 태도를 갖춘다.

(4) 국가 공동체의 발전을 위해 노력하고, 더불어 살아가며 협동하는 세계 시민으로서의 자질과 태도를 기른다.[2]

(바)-(2)를 통해 학습과 생활에서 비판적·창의적 사고력과 태도를 익히는 것이 고등학교 교육의 목표임을 알 수 있다. '한국 문학의 전승과 흐름'을 학습하는 것이 국어 문화 창조와 관련된다고 했으므로, '한국 문학의 전승과 흐름'을 학습하는 것이 교육 목표 (바)-(2)와 관련된다고 말할 수 있다. (바)-(3)을 통해 우리의 문화를 향유하는 자질과 태도를 갖추는 것이 고등학교 교육의 목표임을 알 수 있다. '한국 문학의 전승과 흐름'을 학습하는 것이 국어 문화의 향유와 관련된다고 했으므로, '한국 문학의 전승과 흐름'을 학습하는 것이 교육 목표 (바)-(3)과 관련된다고 말할 수 있다. (바)-(4)를 통해 국가 공동체의 발전을 위해 노력하는 것 혹은 국가 공동체의 발전을 위해 노력하는 자질과 태도를 기르는 것이 고등학교 교육의 목표임을 알 수 있다. '한국 문학의 전승과 흐름'을 학습하는 것이 국어 문화의 창조와 관

2 교육과학기술부, 「초·중등학교 교육과정 총론」 교육과학기술부 고시 제2012-31호(별책 1), 2012, 13면.

련된다고 했으니 국어 문화의 창조와 국가 공동체의 발전과의 연관성을 인정한다면, '한국 문학의 전승과 흐름'을 학습하는 것이 교육 목표 (바)-(4)와 관련된다고 말할 수 있다.

그런데 교육 목표 (바)-(4)에서 국가 공동체의 발전을 위해 노력하는 것과 세계 시민으로서의 자질과 태도를 기르는 것이 나란히 배치되어 있는 것을 주목할 필요가 있다. 이 둘을 나란히 배치함으로 인해 국가 공동체의 발전을 위해 노력하는 것과 세계 시민으로서의 자질과 태도를 기르는 것이 서로 모순되는 것이 아니며 함께 추구되어야 할 것임을 드러내고 있다. 앞에서 문학 전통 교육이 자민족 중심적 인식을 갖게 하는 배타적이고 폐쇄적인 교육이 되는 것을 경계해야 한다고 했는데, 교육 목표 (바)-(4)에서도 역시 이러한 생각을 드러내고 있다. 교육 목표 (바)-(4)를 준거로 문학(문화) 창의성 교육으로서의 문학 전통 교육은 세계 시민으로서의 자질과 태도를 기르는 교육이어야 한다고 말할 수 있다.

3──살아 있는 전통을 위하여

엘리엇(Eliot)은 「전통과 개인의 재능」(1919)이라는 글에서 전통과 시인의 창조적 재능은 억압적 관계가 아닌 상호 의존적 관계이며, 전통을 바탕으로 새로운 예술 작품이 창조된다는 것을 말한 바 있다. 엘리엇이 전통과 창조의 관계를 이처럼 강조해 말해야 했던 것은 일반적으로 전통은 개인의 창조적 재능(창의성)을 억압한다고 생각하기 때문이다.

하지만 엄밀하게 말해 창조적 재능을 억압하는 것은 '전통'이 아니라 '전통의 묵수(墨守)'이다. 과거의 전통을 그대로 보존하는 것에만 가치를 두게 되면 창조적 재능을 발휘하기가 어렵다는 말이다. 물론 사라져 가는 과거를 지키기 위해 전통을 그대로 보존할 필요는 있으며, 그것의 중요성 또한 분명하다. 하지만 전통을 보존하는 것은 그것이 창조적 재능을 발휘할 바탕이 되기 때문이며, 창조적 재능과 만나 '살아 있는 전통'으로 계승될 수 있기 때문이다.

전통은 그것을 어떻게 이해하느냐에 따라 '재현된 과거'가 될 수도 있고 '창조된 미래'가 될 수도 있다. 그렇기에 중등 국어과 교육에서 문학 전통에 대해, 그것의 특질과 가치에 대해, 그것의 계승에 대해 학습하는 것은 참으로 중요하다. 국어 수업 시간과 문학 수업 시간에 이루어지는 문학 전통에 대한 학습이 자신의 현재적 삶이나 오늘날의 문화 창조와 무관한, 단지 시험을 준비하기 위한 고통스런 암기의 체험으로만 기억되어서는 안 된다. 다양하고 적절한 활동을 통해 학생들이 문학 전통에 대해 온당하게 이해하고, 창조된 살아 있는 전통을 체험하도록 해야 하며, 그것이 인상적으로 기억되도록 해야 한다. 그래야 전통이 창조의 바탕이 되고 의미 있게 살아날 수 있다. 그래야 '문학 전통'을 가르치는 이유가 온전히 충족될 수 있다.

다문화 시대 문법 교육의 방향

허재영

1──다문화 교육의 방향 전환

전통적으로 언어 교육에서 문법 교육이 차지하는 비중은 매우 컸다. 이비츠 (Ivic, 1982)도 밝히고 있듯이, 고대 그리스 시대의 언어 연구는 '문헌의 정확한 연구'와 '문화어에 대한 규범을 고정시키는 것'으로부터 시작되었다. 언어에 대한 이러한 접근은 이른바 '기술 문법', '규범 문법'으로서의 성격을 띤다. 이는 이민족과의 접촉이 활발했던 로마 시대의 언어 교육이나 중세의 언어 교육도 마찬가지이다. 그뿐만 아니라 동양의 언어 교육도 원형적인 면에서 서양과 크게 다르지 않다. 구체적인 내용이 밝혀져 있지는 않지만 우리나라의 언어 교육도 서양의 사정과 크게 달랐을 것 같지는 않다. 이민족과의 접촉이 이루어지던 시대에 이미 언어 교육은 존재했을 것이고, 현재 남아 있는 고려 시대의 『계림유사(鷄林類事)』나 『조선관역어(朝鮮館譯語)』도 어휘 중심의 언어 교육 관련 자료들임을 고려할 때, 언어 교육에서 어휘를 중심으로 한 문법 교육이 중시되었음은 자연스러운 일이다.

이러한 맥락에서 어휘와 문법은 국어 교육사를 서술할 때 매우 중요한 분야가 된다. 특히 근대식 학제가 도입되고 국어 교과가 확립되는 과정에서 문법 연구와 문법 교육은 국어 교육의 출발점이 되었다. 비록 학제 도입 이후 최초의 교과서가 읽기 중심의 『국민 소학 독본』(1895, 학부 편찬)이기는 하였지만, 고영근(1987)이 상세히 서술한 바와 같이 서구 학문이 본격적으로 도입되기 시작한 1880년대 전후에도 서양 선교사나 일본인들의 문법 중심 한국어 교재가 다수 등장하였음을 확인할 수 있다. 이는 의사소통 중심의 언어 교육에서 문법 교육이 차지하는 비중이 매우 높음을 의미하며, 근대식 국어 교육에서도 문법 교육의 역할이 컸음을 의미한다.

그럼에도 국어 문법 교육은 각 시대별로 제기되는 과제에도 대응하여야 했다. 예를 들어 근대 계몽기에는 이른바 '국어의 통일', 곧 '규범화'가 시급한 과제였으며, 일제 강점기에는 규범화보다 국어를 유지하는 문제가 더 시급한 과제였다. 광복 이후에는 '국어의 회복'과 '발전'이라는 두 가지 과제를 어떻게 해결할 수 있는가가 중요한 문제였다. 이러한 흐름에서 오늘날의 국어 교육은 이른바 '다문화 시대'에 적합한 국어 교육의 정체성을 찾는 것이 시급한 과제라고 할 수 있다. 그렇다면 다문화 시대란 무엇을 의미하는 것일까? 또한 다문화 시대에 적합한 국어 교육은 어떤 모습을 띠어야 하며, 그 기저에서 문법 교육의 역할과 내용은 어떻게 구성되어야 할까?

사실 이 문제에 대한 해답을 마련하는 데는 매우 복잡한 논의가 필요할 것이다. '다문화 시대'라는 용어에 포함된 '다문화'의 개념이나 철학적 기반조차 현실적·학문적 공감대를 형성한 것은 아니다. 그렇기 때문ㅋ에 다문화의 개념이나 다문화 교육과 관련된 비판적 견해도 상당히 많다. 일부에서는 '다문화 시대'가 최근의 현상이 아니라 오래전부터 시작된 것이라고 주장하기도 하고, 또 일부에서는 '다문화 가정'이나 '다문화 가족', '다문화 학생' 등의 용어를 낯설어하기도 한다. 어떠한 관점이든 다문화 시대의 문법 교육의 방향성을 이해하기 위해서는 다양한 문법 교육 상황을 상정하지 않으면 안 된다. 이와 관련하여 김진희의 「다문화 사회에서의 문법 교육의 방향」(2014)이나 김효연·김혜숙의 「다문화 사회에 적합한 문법 담화 교육 내용 구성 방향」(2013) 등과 같이, 선행 연구의 대부분은 '다문화'의 범위를 '외국인 노동자', '여성 결혼 이민자', '북한 이탈 주민'* 등으로 한정하는 경향을 보인다. 이처럼 다문화 사회의 범주를 세 가지 상황으로 설정하는 이유는 2000년대 이후 세 유형의 사람들이 급증하면서 한국 사회 구성원의 다양성 문제가 급격히 대두되었기 때문으로 보인다.

그런데 엄밀히 말하면 사회 구성원의 다양화는 비단 한국만의 현실은 아니며, 또한 오늘날만의 문제는 더욱 아니다. 유네스코 아시아·태평양 국제이해교육원 (2008)에 들어 있는 이태주의 「국경을 넘어 세계로 나간 한국인들의 다문화 경험」 이나 서현정의 「아시아 각국의 다민족적 상황과 대응」이라는 논문에서 확인할 수 있듯이, 다문화 현상은 세계적이며 보편적인 현상이다.

여기서 우리가 주목해야 할 점은 선행 연구의 대부분이 다문화 교육의 지향점 으로 '융합을 통한 경쟁력 확보'를 추구하고 있다는 점이다. 달리 말해 문화적 다 양성은 '사회적 혼란'을 의미하는 것이 아니라 '문화 발전'의 요소가 될 수 있으며, 문화 발전을 위해서는 '사회 통합'이 가능해야 함을 주목하고 있다는 사실이다. 이 점에서 다문화 교육에 대한 한국 사회의 접근 방식에도 일정한 전환이 필요할 것 으로 보인다. 왜냐하면 기존의 다문화에 대한 접근은 공동체 구성원으로서 동질 성보다는 차이 또는 차별성에 주목하는 관점을 취하고 있기 때문이다. 예를 들어 김경령의 『다문화 가족 국어 사용 환경 기초 조사』(2011)나 원진숙의 『다문화 가 정 학생을 위한 한국어 표준 교재 개발—초등 과정』(2012), 박석준의 『다문화 가 정 학생을 위한 한국어 표준 교재 개발·제작—중등·고등 과정』(2012) 등은 다문 화 교육과 관련된 주목할 만한 연구이지만, 연구의 기본 관점은 한국 사회 구성원 으로서 '이질적인 문화를 갖고 있는 사람들'을 가려내어 그들을 돕겠다는 '시혜적' 인 성격에서 벗어난 것은 아니다. 달리 말해 이 성과를 토대로 결혼 여성 이민자나 북한 이탈 주민 또는 그들의 자녀들이 그렇지 않은 다른 학생들과 동질화할 수 있 는, 또는 그들이 갖고 있는 다문화의 장점을 발휘할 수 있는 교육으로 승화하는 문 제가 여전히 남아 있는 셈이다. 이는 다문화 시대의 문법 교육의 방향을 설정하는 데도 그대로 적용된다.

---

* '탈북자'라는 용어가 차별어로 인식되므로, '새터민'이라는 신조어를 만들어 쓰는 경우도 있으나, 최근에는 '새터민'도 차별어로 인식하는 북한 이탈 주민이 많아졌다. 그들이 차별을 받고 있는 한 어떤 용어를 사용하 든 차별어로 인식될 가능성이 높으나, 여기서는 '북한 이탈 주민'이라는 용어를 쓴다.

2─통합과 정체성의 문법 교육

다문화 시대의 언어 교육, 그 가운데 문법 교육의 핵심적인 문제는 다양한 다문화 구성원들을 어떻게 통합하는가에 있다. 사전적인 의미에서 통합은 '둘 이상의 대상을 합치는 것'을 의미한다. 그런데 『표준 국어 대사전』을 참고하면, 교육학 전문 용어로서의 '통합'은 "아동 및 학생의 생활 경험을 중심으로 학습을 종합하고 통일함. 또는 그런 일."을 의미한다. 여기서 '종합'과 '통일'이 의미하는 바가 중요한 의미를 갖는다. 통일은 일정한 원칙에 따라 대상을 종합하는 것을 뜻한다.

국어 문법 교육과 한국어 문법 교육이 통합을 지향해야 하는 이유는 근본적으로 두 분야의 교육이 '한국어 문법 현상'을 교육 내용으로 삼기 때문이다. 문제는 두 분야의 교육 대상자가 다르고 세부적인 교육 목표가 다르다는 점을 고려할 때, 통합이 가능한 부분과 그렇지 않은 부분을 어떻게 구분해야 하는가에 있다. 이 문제는 좀 더 전문적인 연구가 필요하다.

그렇지만 다문화 학습자를 별도로 떼어 내어 학습하는 프로그램이 아니라면, (실제로 다문화 학습자가 많은 비중을 차지하는 농어촌 학교 환경을 고려할 때) 사회 구성원을 '주류'와 '비주류', '다수'와 '소수', '모국어 화자'와 '이주자' 등으로 구분하여 프로그램을 만드는 일에 집중해서는 안 될 것이다.

이 점에서 기존의 국어과 교육과정에서 제시한 문법 교육의 목표와 내용이 다문화 시대에 어떻게 변용되어야 하는가에 대한 논의가 좀 더 신중하게 이루어질 필요가 있다. 이 문제는 비단 문법 교육만의 문제는 아니다. 최근 외국인을 대상으로 한 '한국어 교육'과 모국어 화자를 대상으로 한 '국어 교육'의 상관성과 관련된 연구가 활발하게 이루어지고 있는데, 서혁의 「한국어 교육과 국어 교육의 관계 설정─상호 발전과 세계화를 위한 과제」(2007)나 김명광의 「국어과 교육과정과 한국어과 교육과정의 비교와 대조」(2007) 등이 이에 해당한다. 서혁(2007)에서는 "국어 교육의 목표가 창의적 국어 사용 능력(활용), 국어적 사고력, 문화 창조로 요약되는 반면에 한국어 교육의 목표는 의사소통 능력과 기본적인 문화 이해에 초점이 놓인다."라고 진술하였다. 이 진술은 기존의 한국어 교육과 국어 교육의 관계를 적절하게 요약한 진술이라고 할 수 있다. 그렇기 때문에 두 분야의 학문 관계나 교육적인 연구 성과들은 '통합'보다는 '차별성'에 주목해 왔다. 이미혜의 「한국어 문법 교육의 목표—국어 문법 교육과의 차별성」(2009)이나 이병규의 「국어과의 문법 교육과 외국어로서의 한국어 문법 교육의 특징 비교 연구」(2008) 등이 그러한 예이다. 이미혜(2009: 245면)의 경우 국어 문법과 한국어 문법 교육의 차이를 '규범 문법'과 '습득 관점', '교육 내용과 목적'의 차원에서 다음과 같이 대조한 바 있다.

규범 문법	국어 규범 문법 교육	한국어 규범 문법 교육
습득 관점	습득된 한국어의 구조 지식을 이해	습득하려는 한국어의 구조 지식을 이해
교육 내용과 교육 목적	• 학문 문법의 지식 체계를 내국어 규범 학습 관점으로 재기술 • 국어 지식으로서의 탐구와 확인 기능 • 학습자의 외국어 문법 학습 시 비교 기능	• 학문 문법의 지식 체계를 외국어 학습 차원으로 재기술 • 국어 사용으로서의 국어 습득을 위한 참고 문법 기능 • 학습자의 자국어 문법과의 비교 기능

이처럼 차이점에 주목하여 한국어 교육과 국어 교육을 나누고자 한 이유는 교육 대상이 비교적 명확히 구분되기 때문이다. 이 점에서 다문화 시대의 문법 교육은 또 다른 전환이 필요하다. 왜냐하면 다문화 구성원은 문화적으로 이질적이지만 공동의 생활 영역을 갖기 때문이다. 달리 말해 다문화 시대의 국어 교육은 '한국어 교육'이나 '국어 교육'과는 전혀 다른 차원에서 접근해야 한다는 뜻이다. 곧 문법 교육의 역사가 새로운 전기를 맞이하고 있음을 의미한다. 따라서 다문화 시대의 문법 교육은 목표나 내용 설정부터 근본적인 전환이 필요하다.

이 점에서 다문화 시대의 문법 교육은 두 개의 언어 교육에 대한 '차별성'을 전제로 해서는 안 된다. '한국어 교육'이든 '국어 교육'이든 다문화 교육은 본질적으로 통합을 지향해야 한다. 즉 다문화 교육은 공동체 내부에 다문화 구성원이 포함된 상황을 전제로 실행되어야 한다는 뜻이다. 이러한 경향에서 김혜숙의 「상호 문화적 국어 교육의 교수·학습 방향 모색—다문화 사회의 통합형 문법 교육을 위하여」(2012)는 주목할 만하다. 이 연구는 비록 '교수·학습 방향'을 전제로 한 것이지만, "사회 문화적 맥락을 고려한 언어 지식과 언어 활동을 비판적이고 창의적으로 수용·생산하여 문화의 다양성을 인정하고 평등 의식을 함양함으로써 관계성과 배려심을 통해 정체성을 확립하는 능력과 태도를 기른다."라는 다문화 시대 국어 교육의 목표를 도출해 내기에 이른다. 이 목표는 적어도 두 가지 면에서 기존의 문법 교육 목표 설정과 다른 점이 있다. 하나는 '문화의 다양성'을 전제로 한 점이며, 다른 하나는 다양성을 하나의 틀 속에서 통합하여 '정체성'을 확립한다는 점이다. 이는 기존의 국어과 교육과정의 목표 설정에서 단일 학습자를 전제한 것과 다르다. 예를 들어 최근에 나온 교육과정(교육과학기술부 고시 제2012-14호, 2012. 7. 9.)의 경우 국어 교과 교육의 목표에서 "국제화 시대에 국어의 가치를 깨닫고 국어를 세계어로 발전시키도록 국어 문화를 이해하고 창조하는 태도를 기른다."라는 설명을 부가하였지만, 이러한 목표와 설명이 다문화를 전제로 한 것은 아니다. 물론 한 국어 교육이나 다문화 교육의 궁극적인 목표가 국어 교육 학습자의 목표에 준하는 국어 능력(국어로 이루어지는 의사소통 능력뿐만 아니라 국어 지식이나 국어 문화를 이해하고 쓸 수 있는 능력을 포함한 개념)을 갖추게 하는 데 있는 만큼, 국어 교과 교육의 목표를 진술할 때 다문화의 통합 과정을 고려할 필요는 없다. 그러나 한국 사회의 현 단계를 살핀다면 사회 구성원을 통합하는 과정을 반영한 국어 교육 연구는 반드시 필요할 것으로 보인다. 이 점에서 김혜숙(2012)은 다문화 문법 교육의 목표가 국어 문법 교육의 그것과 별개로 진술되지 않음을 보여 준다. 즉 통합을 통한 정체성 확립은 다문화 교육에 그대로 적용되어야 함을 의미한다. 학습자의 다양성은 학습 목표나 내용 구성의 다양성 및 차별성을 요구하지 않는다. 그럼에도 '차이'나 '차별'에 주목할 경우 다문화 교육을 차별화하여 접근하는 사례가 많았던 것이 사실이다. 이 점은 다문화 문법 교육이 극복해야 할 과제 중 하나이다.

3── 문법 교육의 내용 선정의 과제: 어휘와 규범

다문화 시대의 문법 교육은 '다문화 학습자'만을 대상으로 한 것이어서는 안 된다. 물론 선행 연구에서 나타나듯 다문화 학습자를 대상으로 한 문법 교육이 별도로 연구되어야 할 필요성은 충분히 있다. 그렇기 때문에 교육과학기술부(2012)나 원진숙(2012), 박석준(2012)의 연구 성과가 높이 평가된다. 그럼에도 다문화 문법 교육의 궁극적인 목표는 '차이'를 극복한 '정체성 확립'으로 수렴되어야 할 것으로 보인다.

이 점에서 기존의 문법 교육, 특히 언어의 규범적 사용 문제는 개선되어야 할 점이 많다. 좀 더 구체적으로 말하면 문법 교육의 차원에서 '한국어 문법 교육'의 내용 선정 못지않게 국어 문법의 내용 선정에도 좀 더 시각을 넓혀야 할 과제가 많다는 뜻이다. 그러한 것으로 '어휘 선정'과 '어문 규범' 문제를 살펴볼 수 있다.

어휘 선정은 언어 교육사의 초기부터 현재까지 지속되는 본질적인 문제이다. 흥미로운 것은 언어 연구, 특히 국어 연구에서도 어휘만을 집중적으로 연구하는 학자가 많지 않다는 점이다. 그 이유가 무엇인지는 알 수 없으나, 음운이나 문법(형태, 통사) 분야에 비해 어휘 분야는 연구해야 할 양이 많고, 어휘의 생성이나 의미 변화 등이 복잡한 양상을 띠기 때문인 듯하다. 그렇지만 어휘 교육은 언어 교육의 기반을 이룬다. 특히 국어과 교육에서 어휘의 계통을 이해하고 바르게 사용하는 능력은 매우 중요한 의미를 갖는데, 이를 위해서는 기초 어휘나 기본 어휘에 대한 바른 이해가 필요하다. 일반적으로 기초 어휘는 계통상 그 언어의 뿌리에 해당하는 어휘를 말한다. 이에 비해 기본 어휘는 언어생활에 필요한 필수적인 어휘이다. 여기서 주목할 것은 다문화 시대의 기본 어휘 선정은 전통적인 어휘 교육이나 외국인을 대상으로 한 한국어 교육의 어휘 선정과는 다른 관점에서 접근해야 한다는 점이다. 왜냐하면 기존의 국어과 교육에서 '국어의 발전과 민족의 국어 문화 창조'가 궁극적인 목표라는 점을 고려할 때, 국어과 교육의 어휘 선정은 전통문화와 관련된 것들이 필수적으로 선정되지 않을 수 없다. 이에 비해 한국어 교육과 같이 의사소통을 중시하는 관점에서는 일상생활에서 빈도수가 높은 어휘를 우선적으로 고려한다. 그뿐만 아니라 일상생활에서 사용하는 어휘의 중요도에 대한 인식도 언어 교육의 상황과 맥락에 따라 달라질 수밖에 없다. 그렇다면 '다문화 시대'에 적합한 어휘 선정의 원리는 무엇일까? 이 또한 '다문화 교육'의 실태를 고려하는 데서 답을 찾아야 할 것이다. 예를 들어 지금처럼 정부나 각 지방 자치 단체에서 '다문화 가정'을 위한 별도의 프로그램을 마련하는 경우라면 그에 적합한 언어 교육이 이루어지겠지만, 결혼 여성 이민자의 자제가 내국인 자제와 함께 학습해야 하는 상황이라면 별도의 프로그램이 큰 의미를 갖지 못할 수 있다.

이 점에서 통합적인 어휘 교육을 위한 인식 전환이 필요하다. 어휘 교육은 모든 언어 교육의 기초를 이룬다. 그럼에도 국어를 가르치는 많은 분들은 어휘를 암기의 대상 정도로 여기는 경향이 있다. 엄밀히 말하면 어휘는 삶의 양식, 곧 문화의 산물이라고 할 수 있다. 한국어 어휘 교육은 한국 문화를 이해하는 지름길이라고 할 수 있는데, 학습용 기본 어휘를 선정하고 학습자의 흥미를 유발할 수 있는 어휘량을 정하여, 어휘 능력을 길러 갈 수 있는 방안을 모색해야 한다. 주목할 것 가운데 하나는 어휘 학습과 문화적 환경을 조화시키는 일이다. 여기서 어휘 이해와 사용에 작용하는 여러 가지 요인을 분석하는 일도 중요한 의미를 갖는다. 예를 들어 초·중·고등학생을 대상으로 '민속'이나 '농업' 관련 어휘 지식을 평가한다면, 대부분의 학생들은 '보습'이니 '써레'니 하는 단어들을 낯설어한다. 심지어는 '부엌'이 무엇을 뜻하는지 모르는 학생들도 많다. 이는 학습자가 전통적인 농촌 생활을 경험하지 못해 이러한 어휘를 접할 기회가 적었기 때문이다. 달리 말해 어휘 지식이나 어휘 사용은 모국어 화자와 다문화 학습자의 차이가 크지 않다.

이어 다문화 문법 교육을 어렵게 만드는 요인 가운데 하나로 언어 규범의 문제를 살펴보자. 국어의 규범은 국어의 통일이라는 관점에서 1900년대부터 제정 움직임을 보여, 1933년 '한글 맞춤법 통일안'이 나오고, 국가 차원에서 1988년 전후로 현행 '한글 맞춤법', '표준어 규정', '외래어 표기법', '국어의 로마자 표기법'이 고시되었다. 그런데 국가 차원에서 고시된 어문 규범의 중요성이나 가치에 대해 교사나 학습자의 인지도가 높지 않고, 규범 자체가 현실 언어와 괴리가 있는 경우가 많아서 상당수의 학습자가 규범에 대해 피로를 느끼는 것이 현실이다. 예를 들어 규범에 예시된 '보늬, 오늬, 무녀리, 올무, 마되, 무자위, 봇둑, 찻종, 촛국' 등과 같은 말은 사용 빈도가 매우 낮은 단어들이다. 그뿐만 아니라 '표준어 사정 원칙'에 들어 있는 단수 표준어나 복수 표준어에 해당하는 단어들은 사전을 찾아야만 이해할 수 있는 것이 매우 많다.

물론 규범의 성격상 최소한의 어문 규범은 의도적으로 가르쳐야 하고, 배우기 위해 노력해야 한다. 이 점은 '한글 맞춤법 통일안' 제정 직후 최현배(1934)에서도 주장한 바다. 그는 맞춤법 제정 이후 민중들이 '한글은 난해하다'고 하는 심리에 대해 '새 것은 익은 것보다 어렵다', '복잡한 것은 단순한 것보다 어렵다', '규칙적인 것은 무규칙적인 것보다 어렵다', '통일은 어렵다', '반대하기 위해 다짜고짜로 한글이 어렵다'는 주장을 펼치고 있다고 반박한다. 그러면서 난해 심리의 근저에 숨어 있는 '공짜 심리'(노력하지 않고 사용하고자 하는 심리)를 반박한다. 이 주장은 매우 타당하다. 외국어의 경우 철자법 하나라도 틀릴까 염려하여 애써 공부하면서 국어 공부에 투자하는 시간은 아까워한다. 그러나 규범 속에 현실 상황과 동떨어진 요소가 존재한다면, 그것은 효율적인 문법 교육을 방해하는 요소가 될 수 있다.

4——맺음말

한 가지 덧붙일 것은, 국어과 교육에서 문법 교육에 대한 학습자와 교사의 태도 문제다. 많은 학습자나 교사는 지식 위주의 문법 교육을 쉽게 수용하지 않는다. 어찌 본다면 문법 교육은 '한국어 교육 분야'에서 더 많은 관심을 기울이고 있는지도 모른다. 다수의 한국어 교재를 살펴보면 발음이나 어휘, 문장 구조와 문형, 담화 문화 등과 관련하여 다양한 내용과 학습법을 제시하고 있다. 이에 비해 국어과의 문법 교육은 교육과정에서 제시한 틀을 벗어나지 못한다. 7차 교육과정 이후 '언어와 국어', '국어 알기', '국어 가꾸기'를 중심으로 한 문법 교육의 내용 체계에 따라서 '음운의 체계와 변동', '단어의 갈래와 형성', '국어의 어휘', '문장의 구성 요소와 짜임새', '단어의 의미', '문장과 담화' 등의 지식을 중심으로 한 문법 교육이 이루어진다. 그렇기 때문에 학습자들이나 교사들은 문법 과목이 따분한 암기 과목이라고 여기는 경향도 있다. 그들은 "한국 사람이라면 누구나 한국말을 자연스럽게 할 수 있는데, 구태여 말을 분석해야 하는가?"라는 질문을 던질지도 모른다.

한국말을 잘하지 못하는 사람이라면 한국말을 발음하는 방법에 관심이 있겠지만, 자연스럽게 한국말을 하는 사람이라면 발음의 원리나 정확성 등에 관심을 갖지 않는 것과 같은 태도이다. 그러나 말을 바르게 하고 글을 바르게 쓰기 위한 목표는 국어 교육이든 한국어 교육이든 별반 다를 바가 없다. 이 점에서 다문화 시대에 적합한 문법 교육의 내용 체계 및 내용 구성 원리를 좀 더 심층적으로 연구해야 하며, 그로부터 한국어의 발음, 어휘, 문장, 담화와 관련한 문법 교육의 내용이 새롭게 선정·조직될 수 있어야 할 것이다.

참고 문헌

- 고영근(1987), 『국어 문법의 연구 그 어제와 오늘』, 탑출판사.
- 곽철호(2009), 「초등학생 어휘 이해 능력 실태 분석을 통한 어휘 지도 방법 고찰—일반 아동과 다문화 가정 아동 어휘 이해 능력 비교를 중심으로」, 『문법 교육』 제11호, 한국문법교육학회.
- 교육과학기술부(2012), 『한국어 교육과정』 교육과학기술부 고시 제2012-14호(별책 27).
- 김경령(2011), 『다문화 가족 국어 사용 환경 기초 조사』, 국립국어원.
- 김광해(1993), 『국어 어휘론 개설』, 집문당.
- 김명광(2007), 「국어과 교육과정과 한국어과 교육과정의 비교와 대조」, 『한국 초등 국어 교육』 제34집, 한국초등국어교육학회.
- 김영란(2013), 「국가 수준 학업 성취도 평가 결과에 나타난 초6 다문화 가정 학생의 국어과 학업 성취도—국내 출생, 중도 입국, 외국인 가정 학생을 중심으로」, 『국어 교육학 연구』 48권, 국어교육학회.
- 김은정·김화수(2011), 「다문화 가정 아동과 일반 아동의 문법성 판단 및 오류 수정 비교 연구」, 『특수 교육 재활 과학 연구』 제50권 제2호, 대구대학교 특수교육재활과학연구소.
- 김의수·김혜림(2012), 「다문화 가정 아동과 일반 가정 아동의 구어 문장 비교 연구」, 『우리 어문 연구』 42집, 우리어문학회.
- 김진희(2014), 「다문화 사회에서의 문법 교육의 방향」, 『학습자 중심 교과 교육 연구』 제14권 제3호, 학습자중심교과교육학회.
- 김혜숙(2012), 「상호 문화적 국어 교육의 교수·학습 방향 모색—다문화 사회의 통합형 문

법 교육을 위하여」,『새 국어 교육』제93호, 한국국어교육학회.

- 김홍범(2010),「다문화 가정 한국어 학습자를 위한 문법 교육」,『나라 사랑』제119집, 외솔회.

- 김효연·김혜숙(2013),「다문화 사회에 적합한 문법 담화 교육 내용 구성 방향」,『새 국어 교육』제96호, 한국국어교육학회.

- 문화콘텐츠기술연구원 다문화콘텐츠 연구사업단(2009),『다문화의 이해』, 경진.

- 박석준(2012),『다문화 가정 학생을 위한 한국어 표준 교재 개발·제작 — 중등·고등 과정』, 국립국어원.

- 박진규(2009),「다문화와 다언어 자료를 활용한 영재 영어 교육의 방향 및 사례」,『영재와 영재 교육』제8권 1호, 한국영재교육학회.

- 배승아·김영태·오소정(2012),「수용 어휘 수준에 따른 다문화 가정 아동과 일반 가정 아동의 표현 어휘 및 구문 오류 특성 연구」,『유아 특수 교육 연구』제12권 제4호, 한국유아특수교육학회.

- 서울교육대학교 다문화교육연구원(2009),『다문화 시대의 이중 언어 교육』, 역락.

- 서혁(2007),「한국어 교육과 국어 교육의 관계 설정 — 상호 발전과 세계화를 위한 과제」,『국어 교육학 연구』제30집, 국어교육학회.

- 심재기 외(2011),『국어 어휘론 개설』, 지식과교양.

- 오경숙·정영미(2010),「다문화 가족 자녀의 문법 능력 발달 교육 방안」,『2010년 국제 한국어 교육 학회 국제 학술 대회 논문집』, 국제한국어교육학회.

- 원진숙(2012),『다문화 가정 학생을 위한 한국어 표준 교재 개발 — 초등 과정』, 국립국어원.

- 유네스코 아시아·태평양 국제이해교육원(2008),『다문화 사회의 이해』, 동녘.

- 이미혜(2009),「한국어 문법 교육의 목표 — 국어 문법 교육과의 차별성」,『문법 교육』제10호, 한국문법교육학회.

- 이병규(2008),「국어과의 문법 교육과 외국어로서의 한국어 문법 교육의 특징 비교 연구」,『이중 언어학』제38호, 이중언어학회.

- 이비츠(Ivic, Milka, 1982),『언어학사』(1996), 김방한 역, 형설출판사.

- 전은주·서혁(2009),「다문화 학습자와 일반 학습자의 국어과 교수·학습에 관한 비교 연구」,『국어 교육학 연구』제34집, 국어교육학회.

- 최현배(1934),「한글 난해의 심리 분석 — 한글 맞춤법 통일안은 어렵다는 것이 과연 진정한 사실일까」,『한글의 바른 길』(1937), 조선어학회.

- 허용 외(2009),『한국어 교육의 이해』, 한국문화사.

- 허재영(2007),『제2언어로서의 한국어 교육의 이해와 탐색』, 보고사.

- 허재영(2010),「국어과 교육과 한국어 교육의 읽기 영역 상관성 문제」,『우리말 교육 현장 연구』제4권 1호, 우리말교육현장학회.

다매체 시대 국어 교육의 방향

송여주

1──국어 교육과 매체

언어와 매체는 필연적으로 밀접하게 연관된다. 매체는 언어, 기호, 텍스트 들이 소통되는 통로이며 기술적 형식이다. 그리고 매체는 언어, 기호, 텍스트 들을 변화시킨다. 국어 교육의 주요 대상으로 여겨졌던 음성 언어와 문자 언어는 고정적이며 본질적인 대상이 아니다. 매체를 배제한 국어 수업에서 다루는, 고유한 국어 교육의 대상이라 믿었던 언어는 면 대 면 소통이나 인쇄 매체 소통을 전제한 것이다. 텔레비전, 영화, 뉴스, 광고 등 대중 매체의 시대에는 잘 드러나지 않던 이 사실이 디지털 매체의 발달로 인해 체감되기 시작했다. 국어 교육과 매체의 관계가 본격적으로 논의되었던 1990년대 후반에만 해도 매체 활용 교육은 수업 시간에 영화, 뉴스, 광고, 텔레비전, 컴퓨터 등을 활용하는 것을 의미했다. 매체 활용 교육이 ICT(Information and Communication Technology, 정보 통신 기술) 활용 교육과 다른 점은 컴퓨터에 한정되지 않는 다양한 매체, 주로 대중 매체와 매체 텍스트를 포괄하고자 한 점이었다. 그런데 얼굴을 맞대고 앉아서도 문자 메시지나 SNS(Social Network Service, 사회 관계망 서비스)로 대화하는 현상이 나타날 정도로 매체가 개인의 면 대 면 의사소통마저 바꾸어 가는 2010년대 현재에는 매체가 인간의 의사소통에 미치는 영향이 보다 분명하게 드러난다. 즉 면 대 면이나 인쇄 매체 의사소통이 인간의 다양한 의사소통의 일부분일 뿐 전체를 가리키지 않음이 분명해졌다. 이 외에도 대중 매체나 디지털 매체의 의사소통처럼 각기 다른 특성을 보이는 의사소통의 양상이 광범위하게 존재할 수 있다.

국어 교육에서도 1990년대 후반 교단 선진화를 위한 기자재들이 학교에 도입되면서 매체에 대한 관심이 본격화되었으며, 미디어 교육을 수용하는 것이 필요하다는 인식 역시 높아졌다. 그 후 20여 년 동안 국어 교육학계와 학교 현장에서 꾸준한 연구와 실천이 이어졌다. 그 과정에서 매체 언어 교육, 신문식성 교육 등의 새로운 개념들을 도입하여 국어 교육의 지평을 넓혀 왔다. 그 결과 음성·문자 언어 중심의 언어관에도 변화가 일었고, 2007 개정 교육과정 이후에는 영상 언어를 비롯한 다양한 기호와 양식으로 확장된 언어관이 낯설지 않게 되었다.

교실에서 각종 매체를 활용하는 것이 당연하고, 서책형 교과서 대신 디지털 교과서나 태블릿을 이용한 수업을 하는 것이 낯설지 않게 된 시대에 국어 교사가 국어 교육의 방향이 어떠해야 할 것인가를 고민하는 것은 당연하다.

이 글에서는 다매체 시대 국어 교육의 방향을 고찰하기 위해 세 가지 정도로 나누어 매체와 연관된 교육 내용에 대해 논의하고자 한다. 먼저, 앞서 언급한 다매체 시대의 다양한 의사소통 방식을 자세히 살펴보고, 언어를 확장시킨 기호와 양식에 대한 문식성(읽기·쓰기)을 복합 양식 문식성의 관점에서 서술하고자 한다. 이어서 디지털 매체를 기반으로 한 개인적·사회적 소통에 대해 논의하며 매체 언어 교육이 융복합 시대의 교육과 어떤 연관을 가지는지 서술하고자 한다.

2──다매체 시대의 다양한 의사소통 방식

다양한 매체가 우리의 삶 속에 깊이 개입하는 21세기인 만큼 학생들은 다양한 매체를 자유자재로 활용하는 의사소통 능력을 갖출 것을 요구받는다. 미디어 학자 톰슨(Tompson)은 인간의 소통을 소통 주체 간 상호 작용에 따라 면 대 면 상호 작용, 매개된 상호 작용, 매개된 유사 상호 작용으로 구분한다. 이를 소통으로 다시 생각하면 면 대 면 소통, 매개된 소통, 대량 소통으로 구분할 수 있다(윤여탁 외, 2008).

면 대 면 소통은 구술적 소통 방식으로 가장 역사가 오래된 인간의 소통 방식이다. 대화와 같은 구술적 소통의 특성은 상황 의존적이고 첨가적이며, 분석적이기보다는 집합적이며 장황하고 다변적이다. 구술적 소통은 유연하며 역동성을 띠게 된다(옹, 1982/1996).

매개된 소통으로는 문자적 소통을 들 수 있다. 문자 언어는 구술적 소통에 비해서는 상황 의존적이지 않다. 또한 분석적, 추상적, 고정적이며 선형성을 띤다.

매개된 유사 상호 작용인 대량 소통으로는 대중 매체인 영상 매체 소통을 들 수 있다. 영상 언어의 특성은 문자 언어의 특성과 비교하여 이야기할 수 있다. 문자 언어가 사건의 서술과 대상의 비유적이고 상징적인 묘사를 쉽게 할 수 있는 반면, 영상 언어는 이미지에 의한 대상의 재현에 치중한다(주창윤, 2003). 즉 추상적이기보다 직접적이며 감각적인 특성을 지닌다. 반면 영상 텍스트는 미장센(화면 구도)과 몽타주(편집)에 의해 이야기를 전개하거나 비유적·상징적 의미를 전달한다.

최근에 등장한 디지털 매체는 무한 복제 가능성, 쌍방향성, 멀티미디어, 하이퍼링크 등의 특성을 지닌다. 이러한 특성에 기반을 둔 소통은 구술, 문자, 이미지, 영상 등을 모두 융합하는 소통 방식으로, 매개된 소통과 대량 소통의 특성을 모두지닌다. 대중 매체나 인쇄 매체처럼 공적인 소통의 성격, 편지나 전화처럼 사적인소통의 성격이 중첩되면서 긍정성과 부정성이 동시에 대두되었다. 대중 미디어와맞먹는 1인 미디어의 위력이나 악플, 사이버상의 공격에 의한 인권 침해 문제 등이그것이다(윤여탁 외, 2008).

그런데 소통의 매체들 사이의 관계는 '재매개'의 성격을 띤다. 재매개는 볼터(Bolter)가 사용한 개념으로, 오래된 매체와 새로운 매체 사이의 관계를 설명해 주는 개념이다. 새로운 매체, 즉 뉴미디어는 그 이전에 이미 있던 매체를 흉내 내며, 오래된 매체 역시 새로운 매체의 영향으로 변화한다(볼터, 2001/2010). 예를 들어 전자책이 종이 책을 넘기는 듯한 형태로 제작되고, 종이 책은 글자 수가 적어지고 그림이 많아지는 방향으로 변화하는 모습을 들 수 있다. 마찬가지로 인터넷은 텔레비전을 재매개하며, 텔레비전 역시 인터넷을 재매개한다.

또한 지배적인 매체가 달라지더라도 새로운 매체가 과거의 매체를 완전히 대체하지는 않으며 각각의 매체가 담당하는 역할과 영역이 재설정될 뿐이다. 국어 교육이 인간의 의사소통 능력 신장을 목표로 하기 때문에 다매체 시대의 국어 교육은 병행적 관점을 지니게 된다. 구술 문화에 기반한 면 대 면 소통, 인쇄 문화에 기반한 읽기와 쓰기, 문학, 디지털 문화에 기반한 의사소통 및 텍스트 등을 병행적으로 교육해야 하는 것이다(정혜승·옥현진, 2012). 각각의 특성을 이해하는 의사소통 능력과 텍스트 생산 및 수용을 다루는 교육 내용이 필요하다.

3──복합 양식 문식성 교육의 필요성

구술적 소통 방식, 즉 음성 언어 소통이라 칭한 면 대 면 소통은 과연 음성 언어를 통해서만 의미가 전달되는가? 국어 교사라면 모두 '아니다'라고 대답할 것이다. 말하기·듣기에서 반언어적 표현과 비언어적 표현이라 불리는 어조, 소리의 크기, 높낮이, 표정, 몸짓 등이 의미 형성에 기여함을 알고 있기 때문이다. 연구에 따르면 대화에서 언어가 의미 형성에 관여하는 비중은 30% 정도밖에 되지 않는다. 나머지는 언어가 아닌 무언가에 의해 의미가 만들어지는 것이다. 이를 양식(mode)이라는 개념으로 설명한 것이 '복합 양식성(mutimodality)'이다. 양식은 의미 구성을 위해 사회적으로 형성되고 문화적으로 주어진 수단을 말한다. 이미지(그림), 글(writing), 편집(layout), 음악, 몸짓, 말(speech), 동영상, 음향 등이 양식의 예이다 (Jewitt, C., 2009). 인쇄 매체인 책에서도 문자를 현실화시킨 서체(타이포그래피), 삽화, 편집 역시 의미를 구성하는 데 기여한다. 따지고 보면 의미 형성에 있어 순수하게 단일한 양식은 존재하지 않는다. 양식은 추상적인 개념인 기호와는 달리 기호가 사회 속에서 사람들, 즉 소통 행위자에 의해 현실화될 수 있는 방식이다.

그래서 양식은 물질성(materiality)을 지닌다(Jewitt, C., 2009). 물질성은 의미 구성을 위해 문화가 재료로 제공하는 것들을 의미한다. 물질성이 다르면 의미 역시 달라진다. 예를 들어 문자로만 표현된 시와, 문자와 그림의 결합인 시화가 개념적으로는 같은 시일지라도 실제로는 다른 의미를 구성한다. 종이라는 물질성을 가진 텍스트와 컴퓨터 화면이라는 물질성을 가진 텍스트 역시 다른 의미를 구성하게 된다.

다른 양식의 텍스트들은 다른 '행동 유도성(affordance)'을 지닌다. 의미화 양식과 매체에 따라 요구되는 행동이 다르다는 것이다. 예를 들어 인쇄된 책을 읽는 것이 텔레비전에서 영화를 보는 것과 어떤 다른 행동을 유도하는가를 비교할 수 있다. 영화는 소설과 같은 독서 행동을 유도하지 못하는 것이다(에번스, 2004/2011). 신문 기사와 인터넷상의 기사는 기사 내용이 동일하다 하더라도 독자에게 다른 행동을 유도하게 한다.

복합 양식성 이론은 기존 국어 교육에서는 관심을 갖지 않았던 그림책이나 시화 텍스트와 같은 인쇄 매체에 기반한 텍스트부터 영상 텍스트, 블로그, 위키피디아와 같은 디지털 텍스트를 아우르는 광범위한 텍스트들을 국어 교육의 관심사로 포괄하게 하는 데 큰 역할을 하였다. 개별 장르의 복합 양식 텍스트에 대한 국어 교육 연구도 활발해졌으며, 2007 개정 교육과정 이후에는 다양한 복합 양식 텍스트를 국어 교육의 제재로 삼는 사례들이 많아졌다. 다양한 복합 양식 텍스트를 제재로 삼는 것도 필요하지만 이러한 복합 양식 텍스트를 통해 가르칠 내용이 무엇이며, 교육 방법은 어떠해야 하는지에 대한 연구와 고민이 더욱 심화되어야 할 것이다.

그림책, 시화 등에서는 언어와 그림 각각에 대한 이해 능력도 요구되지만, 언어(문자 혹은 음성)와 그림(이미지)의 의미 결합 관계에 대한 이해 능력도 요구된다. 복합 양식성 이론의 관점에서는 그림을 언어에 대한 시각적 설명으로 보는 관점을 비판하고, 언어와 그림 간의 다양한 의미 관계를 통해 그 의미를 풍부히 읽어 낼 수 있다고 본다. 언어와 그림 간의 의미 관계는 설명, 예시, 확대, 심화, 발화, 관념 등 매우 다양한 결합 유형으로 나눌 수 있다(Martinec, R. & Salway, A., 2005).

영화, 뮤직비디오, 동영상 등 영상 텍스트 역시 복합 양식 텍스트이다. 영상 텍스트는 대중 매체를 대표하는 텍스트이므로 국어 교육에 매체가 도입된 초기부터 활발히 활용되었다. 또한 영상 언어의 이해와 영상 제작 수업 등을 통해 영상 텍스트의 의미 작용을 직접적으로 다루어 왔다. 이상과 같은 복합 양식 문식성은 미적 체험, 즉 문학에서 담당해 왔던 심미적 향유를 통한 체험을 목적으로 한다.

복합 양식 문식성 교육은 비판적 문식성과도 연관된다. 뉴스, 광고, 디지털 텍스트 등은 그것을 구성하는 영상, 언어, 음향, 음악, 편집 등의 의미 작용 모두를 대상으로 살펴야 그 의미를 온전히 읽어 냈다고 볼 수 있기 때문이다. 비판적 문식성 교육의 관점이 반드시 사회적 문제에 대해 부정적 입장을 취해야 하는 것은 아니다. 오히려 그것은 어떤 쟁점이나 문제를 기존의 방식과는 다른 방식으로 바라보고 평가할 줄 아는 것을 의미한다. 또한 하나의 문제에 대해 여러 가지 다른 시각이 제시되었을 때 이를 합리적으로 분석하고 평가하며 개선 방향을 모색할 줄 아는 능력을 말한다. 이러한 능력은 학생들이 자신이 수용하는 다양한 복합 양식 텍스트가 전제하는 의미들을 포착해 내는 과정 없이는 함양될 수 없다. 예를 들어 전쟁이나 분쟁을 다루는 뉴스나 인터넷 텍스트에서 어떤 장면의 사진에 어떤 제목을 붙여 제공하느냐에 따라 그 사건에 대한 사람들의 인식과 감정 상태가 달라진다. 즉 임무를 수행하기 위해 행군하고 있는 건강한 군인의 사진과 폭격에 의해 다친 어린이나 민간인 피해자의 사진은 그 사건에 대한 현격히 다른 시각을 보여 준다.

이상에서 살펴본 바와 같이 복합 양식 문식성 교육은 다매체 시대의 국어 교육의 성격 변화를 언어와 텍스트 자체에 주목하여 읽어 낸 것이다. 복합 양식 문식성 교육은 다매체 시대에 심미적 능력과 비판적 사고 능력을 키워 나가기 위해 필수적인 국어 교육의 방향이라 하겠다.

4──매체 언어 교육과 융복합 사고력

블로그, 위키피디아, SNS와 같은 디지털 텍스트는 디지털 매체 기반의 개인적·사회적 소통을 담당하는 텍스트이다. 일반적으로 매체 기반의 개인적·사회적 소통에서 '매체'는 디지털 매체를 가리킨다. 물론 디지털 매체 기반의 읽기와 쓰기는 그동안 국어 수업에서 중점적으로 다루어 온 읽기, 쓰기와 다르다. 국어 수업에서 중점적으로 다루어 온 인쇄 매체 기반의 읽기, 쓰기의 관점에서 보면 현재 학생들의 읽기, 쓰기 능력은 저하되고 있는 것처럼 느껴진다. 국어 교사들은 디지털 네이티브(digital native)인 학생들이 문자로만 이루어진 긴 글을 읽기 어려워하는 현실에 좌절하기도 한다. 혹자는 아이들이 어려워하는 독서를 더욱 강화시켜야 한다고 주장하기도 한다. 그러나 개인용 컴퓨터에 더하여 스마트폰, 태블릿 피시 등 모바일 기기의 보편화로 디지털 매체가 인쇄 매체를 대체하여 의사소통 및 텍스트 생산과 수용의 주요 매체가 되는 상황이다. 이러한 현실에 능동적으로 대처해야 한다는 사실 또한 거부할 수 없을 것이다.

디지털 매체에서의 읽기는 인쇄 매체에서의 읽기와 달리 비선형적이고 비연속적인 읽기이며, 탐색적 읽기 행위를 유도한다. 하이퍼텍스트 읽기는 '정보 탐색하기-탐색한 텍스트 읽기-정보 재탐색하기-재탐색한 텍스트 읽기'의 순서로 이루어지며, 꼼꼼히 읽기보다는 훑어 읽으며, 필요하거나 중요하다고 판단되는 정보에 집중하여 읽는 경향을 보인다(최숙기, 2013). 정보를 탐색하거나 정보의 유의미성을 판단하는 독자의 역할이 부각되는 만큼 독자의 역할 변화에 대한 교육이 이루어져야 할 것이다.

한편 디지털 매체에서 이루어지는 쓰기는 '제3의 구술성'(이동후, 2010)이라 명명될 정도로 말하기와 성격이 유사하다. 채팅과 문자 메시지에서 SNS와 모바일 메신저 등으로 기술적 형태는 달라지고 있지만 말하기의 성격을 띤 쓰기라는 점은 여전하다. 한편 장문 쓰기가 가능한 블로그나 페이스북 등은 인쇄 매체 필자와는 다른 새로운 필자를 등장시키고 있다. 이들 필자는 기본적인 글쓰기 능력과 더불어 문자 외의 다른 양식들을 자신의 글쓰기 목적 아래 잘 통합시킬 수 있는 능력, 디자인 능력, 독자와의 지속적인 소통 능력을 가져야 한다.

디지털 매체의 성격 자체가 미디어 컨버전스, 즉 융복합적 성격을 지니며, 디지털 매체로 소통되는 텍스트들 역시 융복합적 성격을 띤다. 디지털 매체에서는 말하기, 듣기, 읽기, 쓰기의 언어 활동 영역이 분절적으로 나누어지지 않을 뿐더러 언어 예술의 경계도 모호해진다. 언어 활동의 목적도 명료히 나누어지지 않는다. SNS에 대한 연구에서 SNS가 글의 형태를 띤 말하기인지, 즉각적이며 지속적 소통이 가능한 글쓰기인지 불분명한 것에서도 이를 알 수 있다. 언어 활동의 목적 역시 개인적인 친교, 공적인 설득과 설명, 비평 등이 섞여 있다. 그래서 디지털 매체 환경에서 일어나는 언어 현상에 대한 실용적인 '기능'을 익히는 방식의 접근보다는 새로운 '소통 공간'에서 일어나는 동시대의 의사소통을 역사·사회·문화적 맥락 속에서 이해하고 성찰하는, '지식'과 '태도' 학습의 차원에서 다가갈 필요가 있다. 즉 말하기, 듣기, 읽기, 쓰기의 언어 사용 기능 영역과 문법 영역의 경계를 허물고 복합적으로 접근해야 한다(정현선, 2013).

이처럼 다매체 시대의 국어 교육은 융복합적 성격을 지닐 수밖에 없다. '융복합'은 개념적으로 둘 이상의 다른 교과나 학문이 결합하여 새로운 교과나 학문을 생성하는 '융합'과 원래 교과나 학문의 성질은 유지하면서 서로 섞이는 '복합'의 두 가지 형태를 모두 가리킨다. '통합'과도 유사하지만 '통합'은 특수 교육에서 장애아와 일반 학생을 같이 교육하는 것을 의미하거나 듀이(Dewey)의 교육 이론에 기반을 둔 용어이므로 적합하지 않다. 융복합 교육은 융복합 사고력 함양을 목표로 하며, 개별 교과나 학문의 경계를 허무는 교육 내용과 방법을 지향한다. 융복합적 사고력은 실제 세계의 복잡성을 인식하고 이를 구성하는 개별 요소들을 분석해 낼 줄 알며, 개별 요소를 융복합하여 새로운 산물을 생산해 내거나 과제를 해결할 수 있는 능력을 말한다(김시정·이삼형, 2012).

매체 언어 교육이 대상으로 삼는 복합 양식 텍스트와 매체 텍스트는 미디어 교육, 정보 교육, 문화 예술 교육의 대상이 되기도 하며, 실제 세계의 복잡성을 드러내 주는 텍스트이기도 하다. 이처럼 매체 언어 교육은 국어 교육 내에서의 영역 경계뿐 아니라, 국어 교육과 미디어 교육, 민주 시민 교육, 정보 교육 등과의 경계도 허문다. 대중문화나 예술 교육과도 그 경계가 분명하지 않다.

교과 정체성이 중요했던 시기에는 매체 언어 교육의 이러한 성격이 문제시되었지만(서유경, 2013), 융복합적 사고력을 중요하게 여기는 시대에는 이는 오히려 장점이 된다. 이제 질문을 바꾸어야 할 때가 왔다. 매체 언어 교육이 왜 국어 교육이냐

가 아니라, 매체 언어 교육으로서 국어 교육이 융복합의 시대에 무엇을 할 수 있는
지를 더 적극적으로 고민해야 한다.

융복합 교육 프로그램의 현장 사례로 장곡 중학교의 프로젝트 수업인 '흙 속에
담긴 기억을 찾아서'를 예로 들어 보고자 한다(이선경 외, 2013). 장곡 중학교의 사회,
역사, 미술, 국어, 기술·가정 교사들은 교과별로 교과 교육과정에 따른 수업 목표
를 수립하되, 핵심 개념을 중심으로 세부 목표가 연계될 수 있도록 프로젝트 수업
을 구성하였다. 먼저 목표는 아래와 같다.

프로젝트 수업의 교과별 세부 목표

교과	세부 목표
미술	• 작가적 상상력을 통해 창의력, 표현력을 기르고 현실과 가상을 오가는 예술적인 즐거움을 만끽한다. • 대지 미술, 행위 예술(퍼포먼스) 등 포스트모더니즘 예술의 다양한 영역을 체험한다. • 문학이 결합된 미술의 기원을 이해하고 그것이 현대 미술에서 어떤 방식으로 해석되는지 체득한다. • 역사 속에서의 인간의 삶, 인간의 감정을 총체적으로 이해하고, 미술 문화를 향유할 수 있도록 지도한다. • 현재 자신의 삶이 가치 있는 역사가 될 수 있음을 인식시키고 현재의 삶을 소중히 할 수 있는 태도를 함양한다. • 조형, 작품 위주의 수업 방식에서 문화의 관점으로 수업을 재구성하여 학습자로 하여금 미술이 사회적이고 문화적인 것들과 결합된 활동임을 인식시킨다.
사회·국사	• 발굴 현장 학습을 통해 우리 역사와 문화재의 소중함을 알게 하여 문화의 정체성을 함양시킨다. • 시대별 그릇의 형태와 특징을 통해 옛사람들의 생활상을 상상해 보고, 문화유산에 대한 소중함과 자긍심을 갖도록 한다. • 문화란 시기적 발전에 따라 변화함을 인식시켜 현재에 맞는 문화를 생각하게 한다. • 발굴과 복원이 역사 안에서 어떠한 중요성을 갖는지 인식하여 현재의 삶을 소중히 여기는 태도를 기른다.
국어	• 설화의 이야기 구조를 이해하고 이를 창조적으로 변용할 수 있다.
기술·가정	• 고고학, 유물 관련 연구원에 관련된 직업에 대해서 체험하고 자신의 진로를 탐색할 수 있다.

국어 교과의 목표는 설화의 이야기 구조를 이해하고 창조적으로 변용하는, 문
학 영역의 목표로 제한하여 설정하였다. 그런데 구체적으로 진행된 활동을 보면
교육 내용은 하나의 영역 목표에 제한되지 않았음을 알 수 있다.

4월에는 국사와 국어 교과에서 본 프로젝트의 의미와 상상의 설화에 대하여 학습한다. 이를 토대로 5월 중 발굴지 현장 학습을 통하여 유물과 보존에 관하여 직접 체험한다. 또한 미술 교과 시간에는 대지 미술과 행위 미술의 개념을 토대로 학습자들이 자신의 토기와 고지도를 제작하여 땅에 직접 묻어 본다. 이때 묻은 작품들을 8~9월 다시 발굴해 보면서 설화, 유물, 역사가 형성되는 과정을 경험해 본다. 9월에는 프로젝트를 통해 경험하고 학습한 것을 소설, 보고서, 인터뷰, 포트폴리오, UCC 형식 등과 같은 통합적 과제 중 자유롭게 선택하여 정리, 종합한다. (이선경 외, 2013: 506면).

구체적으로 진행된 활동에서는 설화의 구조를 익혀 상상력을 발휘해 글을 쓰는 활동으로 프로젝트 수업이 진행되는 것처럼 서술되어 있다. 그런데 실제로 프로젝트의 결과를 정리하고 종합하는 표현 활동 장르 및 텍스트를 보면 국어 교육 및 매체 언어 교육의 교육 내용임이 드러난다. 즉 학생들에게 선택하게 한 소설, 보고서, 인터뷰, UCC 제작하기 활동은 국어 교육의 모든 영역을 아우르고 있으며, 매체 언어 교육 내용 역시 포함되어 있다. 융복합 교육에서 새로운 산물을 생산하거나 과제를 해결하는 표현 활동이 원활히 이루어지기 위해서는 국어 교육 및 매체 언어 교육의 교수·학습이 필요하며, 이를 통해 융복합적 사고 능력이 함양될 수 있다.

한편 국어 교육의 경계를 분명히 하지 않으면 국어 시간에 다루어야 할 기호와 양식, 텍스트, 장르, 매체가 기하급수적으로 늘어나 이 모두에 대한 교육이 가능할 것인가라는 의문이 떠오른다. 모두를 하나하나 다 가르칠 수는 없을 것이다. 그래서 다매체 시대의 국어 교육은 오래된 매체와 새로운 매체 사이에서 의사소통과 텍스트 생산 및 수용 활동에 공통적인 능력을 찾아내고 이를 교육해야 하는 임무를 지닌다. 모든 매체와 모든 종류의 텍스트를 교육의 제재로 삼을 수는 없으며, 의사소통과 텍스트 생산 및 수용에 필요한 모든 기능을 교육의 내용으로 삼을 수는 없다. 따라서 현재와 같이 국어 교육의 영역과 기능을 분절적으로 나누어 하나하나를 교육하는 방식에서 벗어날 필요가 있다. 예를 들어 사실적 이해와 표현 능

력 키우기, 비판적 이해와 표현 능력 키우기, 심미적 이해와 표현 능력 키우기 등 목
적에 맞게 다양한 매체와 텍스트들을 활용하는 방식으로 접근할 수 있을 것이다.

5——더 생각해 봐야 할 것들

그동안 국어 교육 내에서 매체에 대한 논의는 주로 교육 내용과 연관해 활발히
이루어져 왔다. 그런데 교수·학습 방법 혹은 수업 매체로서의 매체에 대한 교육적
논의들도 많이 이루어지고 있다. 스마트 교육 등 미디어 발달과 함께 변화하는 교
수·학습 방법에 대한 논의들이 실제 교실 수업에 영향을 미치고 있다. 지식이 생
산되고 전달되어 공유되는 방식이 매체에 의해 영향을 받으며, 학교에서의 교수·
학습 역시 매체에 영향을 받게 된다. 스마트 교육이 단순히 스마트폰 등과 같은 모
바일 기기나 애플리케이션을 활용하는 차원이 아니라면 교수·학습 방법 혹은 수
업 매체로서의 매체에 대한 성찰적 접근 역시 필요하다고 하겠다.

다매체 시대에 국어 교육이 여러 가지 변화를 겪겠지만 교육의 본질 혹은 국어
교육의 지향은 변함이 없을 것이다. 인간다운 삶을 위한 소통, 사고, 정체성, 문화
를 만들어 가는 과정에 교육의 역할이 있다는 점은 불변하는 가치일 것이다.

참고 문헌

- 김시정·이삼형(2012), 「융복합 교육의 양상에 대한 국어 교육적 접근」, 『국어 교육학 연구』 제43집, 국어교육학회.
- 볼터(Bolter, J. D., 2010), 『글쓰기의 공간』, 김익현 역, 커뮤니케이션북스.
- 서유경(2013), 「융복합 시대의 매체 언어 교육 방향 탐색」, 『새 국어 교육』 제95호, 한국국어교육학회.
- 송여주(2013), 「시화 텍스트 해석 교육 연구」, 서울대학교 박사 학위 논문.
- 에번스(Evans, J. ed., 2011), 『읽기 쓰기의 진화』, 정현선 역, 사회평론.
- 옥현진 외(2008), 「다중 모드 문식성」, 『문식성 교육 연구』, 한국문화사.
- 옹(Ong, W. J., 1995), 『구술 문화와 문자 문화』, 이기우·임명진 공역, 문예출판사.
- 윤여탁 외(2008), 『매체 언어와 국어 교육』, 서울대학교 출판문화원.
- 이동후(2010), 「제3의 구술성 — '뉴 뉴미디어' 시대 말의 현존 및 이용 양식」, 『언론 정보 연구』 제47권 제1호, 서울대학교 언론정보연구소.
- 이선경 외(2013), 「융복합 교육 프로그램 구성을 위한 기초 연구 — 현장 사례 분석을 통한 구성 틀 적용 가능성 탐색」, 『학습자 중심 교과 교육 학회지』 제13권 제3호, 학습자중심교과교육학회.
- 전국국어교사모임 매체연구부(2005), 『국어 시간에 매체 읽기』, 나라말.
- 정현선(2013), 「SNS의 언어 현상과 소통 공간에 관한 국어 교육적 고찰」, 『국어 교육』 제142호, 한국어교육학회.
- 정혜승·옥현진(2012), 「국어과 디지털 교과서 모형 개발」, 『교육과정 연구』 제30권 제2호, 한국교육과정학회.
- 주창윤(2003), 『영상 이미지의 구조』, 나남.
- 최숙기(2013), 「복합 양식 텍스트에 대한 독자의 읽기 행동 분석에 기반한 디지털 시대의 읽기 교육 방안 탐색」, 『독서 연구』 제29호, 한국독서학회.
- Jewitt, C.(2009), *The Routledge Handbook of Multimodal Analysis*, London: Routledge.
- Martinec, R. & Salway, A.(2005), 'A System for Image-text Relations in New (and old) Media', *Visual Communication* Vol.4 No.3.

국어 교육과 대학 입시, 그 왜곡된 관계

송영민

1──들어가며

교사: (교실에 들어서며) 안녕!

학생: (힘없는 목소리로) 안녕하세요.

교사: (지친 아이들을 향해) 야들이 와 이카노? 인자 일나서 책 피 바라. 어디 할 차례고?

학생: …….

교사: 특강 110쪽 아이가?

학생: (책을 펴면서) 예.

교사: 저번 시간에는 뭐 했노? '독서' 영역의 핵심 출제 요소 정리했제? 그거는 와 정리했는지 알겠나?

학생: …….

교사: (답답한 표정으로) '독서' 영역에서는 제시문의 핵심 정보가 바로 출제 요소가 되기 때문이야. 그래서 우리는 그 핵심 정보를 중심으로 글 읽기 능력을 길러야 되는 기야. 그렇게 핵심 정보를 찾아 내용을 기억해 가면서 글을 읽으면, 누구보다 답지를 빠르고 정확하게 판단할 수 있게 되는 기

야. 무슨 말인지 알겠나?

학생: (생기 없는 목소리로) 예.

교사: 그카고 모의고사 칠 때 80분 동안 45문제를 못 풀어가 시간이 모자란다고 카는 사람들은 먼저 독서 영역에서 '찾기' 능력부터 길러야 돼. 그라마 뭘 찾아야 되겠노? 바로 글의 핵심 정보를 찾아야 되는 기야. 그카마 핵심 정보 카는 거는 뭐겠노? 그기 바로 수능의 출제 요소라 카는 기야. 알겠나?

학생: (눈만 멀뚱거리며) …….

교사: 처음에는 좀 힘들어도 의식적으로 찾는 연습을 하다 보마, 나중에는 관련 요소들을 주목하면서 읽는 힘이 생기게 돼. 이래 공부해야 수능을 보는 데 필요한 개념을 정복할 수 있어. 다시 말하면, 출제 요소를 정확하게 익히고 그걸 중심으로 글을 읽는 방법을 꾸준하게 연습해야 수능에서 진정한 1등급이 나오게 되는 기야. 무슨 말인지 알겠나?

학생: …….

대학 수학 능력 시험을 준비하고 있는 전국의 많은 학교에서 어렵지 않게 볼 수 있는 풍경이다. 앞날에 대한 꿈과 희망으로 가득 차 있어야 할 우리의 아이들은 EBS가 점령해 버린 교실에서 철저하게 금욕적인 생활을 강요받으며 수능 시험을 준비하고 있다.

이처럼 우리 아이들을 힘겹게 만드는 까닭은 무엇일까? 많은 이유들이 있겠지만 현재의 평가 방식에서 그 실마리를 찾을 수 있을 것이다. 즉 교육의 궁극적인 목표가 마치 대학 입시인 것처럼 왜곡된 현실에서, 학교 교육의 방향과 목표를 제대로 담아내지 못한 다양한 평가가 아이들의 어깨를 짓누르기 때문이다.

특히 현재와 같은 입시 중심의 교육 환경에서 수능 시험은 전 국민적 관심을 받는 평가 방식이 되었다. 수능 시험이 있는 날이면 관공서나 학교의 출근 시간과 등교 시간이 늦춰지고, 수험생들이 지각하지 않도록 경찰과 자원봉사자가 곳곳에 대기한다. 수험생들을 격려하기 위해 이른 아침부터 학부모나 후배들이 시험장 앞으로 모여들고, 심지어 듣기 방송이 있는 시간에는 비행기조차 뜨지 못한다. 또 종교 단체마다 수험생들의 합격을 기원하는 행사를 경쟁적으로 마련하고, 시험이 끝난 뒤에는 방송 매체마다 시험의 난이도를 분석하여 보도한다.

그리고 수능 시험을 효율적으로 대비하기 위해 전국의 많은 학교에서는 국민 교과서가 된 EBS 교재의 문제를 집중적으로 풀이하는 수업이 진행되고 있다. 아이들은 EBS 교재를 활용하는 수업을 당연하게 여기고, 교사들은 EBS 강의를 참고하여 프로젝터까지 사용해 가면서 열정적으로 문제 풀이 방법을 가르친다. 학교 현장에서 교사가 EBS 교재를 중심으로 수업 준비를 하고, EBS 강사들을 흉내 내는 모습이 더 이상 낯설지 않게 된 것이다. 사정이 이렇다 보니 학교 현장에서 아이들 스스로 글을 찾아 읽고, 이를 바탕으로 다양한 생각을 나누면서 우리말의 아름다움과 가치 있는 삶에 대해 생각해 보는 수업은 찾아보기가 어렵게 되었다.

이러한 현실 속에서 우리 시대의 '왜냐 선생'[1]들마저 본질에서 벗어난 평가 방식에 점차 길들여지고 있으며, 이로 인해 바람직한 국어 교육을 실현하고자 하는 꿈에서도 점점 멀어지고 있는 실정이다. 그러나 "사랑하면 알게 되고 알면 보이나니, 그때 보이는 것은 예전과 같지 않으리라."[2]라고 했듯이 이제는 입시의 도구로 전락해 버린 '평가'에 대해 관심을 가지고 진지한 성찰을 거쳐 바람직한 국어 교육의 속살을 마련하기 위한 노력을 시작해야 할 것이다.

2─── 국어 교육과 교육과정, 그리고 평가

1) 교육과정과 평가

2009년 개정되어 고시된 국어과 교육과정은 공통 교육과정인 '국어'와 선택 교육과정인 '국어 Ⅰ', '국어 Ⅱ', '화법과 작문', '독서와 문법', '문학', '고전'으로 구성되

---

1 최시한이 쓴 「허생전을 배우는 시간」의 등장인물이다. 작품 속에서 '왜냐 선생'은 작달막한 체구에 어울리지 않은 카랑카랑한 목소리로 수업 시간마다 '왜냐'를 연발하며 주체적이고 논리적인 사고를 강조한다.

2 유홍준이 조선 시대 한 문인의 글을 원용해 정리한 말로, 유홍준의 『나의 문화유산 답사기 1』(창비, 2009) 12면에서 인용하였다.

어 있다. 이 글에서는 '국어 Ⅰ'과 '국어 Ⅱ'를 중심으로 교육과정과 평가의 관계를 살펴보기로 한다.

국어과 교육과정에서는 연계 과목인 '국어 Ⅰ'과 '국어 Ⅱ'의 하위 영역을 '화법(듣기·말하기), 작문(쓰기), 문법, 독서(읽기), 문학'으로 나누어 제시하고 있다. 이를 바탕으로 '국어 Ⅰ'은 일반적인 교양을 갖춘 민주 시민으로서의 국어 능력을 갖추는 데, '국어 Ⅱ'는 범교과 학습이나 대학 진학 후의 학문 활동 및 사회 진출 후의 직업 활동에서 요청되는 국어 능력을 기름으로써 성숙한 민주 시민으로서의 국어 생활을 누리는 데 그 목표를 두고 있다. 교육과정에서 제시한 두 과목의 목표는 다음과 같다.[3]

	국어 Ⅰ	국어 Ⅱ
목표	국어 활동과 국어와 문학을 <u>총체적</u>으로 이해하고, <u>건전한</u> 교양인으로서 갖추어야 할 <u>일반</u>적인 국어 능력을 신장시켜 국어의 발전과 국어 문화 창조에 이바지할 수 있는 능력과 태도를 기르는 것을 목표로 한다.	국어 활동과 국어와 문학을 <u>심층적</u>으로 이해하고, <u>성숙한</u> 교양인으로서 갖추어야 할 <u>전문</u>적인 국어 능력을 신장시켜 국어의 발전과 국어 문화 창조에 이바지할 수 있는 능력과 태도를 기르는 것을 목표로 한다.

위에서 볼 수 있는 것처럼 교육과정의 목표가 추상적으로 기술되어 있다 보니 두 과목 사이의 차이가 명료하게 드러나지 않는다. 특히 '국어 Ⅰ'의 '총체적', '건전한', '일반적'이라는 표현과 '국어 Ⅱ'의 '심층적', '성숙한', '전문적'이라는 표현이 추상적인데, 이마저도 기계적으로 반복되는 문장 속에 들어 있다 보니 목표로서의 변별력을 보여 주지 못하고 있다. 이러한 경향은 하위 목표[4]뿐만 아니라 평가 영역

---

[3] 교육과학기술부, 「국어과 교육과정」 교육과학기술부 고시 제2012-14호(별책 5), 2012, 72면, 86면. 밑줄은 인용자. 이후 「국어과 교육과정」을 인용할 때는 이 자료의 면수만 밝힌다.

[4] 국어과 교육과정에서는 '국어 Ⅰ'과 '국어 Ⅱ'의 하위 목표를 다음과 같이 제시하고 있다(72면, 86면).
  • 국어 Ⅰ
  가. 국어 활동과 국어와 문학에 대한 일반적인 지식을 바탕으로 다양한 상황에서 국어를 창의적으로 사용한다.
  나. 다양한 유형의 담화와 글을 능동적이고 적극적으로 수용·생산함으로써 교양인이 갖추어야 할 일반적인 국어 능력을 함양한다.
  다. 국어 문화에 흥미를 가지고 국어 현상을 탐구하여 국어 생활과 국어의 발전에 이바지하는 태도를 기른다.
  • 국어 Ⅱ
  가. 국어 활동과 국어와 문학에 대한 전문적이고 심화된 지식을 익혀 다양한 상황에서 국어를 창의적으로 사용한다.
  나. 다양한 유형의 담화와 글을 비판적이고 창의적으로 수용·생산함으로써 교양인이 갖추어야 할 심화된 국어 능력을 함양한다.
  다. 국어 문화에 대한 폭넓은 이해를 바탕으로 미래 지향적인 국어 문화를 창조하는 태도를 기른다.

을 기술하는 과정에서 더욱 두드러진다.

구분		국어 I	국어 II
평가 계획		• 영역별 평가 목표와 내용에 적합한 평가 방법으로 학습자의 국어 능력을 타당하고 신뢰성 있게 평가할 수 있도록 계획한다. • 학습자의 표현 능력과 이해 능력, 인지적 요소와 정의적 요소가 균형 있게 평가되도록 계획한다. • 평가의 목적, 시기, 상황 등을 종합적으로 고려하여 양적 평가와 질적 평가, 형식 평가와 비형식 평가, 간접 평가와 직접 평가, 선택형 평가와 수행 평가 등이 적절하게 활용될 수 있도록 계획한다. • 평가 계획을 수립할 때에는 다음 사항에 유의한다. (이하 줄임)	
평가 목표	화법	• 화법의 원리에 대한 이해를 바탕으로 상대를 배려하며, 예의 바르고 품격 있게 대화하는 태도에 중점을 두어 설정한다.	• 화법의 원리에 대한 이해를 바탕으로 효과적인 내용 구성, 상황과 대상에 맞는 표현과 전달 전략에 중점을 두어 설정한다.
	독서	• 독서의 특성과 방법의 이해, 실제 독서 활동에 중점을 두어 설정한다.	• 문제 해결적 독서, 비판적 독서에 중점을 두어 설정한다.
	작문	• 일련의 글쓰기 과정에서 필요한 지식, 기능, 전략, 태도를 갖추고 있는지를 점검할 수 있도록 한다. 특히 이들 지식을 실제의 글 산출에 활용할 수 있는 능력이 있는지를 살펴본다.	• 글의 종류에 따른 좋은 글이 갖추고 있어야 할 조건을 만족하고 있는지를 살펴보는 데 목표를 둔다. 그리고 글을 쓸 때 책임감 있게 쓰는지를 살펴본다.
	문법	• 국어의 탐구와 이해 및 그 지식의 적용에 중점을 두며, 학습자의 이해력, 사고력, 창의력 신장에 주목하도록 한다. 어휘와 어법 관련 평가 목표는 개별 단어의 발음, 표기, 뜻에 대한 정확한 이해, 의사소통 상황에서 어휘 사용의 적절성, 창의적인 어휘 사용 능력, 올바른 어법에 따른 문장 구사 능력에 중점을 두어 설정한다.	• 문법 지식의 이해와 탐구 및 적용 능력에 중점을 두어 설정한다. 어휘와 어법 관련 평가 목표는 개별 단어의 발음, 표기, 뜻에 대한 정확한 이해, 의사소통 상황에서 어휘 사용의 적절성, 창의적인 어휘 사용 능력, 올바른 어법에 따른 문장 구사 능력에 중점을 두어 설정한다.
	문학	• 문학 지식에 대한 이해, 문학 작품의 수용과 생산 능력에 중점을 두어 설정한다.	• 문학 지식에 대한 이해, 문학 작품의 수용과 생산 능력에 중점을 두어 설정한다.
평가 내용		• 평가 내용은 각 영역의 학습 내용에서 균형 있게 선정하되, 학습자의 수준을 고려한다. • 평가 내용은 국어 능력을 구성하는 하위 요인과 이 요인이 통합적으로 실현되는 능력을 평가할 수 있게 선정한다. • 평가 내용은 내용 성취 기준을 지식, 기능, 태도(맥락)의 측면에서 구체화하고 있는 내용 요소와 담화나 글을 결합하여 선정한다. • 평가 내용은 해당 학년별 내용에 제시된 담화나 글을 위주로 하되, 이와 관련된 것도 다룬다.	
평가 방법		• 평가의 목적, 목표와 내용에 적합하게 다양한 평가 방법과 평가 도구를 활용한다. • 교사의 학생 평가 외에 학생의 자기 평가, 학생과 학생 간의 상호 평가를 적극적으로 활용한다. • 영역의 특성을 고려하여 지필 평가(선택형, 서답형), 연구 보고서법, 자료철(포트 폴리오), 면접법, 구술 평가, 토론법, 관찰법 등의 다양한 평가 방법을 활용한다. • 국어 능력의 평가는 다양한 평가 방법을 활용하되, 가급적 질적 평가, 비형식 평가, 직접 평가, 수행 평가를 적극적으로 활용한다. • 평가 목표와 내용, 상황에 따라 필요한 경우에는 평가 방법을 통합하여 활용한다.	
평가 결과 활용		• 평가 결과는 학습자의 성취 수준, 국어 능력의 발달 정도를 판단하고, 교수·학습 방법, 교수·학습 자료, 평가 도구를 개선하는 데 활용한다. • 평가 결과를 통해 학습자의 성취 수준 이외에 교수·학습에 영향을 미치는 여러 요인을 분석하여 학습자, 교사, 학부모, 교육 관련자에게 제공함으로써 학습자의 국어 능력을 향상시키는 데 활용하되, 평가 결과 보고 체계를 구체화·다양화한다.	

평가 목표의 경우 '국어 I'과 '국어 II'에서 화법, 독서, 작문, 문법, 문학 등 하위 영역의 특성을 고려하여 달리 제시하고 있지만, 평가 계획이나 내용, 방법, 결과 활용 등은 두 과목의 내용이 동일하게 기술되어 있다. 그런데 '국어 I'이 '국어 II'의 선수 과목이면서 연계 과목이라는 점을 전제한다면 두 과목의 내용 요소에는 위계성이 있을 것이다. 그렇다면 이를 평가하기 위한 교육과정의 평가 계획이나 내용, 방법, 결과 활용 등도 위계성을 고려하여 구성되어야 하지만 현행 교육과정에서는 이러한 고민을 찾을 수 없다.

특히 '평가' 영역 또한 '목표' 영역과 마찬가지로 교육과정의 내용이 구체적이지 않다는 점에서 크게 다르지 않다. 예를 들면 '양적 평가와 질적 평가', '형식 평가와 비형식 평가', '간접 평가와 직접 평가', '선택형 평가와 수행 평가' 등 다양한 평가 방법은 제시하고 있다. 하지만 이러한 방법들이 국어 교육의 하위 영역에 어떻게 달리 적용될 수 있는지, 그리고 목적에 부합하는 평가 방법이나 도구에는 어떤 것이 있는지는 구체적으로 제시하지 못하고 있다.

2) 평가의 뒤를 따라가는 교육과정

교육의 궁극적인 목표가 마치 대학 입시인 것처럼 왜곡된 학교 현장에서 국어 교육의 현실적인 목표 또한 내신 등급이나 수능 시험 점수를 잘 받는 것, 그 이상도 그 이하도 아닌 것으로 여겨지고 있다.[5] 사정이 이렇다 보니 학교 현장의 수업은 수능 문제 풀이에서 쉽게 벗어나지 못하고 있으며, 내신 시험도 수능 시험과 비슷한 유형의 문항들을 출제하고 있다. 수능 시험의 출제 요소가 학교 현장의 교육과정이 되어 버린 것이다. 이 과정에서 아이들은 국어를 통해 다양한 사고 능력을 기르는 공부를 하기보다는 수능의 출제 요소를 분석하면서 정답을 빠르고 정확하

5 이형빈은 「국어 지필 평가의 새 방향」(나라말, 2008) 23면에서 이를 다음과 같이 표현하였다.

게 찾는 공부에 치중하고 있다. 그 결과, 창의적이고 비판적인 인간을 기르려는 애초의 교육 목표는 소리 없는 메아리처럼 사라지고, 점수에 얽매여 경쟁하는 주체들만 길러 내고 있을 뿐이다.

특히 공교육을 정상화하여 사교육을 줄이겠다는 취지에서 시작된 EBS 교재 및 강의와 수능 시험의 연계는 현장의 국어 교육을 더욱 황폐하게 만들고 있다. 수능 시험과 연계되는 EBS 교재의 영향력이 점차 확대되면서 아이들은 EBS 교재와 강의에 빠져들게 되었고, 심지어 교사들에게도 EBS와 같은 방식의 강의를 요구하기에 이르렀다. 이로 인해 학교 현장에서는 교육과정의 정신을 담은 다양한 형태의 수업이 설 자리를 잃어 가고 있으며, 아이들은 진지한 사유나 성찰로부터 점점 멀어져 가고 있다. 이는 평가가 목표에 따라 구성된 교육 내용의 적절성을 점검하기 위한 장치로서의 기능을 하는 것이 아니라, 거꾸로 교육 목표나 내용, 교수·학습 방법 등을 구성하는 데 큰 영향을 끼치고 있음을 보여 주는 사례가 될 것이다. 이를 통해 평가라는 것이 그 자체로 완결되는 것이 아니라 교육 내용, 교수·학습 방법, 교육 목표와 이념까지도 변화시킬 수 있음을 알 수 있다.

3──국어 교육과 대학 수학 능력 시험

1) 국어 교육과 평가

일반적으로 평가는 교육의 목표를 확인하고 교수·학습 과정을 점검하며, 아이들의 수준을 파악하여 교수·학습 과정을 고쳐 나가는 데 목적이 있다. 국어 교육에서의 평가도 단순히 아이들의 점수나 서열을 매기기보다는 교육과정 전반과 유기적으로 연결되어 더 나은 국어 교육의 바탕을 마련하는 데 그 목적을 두어야 할 것이다. 이를 위하여 교육 현장에서는 내신 평가인 수행 평가와 중간·기말고사, 대학별 고사인 논술, 국가 고사인 수능 시험 등 다양한 평가 도구를 활용하고 있다.

문제는 이처럼 다양한 평가 도구를 국어 교육 목표와의 관련성을 따져 살피기보다는 평가 도구가 아이들의 수준을 객관적이고 공정하게 측정하는지 여부에 더 많은 관심을 쏟고 있다는 것이다. 즉 교육과정에서는 평가를 '교육 목표를 성공적으로 달성하기 위한 교육의 과정'으로 규정하고 있지만 정작 교육 현장에서는 평가 방식의 객관성에만 매몰되어 있다. 그러다 보니 평균 점수가 적당하고 동점자가 많지 않으면 적절한 평가가 이루어졌다고 생각하게 된다.

더욱 심각한 문제는 이 과정에서 대부분의 평가가 시행의 용이성과 채점의 객관성을 이유로 선택형 문항으로 이루어지고, 그 결과를 바탕으로 아이들의 수준을 판단하고 서열을 결정한다는 것이다. 이로 인해 평가 과정에서는 동점자를 최소화하여 점수에 따라 아이들을 한 줄로 세울 수 있는 '변별력 확보'가 강조된다.

이처럼 수능 시험을 비롯한 다양한 평가 도구들이 본래의 기능을 잃어버린 까닭은 무엇일까? 그것은 오랜 시간 교육 현장을 지배했던 학문 중심의 교육과정으로 인해 국어 교육을 지식 중심의 교과로 보는 관점이 바탕에 깔렸고,[6] 여기에 평가는 아이들을 보낼 대학을 결정하는 도구라는 생각이 보태졌기 때문이다. 이 과정에서 평가를 교육 목표의 달성 여부를 점검하는 장치라기보다는, 아이들이 수업에서 배운 지식을 얼마나 많이 알고 있는지 판별하여 서열화하는 수단으로 인식하게 된 것이다.

2) 국어 교육과 대학 수학 능력 시험

대학에서 수학할 수 있는 능력을 측정하고자 한 수능 시험이 등장한 뒤 학교 현장에는 많은 변화가 생겼다. 즉 수능 시험이 단순 지식 중심의 수업이나 텍스트 분석 위주의 수업에 대한 학교 현장의 문제의식을 반영하여 사고력 측정에 초점을 맞추었기에 활동 중심 수업, 탐구 및 토론 중심 수업, 통합 교과 수업 등과 같은 긍정적인 변화들을 이끌어 낸 것이다.

그럼에도 불구하고 수능 시험이 애초의 취지대로 고등학교 교육을 정상적인 방향으로 바꾸는 데 이바지했다고 보기는 어렵다. 물론 문제의 근본 원인은 수능 시

6 고용우, 「평가, 인식을 바꿔야 한다」, 『함께 여는 국어 교육』 통권 99호, 전국국어교사모임, 2011, 23면 참고.

험의 성격에 있다기보다는 학교 교육이 여전히 거대한 입시 산업 구조의 영향권에서 벗어나지 못했기 때문일 것이다. 특히 최근에는 수능 시험이 EBS 수능 교재나 강의와 연계되면서 아이들에게 EBS 교재를 반복적으로 외울 것을 요구한다는 비판이 일고 있는 실정이다.

수능 시험에서 국어 영역은 2014학년도부터 수준별 시험(A, B형)으로 시행되고 있다. 출제 기관인 한국교육과정평가원에서는 아이들의 어휘 능력, 사실적 사고 능력, 추론적 사고 능력, 비판적 사고 능력, 논리적 사고 능력 등을 측정하기 위하여 국어 영역의 평가 목표 및 범위를 다음과 같이 밝히고 있다.[7]

구분	국어 영역 A형	국어 영역 B형
평가 목표	대학에서의 원만하고 능률적인 수학(修學)에 필요한 국어 능력을 측정한다.	대학에서의 원만하고 능률적인 수학(修學)에 필요한 국어 능력을 측정한다.
평가 범위	화법과 작문 I, 독서와 문법 I, 문학 I	화법과 작문 II, 독서와 문법 II, 문학 II

그러면 이러한 평가 의도는 수능 시험에서 온전하게 구현되고 있을까? 아쉽게도 현행 수능 시험은 이러한 의도를 제대로 반영하고 있다고 보기 어렵다.

(1) 선택형 문항과 대학 수학 능력 시험

수능 시험에서 국어 영역이 화법, 작문, 문법, 독서, 문학 등 국어 교육의 모든 영역을 대상으로 삼은 것은 '의사소통으로서의 국어 능력'을 평가하고, 문학과 비문학 등의 텍스트를 수동적으로만 읽던 국어 교육의 방향을 바로잡기 위한 노력이라고 할 수 있다. 하지만 국가에서 주관하는 일제 고사로서의 성격을 지닌 수능 시험이 평가의 객관성, 시간의 한계 극복, 채점의 용이성 등을 위해 선택형 문항만을 출제함으로써 오히려 평가의 본질을 왜곡하고 있다.

수능 시험이 선택형 문항으로 출제되는 한 아이들은 자신의 생각을 자유롭고 창의적으로 표현할 수 없다. 단지 출제자들의 의도를 고려하여 수동적으로 정답

---

7 이하 표의 내용은 『2014학년도 대학 수학 능력 시험 대비 학습 방법 안내』(한국교육과정평가원, 2013) 12면을 참고하였다.

을 찾는 능력만 기를 뿐이다. 한국교육과정평가원에서는 수능 시험을 통하여 아이들의 다양한 사고 능력을 측정하겠다고 밝히고 있지만, 정작 현실에서는 출제자들이 만든 문제의 답을 찾게 하면서 출제자들의 의도에 아이들의 사고를 끼워 맞추게 하는 행위가 반복된다. 물론 수능 시험이 국어 이해 능력을 바탕으로 아이들의 사실적 사고, 비판적 사고, 논리적 사고 등을 평가하는 도구로서 일정한 역할을 하고는 있다. 하지만 선택형 문항만으로는 아이들의 능동적인 텍스트 읽기 및 창의적인 표현 능력, 종합적 작품 감상 능력 등을 깊이 있게 평가하는 데에 한계가 있는 것도 사실이다.

특히 선택형 문항으로 구성되는 수능 시험에서 화법과 작문 영역의 평가는 그 실효성도 문제가 된다. 현행 수능 시험에서 국어 영역의 경우, 평가의 중심은 독서와 문학 영역이라고 할 수 있다.[8] 국어 영역의 평가가 독서, 문학 영역에 치우쳐 있다 보니, 화법, 작문, 문법 영역에 대한 평가는 상대적으로 소홀하게 이루어지고 있다. 이로 인해 '수능 시험의 화법이나 작문 영역이 아이들의 말하기·듣기 및 쓰기 능력을 타당하게 평가할 수 있는가?', 또는 '수능 시험의 화법이나 작문 영역이 말하기·듣기 및 쓰기 교육에 이바지하고 있는가?'와 같은 문제들이 끊임없이 제기되는 실정이다. 이처럼 수능 시험이 아이들의 말하기·듣기 및 쓰기 능력을 평가하는 데 한계가 있다는 인식이 확산되면서 대학 입시에서 논술이나 면접 등의 평가 도구가 등장하기도 했다. 이러한 문제들을 해결하기 위해서는 선택형인 수능 시험으로 평가가 가능한 국어 능력과 평가가 힘든 국어 능력을 꼼꼼하게 살펴서, 평가하기 힘든 부분이 있다면 서술형 문항 개발 등과 같은 대안에서 실마리를 찾아야 할 것이다.

(2) 수준별 평가와 대학 수학 능력 시험

2014학년도 수능 시험부터 국어 영역은 A, B형으로 나누어 수준별 평가를 하고 있다. 한국교육과정평가원에서는 아이들의 학업 부담을 고려하여 B형은 기존

---

8 2014학년도 수능 시험에서 국어 영역은 A, B형 모두 45문항이 출제되었다. 이 가운데 화법, 작문, 문법 영역은 A형이 15문항, B형이 16문항 출제되었다. 이에 비해 독서와 문학 영역은 A형이 30문항, B형이 29문항 출제되었다.

수능 언어 영역의 수준을 유지하되, A형은 이전 언어 영역보다 출제 범위를 줄이고 쉽게 출제한다는 평가 방침을 밝혔다. 이를 통해 A형은 국어 교과의 기본 지식과 원리에 대한 이해력을, B형은 기본 지식과 원리에 대한 이해 및 이를 탐구·적용하는 힘을 측정하는 데 평가의 목적을 두고 있음을 알 수 있다. 하지만 이러한 평가 목적과는 달리 그 바탕이 되는 교육과정의 내용은 수준별로 구성되어 있지 않다. 즉 교육과정에서는 국어 교육의 하위 영역이나 내용 체계를 수준별로 구성하지 않으면서 평가만 수준별로 실시하고 있는 것이다. 평가를 교육 목표를 성공적으로 달성하기 위한 교육의 한 과정으로 이해한다면 이러한 모순을 해결하기 위한 노력이 전제되어야 할 것이다.

국어 영역을 수준별로 평가함으로써 생길 수 있는 문제 역시 적지 않다. 그것은 모국어 능력에 대한 그릇된 인식을 길러 준다는 점이다. 현행 수능 시험은 대학에서 배우는 학문을 이해할 수 있는 사고 능력, 교양을 갖춘 성숙한 민주 시민으로서의 의사소통 능력, 그리고 문화적 삶을 누릴 수 있는 국어 능력을 평가하는 데 그 목적을 두고 있다. 하지만 수능 시험의 평가 범위를 감안하면 A형은 주로 자연 계열의 학문을 공부할 아이들이, B형은 주로 인문 계열의 학문을 공부할 아이들이 선택할 가능성이 높다. 이를 고려할 때 국어 영역의 수준별 평가는 대학에서 공부하는 학문의 성격에 따라 갖추어야 할 모국어 '말글 능력'이 다를 수 있다는 왜곡된 인식을 심어 주기에 모자람이 없을 것이다.

(3) EBS에 사로잡힌 대학 수학 능력 시험

공교육 정상화와 사교육비 절감을 위해 수능 시험과 EBS 교재를 연계하면서 학교 현장은 EBS 교재가 점령해 버렸다. 그 결과, 애써 만들어 놓은 교육과정은 유명무실해졌다. 교육 현장의 사정이 이렇다 보니 교사들은 울며 겨자 먹기로 EBS 교재를 활용하는 수업을 할 수밖에 없고, 아이들은 조각난 글과 문제가 나열된 EBS 교재를 통해 정답만 찾는 연습을 반복하고 있다.

특히 지난 2014학년도 수능 시험에서 국어 영역은 A, B형 모두 EBS 교재와의 연계 비율이 71% 정도였다. 독서 영역이나 문학 영역의 경우 EBS 교재에 실린 제시문이나 문학 작품을 확대, 축소, 변형하여 재구성한 것이 많았으며, 문항 또한 EBS 교재의 아이디어나 유형을 활용한 것이 대부분이었다. 이러한 연계 양상을 문법 영역과 독서 영역 출제 문항을 예로 들어 좀 더 구체적으로 살펴보고자 한다.

① 문법 영역

2014학년도 수능 시험의 문법 영역은 A형에서는 음운 변동, 조사에 대한 이해(사전 활용 원리), 명사절의 기능, 담화에서 지시어의 기능, 높임 표현 등을 중심으로, B형에서는 파생어와 합성어의 표기, 표준 발음법, 문장의 호응, 중세 국어의 음운과 표기의 특징 등을 중심으로 출제되었다.

이를 통해 수능 시험에서 문법 영역은 대부분의 평가 요소가 문법 지식 자체나 음운론, 형태론, 통사론 등에 치우쳐 있으며, 이마저도 화법이나 작문 등 국어 교육의 다른 영역들과 유기적으로 통합되지 못한 채 분절적인 평가가 이루어지고 있음을 알 수 있다. 그리고 이러한 평가 요소들을 구현한 문항들도 대부분 EBS 교재의 평가 요소 및 유형을 활용하고 있었다. 예를 들면, 2014학년도 수능 국어 영역 B형의 12번 문항은 〈보기〉의 내용 및 제시 방식이 EBS 연계 교재에 실린 것과 매우 유사하였다. 이러한 방식으로는 문법 지식에 대한 이해를 바탕으로 현상을 탐구하고 적용함으로써 길러지는 사고력이나 창의력을 평가하려는 문법 영역의 고유한 목표를 이루기는 어려울 것이다.

문법 영역은 음운론, 형태론, 통사론에 대한 이해를 바탕으로 담화나 어법, 국어 규범, 표현·이해 등에 대한 '말글 능력'을 통합적으로 평가해야 한다. 즉 음운 변동, 낱말 형성, 문장 구조 등과 같은 단편적인 지식을 측정하는 데 머무르지 않고, 이러한 지식을 바탕으로 실제 언어생활에 적용할 수 있는 표준 발음이나 맞춤법, 표준어, 어법 등에 관한 능력을 통합적으로 평가하는 데 초점을 맞추어야 한다는 것이다. 문법에 대한 이해는 국어 교육에서 '의사소통으로서의 국어 능력'을 기르는 바탕이 되기 때문이다.

12. (가)의 ㉠, ㉡에 들어갈 표준 발음을 (나)를 참고하여 바르게 짝지은 것은?

> **(가) 학생의 탐구 내용**
>
> 　지난 시간의 새말 만들기 활동에서 '꽃잎 표면에 이랑처럼 주름이 진 부분'을 가리키는 말로 '꽃이랑', '꽃의 가운데에 오목하게 들어간 부분'을 나타내는 말로 '꽃오목'을 만들었어. 이번 시간에 배운 표준 발음법에 따라 이 단어들의 올바른 발음을 생각해 보니, '꽃이랑'은 (　㉠　), '꽃오목'은 (　㉡　)으로 발음해야 해.

> **(나) 표준 발음법 조항**
>
> **제15항** 받침 뒤에 모음 'ㅏ, ㅓ, ㅗ, ㅜ, ㅟ'들로 시작되는 실질 형태소가 연결되는 경우에는, 대표음으로 바꾸어서 뒤 음절 첫소리로 옮겨 발음한다.
> 　　　⑩ 겉-옷[거돋], 헛-웃음[허두슴]
> **제29항** 합성어 및 파생어에서, 앞 단어나 접두사의 끝이 자음이고 뒤 단어나 접미사의 첫 음절이 '이, 야, 여, 요, 유'인 경우에는, 'ㄴ' 소리를 첨가하여 [니, 냐, 녀, 뇨, 뉴]로 발음한다.
> 　　　⑩ 담-요[담:뇨], 홑-이불[혼니불]

	㉠	㉡
①	[꼰니랑]	[꼬도목]
②	[꼰니랑]	[꼬초목]
③	[꼰니랑]	[꼰노목]
④	[꼬디랑]	[꼬초목]
⑤	[꼬디랑]	[꼬도목]

061 〈보기 1〉을 참고하여 〈보기 2〉 ㉠∼㉢의 발음을 올바르게 짝지은 것은?

> **〈보기 1〉**
>
> **표준 발음법**
> **제9항** 받침 'ㄲ, ㅋ', 'ㅅ, ㅆ, ㅈ, ㅊ, ㅌ', 'ㅍ'은 어말 또는 자음 앞에서 각각 대표음 [ㄱ, ㄷ, ㅂ]으로 발음한다.
> **제13항** 홑받침이나 쌍받침이 모음으로 시작된 조사나 어미, 접미사와 결합되는 경우에는, 제 음가대로 뒤 음절 첫소리로 옮겨 발음한다.
> **제15항** 받침 뒤에 모음 'ㅏ, ㅓ, ㅗ, ㅜ, ㅟ'들로 시작되는 실질 형태소가 연결되는 경우에는, 대표음으로 바꾸어서 뒤 음절 첫소리로 옮겨 발음한다.

> **〈보기 2〉**
>
> • 밥 짓는 냄새가 <u>부엌에서</u>[　㉠　] 풍겨 왔다.
> • 강아지가 <u>부엌 안</u>[　㉡　]에서 나오지 않고 있다.
> • 새로 이사한 집은 <u>부엌이</u>[　㉢　] 넓어서 어머니께서 좋아하신다.

	㉠	㉡	㉢
①	부어케서	부어칸	부어키
②	부어케서	부어칸	부어기
③	부어케서	부어간	부어기
④	부어게서	부어간	부어기
⑤	부어게서	부어간	부어키

② 독서 영역

　2014학년도 수능 시험에서 독서 영역은 주로 제시문과 관련된 내용을 이끌어 내거나 제시문과 주어진 자료를 바탕으로 내용의 적절성을 판단하는 문항을 통해 아이들의 읽기 능력을 평가하였다. 그런데 이러한 문항들은 이전 수능 시험의 독서 영역에서도 지속적으로 출제되었던 유형들이다. 이것은 능동적 읽기 능력을 측정하려는 독서 영역의 평가 방법이 여전히 단순하고 고정적이라는 것을 보여 주는데, 이를 통해 선택형으로 출제되는 수능 시험의 태생적인 한계를 확인할 수 있다.

　그리고 독서 영역에서 출제된 비문학 제재들은 EBS 교재에 수록된 제재와 중심 내용뿐만 아니라 문항의 유형까지도 매우 유사하였다. 독서 영역에서 비문학

---

9 김동환 외(2013), 「EBS N제―국어 270제 B형」, EBS, 36면.

[28~30] 다음 글을 읽고 물음에 답하시오.

베토벤의 교향곡은 서양 음악사에 한 획을 그은 걸작으로 평가된다. 그 까닭은 음악 소재를 개발하고 그것을 다채롭게 처리하는 창작 기법의 탁월함으로 설명될 수 있다. 연주 시간이 한 시간 가까이 되는 제3번 교향곡 '영웅'에서 베토벤은 으뜸 화음을 펼친 하나의 평범한 소재를 모티브로 취하여 다양한 변주와 변형 기법을 통해 통일성을 유지하면서도 가락을 다채롭게 들리게 했다. 이처럼 단순한 소재에서 착상하여 이를 다양한 방식으로 가공함으로써 성취해 낸 복잡성은 후대 작곡가들이 본받을 창작 방식의 전형이 되었으며, 유례없이 늘어난 교향곡의 길이는 그들이 넘어서야 할 산이었다.

그렇다면 오로지 작품의 내적인 원리만이 베토벤의 교향곡을 19세기의 중심 레퍼토리로 자리매김하게 했을까? 베토벤의 신화를 이해하기 위해서는 19세기 초 음악사의 중심에 서고자 했던 독일 민족의 암묵적 염원을 들여다볼 필요가 있다. 그것은 1800년을 전후하여 뚜렷하게 달라진 빈(Wien)의 청중의 음악관, 음악에 대한 독일 비평가들의 새로운 관점, 그리고 당시 유행한 천재성 담론에 반영되었다.

빈의 ⓐ새로운 청중의 귀는 유럽의 다른 지역 청중과는 달리 순수 기악을 향해 열려 있었다. 순수 기악이란 악기에서 나오는 소리 외에는 다른 어떤 것과도 연합되지 않는 음악을 뜻한다. 당시 청중은 언어가 순수 기악이 주는 의미를 담기에 부족하다고 생각했기 때문에 제목이나 가사 등의 음악 외적 단서를 원치 않았다. 그들이 원했던 것은 말로 형용할 수 없는, 무한을 향해 열려 있는 '음악 그 자체'였다. (하략)

29. ⓐ의 관점에 가장 가까운 것은?
   ① 음악은 소리를 다양하게 변형시켜 그것을 듣는 인간의 정서를 순화시킨다.
   ② 음악은 인간의 구체적인 감정을 전달하는 수단이라는 점에서 그 자체가 언어이다.
   ③ 가사는 가락을 통해 전달되는 메시지라는 점에서 언어는 음악의 본질적 요소이다.
   ④ 음악은 언어가 표현할 수 없는 것을 보여 준다는 점에서 언어를 초월하는 예술이다.
   ⑤ 창작 당시의 시대상이 음악에 반영된다는 점에서 음악 외적 상황은 음악 이해에 중요한 단서가 된다.

[22~24] 다음 글을 읽고 물음에 답하시오.

ⓐ베토벤이 활동했던 1800년을 전후하는 시기에 서구의 음악 청중은 뚜렷하게 변모해 있었다. 음악이 오직 종교 예식에 도움을 주거나 사교 생활에 배경이 됨으로써, 혹은 노동을 고취시키거나 사기를 진작시킴으로써만 그 가치를 인정받던 시대는 이미 지났다. 또한 음악이 뜻하는 바는 도무지 애매모호하고 불분명하며 음악은 언어가 갖는 지칭성을 결여하고 있으므로 인식적으로 열등하다. 음악에 대한 오랜 혐의는 이제 빛이 바랬다. 새로운 청중의 눈은 순수 기악을 향해 있었다.

순수 기악이란 악기를 통해 나오는 소리 이외의 어떤 다른 것과도 연합되지 않은 음악, 특히 음악의 내용을 짐작하게 해 주는 제목이나 가사, 표제 등의 단서를 갖고 있지 않은 음악을 뜻하는데, 그 대표적 예로는 교향곡을 들 수 있다. 물론 베토벤의 시대에도 성악은 여전히 사람들의 흥미를 끌었다. 하지만 새로운 청중이 특별히 주목했던 것은 로시니의 오페라가 아닌 베토벤의 교향곡이었고, 역사는 오늘날 로시니가 아닌 베토벤을 악성(樂聖)이라 부르게 만들었다.

새로운 시대의 새로운 청중에게 필요했던 것은 철학의 역할을 해 줄 음악이었다. 그들이 원했던 것은 보다 숭고한 음악이었다. 가사와 같은 의미의 상대적 확정성도 달갑지 않았다. 그들은 음악이 어떤 한정된 의미 안에 갇혀 있는 채로는 도저히 그들을 무한의 세계로 인도할 수 없다고 생각했기 때문이었다. 무한을 향해 열려 있는 음악의 순수한 가능성은 결코 오염되어서는 안 되었다. 멘델스존의 말처럼 그들에게 음악이 전하는 바는 언어 따위에 담기에는 너무나 섬세하고 미묘했던 것이다. (하략)

22. ⓐ에 나타난 음악에 대한 새로운 관점으로 적절한 것은?
   ① 인간의 목소리로 만들어지는 음의 세계가 기악보다 높이 평가된다.
   ② 기악 음악은 인간 내면의 감정을 표출함으로써 철학적 의미로 승화된다.
   ③ 음악은 일상적 활동이 아니라 삶으로부터 초월한 철학적 해석의 대상이다.
   ④ 모든 음악은 언어로 의미가 전달될 수 있으며, 해석의 명료성이 무엇보다 중요하다.
   ⑤ 음악은 교회, 축사(畜舍), 군대에서 도구적 기능을 수행함으로써 특정한 목적에 봉사한다.

제재의 경우 인문, 사회, 과학, 기술, 예술 등과 같이 전문적인 제재를 다루기도 하는데, 많은 제시문들이 2014학년도 수능 국어 영역 B형의 29번 문항처럼 EBS 교

---

10 이도영 외(2013), 「인터넷 수능—화법과 작문 & 독서와 문법 B형」, EBS, 221~222면.

재에 실린 지문과 맥락을 재구성하여 제시함으로써 능동적 읽기 능력 측정이라는 애초의 평가 취지를 제대로 달성하지 못하고 있다. 특히 EBS 교재가 교육과정을 상세하게 구현한 것이 아니라 수능 문제 풀이를 반복적으로 연습하는 성격의 자료임을 전제한다면 이처럼 재구성된 제시문, 정형화된 평가 문항, 선택지에서 정답만 찾는 방식 등을 통해 아이들의 읽기 능력을 온전하게 평가하기에는 한계가 있을 것이다.

수능 시험을 통하여 아이들을 평가하는 입장에서는 모양새를 갖추기 위하여 문법이나 독서 영역 외에도 화법, 작문, 문학 등 국어 교육의 다양한 영역과 관련 있는 평가 요소들을 제시하고 있다. 하지만 여기에는 심각한 문제가 있다.

국어 교육에서 의미하는 국어 능력이란 다른 사람의 말을 듣고 자신의 생각을 자유롭게 입말로 표현하는 힘, 자신의 생각을 설득력 있게 글말로 표현하는 힘, 텍스트를 다양한 맥락에서 깊이 있게 읽을 수 있는 힘 등을 뜻한다. 즉 국어 교육에서 중요한 것은 다양한 맥락을 고려하여 자료를 이해하고, 이를 바탕으로 자신의 생각을 효과적으로 표현하는 힘을 기르는 것이다. 하지만 현행 수능 시험은 제시된 자료를 통해 자신이 알 수 있는 것을 확인하는 수준에만 머무르고 있을 뿐 이러한 과정을 구체적으로 평가하지는 못하고 있다. 그저 EBS 교재에 실린 지문을 활용하여 만든 변형 문제에 누가 더 잘 적응하는가만 측정하고 있을 뿐이다.

특히 수능 시험과 연계되는 EBS 교재는 아이들의 국어 능력을 기르는 데 결정적인 결함을 지니고 있다. EBS 교재는 수능 시험에 초점을 맞추어 구성되었기 때문에 맥락을 고려하여 텍스트를 다양한 방식으로 해석하기보다는 문제 풀이에 중심을 둘 수밖에 없다. 결국 수능 국어 영역과 EBS의 연계 정책이 국어 교육에 긍정적으로 이바지한다고 보기는 어렵다는 것이다.

4──바람직한 평가를 통한 국어 교육의 길 찾기

1) 평가에 대한 시선 바꾸기

일반적으로 상대 평가란 어떤 아이가 다른 아이에 비해 어떤 위치에 있는가를 측정하는 평가 방식이다. 현행 수능 시험은 상대 평가로서의 성격이 매우 강하다. 그래서 수능 시험을 준비하는 아이들은 끊임없는 압박과 불안감을 느끼게 되고, 이를 해소하기 위해 사교육에 의존하기도 한다. 사정이 이렇다 보니 사교육 업계 또한 아이들의 불안감을 이용하여 거대한 사교육 시장을 만들고, 이를 통해 불안감을 해소한 아이들이 다시 사교육을 찾는 악순환이 반복되고 있다.

수능 시험이 상대 평가로서의 성격을 지니게 된 까닭은 무엇일까? 그것은 서울 대를 정점으로 대부분의 대학들이 서열화되어 있고, 여기에 중등 교육이 철저하게 종속되어 왔기 때문이다. 이를 해결하기 위해서는 우선 수업의 패러다임을 바꾸고 평가의 본질부터 회복해야 한다. EBS 교재와 수능 시험을 연계하여 아이들에게 정답 찾는 능력을 기르도록 강요할 것이 아니라, 다양한 교육적 경험을 통해 자유롭고 창의적인 사고 능력을 기를 수 있는 기회를 제공해야 한다.

특히 아이들의 사고 능력은 다양한 텍스트 읽기를 전제로 토론하고, 이를 통해 자신의 생각을 표현하는 과정이 연속될 때 길러진다. 이를 위해서는 먼저 국어 교육에서 평가를 바라보는 시선부터 바꾸어야 한다. 교육과정에서는 국어 교육의 속살을 '화법', '작문', '문법', '독서', '문학' 등으로 나누어 제시하고 있지만 정작 이를 평가하는 수능 시험에서는 선발의 객관성과 공정성을 높이기 위해 선택형 문항만을 출제함으로써 아이들의 다양한 사고 능력을 온전하게 평가하지 못하고 있다. 따라서 국어 교육에서 평가를 '교육의 목표에 성공적으로 도달하기 위한 과정'이라고 전제한다면, 이제는 평가를 선발적 관점이 아니라 발달적 관점에서 바라보아야 한다. 이와 함께 대학 서열화 도구로 전락한 수능 시험을 프랑스의 바칼로레아나 독일의 아비투어처럼 절대 평가 방식의 자격 고사로 바꾸기 위한 고민도 이어져야 할 것이다.

2) 바람직한 평가의 바탕 마련하기

현재 대학 입학 전형은 크게 수시 모집과 정시 모집으로 나누어 실시되고 있다. 특히 2015학년도 대학 입시의 경우 전형 간소화 정책으로 인해 수시 모집에서는 학교 생활 기록부(학생부)가, 정시 모집에서는 수능 시험이 절대적인 평가 요소가 되었다. 그런데 학생부를 중심으로 신입생을 선발하는 수시 모집조차 수능 최저 학력 기준이라는 자격 조건은 여전히 유지하고 있다. 이러한 현상은 대학에서 학교 현장의 평가보다 수능 시험을 더 신뢰하기 때문으로 보인다.

정시 모집과 달리 수시 모집에서는 수능 최저 학력 기준을 폐지하고, 학생부의 교과 및 비교과 활동을 중심으로 평가해야 한다. 그것이 선행될 때 학교 현장에서도 수능 시험 중심의 교육과정과 수업 방식에서 벗어나 독서와 결합된 수업, 토론 수업, 협력 수업 등 다양한 방식의 수업을 시도할 수 있을 것이다. 이 과정에서 아이들은 교과로 대변되는 내신 성적뿐만 아니라 다양한 비교과 활동을 통해 자신들의 학업 역량을 기르고, 대학에서 요구하는 다양한 전형 방식에도 능동적으로 대처하는 힘을 키우게 될 것이다.

학교 현장의 평가는 여전히 상대적 평가 중심, 일제식 평가 중심, 양 중심, 결과 중심, 서열화 중심으로 이루어지고 있다. 이러한 방식으로는 활동 중심의 수업을 통해 아이들의 교과 및 비교과 활동을 다양한 측면에서 측정하는 데 어려움을 겪을 수밖에 없다. 가령, 말하기 중심의 화법 수업을 진행해 놓고 평가는 화법 이론을 중심으로 한다면 아이들의 말하기·듣기 능력을 온전하게 평가한다고 보기 어렵기 때문이다.

이러한 평가 방식은 이제 절대 평가 중심, 교사별 평가 중심, 질 중심, 과정 중심, 피드백 중심으로 바뀌어야 한다.[11] 이를 통해 아이들이 성취 목표에 얼마나 도달

---

[11] 이형빈, 「평가 방식의 혁신을 모색하며」, 『함께 여는 국어 교육』 통권 99호, 전국국어교사모임, 2011, 29~34면 참고.

했는지, 교수·학습의 과정을 얼마나 소화했는지를 판단할 수 있는 구체적인 자료를 얻어야 한다. 그리고 사교육 시장이 대처하기 어려운 다양한 평가 방식으로 아이들의 사교육 의존도를 낮추어야 한다. 이 과정에서 아이들은 다양하고 창의적인 수업을 경험함으로써 자신들의 학업 역량을 기르고, 다양한 자질을 발견할 수 있는 바탕을 마련하게 될 것이다.

물론 수능 시험이라는 국가 단위의 일제 고사가 존재하는 한 지금까지 제기한 문제들을 한꺼번에 해결하기는 쉽지 않다. 하지만 평가 체제를 '상대 평가, 일제식 평가, 양 중심 평가, 결과 중심 평가, 서열화 중심 평가'에서 '절대 평가, 교사별 평가, 질 중심 평가, 과정 중심 평가, 피드백 중심 평가'로 바꾸어 나간다면, 적어도 바람직한 국어 교육의 속살을 마련하고 평가의 본질을 회복하기 위한 실마리는 찾을 수 있을 것이다.

5──나가며

학교에서 하루 일을 마치고 집에 돌아오면 손가락 하나 까딱하기 싫을 정도로 지친다. 그것은 아이들에게 우리말글을 통해 삶을 올곧고 넉넉하게 꾸려 나갈 수 있는 바탕을 마련해 주었다는 뿌듯함보다는 EBS 교재들에 파묻힌 교실에서 문제 풀이에 매몰되었던 모습이 떠올라 마음이 불편해지기 때문이다. 그러다 '나는 과연 아이들에게 무엇을 하는 사람인가' 혹은 '어떤 사람인가' 하는 생각에 빠질 때면 핀란드의 교육 개혁을 떠올리고는 한다. 우리나라와 핀란드는 국제 학업 성취도 평가에서 1, 2위를 다투면서 어깨를 나란히 하는 것 같지만 교육의 속살은 엄청나게 다르기 때문이다.

핀란드에서는 기초 학년 9년 동안 서열을 매기는 평가가 엄격하게 금지된다. 성적표는 있지만 등수는 없다. 대신 아이들이 자신의 수준에 맞게 설정한 목표를 얼마나 이루었는지를 기록한다. 친구들과의 경쟁이 아닌 자신과의 경쟁을 강조하는 것이다. 그러다 보니 핀란드의 아이들은 스스로 열심히 공부한다. 공부는 자신을 위한 것이라는 생각을 하기 때문이다. 이에 비해 우리의 아이들은 대학 입시라는 괴물 앞에서 끝없는 경쟁과 이기적인 행동을 강요받고 있다.

이러한 차이는 어디에서 비롯되었을까? 아마도 그것은 우리의 교육과정과 평가 방식이 아이들의 삶의 욕구를 채워 주기보다는 입시의 도구로 전락했기 때문일 것이다. 따라서 이제는 국어 교육이 더 이상 평가에 종속되지 않고, 평가가 입시의 도구가 되지 않도록 고민해야 한다. 수능 시험이 교육과정의 한 흐름이 되지 못하고 입시 제도로만 자리하는 지금에서는 더더욱 말이다.

참고 자료

- 김수업(2012), 『배달말 가르치기』, 휴머니스트.
- 류대성 외(2011), 『국어 원리 교과서』, 행성:B온다.
- 박영목 외(2003), 『국어 교육학 원론』, 박이정.
- 이계삼(2013), 『삶을 위한 국어 교육』, 교육공동체벗.
- 이형빈(2008), 『국어 지필 평가의 새 방향』, 나라말.
- 전국국어교사모임(2011), 『함께 여는 국어 교육』 통권 99호, 전국국어교사모임.
- 전국국어교사모임(2012), 『함께 여는 국어 교육』 통권 107호, 전국국어교사모임.
- 최지현 외(2007), 『국어과 교수·학습 방법』, 역락.
- 한국교육과정평가원(2005), 『대학 수학 능력 시험 출제 매뉴얼 — 언어 영역』, 한국교육과정평가원.

융합 지식의 공동체와 국어 교육

박수연

1──미래 사회와 주체의 존재 방식

미래 사회의 변화에 대응하기 위해 학문 영역의 경계 허물기가 필요하다는 논의는 이미 오래된 것이다. 학문 영역의 근대적 패러다임이 '경계 구축하기'였다면, 미래형 융합 교육의 패러다임은 '경계 허물기'일 것이다. 이른바 '통섭'으로서의 학문적 주고받기의 실례들이 적극적으로 거론되기 시작한 것도 오래전이다. 그것의 핵심은 상이한 분야들 혹은 주체들 사이의 소통과 연대일 것이고, 그를 통해 이루어질 새로운 관계와 창조일 것이다.

요컨대 새로운 관계 맺음과 창조적 결과가 '경계 허물기'의 최종적 목적이라면, 그 '경계 허물기'라는 행위가 요청되고 실현되는 시대적 조건이 곧 미래 사회이다. 미래 사회에 대한 이런 논점이 융합형 교육의 필요성을 다양한 측면에서 제기하는 것은 그 미래에 대한 논의 또한 다양하기 때문이다. 여기에서는 우리의 교육과 연관된 그간의 논의가 모인 최근의 논점 몇 가지를 확인해 보기로 하자. 그것은 대략 다섯 가지 사항으로 정리된다. 인구 구성, 지구화, 첨단 기술, 라이프 스타일, 노동 시장의 문제가 그것이다(한국교육과정평가원, 2013[1]). 다섯 개의 독자적 지표이기는 하지만 미래 사회를 구성하는 이 지표들은 서로 긴밀하게 연관되어 있다. 인구 구성의 변화는 사회적 삶의 배경이 필연적으로 초래하는 일이다. 그 사회적 삶의 배경은 지구화라는 말로 규정되는 배경이고, 지구화는 첨단 기술과 구 산업 기술의 전 지구적 분업에 따른 노동력 이동에 연동될 수밖에 없다. 일국의 경계선 안에 갇혀 있던 존재들은 당연히 경계 외부의 삶에 충격을 받고 변화될 것이며, 경계선을 넘어서는 존재들이 다국적 노동 시장을 만들어 낼 것이다. 이 다섯 가지의 지표는 그것 자체가 이미 경계 허물기에 돌입한 삶의 융합을 표현한 것이기도 하다.*

다섯 가지 지표들의 내포도 고려해야 한다. 인구 구성은 고령화 시대의 다문화 가족 현상과 연결된 인구 구조의 변화를 가리킨다. 이 인구 구성의 변모는 경제적 측면에서 노동 시장의 재구성을 야기하고, 더 나아가서는 정치적 차원에서의 지구적 문제 설정으로 이어질 수밖에 없다. 노동 시장의 변화가 초래할 계급적 역학 관계의 변모는 이제 일국의 경계선 내부로 한정되지 않기 때문이다. 이 경제적, 정치적 경계 확장이 첨단 기술을 토대로 하고 있는 것도 분명하다. 가령 오늘 한국에서 나타난 노동 시장의 양상은 어제 미국에서 펼쳐진 통화 정책과 연동될 터인데, 그 신속한 연동이 바로 첨단 기술에 의한 지구적 네트워크 건설에 의해 밑받침되고 있는 것이다. 사람들의 삶의 방식이 변화될 수밖에 없다는 사실 또한 자명하다. 시간은 빨라지고 공간은 축소된다. 이렇다는 것은 사람들의 삶이 편리해지고 수월해졌음을 의미하기도 하지만, 사적이고 느슨한 삶이 불가능해지기 시작했다는 것을 의미하기도 한다. 기술의 발전에 힘입어 여가와 여유를 누리려는 노력이 증대되기도 하지만, 동시에 한 인간의 모든 시간이 사회적 제도와 흐름의 그물망 속으로 포섭되어 버리기도 하는 것이다.

특히 여성들의 사회 활동 증대는 사적 삶이 불가능해지는 사태의 역설적 실례이다. 과거에는 여성들이 가내 경제의 담당자로서 사적 삶을 영위해 왔다. 가부장적 사회 체계 속에서 억압되었던 여성의 삶이 근대 이후에 해방되기 시작했다는 사실은 경제가 정치에 포괄되는 '정치경제학'적 배경과 무관하지 않다. 그들의 경제적 행위는 단순한 경제적 행위가 아니라 '정치경제'적 행위이다. 노동의 실질적

---

* 함께 보고된 『미래 사회 대비 국가 수준 교육과정 방향 탐색─국어』(한국교육과정평가원, 2013)에서는 약간의 변화가 있다. 미래 사회의 주요 지표가 '인구 구조, 과학 정보 통신 기술, 경제 환경, 환경 자원, 지구화'로 상정되었다. 가장 뚜렷한 차이는 '라이프 스타일'이 '환경 자원 문제'라는 지표로 달라진다는 점이다. 지표의 변화는 그 지표가 지시하는 실제 내용의 변화로 이어진다.

포섭이 진행되면서 사람들의 일거수일투족은 이제 사회 전체의 '정치경제'적 생산과 소비에 구속된 것이 되었다. 과제는 그 포섭으로부터 어떻게 벗어날 수 있는가 하는 점일 것이다. 해방이 가능하다면 미래 사회를 살아갈 주체들은 자신을 둘러싼 모든 타자들과 동등한 권리를 가진 존재일 것이다. 근대성의 한 영역인 개인적 주체성은, 그러므로 미래 사회에서는 묘한 방식으로 착종될 수밖에 없다. 여성은 근대에 이르러 평등한 존재로 해방되지만, 동시에 근대의 사회적 포섭 체계 속에 실질적으로 연루됨으로써 자신을 잃어버린다. 마찬가지로 이 획득과 상실의 상호 체계야말로 현대를 살아가는 모든 주체에게는 벗어나기 힘든 운명일 것이다.

사적 삶이 소멸되기 시작한다는 점이야말로 탈근대적 징후인 탈주체적 존재들을 환기하는 중요한 표지이다. 여성들뿐만이 아니다. 개인들은 드러나면서 소멸된다. 주체의 경계가 무너지는 곳에서 새로운 정체성이 탄생한다면, 주체가 드러나고 소멸되는 과정과 정반대 방향으로 작용하는 운동들은 그 주체의 존재와 소멸을 위해 존재하는 터전과도 같은 것으로 이해될 수 있을까? 그렇다고 대답해야 하리라. 개별체는 어떤 것으로부터도 개입되지 않음으로써 다른 것으로 더 이상 나뉠 수 없는 존재이이다. 그렇지만 하나의 개별체는 그의 둘레를 채워서 바로 그 개별체를 개별체이게끔 하는 타자에 의해 존재할 수밖에 없다. 내가 너 아닌 '나'로 존재하기 위해서는 나와 구별됨으로써 나를 증명해 주는 '너'가 필요한 것이다.

그렇다면 우리는 미래 사회의 삶의 양식에 대한 어떤 모습을 추출해 볼 수도 있을 것이다. 모든 존재는 개별적이되 개별성을 넘어서는 방식으로 존재한다는 것, 개별적이라는 사실은 존재가 어떤 자유를 실현하는 형식적 지평에 놓여 있음을 알려 준다는 것, 그 형식적 지평을 모종의 내용체로 바꾸는 일은 정반대 방향의 운동을 통해 이루어진다는 것, 바로 이러한 것들이다. 요컨대 하나의 영역, 즉 경계선 내부, 피부의 윤곽선으로 구별되는 신체, 윤곽을 가진 사건 등등은 자신의 개별성이라는 형식적 자유의 지평을 넘어서서 움직인다. 경계선은 외부를 향해 열리고, 피부는 녹아 다른 신체와 합성되며, 사건은 다른 사건과 섞여 흐릿해질 수밖에 없다.

미래 사회의 이런 존재 양식이 주체의 타자성을 환기하는 것은 너무나 당연하다. 주체가 중충적으로 구성된다는 점은 특히 정신 분석학의 등장 이후에는 누구에게나 인정되는 사실이다. 주체는 '나'이자 '너'이며 동일자일 뿐만 아니라 타자이기도 하다. 주체는 자신의 존재 조건들과 관계 맺음으로써 주체가 된다. 나 스스로 생각하기 때문에 나는 존재하는 것이 아니라, 나로 하여금 무엇인가를 생각하도록 자극하는 외부의 어떤 존재에 의해 나는 주체가 된다. 근대적 주체 중심주의에 대한 비판은 주체의 동일성 테제를 일방적으로 강조하는 관점을 비판하는 것이기도 하다. 그러므로 주체의 중충적 구성이라는 문제 설정은 비판 이후 가능한 대안이 아니라 숨겨져 있던 주체의 본질을 찾아낸 것이라고 할 수 있다.

물론 하나의 패러다임이 정상적으로 작동하기 위해서는 그 작동의 필요충분조건이 전제되어야 한다. 이것은 왜 정신 분석학이 20세기의 학문인가 하는 점, 왜 물은 얼음의 성질을 내부에 가지고 있으면서도 항상 얼지 않는가 하는 점과 관련된다. 잠재적인 것이 항상 현실적인 것이 되지는 않는다. 주체가 중충적으로 구성된다는 사실이 인정되기 위해서는 주체를 둘러싼 외부 존재들의 평등한 위상과 관계가 전제되어야 할 것이다. 이는 휴머니즘과 주체 중심주의가 등장하고 전개되는 근대적 삶의 패러다임으로부터 주체의 탈중심성을 논의하는 탈근대적 패러다임으로 이동해야 한다는 말이기도 하지만, '평등한 위상'이라는 규정 때문에 탈근대적 패러다임 자체를 신속히 넘어서야 한다는 의미이기도 하다. 왜냐하면 탈근대론이 비판하고 해체한 결과 주체(중심주의)가 소멸되어 버리는 것과는 달리 평등하기 위해서는 주체가 있어야 하기 때문이다. 다른 말로 하면 그간에 논의되었던 통섭이 주체를 무화(無化)한다는 점에서 탈근대적이라면 이제 우리가 논의해 보아야 할 융합은 주체들이 평등한 관계라는 점에서 탈-탈근대적이기 때문이다.

2──불확실성의 사회와 학문의 경계 허물기

과학과 기술이 인문적 사유와 어떻게 결합해야 하는가를 고민하기 시작한 지도 오래되었다. 문화는 심미적인 것이고 기술은 실용적인 것이라는 이분법이 잘못된 것일지도 모른다는 불안감은 근대적 순수 예술의 탄생이 초래한 심리일 것이다. 그러나 그 불안감은 정반대의 경우로 돌진하고 있는 것은 아닐까?

가령 심미적 문화주의자가 어느 날 자신의 한계를 깨닫고 과도한 기술 숭배자가 되는 사태가 그렇다. 이태리 미래파는 그것의 극단적인 사례이다. 물론 그 반대의 경우도 있을 것이다. 또 기술 전공자들이나 교사들이 인문학적 사유의 필요성을 절감한다고 발언할 때, 우리는 그 말에 동조하면서 한편으로는 그 말의 이면에 작동하는 기술 만능주의를 포착하게 된다. 배우려는 태도는 좋은 것이지만, 인문학을 통해서 공학을 완성하겠다는 태도가 좋은 것만은 아니다. 이 태도에는 기술적 엄격성에 인문학적 색채를 입혀서 오히려 그 기술적 엄격성을 신화화하려는 욕망이 숨어 있기 때문이다. "기계적 패권 욕망의 현대식 미약(媚藥)"(시몽동, 2011: 11면)이라는 지적은 기술과 인문의 영역이 서로를 필요로 하면서 자신의 영역을 극대화하는 사태를 비판하는 진술이다. 그 극대화란 자신들의 규칙으로 상대방을 규정하는 태도의 극단화 같은 것이다.

기술의 완전성을 하나의 기계가 주어진 상황에 따라 정확히 예상되는 결과를 도출하는 사실로 증명할 수 있다고 이해하는 것은 근대 이후의 수학적 이성 중심주의가 심어 놓은 결과이다. 기술의 완전성은 계산적 자동 수행 능력과 동일한 것이었고, 그래서 원인이 같으면 결과가 같아야 한다는 원리가 만들어졌다. 기술적 정확성을 완전성과 동일시하는 시각도 같은 맥락에서 이해할 수 있다. 원하는 결과를 오차 없이 생산할 수 있는 기술은 곧 오류를 허락하지 않는 무결점의 능력과 같은 것으로 고려된 것이었다. 수학적 계산에서 벗어나지 않는 결과를 과학이라고 이해하는 태도가 그것이다. 동일한 투입이 동일한 결과를 가져와야 한다는 자동성의 원리를 전제하는 한 기술적 정확성이 의미하는 것은 언제나 동일하게 전개되는 세계의 양상들이다. 이런 세계관이 작동할 때 사람들에게 단일한 정체성이 요구되는 것은 너무나 당연한 일이 된다. 동일한 세계 속에서 주체는 이성적 의식의 소유자일 뿐이고, 그래서 주체들은 단일한 집단을 형성할 수밖에 없다. 주체가 단일한 집단을 형성할 때 현실은 배타적인 이념의 처소가 되어 화해되지 않는 존재들의 갈등으로 채워질 것이다. 이것이 과학이라면 제반 학문의 영역이 과학(science)의 이름으로 규정되는 시대는 불가피하게 독자적이고 개별적인 성립을 추구할 수밖에 없다. 동일한 정체성을 형성하지 않는 한 합리적으로 통제되는 지식은 만들어질 수 없기 때문이다.

그런데 근대의 학자들이 지향했던 것은 갈등하는 개별적 학문이 최종적으로 보편지에 의해 완성되는 '통합 학문'이었다. 모든 학문이 공통적으로 수학적 이성이라는 분석 도구를 갖추게 된다면 세계는 모두 계산 가능한 대상으로 존재할 것이고, 따라서 제반 학문은 세계를 동일한 기호 체계로 설명할 수 있을 터였다. 데카르트(Descartes)의 연장(延長, extensio) 개념이 그렇다. 데카르트의 시대를 거치면서 상이한 학문 대상들은 동일한 원리에 의해 설명되어야 했는데, '세계-자연'을 등질적인 연장으로 규정했던 것은 그 때문이다.

이로부터 묘한 역설이 일어났다. 세계가 동일한 원리로 설명될 수 있다고 믿었기 때문에 사람들은 오히려 더 세부적이고 구체적인 학문의 영역 속으로 들어갈 수 있게 된 것이다. 근대 이후의 통합 학문은 원리적 동일성을 감각적 연장으로서의 세계에 부여함으로써 공통성을 찾았지만, 반대로 그 공통성으로부터 보편지의 공통성에 의해 보장되는 개별적 분리 영역으로 들어간 셈이다. 학문적 전문화가 베이컨(Bacon)이나 데카르트에 의해 시도된 것은 이런 사태를 배경으로 하는 것이었다. 베이컨은 학문을 '이성-철학', '상상-시', '기억-역사'로 분류한다. 자연 과학적 원리 탐구는 철학에 포함되는데 당대의 수학적 이성에 대한 믿음이 그렇게 표현된 셈이다. 데카르트는 형이상학, 순수 이론 과학, 응용과 실천의 영역으로 학문을 나누었다. 베이컨과 데카르트의 분류표를 따르면 근대적 이성에 의한 세계 이해가 모든 학문의 중심이다. 그 이성이 철학적 형이상학의 학문을 중심에 두게 하고, 그로부터 이론이 나온 후 다시 응용 학문이 나오는 것이다.

그러나 이 세부적 학문 분류는 이성적 정확성에 근거한 통합적 원리를 전제로 한다. 그것은 언제나 돌아갈 고향이 있는 이형 쌍생아와도 같다. 근대 초기의 기술적 정확성이란 바로 이 원천에 대한 믿음에 근거하고 있는 것이어서 학문적 원천에 의지하는 한 모든 학문은 보편적 원리를 지향하고 다시 그 보편성에 의해 통합되는 통합 학문으로 형성된다. 중요한 것은 그 통합적 원리가 기술적 정확성으로 나아가게 하는 계산적 이성이라는 사실이다. 이른바 근대적 이성의 폐해란 바로 그 계산적 이성이 초래하는 결과를 가리킬 것이다. 세계의 존재들이 구현하는 모든 삶의 종차는 무시되고 다양한 두께의 의미가 소멸된 채 이성적 합리성만이 강조되는 사태가 그것이다.

학문적 분류란 그런 의미에서 분류표에 포함되지 않는 여러 행위 영역을 강제적으로 일정한 분류에 집어넣고 그 외의 것을 부재하는 어떤 것으로, 혹은 기타 등등의 무의미한 어떤 것으로 규정하고 삭제하는 폭력이기도 하다. 이 '포괄-배제'의 행위가 근대 이후 합리주의의 이름으로 수행되는데, 그 합리주의는 기술적 정확성과 생산성이라는 실용성과 결합되어 왔다. 그것의 현실적 영향력을 고려한다면, 이러한 근대적 실용성이 반성적으로 성찰되지 않을 때 아무리 첨단의 기술이 발전되어도 우리는 여전히 근대에 머물러 있는 존재들이다. 그러나 하나의 이념적 이상이 언제나 완성될 수 없다는 점에서 우리는 여전히 근대인이 아니다.

그런데 진정한 의미에서의 기술이 언제나 동일한 결과만을 도출해야 하는가의 문제에 대해서는 좀 더 포괄적인 판단이 필요하다고 여겨진다. 현대의 기술 철학에 따르면 기계적 삶이라는 말이 정확한 규칙적 삶이라는 말의 의미를 넘어선 지는 이미 오래되었다. 그렇다면 '기술-기계'의 의미는 무엇인가? 지금 로봇이라는 인공적 존재는 항상 동일하고 정확한 행위를 수행하는 물질적 조립물을 뜻하지 않는다. 로봇은 단지 입력값을 기계적으로 반복하기만 하는 존재가 아니라 주어진 상황 속에서 다양한 감수성을 비결정의 상태로 진행시키는 존재이다. 이런 의미에서 오늘날 진정한 의미의 기계적 삶이란 오히려 고착된 확정성을 넘어서는 삶을 뜻한다. 주체의 명확성을 넘어서는 융합에 대해 말하는 것은, 그러므로 '인간-주체'와 '기계-객체'라는 분류로 규정되는 세계관을 근본적으로 되돌아보아야 한다는 것을 뜻한다.

새로운 교육과정을 위한 미래 사회 진단에서도 주목할 것은 '기계-기술'들이 이제 더 이상 고착된 정확성의 의미로만 해석될 수는 없다는 사실이다. "과학 기술의 첨단화'에 따른 교육 패러다임의 변화 및 지식 수명 단축에 따른 불확실성 증가"(한국교육과정평가원, 2013[1]: 13면)에 대한 논의가 그것이다. 요컨대 미래 사회는 불확실성의 사회이고, 그 불확실성을 하나의 에피스테메로 인정해야 하는 사회이다. 이것은 이미 객관적인 지표들이 요구하는 사항이지 주관적인 요청 때문이 아니라는 사실을 고려하는 것도 중요하다. 이 비결정성은 그것의 객관인 지표들이 고정된 것처럼 보이는 구조라고 해도 그렇다. "그 구조들은 작동하는 동안은 유지될 필요가 있지만, 구조의 가장 높은 완전성은 작동의 가장 커다란 개방성, 가장 많은 자유와 일치하는 것이다."(시몽동, 2011: 11면) 고착된 명확성을 넘어서서, '기계-기술'에게조차도 그 불확정성이 지향되어야 할 어떤 지점이라면, 세계에서 가장 열린 존재인 인간이 불확정성을 마다할 이유는 없다고 봐야 할 것이다. 그것이 우리 시대의 공동체이며, 여기에 규정을 벗어나고 불확정적인 잔여물들을 포괄함으로써 스스로를 정립하는 학문의 경계 허물기가 연결되어 있음은 물론이다.

3──범교과 교육을 넘어서는 국어 교육의 방법

세계의 불확실성, 그리고 세계를 분석하고 이해하는 행위로서의 학문의 불확정성을 21세기의 본질적 양상으로 인정해야 한다면, 이 시대를 수렴하고 표현해야 하는 언어들의 집합체인 국어와 국어 교육이 지향해야 할 바는 보다 분명해 보인다. 근대의 합리성이 강요했던 계산적 명확성을 넘어서서 불명확성의 세계를 지향해야 하는 때가 바로 우리 시대이다. 그 세계는 아마 불명확성 자체가 아니라 불명확성을 내용으로 하는 명확성의 또 다른 형식일 수도 있을 것이다. 가령 국경선이 존재하지만, 그 내부에 국경 외부를 포함함으로서만 작동될 수 있는 현대의 세계 체제 같은 것이 하나의 예이다. 모든 고정성이 초월되고 삶의 기반이 경계를 허무는 시대적 특징은 불확정성에 기반을 둔 21세기의 현실 바로 그것이다. 현실이 이런 이유는 다른 데 있지 않다. 우리 삶을 지금까지 이끌어 온 과학 기술 자체가 모종의 개방성에 의해 움직이는 미래를 예견하고 있기 때문에 불확정 시대의 인간들에게 불명확성의 이념이란 그것 자체로 삶의 지표이기도 하다.

그런데 불명확성은 사건이나 사물의 경계가 동요하는 사태의 또 다른 표현이고,

따라서 우리는 현재 한편으로는 강화되고 한편으로는 약화되는 경계들의 이중적 위상을 경험하는 중이라고 할 수 있다. 이것은 인문 사회학적으로도 그렇고 자연 공학적으로도 그렇다. 국경선과 시민권은 근본적으로 재논의되거나 재구성되고 있으며, 생물체와 기계의 경계선은 점점 불명확해지고 있는 중이다. 다문화와 다국적의 삶이 국경을 흔들고 있다면 세포 이식은 생물 종을 변화시킨다. 자가 증식하는 컴퓨터 바이러스는 생명체인가 아닌가 하는 질문도 그렇다. 이러한 점에서 국경과 경계는 지금 내부와 외부가 서로를 대면하는 접촉의 지점 위에만 있지 않다. 국경과 경계는 이제 하나의 공동체나 사건의 내부 혹은 하나의 사물이나 조립물의 핵심에서도 작동한다. 국경과 경계를 축소하거나 확대하는 것은 내부와 외부의 접촉면에서 벌어지는 전쟁일 뿐만 아니라 중심에서 벌어지는 싸움이기도 하다.

국어 교육계에 융합형 교육과 지식의 필요성이 대두되는 현실적 배경이 이렇다면 그것은 국어 교과에서 어떻게 실현되어야 할까? 이른바 미래 교육을 대비하려는 교육과정 총론에서 범교과 내지 통합 교과의 방식으로 제기되고 각론에서 융합형 국어 교육으로 논의되는 핵심은 문과와 이과를 통합하는 일이다. 통합 교과를 만드는 일 또한 융합 교육의 일환으로 제기되고 있다. 여기에서는 범교과 교육으로서의 융합 교육의 의미를 하나의 사례로 살펴보도록 하자. 우선 다음과 같은 주장이 있다.

미래 사회가 요구하는 인재는 개별 교과에서 학습한 일차원적인 지식을 알고만 있어야 할 것이 아니라, 교과에서 학습한 지식들을 융합 또는 복합하여 주어진 문제를 능동적이고 창의적으로 해결할 수 있어야 한다. 이를 위해서는 학교 교육에서부터 각 교과 영역 간 통합은 물론이고 교과 내의 학습 내용 간 통합을 통해 새로운 것을 창조하는 경험을 할 필요가 있다. 또한 특정 역량은 하나의 내용 성취 기준을 통해서 함양되는 것이 아니고, 다양한 내용 성취 기준들이 상호 작용하는 과정에서 함양되므로 통합의 중요성이 더욱 강조될 것이다. 이러한 점은 국어과도 예외가 아니다. (한국교육과정평가원, 2013[2]: 154면)

요점은 이렇다. 다양한 차원의 지식 형성을 위한 융합 지식과 그를 통한 능동적이고 창의적인 문제 해결, 통합 교과의 형식과 내용 창조, 국어과의 역할 등등. 이때 국어과에서 관심을 두어야 할 것은 화법, 독서, 작문, 문법, 문학의 각 영역을 어떻게 상호 소통시키면서 통합 교육으로 나아갈 것인가 하는 점이다. 이는 미래 대비 교육과정에서 강조하는 핵심 역량과도 연계되는 것인데, 그것은 의사소통, 문화 소양, 사고력 세 가지로 요약된다. 특히 국어과에서 강조되어야 할 것이 언어적 의사소통 능력이라면 국어 5개 영역의 상호 소통적 조직과 교육은 새삼 강조되어 마땅하다. 이 소통적 통합이 기존의 교과서가 그런 것처럼 하나의 대단원으로 독립적 소단원들을 묶어 두는 식의 물리적 통합에 그쳐서는 안 되리라는 사실 또한 절실하다.

국어과의 영역별 소통과 통합이 필요한 것만큼이나 다른 교과와 소통하고 통합하는 일 또한 필요하다. 이는 도구 교과로서의 국어 교과의 역할을 충실히 수행하는 일 외에도 다른 교과와 상호적 주제 설정과 활동을 통해 미래 대비 핵심 역량을 기르는 것을 말한다. 7차 교육과정에서부터 반영되기 시작한 범교과 학습이 이와 연관되는 것인데, 이 범교과 학습이 분과적 교과 학습과 어떻게 협력하는가를 핵심적으로 살펴야 할 것이다. 교육 당국에서 현재 제시하고 있는 것은 하나의 주제를 놓고 여러 교과목에서 공통 관련 사항을 추출하여 통합적 사고에 도달하게 만드는 방식이다. 이것을 그림으로 표현하면 다음과 같다(한국교육과정평가원, 2014: 155면).

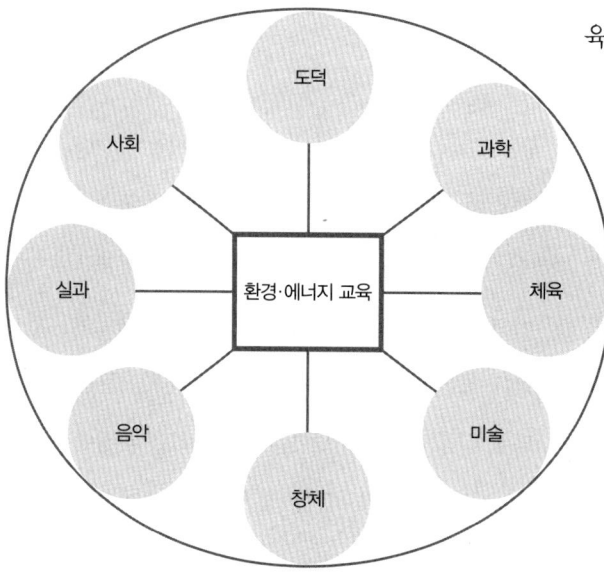

'환경·에너지 교육' 주제에 따른 범교과 학습 구성

7차 교육과정 이후의 현재적 수준에서 범교과 학습의 주제를 선정하는 기준은 첫째, 국가-사회적 요구 사항, 둘째, 개별 교과 주제와의 지나친 중복 방지이다. 이러한 점에서 범교과 학습의 주제는 개별 교과 외부의 어떤 것이다. 앞의 그림과 연관시켜 본다면, 개별 교과의 외부에서 설정된 주제는 개별 교과와 관련을 맺으면서 진행되어야 한다. 그런데 그것의 작용 방식이 범교과 학습의 주제가 모든 개별 교과에 적용된다는 점에서 외부에서 설정된 주제가 개별 교과의 학습 방법과 내용을 결정하는 중심적 기준이 될 가능성이 크다. 외부의 중심이 주체를 삭제한다는 앞에서의 우려 사항이 이렇게 사실이 된다. 이것은 경계를 지운다는 목적으로 그 경계 속의 주체를 지워 버리는 행위라고 할 수 있다. 더구나 그 주제가 국가-사회적 요구 사항으로 수렴될 경우에 그 위험은 더 클 것이다.

게다가 이 통합적 사고가 외적 기준이나 영역에 의해 만들어질 때의 위험성에 대해서는 더 많은 논의가 필요한 듯싶다. 문제는 학교 수업에 대해 원론적인 차원에서 아무리 많은 자율과 융합적 기제를 주고 있다고 해도 현실 속에서는 이 자율이 수학·과학 중심으로 조정된다는 사실이다. 이 조정이 근대적 이성 중심주의와도 연관되어 있을 것이기 때문에 수학·과학 중심 융합 교육에 대해서는 더 근본적인 성찰이 필요한 셈이다. 더구나 이것이 미국 교육과정의 과학 기술 교육과 관련되어 있다는 점에서 현재의 융합형 교육은 다분히 이과 중심의 교육이기도 하다. 미래의 융합 교육에 대해 "현재 교육과정상 수행 수준으로는 영재 대상이 아닌 이상 만들기가 어려울 것"(한국교육과정평가원, 2013[1]: 173면)이라는 반응이 나오는 것도 그 때문이다. 물론 이때의 영재란 과학 영재이지 인문 영재가 아니다. 이와 연관된 것으로, 국어과 5개 영역을 통합적으로 지도하라는 요구가 다만 요구에 그쳐 버리고 있다면, 그것은 인문 교과들에서 실현되어야 할 실질적인 통합 교육이 어딘가에서 방기되고 있다는 의미이다.

그렇다면 분과 교과와는 독립적으로 범교과 교육을 상정하고 그것의 주제를 개별 교과의 외부에 두어 개별 교과를 통합하는 방식의 교육은 재고될 필요가 있다. 분과별 교육과 범교과 교육이 분리되고 범교과 교육을 통해서 통합 주제를 찾아가는 방식은 실제로는 별개의 통합 주제(교과 외부의 통합 주제)가 분과별 교과를 규정하게 됨으로써 각 교과를 수동적 위치에 머무르게 하는 문제를 발생시킬 수 있기 때문이다. 그보다는 분과별 교과 내부에서 유사 주제를 찾아내고, 그 각각의 층위가 가지는 차이를 인정하면서 통합 주제적 보편을 탐색하는 것이 분과 교과를 객체화하지 않고 융합 지식을 만들어 내는 올바른 방법이 될 수 있을 것이다. 이를 다시 그림으로 표현하면 다음과 같다.

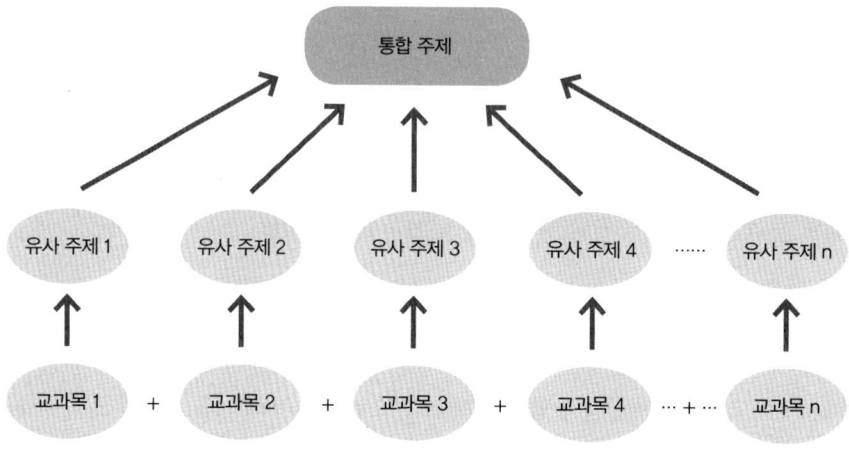

경계 허물기로서의 융합 교육 실현 과정

　기존의 방식이 통합 주제를 통해 그것의 외적 중심성이 강요됨으로써 개별 주체를 무화하는 방식이라면, 위 그림과 같이 진행되는 교과 교육은 개별적인 교과를 주체로 인정하면서 주체 내부에서 자신의 경계를 넘어서 타자로서의 다른 교과와 만날 수 있게 될 것이다. 이때 범교과 교육은 개별 교과의 교사들이 학교 교육의 차원에서 자율적으로 주제를 설정하고 수행해야 하는 교육이지 국가-사회적 차원에서 외적으로 강제되어 개별 교과로부터 분리된 채 진행되어야 하는 교육이 아니다. 그래서 교사들은 스스로 주제 설정의 주체가 될 수밖에 없다. 그 주제 설정의 기초는 당연히 교과서이고, 그에 근거해 주제를 확장해야 한다. 이 주제 설정이 개별 교과를 담당하고 있는 교사들의 공통적이고도 협력적인 활동에 맡겨져야 하기 때문에 그들의 능동성이 기본이 되어야 한다. 그것은 확정된 답을 도출하는 활동이 아니라 주어진 상태에 대한 감수성의 변화에 따라 불확정적인 답을 내올 수밖에 없는 활동이다. 중요한 것은 이 활동의 그러한 속성이지 정확한 결론이 아닐 것이다. 이런 의미에서 본다면 특히 심미적 언어 구성체를 분석하는 능력과 긴밀히 연결되는 국어 교육의 결론의 불확정성을 범교과 교육의 범례로서 활용하고, 그 결과를 확장시키는 경계 허물기로서의 융합 교육을 실현하는 것이 오늘날 한층 더 절실하다고 하겠다.

따라서 현재 구상되는 범교과 교육이 근대적 통합 학문의 이념, 요컨대 보편주의의 이념을 얼마나 잘 극복하고 있는가 하는 점은 보다 근본적으로 고찰될 필요가 있다. 모든 학문 활동을 하나의 상(相) 아래 통합하고 형이상학적 세계를 구축하려 했던 시도가 타당했는지, 현재의 범교과 교육은 그런 학문적 시도의 오류로부터 얼마나 벗어나 있는 것인지를 따져 보아야 한다는 말이다. 교육이 현재처럼 계산적 이성의 수학과 과학을 강조하는 한 계산적 이성 중심의 보편지 탐구 교육이 가진 문제를 잘 극복해 가기는 힘들 듯하다. 이렇게 될 경우 교육은 단일한 목적에 규정되는 분과주의 학습으로 나아갈 수밖에 없고, 결국 그 단일 목적에 따라 중심과 주변을 위계화하는 것으로 귀결될 수밖에 없다. 인식론적으로 보면, 고등학교 교육이 대입 시험에 초점을 맞추기 때문에 모든 교육 활동이 교과서의 구성주의적 편제와는 거의 무관하게 이루어지고 있는데, 모든 교육 활동이 소위 정답 맞추기 능력을 배양하는 것이 되어 버린 것도 이와 관련된다고 할 수 있다.

이런 사정이다 보니 교육 현장의 교사들 또한 그 위계 구조의 조건에 편승할 수밖에 없다. 교육 당국이 스스로 그 조건을 조장하고 그것을 현실화할 수밖에 없는 교사들을 객체화한 후, 다시 그 교사들의 수동적 의견에 기대어 교육 정책을 수립하는 과정은 이제 거의 공식화되어 있다. 원론적으로는 융합 교육이고 이론상으로는 구성주의이지만, 실제로는 정해진 정답이 절대적 기준으로 작용하는 것은 여전하다. 국어 교과에서 정답 맞추기 식의 학습 과정이 반복된다는 사실은 그만큼 외적 기준의 절대성에 의존하는 관행이 뿌리 깊다는 것을 의미한다. 국어 과목에서의 정답 찾기란 실로 계산적 이성에 능한 기능적 전문가들의 그것과도 같은 것이어서, 정서적 분석과 공감에 익숙하지 않은 교사는 정답으로 해명되지 않는 심미적 언어 구성체들 앞에서 당황하기 마련이다. 국어 교과서에 어려움을 표하는 이유 중에 하나가 바로 이런 것이리라. 실제로 현행 교과서가 5개 영역 통합 지도를 위한 독립 소단원 결합의 형식으로 이루어져 있지만 그것은 거의 물리적 결합에 지나지 않는다. 이제는 거의 공공연한 사실인, 수업에서 교과서의 학습 활동이 거의 다루어지지 않는 사태가 그것을 말해 주는 것이다.

따라서 진정한 융합 교육이 필요하다면 학문 영역들의 통합이 단일한 목적에 의한 위계화라는 근대적 통합 학문의 이념에서 얼마나 벗어나 있는가를 되돌아보아야 한다. 지금 필요한 교육은 통합적 단일 목적을 위한 교과 배치가 아니다. 지금 필요한 것은 하나의 주제로 여러 교과를 묶어서 효율적 분업과 같은 방식으로 그 주제를 탐구하는 교육이 아니라, 각각의 교과가 다른 교과로 이동하고 공명하는 교육이다. 융합 지식이란 각각의 개별 교과들이 주체로 살아남아 그 이동과 공명을 통해 만들어 내는 지식이지 자기를 지우고 외부에 있는 통합 주제에 의해 규정되면서 만들어질 수 있는 것이 아니다. 즉 융합 지식은 자신의 불명확성에 근거하여 타자의 불명확성을 바라보고 통합 이념으로 포괄되지 않는 비규정의 존재들을 긍정하면서 모든 잔여물들로 이루어진 학문의 새로운 공동체를 구성하는 일이다.

4──국어 교육과 융합의 공동체

실은 다양한 분야의 글로 이루어진 국어 교과서 자체가 이미 단일한 규정의 영역에 포괄되지 않는 잔여물들의 공동체일 것이다. 하나의 단일 규정으로 수렴되지 않는 바탕글들은 각각 개별적으로 존재하면서 함께 묶여 서로를 비유적으로 통합하는 과정을 실현한다. 시의 문법은 언어 배치의 새로움으로 읽힐 수 있고, 서정적 수필은 현실 정치를 환기할 수 있다. 그것이야말로 통합되지 않는 존재들이 상호적 평등 구조 속에서 서로를 배워 가면서 실현하는 공동체이다. 융합의 공동체란 모든 존재가 투명하게 하나로 녹아 사라지는 공동체가 아니라 서로를 주장하면서 서로의 행동을 비유로서 배우고, 결국 함께 세상을 살아가는 공동체이다.

그러므로 미래 사회를 대비하는 융합적 지식의 국어 교육에서 적극적으로 고려되어야 할 것은 문과와 이과의 통합이 아니라 문과와 이과가 제대로 작동하도록 배려하는 통합적 지식의 마련일 것이다. 그것은 하나의 존재가 외부의 통합적 주제에 의해 다른 존재로 무화되는 것이 아니라, 내부의 유사 주제를 통한 통합 주제에 의해 상호적 존재로 거듭나듯이, 하나의 학문이 제 영역을 지키면서 다른 학문과 평등한 주고받기의 관계를 만들어 나가는 과정에서 이루어질 것이다. 이때 하나의 중심으로 모든 것을 규정하고, 그 규정 영역으로부터 벗어나는 것을 배제해 버리는 근대적 통합 학문과는 다른, 의미 있는 결과를 만들기 위해서는 새로운 통합 개념이 필요하다. 그것은 모든 규정을 벗어나는 사항들을 포괄함으로써 진정으로 새 영역의 가능성을 만들려는 '통합'을 뜻한다. 이때 모든 존재와 학문 영역들은 자신의 외부로부터 규정되지 않고 자신의 내부에 있는 외부를 끄집어내야 한다. 이를 거쳐 다른 존재와 다른 학문으로 나아가는 것, 그것이 학문의 공동체이며 존재들의 공동체이고, 모든 삶과 앎의 공동체라고 우리는 생각한다.

참고 문헌

* 김상환 외(2014), 『분류와 합류』, 김상환·박영선 엮음, 이학사.
* 발리바르(Balibar, E., 2010), 『우리, 유럽의 시민들?』, 진태원 역, 후마니타스.
* 시몽동(Simondon, G., 2011), 『기술적 대상들의 존재 양식에 대하여』, 김재희 역, 그린비.
* 한국교육과정평가원(2013[1]), 『미래 사회 대비 국가 수준 교육과정 방향 탐색 ― 총론』, 한국교육과정평가원.
* 한국교육과정평가원(2013[2]), 『미래 사회 대비 국가 수준 교육과정 방향 탐색 ― 국어』, 한국교육과정평가원.
* 한국교육과정평가원(2014), 『국가 교육과정 총론 개선을 위한 기초 연구』, 한국교육과정평가원.

2부

국어 교육의 방법과 실제

김 선생의 교과서 뽀개기

김주환

1──국어 과목이 뭐가 필요해?

김 선생은 같은 학교 수학 선생님으로부터 충격적인 이야기를 들었다. 국어과 시수가 다른 교과에 비해 지나치게 많기 때문에 줄일 필요가 있다는 것이다. 문학 공부를 그렇게 많이 해도 아이들 감수성이 발달하는 것도 아니고 시 감상 능력이 길러지는 것도 아니지 않느냐, 문법 공부를 그렇게 많이 해도 애들 글 쓰는 거 보면 개판이다, 화법이나 작문 과목은 있어도 가르치지 않는데 학교에서 국어 수업 시수가 그렇게 많을 필요가 뭐가 있느냐는 논지였다.

이런 이야기를 들은 김 선생은 부아가 나는 것을 참을 수 없었다. '아니 자기는 수학 선생 노릇하면서 애들 문제 풀이나 시키는 게 고작이지 않나? 수학이야말로 도대체 배워서 써먹을 데라고는 없는데 시수는 많아서 애들이 학원이나 과외를 하지 않을 수 없도록 만드는 과목이 아니냐. 그러면서 왜 남의 제사에 감 놔라 배 놔라 수작이야?' 이런 대거리를 하고 싶었으나 김 선생이 워낙 남한테 싫은 소리를 못하는 성격이라 속으로만 삭이고 말았다.

그런데 사실 생각해 보면 그 선생의 지적이 하나 틀린 것이 없는 것도 사실이다. 김 선생 자신만을 생각해 봐도 자기의 국어 능력이 학교에서 공부한 결과라기보다는 혼자서 책을 읽고 글을 쓰면서 터득한 것이었다. 또한 지금 아이들에게 가르치는 내용을 보면 시험에 나올 만한 내용을 교과서에서 뽑아서 가르쳐 주고 그것을 시험에 내는 것이 고작이니 이런 공부로 국어 실력이 나아지리라고 기대하지는 않는다.

그렇다고 김 선생이 처음부터 이런 방식으로 수업을 했던 것은 아니다. 신임 교사 시절에는 아이들과 시도 쓰고 촌극도 만드는 등 여러 가지 활동을 많이 해 봤다. 그런데 김 선생이 담당하는 학급 학생들 성적이 다른 선생이 담당하는 학급보다 현저히 떨어지는 것을 경험하고 나서부터는 열정이 식어 가기 시작했다. 아무리 좋은 수업이라도 성적이 떨어지는 수업은 학생이나 학부모 누구도 좋아하지 않기 때문이다. 그런 사실을 알게 된 뒤로는 김 선생도 여느 교사들처럼 '선배들의 길'을 따라가기 시작했다.

그러나 교육 경력이 10년이 넘어서는 지금, 김 선생은 교과서 중심 수업에 흥미를 느끼지 못하고 있다. 수학 선생님 지적처럼 도대체 왜 국어 수업을 해야 하는지에 대한 회의감이 엄습하는 것이다. 그 선생의 말은 어쩌면 김 선생 내면 깊숙이 자리 잡은 열정이 내는 소리인지도 모르겠다. 한때나마 김 선생도 훌륭한 국어 선생이 되겠다는 열정이 있었기 때문이다. 그동안 현실과 타협하면서 잊고 있었던 목소리를 수학 선생의 말을 통해서 다시 듣게 된 것이다.

2——새로운 도전을 시작하다

12년 차에 들어선 김 선생은 그래서 이번 학기에는 뭔가 제대로 된 수업을 계획해 보고 싶었다. 교과서 진도나 시험 같은 틀에서 벗어나 무엇보다 아이들과 함께 속내를 나눌 수 있는 수업을 하고 싶었다. 교과서에 있는 교훈적인 주제를 전달하는 '모노드라마'가 아니라 아이들과 다양한 이야기로 소통하는 '버라이어티 쇼' 같은 국어 수업을 해 보고 싶었다. 아이들 저마다가 지닌 다양한 목소리가 어우러져 만드는 화음은 김 선생 혼자서 내는 소리보다는 훨씬 아름답고 감동적일 터였다.

김 선생은 아이들과 마음을 나누는 수업을 꿈꾸고 있었다.

생각이 여기에까지 이르자 김 선생은 이번 학기에 교과서나 참고서에 의존하지 않는, 온전한 자신의 수업을 기획해 보려고 하였다. 교과서 내용을 전달하는 수업에서 벗어나기 위해서는 우선 스스로 교과서 내용을 분석해 보고 어떻게 가르칠지 고민해야 한다고 생각했다. 이것이 이른바 교육과정 재구성이라면 재구성인 셈이고, 교사의 교육과정 실천이라고 한다면 실천인 셈이다. 뭐 그런 거창한 개념을 들먹이지 않아도 좋다. 교과서 내용에 대한 주체적인 해석이 가능해야 교과서나 참고서의 틀에서 벗어나 아이들과 당당히 이야기를 나눌 수 있을 터이기 때문이다. 김 선생은 교사가 자기 이야기를 할 수 있어야 아이들도 자기 이야기를 할 수 있을 것이라고 생각했다.

사실 그동안 김 선생에게 수업 준비는 그저 수업 들어가기 몇 분 전에 학습 활동 답을 지도서에서 확인하는 것이 전부였다. 막상 교과서 내용을 자신의 눈으로 분석해 보려니 솔직히 자신이 없었다. 그러나 우선 자기 생각과 판단력을 믿어 보기로 했다. '내가 나 자신을 믿지 않는다면 학생들이 어떻게 나를 믿어 줄 것인가?' 이렇게 마음을 다잡은 다음 김 선생은 새 교과서를 펴서 내용을 찬찬히 살펴보기 시작했다.

3── 교육과정의 성취 기준, 도대체 이것이 무엇인거?

새 교과서는 2009 개정 교육과정에 따라 다시 편찬된 것이다. 교육과정을 1년마다 뱀 허물 벗듯 바꾸는 환경에서 교과서가 새로 바뀌었다고 해서 큰 기대가 있을 리 없다. 헌 교과서나 새 교과서나 그게 그것일 뿐 괜히 제재만 바뀌어 교사들을 불편하게 할 뿐이다. 더구나 새 교과서는 개정 교육과정의 적용 시기를 맞추기 위해 중학교 1~3학년 교과서 6권을 채 1년도 되지 않는 기간에 개발했다고 한다. 큰 기대 없이 펼친 중학교 『국어 ⑤』(이도영 외, 창비, 2014) 교과서 첫 단원의 목표는 다음과 같이 제시되어 있었다.

● 문학 작품이 인간의 삶에 미치는 다양한 가치를 이해할 수 있다.

● 문학 작품에서 발견한 가치를 인간의 보편적 삶과 관련지을 수 있다.

김 선생은 이 목표 진술을 보면서 '도대체 이것이 무엇인겨?' 하는 생각이 들었다. 문학 작품이 인간의 삶에 미치는 다양한 가치라는 것이 무엇을 뜻하는지, 그것을 어떻게 가르쳐야 할 것인지 막막하기만 할 따름이었다. 김 선생 스스로 교과서 내용을 이해하고 분석해 보려는 시도는 첫 단계에서 바로 난관에 부딪혔다. 다음 문장도 이해하기 어렵기는 마찬가지였다. 문학 작품에서 발견한 가치가 뭔지도 잘 모르겠는데 이것을 인간의 보편적 삶과 어떻게 관련시킨다는 말인가? 인간의 보편적 삶은 또 무슨 말인가? 머리가 무겁고 가슴이 답답할 따름이다. 지도서를 살펴봐도 이 목표가 무엇을 의미하는지 자세한 설명은 없었다. 그래서 김 선생은 생전 들춰 보지도 않던 교육과정 문서를 찾아봤다. 교육과정에는 해당 내용이 다음과 같이 한 문단으로 기술되어 있었다.

(10) 문학이 인간의 삶에 어떤 가치를 지니는지 이해한다.

문학 작품이 인간의 삶과 관련하여 지니는 다양한 가치를 이해하도록 지도하되, 이론적인 차원의 이해에서 그치는 것이 아니라 직접 작품을 읽으면서 내면화하는 과정을 거치도록 한다. 특히 개별 작품을 해석하고 수용하는 과정에서 발견한 가치를 인간의 보편적인 삶, 그리고 자신의 삶과 관련지을 수 있도록 한다.[1]

교과서의 학습 목표는 교육과정의 성취 기준을 두 문장으로 요약한 것이었다. 하지만 교육과정 내용을 살펴봐도 그 뜻을 이해하기가 쉽지 않았다. 왜 교사들이 교육과정을 보지 않는지 충분히 이해가 되는 대목이었다. 학습 목표를 분석해 보려던 김 선생은 점점 미궁에 빠지고 말았다. 교육과정을 살펴봐도 이 목표가 무엇을 뜻하는지 이해하기가 어려웠기 때문에 김 선생은 학습 목표를 분석하려는 생

---

1 교육과학기술부, 「국어과 교육과정」, 교육과학기술부 고시 제2012-14호(별책 5), 2012, 61면.

각을 일단 접고 교과서 내용 분석부터 하기로 했다.

4── 교과서의 일방적이고 근엄한 목소리에 위축되다

교과서 첫 단원에는 이성부 시 「봄」이 실려 있었다. 우선 작품을 읽어 보았다.

기다리지 않아도 오고

기다림마저 잃었을 때에도 너는 온다.

어디 뻘밭 구석이거나

썩은 물웅덩이 같은 데를 기웃거리다가

한눈 좀 팔고, 싸움도 한판 하고,

지쳐 나자빠져 있다가

다급한 사연 들고 달려간 바람이

흔들어 깨우면

눈 부비며 너는 더디게 온다.

더디게 더디게 마침내 올 것이 온다.

너를 보면 눈부셔

일어나 맞이할 수가 없다.

입을 열어 외치지만 소리는 굳어

나는 아무것도 미리 알릴 수가 없다.

가까스로 두 팔을 벌려 껴안아 보는

너, 먼 데서 이기고 돌아온 사람아.

—이성부, 「봄」 전문

봄이 온다는 이야기인 것 같은데 이 시의 의미를 명확하게 설명하기가 어려웠다. 김 선생도 학생 때는 그 나름대로 조국의 운명을 걱정하기도 했던 세대이다. 데

모하는 데에 기웃거리기도 해서 그런지 이 시가 민주화를 열망하는 시라는 정도는 알고 있었다. 그런데도 솔직히 이 시를 읽고 공감하거나 감동을 받은 것은 아니다. 오히려 학생들이 이 시를 제대로 이해할 수 있을까 하는 걱정이 앞섰다. 학생들이 봄을 기다리는 그 마음을 어찌 이해할 수 있을까? 그리고 꼭 이 시를 시대적 현실과 관련시켜 이해하고 해석해야 하나 하는 마음도 없지 않았다. 일제 강점기의 시는 무조건 조국 해방을 꿈꾸는 것이어야 하고, 1970년대 시는 민주화를 꿈꾸는 시라는 도식을 받아들인다면 도대체 시를 읽는 것과 역사서를 읽는 것의 차이가 무엇이란 말인가.

시를 읽고 마음이 복잡해진 김 선생은 이 제재에 대한 학습 활동을 살펴보기로 했다. 교과서에는 이 시 앞머리에 안내 글이 있었는데, "다음은 어려운 현실을 극복하려는 소망을 노래한 시이다. 이 시가 어떠한 가치를 지니고 있는지에 주목하여 작품을 감상해 보자."라고 적혀 있었다. '과연 이 시가 어려운 현실을 극복하려는 소망을 노래한 시인가?' 하는 생각이 들었다. 화자는 봄이 오기를 간절히 기다리는데 봄이 게으름을 피우면서 늑장을 부리다가 바람의 연락을 받고 마침내 왔다는 의미로 이해했는데, 교과서에서는 '어려운 현실을 극복하려는 소망을 노래한 시'라고 안내하니 난감할 따름이었다. 또한 이 시의 학습 활동에는 다음과 같은 작품 비평이 실려 있었다.

이성부의 초기 시에서는 사랑과 노여움이 동시에 발견된다. 그는 자연을 대상으로 삼으면서도 개인의 정서보다는 사회 현실에 더 많은 관심을 둔 시를 썼다. 그 시들은 지나간 세월 동안 고통받고 상처 입은 가난한 사람들을 따뜻하게 껴안으려는 사랑의 마음을 담고 있다. 또한 그들이 억압당하고 괴로움을 당하는 현실 상황에 대해 치솟는 노여움과 함께 그 상황을 넘어서기 위한 소망과 적극적 의지를 포함하고 있다.

이성부 시에 대한 평론인 셈인데, 이 시에서는 도무지 '현실 상황에 대해 치솟는 노여움'이라든지 '그 상황을 넘어서기 위한 소망과 적극적 의지' 같은 것을 찾을 수 없었다. 그런데 이런 평론을 근거로 해서 작품을 감상하게 하는 활동을 제시한 것이다. 또다시 김 선생은 자신의 안목과 능력을 의심하지 않을 수 없었다. 교과서나 참고서에 의지하지 않고 스스로 교과서를 분석해 보려고 노력하였으나 자기 느낌이나 생각과 교과서 내용은 너무나 차이가 컸기 때문이다. 김 선생은 교과서의 완고한 해석 앞에서 자신의 감상 의견을 어떻게 해야 하나 고민하지 않을 수 없었다. '내 생각을 접고 교과서 해설 내용을 학생들에게 전달해 줘야 하나? 아니면 내 느낌과 생각을 말해야 하나?' 갈등하였다.

그런데 지금까지 김 선생은 늘 자기 느낌과 생각을 버리고 교과서의 생각을 학생들에게 전달하는 데 충실해 왔다. 그 결과 학생들의 시험 점수는 안정적으로 관리할 수 있었으나 시에 대한 느낌을 학생들과 서로 나누지는 못했던 것이다. 아니 자기 생각은 학생들에게 말해서는 안 되는 것이었고, 따라서 학생들의 생각도 필요가 없었다. 새로운 수업을 꿈꾸고 도전을 시작한 김 선생에게 고난은 끝이 보이지 않는 것 같았다.

5──1교시, 교과서를 뽀개고 새로운 길을 모색하다

교과서의 학습 목표나 제재, 학습 활동 모두 학생들과 소통하는 즐거움을 꿈꾸는 김 선생을 도와주지 않았다. 그래서 김 선생은 이번만큼은 교과서의 권위와 전문가의 평론에 굴복하지 않고 자신의 느낌과 생각을 믿어 보기로 했다. 이 작품에 대해 어떠한 판단도 내리지 않은 상태에서 학생들과 같이 작품을 읽어 보기로 마음을 먹었다. 김 선생은 이 수업을 위해서 학습지나 PPT도 만들지 않았고 동영상 자료도 준비하지 않았다. 그저 분필만 들고 들어가서 아이들과 대화를 나누어 보자고 마음먹었다. 이러한 도전이 과연 성공할 수 있을지, 사실 김 선생 스스로도 확신이 없었을 뿐만 아니라 수업 전까지는 일말의 두려움도 떨치지 못했다.

김 선생은 이 수업의 목표를 '상징적인 언어 사용하기'로 설정하였다. 이 시가 상징적인 표현으로 이루어져 있기 때문에 상징적인 언어를 이해하고 활용할 수 있는 능력을 기르는 데 초점을 두고자 하였다. 그래서 학생들과 '봄'이라는 말의 상징적 의미를 알아보고 이를 활용하는 것에서부터 수업을 시작하였다.

"여러분, 공책에 '봄'이라고 쓰고 그 말을 통해서 느낄 수 있는 감정이나 생각나는 것들을 자유롭게 마인드맵으로 그려 봅시다. '봄'이라는 말은 어떤 느낌을 주나요?"

"봄은 푸릇푸릇해요."

"봄은 따뜻해요."

"봄이 되면 놀러 가요."

"봄이 되면 새 학기가 시작돼서 저는 싫어요."

학생들은 재잘대는 새들처럼 저마다 자기 생각과 느낌을 말하느라 교실이 온통 시끌벅적했다. 김 선생은 '교실이 이렇게 시끄러워도 되나?' 싶어 걱정이 되었지만 그래도 학생들이 자유롭게 발표하는 것을 보니 신기하고 놀라웠다.

"좋아요. 봄에 대한 생각과 느낌이 저마다 다르군요. 선생님은 봄이 되면 산나물이 많이 나와서 막걸리 생각이 간절해요, 흐흐. 아무튼 그럼 이번에는 여러분은 언제 봄을 가장 기다리는지 이야기해 볼까요?"

"선생님, 저는 겨울이 추울 때 봄이 오기를 기다려요."

"저는 백화점에서 예쁜 봄옷을 보면 봄이 기다려져요. 호호."

"저는 봄이 오는 것이 싫어요. 봄이 오면 방학이 끝나잖아요."

"선생님, 저는 우리 집에도 봄이 왔으면 좋겠어요. 엄마 아빠가 냉전 중이거든요."

"네, 여러분 잘 대답해 주었어요. 여러분의 대답 중에서 철수와 영희의 이야기에 대해 같이 한번 생각해 봅시다. 자, 선생님이 칠판에다 써 볼게요."

- 철수: 겨울이 추워서 봄이 오기를 기다린다.
- 영희: 엄마 아빠가 냉전 중이라 봄이 오기를 기다린다.

"이 두 대답에서 사용된 봄이라는 의미가 같은가요, 다른가요? 그렇죠, 다르죠. 그러면 어떻게 다르죠? 네, 철수의 봄은 계절을 의미하고, 영희의 봄은 엄마 아빠의 화해를 의미하죠? 봄이라는 낱말의 중심적 의미는 계절이지만 영희는 이것을 자기 집 상황에 적용하여 화해의 의미로 사용했어요. 봄의 따뜻함이 우리 집에도 찾아오기를 기다리는 마음을 표현한 것이지요."

영희가 사용한 '봄'이라는 낱말처럼 단어가 가진 중심적 의미를 확장해서 새롭게 사용할 때 우리는 이것을 상징적으로 사용했다고 한다고 상징의 의미를 정리한 다음, 학생들과 봄이라는 말을 상징적으로 사용해 보기로 했다. 학생들은 저마다 신이 나서 봄의 상징적 의미를 찾기 시작했다. 봄의 의미를 가장 상징적으로 잘 사용한 학생을 투표로 뽑아서 선물을 주기로 했다. 이렇게 김 선생이 시작한 새로운 수업 첫 시간은 상징적인 언어 사용하기로 마무리되었다.

다음 시간에는 이성부라는 시인이 '봄'이라는 말을 어떻게 상징적으로 사용했는지를 알아보기로 했다. 학생들이 사용한 봄의 상징과 이성부 시인이 사용한 봄의 상징이 어떻게 다른지도 알아볼 수 있을 것이다. 두려움으로 시작한 김 선생의 첫 수업은 의외로 학생들의 호응 속에서 잘 마무리된 것 같았다. 김 선생은 마음 밑자리에 달라붙어 있었던 불안과 걱정이 사라지고 다음 수업에 대한 기대와 자신감이 서서히 자라나는 것을 느꼈다.

6──2교시, 학생들과 시를 읽고 토론하다

김 선생은 학생들과 시 감상을 어떻게 나눌 것인지 수업 계획을 세웠다. 김 선생은 학생들이 이 작품을 어떻게 이해하는지 궁금했기에 학생들 스스로 작품을 읽고 해석을 시도할 수 있게 안내하는 수업을 하고 싶었다. 그래서 이번 수업은 교사의 감상 의견을 설명하는 방식이 아니라 철저히 학생들의 반응 중심으로 진행하고자 하였다. 시를 읽는 것은 결국 시인이 시작한 '의미 협상 게임'에 참여하는 것이다. 따라서 학생들이 시 읽기라는 의미 협상 게임이 참여하여 그 즐거움을 느껴 보는 것이 필요하다고 생각했다.

김 선생은 시를 낭송하면서 수업을 시작하였다. 학생들로 하여금 시의 분위기를 살려서 읽도록 요구해 보았지만 학생들은 여전히 교과서 읽듯 하였다. 쑥스럽기 때문이기도 하지만 시의 분위기를 어떻게 해석해야 할지 잘 모르기 때문이기도 할 것이다. 그럴 때마다 김 선생은 연극적인 목소리로 시를 읽어 주었다. 학생들은 김 선생의 시 읽기가 재미있는지 키득대며 야단이다. 이렇게 시 읽기 놀이를 하면서 학생들은 여러 번 반복해서 시를 읽었다. 그러고 나서는 공책에 감상 의견을 간단히 써서 발표했다.[2]

"민수야, 이 시를 읽은 소감을 말해 보렴."

"한 커플이 트러블이 생겨서 싸우고 헤어졌다가 잊을 수 없어서 다시 사귀는 것 같아요. '두 팔을 벌려 껴안아 보는/너' 이 구절을 보면 장거리 연애를 하는 연인이 매일 만날 수 없어 생겨난 그리움을 이겨 내고 다시 만나게 된 모습을 묘사한 것 같아요."

"오호, 민수는 '두 팔을 벌려 껴안아 보는/너'라는 구절을 통해서 헤어진 연인들이 다시 만나는 장면을 상상했구나. 싸움하는 장면도 나오니까 그런 상상을 할 수도 있을 것 같다."

"그럼 영섭이는 이 시를 어떻게 읽었니?"

"사랑이 어느 순간 의도치 않게 찾아왔는데 나 혼자 짝사랑하며 외롭게 지내고 있다가 결국 그 사람과 서로 사랑한다는 내용 같습니다."

"그래 영섭이는 이 시의 어떤 부분에서 그런 느낌을 받았니?"

"'기다리지 않아도 오고/기다림마저 잃었을 때에도 너는 온다.'라는 구절에서 사랑은 의도하지 않아도 온다는 생각을 했어요. 그리고 방황하다가 다시 만난다는 이야기잖아요."

"그렇군. 화자가 간절히 기다리는 '너'를 사랑하는 사람이라고 생각하는 사람이 많은 것 같구나."

"네 선생님, 부르면 목이 막힐 정도로 애틋한 대상을 기다리는 화자의 모습이

---

2 이하 발표 내용은 전북 만경고등학교 학생들의 감상 반응을 재구성한 것이다.

잘 드러나는 것 같습니다. '너를 보면 눈부셔/일어나 맞이할 수가 없다.'라는 표현을 보면 화자는 사랑하는 사람을 간절히 기다리면서 재회를 꿈꾸는 것 같아요."

"그래, 창수의 말처럼 화자는 '너'가 오기를 간절히 바라고 있고, '너'는 한눈을 팔고 게으름을 피우다가 결국은 오고 마는 것이지. 사랑의 갈등을 극복하고 결국은 돌아와 두 팔을 벌리고 안아 보는 것이니까 헤어진 연인과의 재회를 꿈꾸는 것으로 해석할 수도 있을 것 같네. 아, 좋아요. 그럼 화자가 간절히 기다리는 것이 연인이라는 의견 외에 다른 의견은 없을까?"

"저는 화자가 간절히 기다리는 것은 조국 통일이라고 생각합니다. 너무 오랫동안 기다린 탓에 기다림마저 잊었지만 마침내 찾아온 통일 소식을 듣고는 사람들에게 다급히 찾아가 통일을 알리는 모습을 묘사한 것 같아요."

"민철이는 화자가 조국 통일을 간절히 원하는 것으로 이해했구나. 그렇게 생각한 이유는 무엇이니?"

"화자는 '너'와 헤어진 상황에서 '너'가 오기를 간절히 기다리잖아요. 헤어진 '너'와 '나'는 분단된 우리 민족을 의미한다고 생각해요. 그래서 더디게 오지만 통일은 반드시 온다. 통일이 되면 눈부셔서 일어나 맞이할 수 없다고 생각해요."

"아, 정말 훌륭한 해석이군. 화자가 간절히 기다리는 것은 통일이다. 이 의견 외에 다른 의견은 없을까?"

"이 시는 고난 끝의 승리를 의미하기 때문에 식민지 시대에 조국 독립을 염원한 시가 아닐까 생각합니다. 화자가 간절히 바라는 것은 아름답고 눈부신 조국 광복이 아닐까 싶습니다."

"오, 모범생 영미는 화자가 기다리는 것이 조국 광복이라고 생각하는구나. 그렇게 해석하는 근거는 무엇이냐?"

"네, '너'라고 표현된 봄이 오는 과정이 매우 힘든 것 같아요. 그냥 오는 것이 아니라 싸움도 해야 하고 여러 가지 유혹에도 흔들리고 아무튼 봄은 이러한 고난의 과정을 이겨 내고 오는 것이기 때문에 일제 강점기에 기다린 조국 광복이라고 생각합니다."

"그렇지 일제 강점기에 '빼앗긴 들에도 봄은 오는가?'라고 외친 시인이 있었지.

이상화라는 시인의 시에 나오는 '봄'은 조국 광복이라고 해석할 수 있지."

"저는 이 시의 시대적 배경이 6·25 전쟁 시기라면 봄이 상징하는 것은 전쟁에서의 승리일 것이라고 생각합니다. '너'는 멀리서 이기고 돌아온 사람이잖아요. 그러니 '너'는 전쟁에서 승리하고 돌아온 군인이 아닐까 싶습니다."

"그래. 전쟁에서의 승리라는 의견까지 매우 다양한 감상이 제시되었는데, 이제 여러분들의 의견을 정리한 다음 토론을 해 보겠어요. 여러분들이 제시한 의견들을 모아 보면 크게 네 가지로 정리할 수 있을 것 같네요."

김 선생은 칠판에다가 학생들의 의견을 정리해서 다음과 같이 쓴 다음 토론을 시작했다.

① 봄은 연인과의 재회를 의미한다.
② 봄은 조국의 통일을 의미한다.
③ 봄은 조국의 광복을 의미한다.
④ 봄은 전쟁에서의 승리를 의미한다.

"자, 그러면 이 네 가지 의견에 대해서 동의하거나 반대하는 의견을 이야기해 주세요."

"저는 연인이라는 ①번 의견에 동의합니다. 사랑을 해 보신 분이 있으면 잘 아실 겁니다. 하하. 사랑하는 사람을 다시 만났을 때는 눈이 부셔서 입을 열어 소리치기 어렵다는 사실을 말입니다. 사랑에는 유혹도 있고 갈등도 있지만 결국은 사랑하는 사람이 간절히 부르는 소리에 응답하기 마련이라고 생각합니다. 연인과의 재회에 한 표를 던집니다."

"저는 봄의 의미를 생각해 봤을 때 연인과의 재회라고 해석하기는 어렵다고 생각합니다. 봄이라는 것은 겨울을 지나서 오는 것이기 때문에 추운 겨울, 즉 고난 극복을 통해서 얻는 새로운 희망이라고 봐야죠. 그렇게 보면 조국 광복이라고 해석하는 것이 적절하다고 봅니다. 일제 강점기에 봄을 노래한 시가 많다는 것을 잘 알고 있잖아요."

"연인과의 갈등도 고난이라고 할 수 있어요. 사랑하는 이와 싸워 봐요. 정말 괴롭지 않겠어요? 마음은 겨울이죠. 고드름이 열려요. 그래서 사랑싸움을 냉전이라고 하지 않습니까. 싸한 것이 냉기가 흐르죠. 흐흐."

"'너'가 하는 행동이나 마지막의 '먼 데서 이기고 돌아온 사람아.' 이런 표현으로 보아 헤어진 연인이라고 하기에는 뭔가 미흡하다고 생각해요. 싸움의 대상이 누구인지가 불분명하기 때문에 연인으로 해석하는 것은 적절하지 않다고 봅니다."

"네, 맞습니다. '너'라는 인물은 독립운동이나 조국 통일을 위해서 노력하는 사람이라고 보는 것이 타당해요. 그래서 화자도 그런 독립투사를 감격의 눈물로 맞이하는 것이고요."

"아, 정말 토론이 흥미진진하게 이루어지는군요. 쟁점을 정리하면 결국 '나'와 '너'의 관계를 연인 관계로 보느냐 아니면 독립투사를 환영하는 동지 관계로 보느냐에 따라 달라지겠군요. 혹시 또 다른 의견이 있습니까?"

"선생님, 제가 이 시를 쓴 시인에 대해서 알아봤는데요. 이 사람은 일제 강점기 사람이 아닌 것 같아요. 이 시를 발표한 시기가 1970년대이니까 조국 광복이라는 주장은 타당성이 없을 것 같아요."

"민수가 중요한 정보를 제공했군요. 이 시를 쓴 시인이나 시를 발표한 시점을 봤을 때는 봄을 조국 광복이나 6·25 전쟁의 승리 등으로 해석하기에 무리가 있다는 지적이네요. 그렇다면 이 시는 헤어진 연인과의 재회를 노래한 시로 해석해야 하나요? 모두들 동의합니까?"

"저는 동의할 수 없습니다. 이 시의 시대적 배경이 일제 강점기가 아니고 1970년대라고 한다면 그 시대의 과제가 있을 것 아닙니까? 70년대는 박정희가 군사 독재를 했던 시대라고 우리 아빠가 이야기를 했습니다. 그렇다면 이 시는 독재 시대에서 벗어나려고 민주주의를 외친 것으로 볼 수 있지 않을까 합니다."

"오, 새로운 제안이 나왔습니다. 영철이의 주장에 의하면 이 시는 민주주의를 원하는 사람들의 이야기로 해석해야 하겠군요."

김 선생은 칠판에 새로운 내용을 추가해서 정리했다.

⑤ 봄은 독재 시대에 염원한 민주주의를 의미한다.

"자, 그럼 이제 토론을 충분히 한 것 같으니까 현재 제안된 다섯 가지 해석 중에서 가장 타당하다고 생각하는 의견에 손을 들어 주세요.

①번 봄은 헤어진 연인과의 재회를 의미한다. 손들어 주세요. 오호, 모두 10명의 학생이 손을 들었습니다. 좋습니다. ②번 봄은 조국의 통일을 의미한다. 손들어 주세요. 아하, 모두 2명이군요. ③번 봄은 조국의 광복을 의미한다. 손들어 주세요. 한 명도 없군요, 허허. ④번 봄은 전쟁에서의 승리를 의미한다. 손들어 주세요. 네, 3명이 손들었군요. ⑤번 봄은 독재 시대에 염원한 민주주의를 의미한다. 손들어 주세요. 모두 15명의 학생이 손을 들었습니다.

이렇게 보면 여러분은 이 시의 '봄'이 민주주의를 의미한다는 해석과 헤어진 연인과의 재회를 의미한다는 해석에 공감하는 것 같네요. 일반적으로 비평가들은 이 시를 70년대의 시대적 배경과 관련지어 해석하는 경우가 많습니다. 그 당시의 시대적 과제가 독재의 극복과 민주주의 회복에 있었기 때문에 이 시를 민주주의를 꿈꾸는 것으로 해석했지요. 그런데 여러분은 고난을 개인사적으로 해석하여 사랑과 이별로 해석하는 친구들이 많은 것 같네요. 이러한 해석이 모두 그 나름대로의 타당성을 갖는다는 것 정도로 해서 오늘 토론 수업은 마무리 지을까 합니다."

"선생님, 그럼 시험 문제에 이 시의 주제가 뭐냐고 물으면 어떻게 답해야 해요?"

"좋은 질문이에요. 이 시의 주제가 다양하게 해석될 수 있다는 것 때문에 혼란스럽다면 이렇게 해결하면 되지 않을까요? 예를 들면, 이 시를 사회적 측면에서 해석을 한다면 민주주의나 조국 광복 같은 것을 기다린다고 해석할 수 있겠지요. 그러나 만일 개인적 측면에서 본다면 개인적으로 겪게 될 고난과 극복의 문제로 해석할 수 있겠지요. 어떤 관점에서 보느냐에 따라서 해석은 달라질 것이기 때문에 여러분이 보는 관점, 즉 조건을 한정한 다음에 의견을 제시하면 될 것입니다."

"아하, 그러니까 이 시를 나는 사회적 관점에서 봐서 민주주의를 간절히 바라는 마음으로 해석했다거나, 개인적인 관점에서 봐서 사랑하는 사람과 만나기를 간절히 바라는 마음을 노래한 시라고 보았다라고 하면 된다는 것인가요?"

"그렇죠. 그 나름대로 자신의 관점에서 타당성 있게 설명을 할 수 있다면 적절한 해석이라고 할 수 있어요. 그러니 자기 나름대로 시를 해석해 보려는 시도가 필요해요. 교과서나 참고서에서 제시하는 해석은 비평가들이 한 하나의 해석이지 절대적인 해석은 아니에요. 그러니 여러분 자신의 느낌과 생각을 존중하시기 바랍니다. 오늘 시 감상 토론에 적극적으로 참여해 주어 고마워요. 시를 읽는 새로운 재미를 느낀 시간이었으면 좋겠습니다. 다음 시간에 여러분이 해 올 과제는 다음 두 가지 중에서 하나를 선택해 글을 쓰는 것입니다.

- 이성부의 「봄」에 대한 자기 해석의 관점을 정해서 비평문 쓰기
- '봄'을 상징적 의미로 사용해서 짧은 글을 지어 보기

이 두 과제 중에서 흥미가 있는 과제 하나를 정해서 해 오시기 바랍니다. 물론 과제는 다음 시간에 발표를 하게 될 것입니다. 또한 수행 평가에 반영된다는 것도 잘 알고 있겠지요."

7── '아니, 내가 다음 수업 시간을 기다리다니 말도 안 돼.'

김 선생은 이렇게 토론 수업을 마치고 나서 마음이 뿌듯해졌다. 사실 학생들이 이렇게 열심히 토론에 참여해 줄 것이라고는 예상 못했기 때문이다. 그리고 학생들의 발표를 통해서 생각지도 못했던 것을 알게 되었다. 이 시를 학생들이 사랑의 시로 이해한다는 것이 신기하기도 하고 또, 창의적이기도 하였던 것이다. 교과서에 수록된 대부분의 시는 시대적 배경과 관련해서 해석하는 경향이 지배적인데 학생들은 그렇지 않았기 때문이다.

학생들의 이야기를 들었던 수업 시간이 김 선생 자신도 이 시에 대해서 새롭게 생각하는 계기가 되었다. 결국 토론 수업은 교사와 학생이 함께 성장하는 수업이

라는 생각을 하면서 앞으로도 다양한 토론 수업을 기획해 봐야겠다고 다짐했다. 그러나 또 한편으로는 걱정이 앞서기도 했다. 이번 토론의 경우 학생들의 적극적인 참여로 흥미롭게 전개되었지만 모든 학급의 학생들이 이렇게 적극적으로 토론에 참여할 것이라는 확신은 들지 않기 때문이다.

그러나 김 선생은 시 수업에서 참고서에 제시된 해석을 설명하는 방식이 얼마나 허망한 것인지를 깨달았기 때문에 학급 학생들의 수준을 고려해서 학생들의 반응을 이끌어 내도록 노력할 필요가 있다는 생각을 했다. 학생들이 쟁점을 적극적으로 제시하지 못하면 자신이 논제를 제시해서 토론이 진행될 수 있게 안내하면 될 것이었다. 내기를 하는 것도 토론에 대한 관심을 높이는 방법이 될 수 있을 것 같았다. 독서 토론 수업은 처음 시도해 보는 것이지만 그동안 지루하기만 했던 수업에 생동감을 불어넣어 주었다.

김 선생은 학생들이 다음 시간에 과제를 어떻게 해 올지 기대되었다. 발표 내용에 대해서 피드백을 해 주면 학생들의 글쓰기 실력도 나아질 것이라는 생각을 하였다. 그러고 나서 김 선생은 깜짝 놀라고 말았다. '아니, 내가 다음 수업 시간을 기다리다니 말도 안 돼.' 교무실에서 나와 교실로 가는 발걸음이 그동안 그렇게나 무거웠는데 그런 내가 다음 수업을 기다리고 기대하고 있다니……. 도대체 말도 안 되는 이런 일이 어떻게 일어났을까? 이런 변화가 아이들에게도 일어났다면 정말 놀라운 일이겠다 싶어 다음 시간이 더욱 기다려졌다.

교과서 재구성 수업의 실제와 의미 1

김명희

—아는 것과 사는 것을 하나 되게 하는 수업

1──왜 재구성 수업이 필요한가

참으로 바뀔 것 같지 않던 굳건한 국정 교과서가 검정 교과서로 바뀐 지 5년이 되어 간다. 얼마나 오랫동안 바라던 숙원 사업이던가. 막연히 꾸던 꿈이 생각보다 빨리 현실이 된 사실에 놀랐으나 일단은 몹시 기뻤다.

검정 국어 교과서들은 서로 경쟁하듯이 바탕글과 디자인, 활동 면에서 하나같이 흥미롭고 신선하였다. 내용과 활동이 기존의 국정 교과서와는 비할 수 없이 화려하고 방대해져서 어느 출판사의 것을 선택하더라도 교사와 학생이 감당해야 할 학습량이 질적으로나 양적으로나 늘었다. 한 학기 것을 1년에 걸쳐 다루어도 모자랄 정도이니 점차 부담스러워지기 시작한다.

그러나 교육 제도와 교과서가 아무리 수백 번 바뀌더라도 우리의 삶은 통합적으로 이루어지는 것처럼 국어 교육 또한 읽고, 듣고, 말하고, 쓰는 통합적 언어 활동임에는 변함이 없다. 국어 교육의 궁극적 목표가 국어 사용 능력의 신장이고, 우리의 삶 또한 모국어로 이루어지고 있다는 것도 엄연한 사실이다.

검인정 제도하에서는 교사의 재량권이 커질 수밖에 없으니 통합적 기능을 더욱 확대·강화할 수 있는 기회가 우리 앞에 주어졌다. 이 기회를 잘 활용해 교과서도 수업 교재의 하나일 뿐이라는 사실을 인식하고 여러 다른 자료와 함께 사용을 조절해 가야 한다. 그리고 학생 수준, 학교 상황, 사회 변화를 고려한 새로운 교육과정을 만들고, 그에 맞는 교재를 선택하여 수업 과정을 통합적으로 짜야 할 것이다. 중학교 교육과정의 포괄적 목표 아래 학년별, 영역별 세부 목표가 정해지면 그 목표에 도달할 수 있는 적절한 수업 내용을 선정하고 어떻게, 얼마나 가르칠 것인지에 대한 방법을 치밀하게 계획해야 한다. 학년을 고려해 주제와 영역을 적절히 배치하고, 학습자 중심의 다양하고 의미 있는 활동들이 서로 유기적인 연관을 갖도록 할 일이다.

2──교과서 재구성 수업의 실제

1) 재구성 수업을 위한 기본 원칙

(1) 살아가는 데 필요한 것을 가르쳐라

모든 언어의 기본은 어휘력이다. 단어 속에는 뜻이 있고, 뜻 속에는 우리의 삶과 세계가 담겨 있기 때문이다. 지식의 축적은 정확한 개념을 아는 데서 시작되고, 정확한 개념을 알기 위해 필요한 것이 국어사전이므로 학생들이 교과서와 함께 기본적으로 갖추어야 할 책은 국어사전이다. 바르게 읽고 이해하게 해야 할 도구 교과로서의 책무성을 들지 않더라도 국어 교과에서 개념 정리를 비중 있게 맡아 주지 않는 것은 국어 교사로서의 직무 유기로 볼 수밖에 없다.

또한 학생들이 자기 생각, 자기 느낌을 가질 수 있게 해야 한다. 국어 교과는 국어 외 다른 많은 교과가 들어설 수 있도록 밑바탕을 이루는 디딤돌의 구실을 한다. 그만큼 국어 교과는 사물이나 현상을 보는 이해력, 사고력, 판단력, 창의력을 키워 주는, 자주적인 인간으로 커 나가게 하는 것을 돕는 과목으로 자리매김해야 한다. 따라서 정직하게 자기를 들여다보고 인정하며 표현하는 훈련이 필요하다. 사람과 사람을 이어 주는 역할, 즉 표현과 소통의 문제를 다루는 것은 정신을 건강하게 숨

쉽게 한다는 점에서 또 다른 이름의 생명 교육이기도 하다.

읽고 쓰기를 숨 쉬듯이 생활화하게 하는 것도 중요하다. 자기 생각과 느낌을 가지고 생생하게 살아 있기 위해서는 많이 읽고 쓰는 일이 마치 숨 쉬는 일처럼 무의식적으로 이루어져야 한다. 읽고 쓰기를 죽어라고 싫어하는 사람은 일찌감치 국어 공부는커녕 질 높은 삶을 살아가고자 하는 바람을 포기하는 것이 낫다. 그만큼 많이 읽음으로써 지식과 정보를 많이 얻게 되며, 그렇게 얻은 것들을 날숨을 토해 내듯이 밖으로 드러냄으로써 건강한 삶을 영위할 수 있는 것이다. 들숨(읽기)과 날숨(쓰기)은 건강한 생명을 위한 절대 필요조건이다.

(2) 수업의 목표를 분명히 하라

교육을 어떻게 바라보느냐에 따라 교육의 목표, 내용, 방법이 결정될 것이다. '바람직한 교육의 목표는 무엇인가?'는 다른 말로 '세상을 어떻게 보는가?', '어떤 세상을 꿈꾸는가?', '어떤 사람이 이상적인 인간인가?'와 상당히 통해 있다고 할 수 있다.

학생들과 어떤 목표로 어떤 내용을 가지고 어떤 방법으로 만나야 할까? 수업에는 교사의 가치관이나 경험과 함께 시대 상황이 녹아든다. 또 수업은 교사와 학생이 꿈꾸는 꿈의 내용을 중심으로 펼쳐진다. 교사는 자기가 그리고 있는 꿈의 세계를 실현하기 위해 수업에서 자기 나름대로 노력을 한다. 자기의 경험을 바탕으로 시대가 요구하는 것을 재구성하여 반영하는 것이다. 즉 교육과정을 충분히 이해한 뒤 교사 나름대로의 목표, 내용, 방법을 세우는 것이 필요하다.

(3) 모든 수업 활동과 평가를 삶과 관련지어라

학창 시절을 뒤돌아보면 어떤 글이든, 그것이 문학이든 비문학이든 간에 하나같이 내용만 열심히 분석하고 파악했지 그것이 내가 사는 것과 무슨 관계가 있는지 비교하고 의문을 품으며 열띠게 논쟁했던 기억이 없다. 국어도 사회도 과학도 외국어도, 모든 과목이 다 그러했다. 책에서 배우고 알고 깨달았으면 곧바로 사는 것에 적용시켜야 하거늘 '배우는 것 따로, 사는 것 따로'는 참으로 소모적이다.

배우는 것과 사는 것이 하나가 되도록 학습 목표와 수업 활동 또한 일치되어야 한다. 단원마다 설정되어 있는 학습 목표나 학습 활동에만 충실하여도 이는 가능한 일이다. 마찬가지로 지필 평가는 물론 수행 평가도 우리가 살아가는 삶 속에서 문제를 가져와야 한다.

(4) 단원 재배치, 통합적 수업, 단원의 생략을 두려워하지 말라

교과서에 있는 내용을 하나도 빠짐없이, 차례대로, 제시된 차시대로 가르쳐야 한다는 고정 관념을 가질 필요는 없다. 올해 세운 수업의 목표를 가장 효과적으로 달성하기 위해 단원을 재구성해야 한다. 강조하고 싶은 수업 단원을 위해 더 많은 차시를 계획하거나 두세 단원을 묶어서, 또는 뒤에 있는 단원을 앞으로 가져오는 등 단원을 재배치하거나 영역을 통합할 필요가 있다. 특히 영역을 통합하여 수업하는 것에 대한 교사의 분명한 확신과 활동에 대한 구체적인 계획이 필요하다.

듣기, 말하기, 읽기, 쓰기는 각기 다른 독립 영역이 아니라 국어의 서로 다른 국면이다. 국어란 말하기, 듣기, 읽기, 쓰기로 드러난다. 이들은 구체적인 활동 과정 속에서 통합적으로 이루어지기 때문에 활동 과정 자체를 엄밀하게 나눌 수 없다. 영역별로 교육 내용과 목표를 달리 설정하더라도 통합적으로 수업이 이루어질 수밖에 없는 것이다.

(5) 국어 시간만이라도 마음껏 떠들고 즐겁게 보내라

국어 시간은 즐거워야 하고 감동이 있어야 한다. 아이들의 목소리가 나와야 한다. 왜냐하면 교과서 안에는, 또 문학 작품 속에는 숱한 사람들의 이야기가 온갖 상황과 목적 속에서 펼쳐지고, 그것은 모두 나와 무관한 것이 아니기 때문이다. 바로 나와 우리들의 삶이 담겨 있기 때문이다. 국어 시간은 어떤 교과보다 아이들의 삶이 알몸으로 드러나고, 자신의 정체성을 스스로 확인하며 앞날을 설계할 수 있는 희망과 용기의 시간이다.

교사가 하룻밤 정도의 시간과 열정을 쏟았다고 교사보다 학생들이 더 많이 말하고, 활동에 활발하게 참여하는 수업을 준비할 수는 없다. 학년 초 연간 계획 수립에서부터 그 흐름을 계획하고 만들어 가야 한다. 연간 계획에서 중요한 것은 단원의 배치, 단원을 다루는 수업 방식 등을 재구성하는 것이다. 1년 단위로 보면 계절상의 특징, 학교 행사, 계기 교육 등을 고려하여 관련지을 만한 단원을 해당 시기로 끌어와 적재적소에 배치할 수 있어야 한다.

문제 풀이보다 더 머리에 잘 들어오고, 살아가면서 오랫동안 잊히지 않고 삶의 등대가 되어 준 것은 바로 즐겁고 감동이 있었던 수업이었음을 잊지 말자. 다시 말하지만 국어 능력은 자유로운 활동 속에서 절로 습득이 되어 장차 인생을 살아가는 데 정말 필요한 것이 되어야 한다.

2) 학년별 재구성 수업 방법

수업을 재구성할 때에는 총체적 흐름을 타는 것이 필요하다. 한 차시, 한 단원 내에서의 수업 구성에 대한 고민뿐 아니라 1년간, 나아가 한 학년 아이들과 함께하는 3년간의 수업 흐름을 고려해 보자. 꾸준한 관찰을 바탕으로 아이들의 학습 정도에 따라 체계적인 수업을 준비한다는 뜻에서 이를 '흐름 타기'라고 해 두자. 아이들의 발달 상황에 따라 교과 목표와 수업 방식을 조정해 나가는 것인데, 아이들과의 지속적인 교류를 통해 수업 효과를 극대화할 수 있다. '흐름 타기'를 위해서는 학년 초 연간 계획 수립에서부터 그 흐름을 계획하고 만들어 가야 한다. 그렇다면 3년간의 수업 방식은 어떻게 고려하나.

수업 방식은 명확히 수업의 목표와 연관되어 있기 때문에 이를 먼저 확인하는 것이 필요하다. 먼저 1학년 수업의 목표는 '의사소통'으로 한다. 남의 말을 이해하고 자신을 표현하는 것에 익숙해지게 하는 것이다. 자신을 표현하기 위해서는 타인의 표현을 이해하는 것도 중요하기 때문에 독서 비중을 늘려 글을 이해하는 데 초점을 둔다. 이론 수업은 짧게 하고 책을 많이 읽게 하는 것이다. 감상문 쓰기 때문에 책 읽기를 싫어하는 일이 생기지 않게 하는 것이 중요하다. 이를 위해 분야별로 다양하고 부담 없는 형식의 독서 활동이 병행되어야 한다.

2학년 수업은 1학년 수업 목표였던 의사소통이 좀 더 체계적으로 이루어질 수 있도록 끌어간다. 즉 자신의 생각을 표현할 때 교과서의 개념어를 사용하게 하며,

지식과 내 삶을 어떻게 연관 지을 수 있을지 학습을 통해 조금씩 확인해 가는 훈련을 한다. 이때는 교과의 비중을 좀 더 늘린다.

3학년 수업은 지금까지 쌓아 온 모든 활동과 경험을 디딤돌로 삼아 교과서를 깊이 분석하고 연구하며 적용, 응용, 창조하는 데까지 나아가야 한다. 이쯤 되면 아이들도 꽤 긴 글을 집중해서 읽고, 읽고 나서 예를 들 수 있게 된다. 예를 들 수 있다는 것은 곧 내용을 자기화하고 내면화했다는 뜻이다. 이때는 두 가지 글을 같이 읽고 비교하거나 글에 대해 스스로 평가를 내리는 과제를 늘린다. 3학년으로 갈수록 좀 더 조밀한 수업이 되는 것인데, 아이들이 성장해서 따라오는 만큼 리듬의 변화는 당연히 필요하다.

목표에 도달하기 위해서는 주어진 교재는 물론이요, 그 외 보조 자료까지 생각해 깊이 꿰뚫어 연구해야 한다. 길게는 3년, 짧게는 1년을 곰곰이 훑어보아야 한다. 그러노라면 그 단원을 어떤 방법으로 수업하는 게 가장 효과적이겠다는 윤곽이 자연스럽게 떠오를 것이다. 교실, 도서실, 운동장, 뒷산, 컴퓨터실 같은 수업 장소와 연극, 모의재판, 매체 활용 같은 수업 형태도 떠오를 것이다. 교사에게 자기 교과에서 '무엇을' 가르칠 것인가 하는 목표가 세워져 있다면 '어떻게 가르칠 것인가'도 나온다. 따라서 수업의 목표가 달라지면 당연히 방법도 변한다. 목표와 방식에 변화가 있는 수업, 바로 이것이 리듬을 타는 수업 아니겠는가?

3) 상황에 따른 재구성 수업 방법

(1) 학습 내용과 목표에 알맞은 장소에 따른 수업

학교에는 교실만 있는 것이 아니다. 도서관, 컴퓨터실, 운동장, 그 외 교정의 여러 공간 등을 떠올려 보자. 교실 역시 자리를 재배치해 변화를 주면 일상과 다른 수업 환경을 만들어 낼 수 있다. 학습 내용과 목표를 잘 살펴 적절한 장소와 연결 지으면 장소에 따라 다양한 수업을 할 수 있다.

● 도서관 수업: 다양한 독서 활동, 분야별로 책 읽기, 사전 찾아가며 메모하기,

교과서에 수록된 문학 작품을 쓴 작가의 다른 작품이나 같은 시대의 다른 작가 작품 찾아 읽기, 서평 엽서 쓰기, 책갈피 만들기, 시집 만들기, 독서 신문 만들기, 시 낭송 대회, 시 낭송 테이프 만들기

- 컴퓨터실 수업: 자료 찾기, 검색하기, 글쓰기, 호의적 댓글 쓰기. 자기 글을 화면에 띄워 놓고 맞춤법 틀린 곳과 비문 찾아 고치기

- 야외 수업: 운동장에서 소리 내어 책 읽기, 반언어와 비언어 활용하여 낭독하기, 꽃과 나무 관찰하고 글과 그림으로 묘사하기, 문학 작품의 무대와 배경 찾아가기, 낙엽 깔고 앉아서 시 쓰기, 교정에 둘러앉아 '이야기의 맛' 누리기

- 자리를 재배치한 교실 수업: 책걸상 없애고 바닥에 앉아 신문(세상) 읽으며 '사실'과 '의견' 구분하여 쓰기, 둥글게 둘러앉아 토론하기, 눕거나 구석에 박혀서 좋아하는 책 읽기. 책걸상 없는 교실에서 연극하기

- 매체 활용 수업: 도서관과 컴퓨터실을 오가며 활동하기, 식물·동물·음식 신문 만들기, 판소리 감상하기, 휴대폰을 이용해 요청·질문·호소·조언·축하·위로·해결하기, 문학 작품을 영화 혹은 연극으로 각색한 작품 감상하기

야외 수업

자리를 재배치한 교실 수업 　　　　　　　　　　　　　　　　　　　　　　도서관 수업

(2) 학교 일정이나 학부모 학교 방문에 맞춘 수업

학사 일정에 따라 연구 수업을 하거나 학부모들의 학교 방문에 맞추어 공개 수업을 할 때는 특별히 더 단원을 통합하고 재구성할 필요가 있다. 특히 공개 수업은 부모들이 자녀가 공부하는 현장을 직접 보면서 아이의 능력이나 품성, 습관 등을 객관적으로 판단할 수 있고, 교사 또한 학부모에게 아이의 진면목을 확인하게 할 수 있는 절호의 기회이다. 따라서 아이의 생각이나 내면세계가 잘 드러나는 주제를 선정하는 것이 좋다.

특정 과목에 관계없이 범교과적인 주제의 책을 선정하여 아이들과 함께 읽고 이를 독서 토론으로 발전시키고, 여기에 학부형이 참관하여 자연스럽게 부모와 아이 사이에 대화 통로를 마련하는 것도 좋은 방법이다. 아이들끼리의 토론을 지켜보며 내 아이의 생각과 감정, 꿈, 희망, 진로 등을 이해함으로써 교사와 학부모가 함께 손잡고 아이들을 지도해 나갈 수 있는 것이다. 연구 수업이나 공개 수업에 적절한 주제의 예는 다음과 같다.

- 다양한 방법으로 자기소개 하기, 자아 이해 및 자아 발견하기
- 성장 카드를 활용한 아름다운 가치 사전 만들기, 가치관, 정체성 알기
- '사랑의 해결사'를 활용한 갈등 다루기, 주장하거나 건의하기
- 상황과 심리에 맞도록 비언어적 표현 및 반언어적 표현으로 표현하기
- 독서 토론회를 통하여 다양한 생각과 의견을 제시하고 타인과 소통하기

(3) 계절과 세시 풍속, 국경일에 맞춘 수업

때를 놓치지 않고 제때에 수업해야 하는 작품(단원)이 있으니, 이 또한 재구성을 하는 교사의 결단이 필요하다. 문학 작품 속에 등장하는 꽃과 연관된 수업을 예로 들어 보자. 학교마다 제약이 있을지라도 김유정의 「동백꽃」이나 이호우의 시조 「살구꽃 핀 마을」, 김소월의 「진달래꽃」은 3월 말에서 4월 초에, 김영랑의 「모란이 피기까지는」은 4월 말에서 5월 초에, 이효석의 「메밀꽃 필 무렵」은 메밀꽃이 피는 9월 초에 하는 것이 좋다. 특히 '동백꽃(=생강나무꽃)'은 개화 시기가 같고 생김새도 비슷한 산수유와 혼동하기 쉽기 때문에 시각, 후각, 미각까지 총동원하여 비교 감상하는 것이 기억하기 쉽고 감동도 오래 남는다. 또 '민들레꽃'은 봄부터 여름까지 피는 강인한 꽃으로서 박완서의 「옥상의 민들레꽃」 수업은 이 시기를 넘기지 않는 것이 좋다. 한여름에는 황순원의 「소나기」에 등장하는 '칡꽃'이 '등꽃'과 얼마나 비슷하기에 소녀가 서울의 동무 생각에 꽃을 꺾으려 하는지, '양산같이 노란 마타리꽃'은 어떤 꽃인지 사진으로라도 볼 일이며, 꽃이 다 떨어져 갈 무렵에는 교정으로 나가 이형기의 「낙화」를 읽으며 결별이 이룩하는 축복을 직접 경험해 본다.

또한 세시 풍속이나 역사적인 기념일, 국경일에는 관련 문학 작품이나 비문학, 만화, 만평 단원을 선택하여 시의적절한 수업을 전개한다. 특히 「기미 독립 선언서」는 만사 제치고 3월 초에 할 것이며, 6월에는 전쟁과 통일, 사회 민주화, 국가와 민족을 다룬 단원을 다루고, 10월에는 세종과 한글, 바른 언어생활을 다루는 것이 좋다.

(4) 교과 통합이 가능한 주제에 맞춘 수업

교과 통합이 가능한 주제는 다른 교과와 결합한 통합 수업이나 초청 특강 수업을 할 수 있다.

국어, 보건, 가정, 도덕 교과를 통합해 '청소년기 남녀의 육체적, 정신적 차이'를 공통 주제로 선정하고 이를 다룬 책*으로 관련 교과 교사와 통합 수업을 해 보았다. 국어 교사가 책을 읽게 하고, 보건 교사가 중심이 되어 학생들의 질문 쪽지에 답하

* 해당 주제를 다룬 책으로 김남선의 「엄마, 남자와 여자는 어떻게 달라요?」(사계절, 2013)가 있다.

고, 도덕 교사가 결합하여 질의응답을 한다. 이후 교사와 학생이 함께 토론을 한다. 국어와 역사 교과를 통합할 경우에는 국어 시간에 박완서의 「그 여자네 집」과 윤미향의 『20년간의 수요일』(웅진주니어, 2010)을 읽고 내용을 파악한 다음, 역사 수업 시간에 일본군 위안부를 다룬 동영상과 함께 피해 여성 문제를 공부한다. 이후 국어와 역사 교사가 참여한 가운데 질의응답과 토론을 전개한다. 이때 역사 교사가 두 편의 작품을 다 읽는 것은 물론이다.

'강연 잘 듣는 법'을 다룬 단원은 초청 특강 수업이 가능한 단원이다. 강연 듣기 단원과 관련해 지역 인사나 학부모, 졸업생을 최대한 활용하여 통합 수업을 전개할 수 있다. 학생들이 원하는 강사를 초청하기 어려울 때는 교내 선생님을 초청하는 것도 좋다. 교장 선생님이나 교감 선생님, 그리고 특별한 분야에 능력과 재주를 가진 선생님을 초청하여 전문적인 지식과 정보를 습득해 보는 경험은 매우 교육적이고 창의적인 통합 수업이다.

3──삶이 녹아나는 지필·수행 평가

모든 교과 교육이 그렇듯이 지식이란 우리 삶과 연관하여 유익하고 쓸모가 있어야 한다. 그중에서도 특히 국어 능력은 '앎'과 '삶'이 일치되어, 즉 아는 것이 그대로 사는 것에 적용되어 우리네 삶을 윤택하고 행복하게 하는 디딤돌과 견인차가 되어야 한다. 따라서 교과서에 있는 것만을 평가의 대상으로 하라는 법은 없다. 평소 아이들의 말이나 글, 그리고 현안인 사회 문제나 교사의 삶을 지필 평가의 바탕글로 가져온다면 평가 역시 우리 삶이 녹아나는 교육 활동이라 할 수 있을 것이다.

1) 지필 평가

지필 평가를 할 때에는 고사장에서 국어사전을 활용하게 해서 개념 이해의 중요성과 가치를 강조한다. 또한 교사와 학생의 글을 평가의 바탕글로 가져옴으로써 우리의 일상이 곧 국어 공부이며, 평가의 대상이 될 수 있음을 보여 준다. 시험 범위와 무관하게 최근에 나를 포함한 우리 주변에서 일어난 일에 대하여 스스로 문제를 발견하고 해결하는 능력을 기를 수 있게 하는 것이 중요하다. 평가 범위에서 작품을 다룰 때에는 작품 속 화자의 됨됨이를 다른 작품 속 인물이나 사회 현실과 연결하여 통합적으로 인식할 수 있게 한다. 이는 문학이 현실을 반영한다는 명제를 응용한 것으로 수업과 평가와 현실이 하나로 녹아들게 하는 훈련이다.

지필 평가 예

1. 다음 두 글은 각각 교사와 학생의 글이다. 잘 읽고 물음에 답하시오.

> (가) 오늘도 기수와 승화, 인철이는 교과서에 실린 소설 「소나기」를 공책에 옮겨 적으라는 내 말을 어기고 어느새 도망가고 오지 않았다. 이러기를 벌써 1주일도 넘었다. 한글이 서툴러서 어떻게든 연습을 시켜 보고자 하여도 자신이 한 말을 지키지 않는 태도에 나는 어찌해야 할지 몰라 속상해 죽을 지경이다.
>   오늘 아침에는 미연이가 말을 함부로 한다고 하여 무용 선생님께 불려 와서 교무실에서 꾸중을 듣고 있지 않은가. 미연이는 국어 시간에 재치 넘치고, 높은 이해력과 분명한 판단력을 보여 주어서 나는 싫지 않은데, 그러나 역시 그 신중하지 못한 말버릇이 문제가 되니 참으로 근심스럽다. 우울한 퇴근길에 속도위반으로 교통경찰에게 걸렸으니, 오늘은 이래저래 기분이 안 좋은 날이다.
> —교사의 '교단 일기'에서
>
> (나) 오늘 오빠가 왔다. 안동 고모 집에서 고등학교를 다니는데 주말이라고 해서 다니러 왔다. 나는 너무나 즐거웠다. 엄마는 오빠가 왔다고 잡채랑 닭고기를 해 주었다. 나는 엄마가 싫었다. 오빠가 없을 때는 김치, 된장이랑 먹었는데 밥상을 상다리가 부러지도록 차렸다. 내가 만약 어디에서 학교를 다니다가 주말이라 집에 와도 상다리 부러지게 차려 줄 건지 엄마에게 물었다. 엄마는 말했다. "그냥 먹던 대로 차리지 뭐"라고. 내가 남자로 태어났다 해도 엄마가 그랬을까? 아마 그러지 않았을 것이다. 오빠가 미웠다.
> —중학교 2학년 학생의 '독서 공책'에서

1) (가)의 내용으로 미루어 보아 선생님의 마음 상황을 한 단어로 나타내었을 때 가장 적절한 것은? (국어사전 활용)

　① 금상첨화(錦上添花)　　② 이심전심(以心傳心)　　③ 인과응보(因果應報)

　④ 설상가상(雪上加霜)　　⑤ 진퇴유곡(進退維谷)

2) (나)의 글쓴이가 "오빠가 미웠다."라고 마음을 표현한 직접적인 이유는?

2. 윤동주의 「서시」 중 일부인 "죽는 날까지 하늘을 우러러/한 점 부끄럼이 없기를/잎새에 이는 바람에도/나는 괴로워했다"에서 '나'가 「시집가는 날」의 '맹 진사'를 비판한다고 할 때 가장 적절한 말은?

① 예수를 믿으시오.

② 혼자서 끙끙댄다고 안 될 일이 되는 건 아닐세.

③ 남의 허물을 떠벌려서 결혼을 망쳐 놓으면 되겠는가?

④ 자신의 이익을 위해서 남의 희생을 강요해서는 안 되오.

⑤ 남의 잘못을 지적하기 전에 자신의 허물을 먼저 살피시오.

3. 신동엽의 시 「봄은」의 화자가 말하고자 하는 바를 '6·15 남북 공동 선언문'의 5개 항목에서 찾는다면, 가장 가까운 것은?

① 남과 북은 나라의 통일 문제를 그 주인인 우리 민족끼리 서로 힘을 합쳐 자주적으로 해결해 나가기로 하였다.

② 남과 북은 나라의 통일을 위한 남측의 연합제 안과 북측의 낮은 단계의 연방제 안이 서로 공통성이 있다고 인정하고 앞으로 이 방향에서 통일을 지향시켜 나가기로 하였다.

③ 남과 북은 올해 8·15에 즈음하여 흩어진 가족, 친척 방문단을 교환하며, 비전향 장기수 문제를 해결하는 등 인도적 문제를 조속히 풀어 나가기로 하였다.

④ 남과 북은 경제 협력을 통하여 민족 경제를 균형적으로 발전시키고, 사회·문화·체육·보건·환경 등 제반 분야의 협력과 교류를 활성화하여 서로의 신뢰를 다져 나가기로 하였다.

⑤ 남과 북은 이상과 같은 합의 사항을 조속히 실천에 옮기기 위하여 빠른 시일 안에 당국 사이의 대화를 개최하기로 하였다.

2) 수행 평가

　수행 평가를 할 때에는 아는 것과 사는 것을 하나 되게 하는 것을 목표로 학생들의 일상적인 활동을 평가로 연결한다. 작품을 다룰 때에도 작품 속 내용과 인물의 성격을 직접 묻기보다 현실의 삶과 관련이 있는 상황을 제시하고 그에 대한 반응을 실제 자기 삶으로 가지고 오도록 한다.

수행 평가 예

● 교과서 안에서 논술하기

1. 권정생의 「강아지 똥」과 정호승의 「항아리」, 이금희의 「촌스러운 아나운서」를 비교 감상하고, 자아 존중감을 키우고 자기 정체성을 확립해 가는 방법에 대하여 서술하시오.

2. 신영복의 「어리석은 자의 우직함이 세상을 조금씩 바꿔 갑니다」를 읽고, 글쓴이의 주장에 근거를 들어 찬성 혹은 반박하는 글을 쓰시오.

● 교과서 안에서 말하기

1. 짝과 함께 한 사람은 주요섭의 「사랑손님과 어머니」의 '어머니'가 되어 사랑손님을 떠나보낼 수밖에 없는 마음을 호소하고, 한 사람은 '어머니'를 지극정성으로 위로하는 말하기를 해 보시오.

2. 「소나기」의 '소년'과 「서동요」의 '서동'이 「동백꽃」의 '나'에게 자기 경험을 살려 용기를 주는 말하기를 해 보시오.

4──수업 사례 두 가지

1) 낱말 수업: 아름다운 가치 사전 만들기

일상적으로 쓰는 단어에서부터 시사 용어에 이르기까지 그 뜻을 정확히 몰라 남몰래 사전을 찾아본 경험이 있을 것이다. 아이들의 경우 낱말에 대한 무지와 무관심의 정도가 심각할 지경에 이르렀다. 국어 교사들도 이를 거의 속수무책으로 내쳐 두고 한탄만 하고 있는 현실이다.

단어의 개념을 아는 것이 중요하다는 것을 가르치기 위하여 한사코 교과서에만 얽매일 필요는 없다. 낱말 수업은 진도와 상관없이 언제 어느 때나 두어 시간을 할애하여 실시하여도 무방하다. 낱말 수업을 위해 통합 가능한 단원을 찾아 다음과 같은 학습 목표를 세울 수도 있다. 아래 내용은 '가치'에서부터 시작한 낱말 수업의 사례이다.

- 통합 단원 및 교과: 글과 사전, 단어의 형성, 자아 이해와 발견, 정체성 찾아가기 관련 단원이나 과목
- 학습 목표: 사전을 찾아가며 글을 읽는 태도를 키운다. 추상적인 단어를 구체적인 삶 속에서 이해하고 활용할 수 있다. 자기 정체성을 알고 책임 있는 인생 설계를 할 수 있다.

우리는 살아가면서 무수히 많은 가치를 접하고 또 그것을 내보여야 할 때도 있다. 어떤 때는 누군가에게 진심으로 감사해야 하고, 또 어떤 때는 겸손한 마음을 가져야 하고, 또 어떤 때는 용기를 내야 할 때도 있다. 하지만 진정한 겸손이 무엇인지, 용기를 내야 할 때는 언제고 어떻게 하는 것이 용기인지, 또 사람을 사랑하고 배려하는 것이 어떤 것이며 긍지란 무엇인지 등을 깊이 생각해 보지는 않는다. 그 가치에 대한 사전식 뜻도 모르는데 하물며 일상에서 그것을 어떻게 적용하며 높

은 자존감으로 살아갈 수가 있겠는가?

행복, 평화, 봉사, 사랑, 배려, 이해, 용기, 친절, 감사, 양보, 희망, 소망, 믿음, 신념, 노력, 인내, 끈기, 성실, 존중, 겸손, 타협, 열정, 자유, 평등, 공평, 책임, 양심, 자신감, 유머, 재치, 관용, 신중, 우정, 예의, 정직, 검소, 근면, 도덕, 인정, 칭찬, 격려, 위로, 보람, 지혜, 연대, 협동, 자비, 조화, 존경, 진실, 금지, 만족, 정의, 의리, 약속, 규칙……

이 단어들을 사전에서 찾아보면 대체로 의미 해설이 비슷할뿐더러 추상적이고 막연하기 짝이 없다. ‘책임’은 “맡아서 해야 할 임무나 의무.”, ‘행복’은 “생활에서 충분한 만족과 기쁨을 느끼어 흐뭇함. 또는 그러한 상태.”라고 나와 있는데, 도대체 어떤 경우가 여기에 해당되는지 모호하다. 우리는 어린 시절부터 대충 추측하는 것이 습관이 되어 버렸기에 어른이 되어서도 저 가치들을 내 삶에서 구체적으로 찾아내거나 만들어 내지 못하고 있다. 다음은 학생들이 여러 가치의 개념을 구체적인 실생활 속 장면으로 정리한 것이다.

학생들이 만든 아름다운 가치 사전

- 평화: 명희 선생님께서 웃으며 수업하시는 것
- 인내: 남자 친구와 손만 잡고 자는 것
- 노력: 하리수를 여자로 보는 것
- 평등: 진돗개와 똥개에게 밥을 똑같이 주는 것
- 관용: 마침 종이 쳐도 결코 나가시지 않는 선생님을 바라보는 것
- 끈기: 초딩의 말을 끝까지 들어 주는 것
- 책임: 성관계를 맺어 임신이 되었을 때 남녀가 함께 맡아야 하는 의무
- 용기: 동방신기 팬 앞에서 슈퍼주니어를 외치는 것
- 행복: 한 치수 작은 사이즈로 옷을 샀는데 몸에 쏙 들어갈 때
- 조화: 내 얼굴의 눈과 코와 입
- 예의: 썰렁한 유머로 우리를 웃기려고 하시는 사회 선생님의 말에 웃어 주는 것

- 희망: 마침 종이 치자마자 국어 수업이 끝나는 것
- 소망: 장동건 같은 교생이 오는 것
- 자신감: 살 빠진 후에 남자 친구를 정면으로 바라보는 것
- 배려: 문자가 느린 엄마를 생각해서 일부러 답을 늦게 쓰는 것
- 신중: 고백을 받았을 때 내가 그 사람을 진정 사랑하는지 오래 생각하고 결정하는 것

실생활 속에서 발견한 가치의 개념을 정리했다면 자신이 첫 번째로 꼽는 최고의 가치가 무엇인지 짚어 볼 차례이다.

"자, 그럼 여러분이 생각하기에 지금까지 살아오면서 참으로 '중요하다, 좋다, 훌륭하다'고 여겨 마음에 담아 두었거나 무언가를 선택하거나 결정할 때에 가장 먼저 보는 기준이 무엇인가요?"

학생들 대부분이 아마 지금껏 한 번도 이에 대해서 깊이 생각해 본 적이 없을 것이다. 이즈음이 자신이 어디에 가장 높은 가치와 의미를 부여하며 살아가고 있는지를 알아야 할 때이다. 드디어 손을 번쩍 드는 아이가 있고, 그 주변으로도 고개를 들어 눈을 빛내며 시선이 흔들리지 않는 아이가 보인다. 그것은 자신의 정체성에 대하여 무언가를 알아냈다는 증거이다.

"저는 자신감인 것 같아요. 자신감이 있어야 그다음에 사랑도 하고, 유머도 나오고, 사람을 믿을 수 있잖아요."
"저는 사람들이 행복하게 잘 살아가려면 유머가 제일 중요하다고 생각해요. 애들이 '개그 콘서트'나 '웃찾사'를 재미있다고 하면서 왜 유머를 중요하게 생각하지 않는지 모르겠어요. 저는 재미없는 사람이 제일 싫어요."
"저는 용기라고 생각해요. 용기만 있으면 이 세상에 못할 게 없을 것 같아요."

"저는 사랑이 최고예요."

"저는 평등요. 차별받는 것은 싫어요."

"전 자유로우면 제일 행복할 것 같아요. 자유요!"

"다 좋지만 전부를 합친 것이 행복이에요. 행복보다 더한 아름다운 가치는 없어요."

　　최고의 가치로 손꼽는 것은 이토록 서로 다르다. 가치란 서로 '다른' 것이지 '틀린' 것이 아니다. 누구의 가치가 더 높다거나 낮다는 것은 있을 수가 없다. 이제까지 친구와 왜 그토록 싸웠는지, 무엇 때문에 멀어지고 가까워지게 되었는지도 알 수 있을 것 같다. 그것은 어떤 사람이나 현상, 사물에 대하여 부여하는 의미, 즉 가치관이 달랐기 때문이다. 나는 양심을 높은 덕목으로 보는데 이 친구는 용기를, 저 친구는 사랑을, 또 다른 친구는 노력이 최고라 하는가 하면 열정, 평화, 겸손에 높은 가치를 두는 친구도 있다. 사람들은 누구나 자기가 귀하게 의미를 두는 것이 있으며, 거기에는 순서와 정도의 차이가 있을 뿐 우열은 없는 것이다.

　　'하리수를 여자로 인정하는 것'을 '노력'이라고 말하는 사람이 있는 반면, "성전환은 자유이고, 여자로 인정하는 것은 당연하지 않은가?"라고 말하는 사람도 있다. 비로소 가치관은 서로 다른 것이지 어느 한쪽이 틀린 것이 아니라는 것을 안다. '너는 왜 나와 같지 않으냐?'며 비난하고 갈등하던 태도에서 점차 타인을 이해하고 존중하는 태도로 변화할 수 있는 계기를 마련해 준 것이다. 이 수업은 이러한 변화를 일으키는 과정일 뿐만 아니라 가치관의 혼란으로 어려움을 겪고 있는 청소년들에게 꼭 필요한 가치 탐색의 과정이기도 하다.

2) 낭독 수업: 낭독으로 자신감 키우기

　　우리가 소리 내어 책을 읽어 본 것이 언제였던가? 지금은 초등학교에서도 낭독이 없어지고 묵독으로 내용 파악에 들어간다. 스스로 쌓은 성이 높아질수록 독서는 점점 자폐적인 행위가 된다.

　　시골 아이나 도시 아이 할 것 없이 아이들은 명랑하고 건강하지만, 책 속의 주인공이 되어 생각하고 비언어와 반언어를 활용하여 실감 나게 주인공의 말을 연기하라고 하면 대부분이 수줍어한다. 가장 높은 경지의 낭독은 귀에 쏙쏙 들어오게, 마치 옆에서 말하듯이 읽는 것이다. 그 경지는 자신감이 차 있을 때 가능하다. 자신감이 있어야 큰 소리로 읽게 되고 말하듯이 읽게도 된다. 우리는 살아가면서 필요하다면 넉살이나 너스레를 좀 떨 줄도 알아야 한다. 낭독이 바로 그렇게 만든다. 낭독 수업의 교과 통합 방식과 학습 목표는 다음과 같다.

- 통합 단원 및 교과: 모든 단원, 모든 교과를 통합하는 활동(언제든지 일상적으로 한다.)
- 학습 목표: 소리와 발성, 자신감, 집중력, 연기력 키우기, 좋은 낱말과 문장 익히기

교실을 떠난 곳은 어디나 자유롭다. 더구나 체육 시간이 아닐 때의 운동장은 더욱더 자유롭고, 나만의 시간을 보낼 수 있는 특별한 공간이다. 아이들을 교실 밖으로 불러내어 한 시간 내내 큰 소리로 읽고 또 읽게 해 준다. 걸어가면서 읽으면 배에 힘이 들어가서 소리가 더 커지고, 바르게 소리 낼 수 있다. 넓은 운동장을 마음껏 걸어 다니면서 뭔가를 써야 한다는 부담 없이 힘껏 읽기만 하면 되는 것이다.

한 시간 내내 걸어 다니며 읽기도 하고, 나무에 기대거나 벤치에 앉아 낭만적으로 읽기도 하고, 농구장 심판대에 올라가서도 읽고, 낙엽 더미나 운동장에 드러누워서 읽기도 한다. 혹은 나무 위에도 올라가고, 연단에도 올라가 읽는다. 아무러면 어떤가, 운동장이 넓으니 부딪힐 염려도 없다. 마음껏 돌아다니며 힘껏, 배창자가 튀어나올 정도로 읽는다.

시도 읽고, 소설도 읽고, 수필도 읽는다. 웅변조로 읽어 보고, 노래하듯이 읽어 보고, 판소리 창을 하듯이 읽어도 보고, 달콤하게도 읽어 본다. 그렇게 자기 소리를 자기 귀로 듣는 연습을 하며 목이 뚫리고, 가슴이 뚫리고, 귀가 뚫린 뒤에 여러 사람 앞에서 소리 내어 읽게 해 본다. 부끄러움이 많고 소리가 작은 아이들도 처음보다 소리가 커진다. 자기도 모르게 목소리에 힘이 들어가고 자신감이 생긴다. 재

낭독 수업 장면

미있게, 실감나게, 자연스럽게 읽으면서 서서히 내용에 빨려 들어간다. 아이들은 그렇게 서서히 달라져 간다.

낭독 수업은 장점이 많다. 발성 연습을 할 수 있고, 표준 발음을 익힐 수 있으며 좋은 낱말과 표현법을 알 수 있다. 책의 내용에 집중할 수 있는 것은 물론이고 연기력과 자신감도 키울 수 있다. 학생들의 반응에서 이를 확인할 수 있었다.

국어 수업 시간에 운동장에 나가서 책을 읽으면 자신감이 부족한 나 같은 사람도 목소리가 커지고 마음이 안정된다. 아무도 안 보고 간섭도 안 하니까 마음 놓고 소리를 내서 읽게 되고, 그러니까 책에 집중이 잘 되고, 내용도 머릿속에 더 잘 기억된다. (1학년 여학생)

옛날부터 나는 부끄러워서 소리 내서 책을 읽는 것을 싫어하고, 눈으로만 읽었다. 하지만 소리를 내며 읽기 시작하면서 점점 자신감이 생기게 되었다. 특히 운동장에서 돌아다니며 읽어 보니 읽기가 즐거워지기 시작한다. 자신감을 키워 주시는 선생님의 능력이 신비롭다. 선생님, 내년에 저보다 더 말 못하고 소리도 작고 내성적인 제 동생이 입학하는데 잘 가르쳐 주세요. 부탁해요. (2학년 남학생)

책을 앉아서 읽기만 하던 나에게 운동장에서 책 읽기는 음식으로 치면 별미이다. 실내의 에어컨이나 히터보다는 자연 바람을 맞으면서 책을 읽는 게 기분이 좋고, 전방에 있는 산을 보면서 책을 읽는다는 것도 멋있다. 더욱 신기한 것은 평소엔 듣지 못하던 흙의 바삭바삭한 소리가 들리고, 소리 내어 읽다 보면 나도 모르게 말하는 주인공의 입장이 되어 연기하는 느낌이 든다는 것이다. (3학년 남학생)

5──끝맺는 말

『내가 정말 알아야 할 모든 것은 유치원에서 배웠다』라는 책이 있던가? 우리는 살아가면서 알아야 할 중요한 것들을 학교에서 배우지 못한 채 사회에 나와서 죽도록 피 터지게 싸우고 할퀴고 물어뜯으며 아파하고 상처받고 흉터를 간직하면서 스스로 배운다. 그러나 그때쯤 되면 이미 몸은 상처로 망가지고 정신은 피폐해지고 사랑은 다시 찾을 수 없을 만큼 저만치 가 버렸을 때이기 십상이다. 가르치고 배우는 것은 곧 삶이다. 그러므로 사는 것과 유리된 교육 활동은 이 사회를 헤쳐 가는 것을 힘들고 고달프게 만든다. 학교 현장이 곧 사회이기 때문이다.

많이 읽고 많이 생각하고 많이 쓰는 훈련으로 자기 생각과 느낌을 키우고, 그렇게 키운 생각과 느낌을 솔직하게 말하고 그것대로 행동하는 것이 책임 있는 삶의 밑바탕임을 알게 하는 것은 국어 수업의 두말할 나위 없는 과제요, 성과라 할 수 있다. 그러한 활동을 되풀이함으로써 학생들에게 성공적인 경험을 맛보게 하는 것은 참으로 의미 있는 일이며, 국어 교사로서도 열정이 열매 맺는 일일 것이다. 아울러 학생과 교사 간에 원만한 관계가 형성되니 학교에서 이루어지는 다른 여러 활동에도 학생들이 활발하게 참여하는 긍정적인 효과도 기대할 수 있을 것이다.

마지막으로, 아는 것과 사는 것을 하나 되게 하는 수업을 위해 다음을 꼭 기억하자. 각각의 교과 영역을 합쳐서 우리 삶에서 통합적으로 자연스럽게 녹아들게 하자. 국어 시간에 나와 내 주변에서 일어나는 일에 무심하지 말 것을 가르치자. 입시 제도가 아무리 변하여도 자기만의 변하지 않는 수업 원칙을 지켜 나가자. 육체적·정신적 조건을 최상으로 유지시켜 늘 안팎으로 좋은 상태를 유지하자. 나부터 감동하고, 반하고, 변하고, 나의 자유와 행복을 위하여 과감히 투자하자.

교과서 재구성 수업의 실제와 의미 2

임광찬

—고등학교 '국어'를 중심으로

1- —들어가며

1) 냄새가 나는 수업을 하자

● 장면 하나

부엌 쪽에서 "밥 먹어라." 하는 소리는 들리는데 음식 냄새가 전혀 나지 않는다. 달갑지 않은 발걸음으로 식탁으로 다가가 반찬을 보던 아이는 "입맛이 없어서 먹기 싫어……." 하며 중얼거린다.

"그래도 먹어야지. 나중에 배고프다고 뭐 달라고 하지 마!"

아이는 주저하다가 먹는 둥 마는 둥 깨작거린다. 가만히 두 사람의 대화를 들으면서 생각해 본다. '입맛이 없다면 밥맛이 돌도록 해 주면 될 것을…….' 힘들어서 반찬을 제대로 준비하지 못하는 아내를 위로하기보다는 입맛 없어하는 아이를 위해 밥맛이 돌도록 맛있는 반찬을 준비하지 않은 아내가 밉게 보인다. 하지만 "입맛이 없어도 상 차린 엄마를 생각해서라도 먹어야지?"라고 했다.

● 장면 둘

지친 발걸음으로 아파트 초인종을 누르려는데 음식 냄새가 코를 자극한다. '무슨 요리?' 하고 짐작을 해 본다. 갑자기 허기가 느껴진다. 문을 열고 들어서자마자 "여보, 오늘 메뉴가 뭐야?" 하면서 나도 모르게 냄새 나는 부엌 쪽으로 걸어갔다.

"입맛 돌도록 겉절이 좀 만들었어요."

겉옷을 얼른 벗고는 식탁에 가서 앉았다. 지글지글 찌개가 끓는 냄비가 보이고, 앞치마 두르고 분주히 밑반찬을 놓는 아내의 손길이 예쁘다. 누가 시키지도 않았는데 스스로 식탁에 수저를 놓았다. 일찍 퇴근하기 잘했다고 속으로 미소를 지으면서.

수업이란 '식욕'과 '솜씨'가 만나는 자리이다. 학생의 '식욕'을 자극하기 위해서는 교사의 '솜씨'가 필요하다. 이를 위해서는 일일 연속극을 녹화 편집해서 방영하듯 수업도 재구성해서 교실에 들어가야 한다. 수업을 봐야만 좋은 수업인지 아닌지 아는 것은 아니다. 수업을 하기 전에 그 결과는 이미 결정된 것이나 다름이 없다. 사전에 자료를 준비하고 그 자료를 잘 재구성해 두었다가 쉬는 시간에 준비를 해 두면, 학생들이 교실에 들어오면서 '오늘 어떤 수업을 할까?', '기대되는데?' 할 것 아닌가. 음식 냄새를 맡고는 초인종을 누르기도 전에 저녁 식사를 기대하고, 일찍 오기를 잘했다며 얼른 식탁에 앉는 것처럼 말이다.

2) 재구성은 '밥상'을 차리는 일이다

"밥 먹자."라고 할 때는 쌀(밥)보다는 '반찬'에 신경을 써야 한다. 반면 "고기 먹자."라고 할 때는 반찬보다는 '고기의 질'이 중요하다. "밥 먹자."라는 말에 '밥만' 먹을 것이라고 생각하는 사람은 없다. 역시 "고기 먹자."라고 해도 '고기만' 먹지는 않는다. 하지만 다른 점이 있다. 밥을 먹을 때는 고기를 먹을 때보다 '반찬'이 중요하다. '밥'은 특별한 것이 아니기 때문이다. 학생들은 한 학교에서 몇 년에 걸쳐 매일매일, 하루에도 몇 시간씩 수업을 듣는다. 그런 학생들에게 '수업'은 '고기'가 아니라 '밥'일 것이다. 교과서 재구성을 강조하는 이유는 바로 수업이 상차림에 비길 정도로 중요하기 때문이다.

우리가 밥을 먹어 에너지를 제공받듯이 학생들은 수업을 통해서 지식 에너지를 습득한다. 이때, 학습은 가르침과 배움이 교통하는 자리이다. 교사의 가르침이 반찬을 차리는 '손길'이면 학생의 배움은 반찬과 함께 밥을 맛있게 먹는 '식사'라 할 수 있다.

재구성은 반찬을 준비하는 것만이 아니라 반찬을 식탁에 차리는 일이기도 하다. 그러니 반찬 솜씨가 부족한 것을 염려하지 말고 우선은 이미 자리하고 있는 수많은 자료(참고 자료, 웹 자료 등)를 잘 정리·보관해 두고 있다가 필요할 때 구미에 맞게 차리면 된다. 적절한 자료를 알맞게 배치해 '수업 상'을 잘 차리는 것은 제2의 창조이다. 이것이 바로 '재구성'이다. 완전히 새로운 것을 만드는 것이 아니니 마음만 먹는다면 얼마든지 가능하다.

수업은 밥상을 차리는 일에서부터 밥을 맛있게 먹는 과정, 디저트, 이어 설거지까지 이루어졌을 때 비로소 끝이 난다. 밥상을 잘 차려도 입맛이 없는 한 무용지물이다. 밥을 잘 먹었다고 해도 소화는 잘 되었는지, 뒤탈은 없는지 살피는 것이 필요하고, 남은 찌꺼기를 처리하고 다음 식사를 준비해야 하기도 한다. 특히 잘 먹은 반찬이 있었다면 더 마련해 놓는 데까지 나아가야 한다. 결국 교사의 일상은 반찬을 마련하는 일이라 할 수 있다.

입맛이 까다로운 사람은 차린 대로 먹지 않고 까탈을 부린다. 싫고 좋은 것을 분명히 드러낸다. 대부분은 주는 대로 따르기 마련인데 음식을 가리는 사람은 제 입맛을 고집하여 상대방에게 부담을 준다. 이를 고려해 식사를 하는 사람을 염두에 두고 반찬을 준비하는 것이 재구성이다. 그것은 차리는 사람의 취향보다는 먹는 사람의 입장을 살펴야 가능하다. 우리 학생들은 건강식보다는 '맛'에 더 의미를 둔다. 그 과정에서 마찰이 생긴다. 육식을 줄이라고 하는 것은 경험에 입각한 어른의 요구이지만 학생들에게 그 문제는 아직 '남의 일'이다. 어른의 입장이고 교사의 입장이다. 당위성만으로 강요하는 것은 바람직하지 않다. 몸에 좋은 약이 입에는 쓰다고 강요하는 시대는 지났다.

학생들에게 맛있는 밥을 먹게 하자. 어제와 똑같은 밥상을 차려 놓고는 강제로 먹이는 식사 시간이 되게 하지 말자. 정성 들여 준비한 연후에 식사를 하게 하자. 교사의 수업 준비는 겉절이 같은 것에서 김장 김치까지 다양해야 한다. 음식의 맛은 좋은 재료가 결정하니 연수를 통해 싱싱하고 질 좋은 제철 재료를 찾고 그것을 잘 버무릴 줄 아는 솜씨를 부단히 개발해 보자.

2──재구성 방법

1) 재구성의 전제 조건

(1) 시간을 넉넉히 확보하라

교과서 전체의 흐름을 살피고 대단원 편제의 구성이나 교수·학습 적용의 실제를 이해하는 데 필요한 시간은 일주일이면 충분하다. 이때 다른 출판사의 교과서 두세 권을 함께 살피는 것이 효과적이다. 이를 위해서는 정신적으로 여유로워야 한다. 이는 교육과정 재구성이 필요하다는 확신과 재구성 의지를 확고히 갖추어야만 가능하다는 의미이다. 가장 적절한 시기는 방학 기간이다. 미리 교과서를 받아 보고 백지 상태에서 살필 수 있다면 교사는 이전 경험을 살려 자기 나름의 교육과정을 구안할 수 있을 것이다.

(2) 자기 주도적인 자세가 필요하다

20~30년의 교직 경험은 고정적인 수업 패턴을 갖게 한다. 교수·학습의 내용이 바뀐다고 해도 교사들이 별 무리 없는 듯이 반응하는 것은 그간 축적된 교육 경험을 반복·재생하는 것만으로도 별 탈 없이 수업이 가능하기 때문이다. 경험은 살아 있는 지식이기 때문에 그 값어치는 상당하다. 하지만 이러한 긍정은 역설적인 자기 주도적 자세를 낳기도 한다. 변화를 거부하고 고집을 부리는 경우이다. 교육과정이 바뀌고, 그래서 교과서가 바뀌는 데도 교수 내용과 교수·학습 전략이 변화

에 능동적으로 대처하지 않는다면 이는 주도가 아닌, 타도의 대상으로 이해될 공산이 있다.

(3) 학교와 학생의 실태를 파악하라

짓고자 하는 집의 모양도 중요하지만 그 집의 용도에도 신경을 써야 한다. 재구성을 할 때에도 대학 진학과 입시라는 현실적인 문제를 반영한다거나, 학생들의 창의력과 인성을 기르는 데 초점을 둔다거나, 학생 활동 중심으로 갈 필요가 있다거나 하는 등의 전략이 있어야 한다. 또한 인문·사회계, 자연·이공계, 전문계 등 계열별 특성을 이해하고 그에 따른 학생들의 교과에 대한 필요성 인식 정도, 학생들의 성취 수준을 고려하여야 한다. 이는 배움 중심으로의 전환을 요구하는 교수 전략에서 매우 중요한 지점이다.

(4) 목표 중심의 수행 과정 평가를 중시하라

목표는 '학습 목표'에 해당한다. 수행 평가는 '과정'이 중요하다. 하지만 많은 교사들이 '목표 중심의 수행 과정 평가'에서 굳이 하나의 어휘만을 끄집어내라면 '평가'를 뽑는다. 평가가 교육에서 어느 부분보다 쓰임새가 크게 작용한 현실 때문이리라. 그러나 수업의 시작과 끝은 '학습 목표'이다. 목표를 제시하고, 그 목표를 향해 수업을 진행하고, 그 목표가 달성되면 수업이 끝난다. 그런 만큼 '목표 중심의 수행 과정'이 교육과정 재구성에 가장 내실 있는 원칙으로 작동될 수 있게 해야 한다.

(5) 시간(시수)을 고려하라

교과서 개발자가 설계한 시수를 그대로 단위 학교의 시수로 반영할 수는 없다. 국어과를 예로 들면, 대체적으로 한 학기당 수업 시수는 85차시(17주×5단위)이다. 하지만 현실적으로 14주 정도를 수업한다. 그렇다면 70차시이다. 이 시간에 교과서 한 권을 배운다고 하면 대단원당 수업 시간이 나온다. 이렇게 해서 나온 대단원별 총시수를 바탕으로 해당 단원의 교수·학습 설계를 짠다. 학교마다 과목당

할애하는 시수는 다양하다. 이 점을 감안한다면 시수를 미리 확정하는 일은 매우 중요하다. 교사는 기본 6차시가 배정된 대단원을 3차시에 가르칠 수도 있고, 경우에 따라서는 8차시에 걸쳐 가르칠 수도 있는 융통성을 발휘할 수 있어야 한다. 결국 교사의 의지나 열의가 이 모든 것을 좌우한다는 뜻이다.

(6) 예습과 복습을 철저히 하라

본시 수업의 여러 교수 전략 중에서 다음 차시를 자세히 안내하는 것은 본시의 내용을 학습하는 것만큼 중요하다. 그 과정이 다음 수업의 질을 결정하기 때문이다. 그 준비는 일회적이어서는 안 되며, 학생들에게 즉흥적인 인상을 주어서도 안 된다. 교사가 준비를 통해 다음 차시 수업 목표를 분명히 인지하고 있어야 학생들 역시 수업 내용을 확대·심화·발전하기 위한 추가 노력을 자기 주도적으로 할 수 있다.

50분의 수업을 둘러싸고 있는 시간은 직간접으로 수업에 큰 영향을 준다. 준비되지 않은 학생이 스스로 하는 학습에 흥미를 보이기 어렵듯이 준비되지 않은 수업에 열정을 쏟기 어려운 것은 교사 역시 마찬가지이다. 수업 후 교수·학습 과정에서 개선할 점과 발전시켜야 할 점을 정리하고 끊임없이 연마하는 것만이 좋은 결과를 낳는 최선의 길이다.

(7) 시·공간을 뛰어넘어라

재구성을 아무리 잘했다고 해도 실제 수업에서 효과를 발휘하지 못한다면 무용지물이다. 특히 준비한 자료가 '보여 주는 자료'에 불과하다면 굳이 만들어 사용할 이유가 없다. 그렇기 때문에 수업은 교사의 눈높이에서, 교사 스스로가 소화 가능한 선에서 구성되어야 한다.

모든 것이 수업 시간 안에서 이루어질 수는 없다. 그렇기 때문에 수업 후에 학생들 스스로 공동체 의식을 발휘하여 주체적으로 활동할 수 있도록 그들만의 놀이마당을 마련해 주는 것이 필요하다. 인터넷 카페나 누리집을 개설해 학생들만의 공간을 만들어 주는 것이 좋다. 사이버 공간은 넓고 깊어서 오래오래 재활용이 가능하고, 학생들의 활동을 전체적으로 한눈에 볼 수 있다.

2) 재구성의 절차

(1) 참여 교사 모집

우선 교과서를 재구성하겠다는 교사를 모은다. 한 출판사의 교과서를 대상으로 할 것인지, 다른 출판사의 교과서와 연계할 것인지에 따라 인적 구성이 달라질 수 있다. 5~6명 정도면 적당하다(대단원의 수와 일치하면 더 좋다). 자주 모이기가 쉽지 않은 현실적인 어려움을 극복하기 위해 인터넷 카페 같은 온라인 자료 탑재 사이트를 구축할 필요가 있다. 모임이 일회적으로 끝나지 않고 몇 년간 지속되기 위해서는 참여 교사 모두와 논의 과정을 공유해야 한다. 이 과정이 충분히 이루어지면 추후 인원 보강 시에는 절차적 고민을 최소화할 수 있다.

(2) 재구성의 필요성 인지

교과서 재구성에 참여한 교사들은 재구성의 필요성을 인지해야 한다. 이때 필요한 능력은 지식의 유무가 아니라 교사로서 교실 수업을 살리겠다는 의지이다. 2~3시간의 밀도 높은 논의를 마다하지 않을 자세가 중요하다. 이때 멘토로 모실 선배 교사 한 분의 도움이 필요하다. 모두가 교과서 재구성을 처음 시도하는 처지라면 출발이 더딜 수 있기 때문이다. 아울러 일정에 대한 합의를 통해 전원이 차질 없이 맡은 과제를 잘 수행할 수 있도록 관계망을 잘 구축해야 한다.

(3) 담당 단원 배분

담당 단원을 나눌 때는 1인 1단원이 가장 바람직하다. 처음에는 단권 재구성으로 시작하겠지만 여건이 허락된다면 다른 출판사의 교과서 2~3권을 엮어 재구성하는 데까지 나아갈 수 있도록 힘을 길러야 한다. 대단원마다 영역이나 주제가 다르기 때문에 관심 있는 부분을 맡을 수 있게 배분하는 것이 좋다.

(4) 재구성의 틀 공유

재구성의 틀을 공유하는 것 역시 필요하다. 물론 대단원마다 형식이 달라도 상관은 없다. 하지만 필수 요소나 편집에 따른 유의점 등을 고려하여 대표자가 사전에 기본적인 틀(양식)을 개발하고 이를 공유할 필요가 있다. 자료가 완성되었을 때 느껴지는 '멋'은 내용을 극대화해 주기 때문이다. 이때 대표자는 교육과정을 염두에 두고 재구성의 틀을 고민해야 한다.

(5) 담당 단원 재구성

맡은 단원을 재구성할 때에는 교과서에 제시된 다른 단원의 작품을 미리 분류해 두는 것이 효과적이다. 그래야 다른 단원에서 이미 제시된 작품과 재구성 과정에서 새롭게 삽입될 작품의 중복을 피할 수 있기 때문이다. 또한 다른 교과서의 작품군을 염두에 두면 훨씬 입체적인 재구성이 가능하다. 일차적으로 단원별, 차시별 등의 수업을 어떤 흐름으로 할 것인지 정한 후 세부적으로 접근하면 대단원 하나는 일주일이면 가능하다. 실제 수업 안을 작성하는 것이 아니라 대단원을 미리 수업한다는 마음으로 교과서를 읽어 가면서 어떻게 수업을 전개할 것인지, 어떤 자료를 추가하고 뺄 것인지, 시청각 자료는 무엇으로 할 것인지, 평가 문제를 만들 것인지, 수행 과제로 할 것은 무엇인지, 모둠 활동·토의 활동·학습 활동을 어떻게 가감할 것인지 등을 메모하며 종합적으로 분석하여야 한다. 자료의 많고 적음은 염려하지 않아도 된다. 자료는 재구성한 교과서를 사용하는 교사가 추후에 취사선택하면 된다.

(6) 1:1 검토

담당자가 재구성한 각 단원의 자료는 모임의 다른 교사가 짝을 지어 1:1로 검토한다. 그 후 오프라인 모임에서 단원 개발자가 돌아가면서 브리핑을 하고, 모든 발표가 끝나면 그 자리에서 토의하기보다는 메모를 바탕으로 기록한 것(생각해 볼 거리)을 온라인 공간에 탑재하게 한다. 생각할 시간을 충분히 주어야 하는데, 3일 정도면 가능하다. 동료 교사가 재구성한 단원을 나머지 교사 모두가 각각 피드백

해야 한다. 이때 자료의 많고 적음보다는 학습 목표 구현 여부, 자료 활용의 적절성, 적용의 실제 가능성과 실효성, 흥미 등을 학생의 입장에서 검토해야 한다. 특히 개발자 개인만의 편향된 관점이 있는지도 살펴야 한다.

(7) 수정 후 재검토

수정 후에도 역시 짝을 바꾸어 1:1로 재검토한다. 각 교사가 피드백한 내용을 바탕으로 수정한 자료를 다시 1:1로 집중 검토하는 것이다. 이때에는 해당 파일을 열어 붉은색 글자로 직접 편집하거나 형광펜 기능을 사용해 표시해 둔다. 역시 3일 정도면 가능하다. 이때 대단원 전체를 조감하고 학습 목표나 자료가 중복되지는 않았는지 짚어야 한다. 특히 학생의 입장에서 활동의 답을 작성해 보는 것도 필요하다.

(8) 각 단원의 구체적인 과정안 작성

마지막으로 각 단원의 과정안을 구체적으로 완성하는 단계이다. 이제 최초 개발자가 동료 교사의 의견을 참고하여 최종 자료를 완성한다. 일주일 정도면 가능할 것이다. 완성된 이후에는 본인만의 자료로 국한할 것이 아니라 공유를 전제로 표지에 개발자 소개 및 개발 과정이나 활용 안내 등을 기록해 주어야 한다. 공유는 곧 자기 발전의 기회로 되돌아온다. 연구 결과를 다른 교사에게 공개하는 것이 부담스럽겠지만 평가받는 과정이 발전의 계기가 될 것임은 자명하다.

3──재구성의 실제

1) 재구성 설계

많은 교수·학습 과정안이 대체로 설계 과정을 생략하고 곧바로 단원을 세부적으로 분석한, '가르침'을 염두에 둔 재구성 결과물이다. 재구성 과정에서 설계가 제대로 이루어지지 않으면 교과서 전체를 보지 못한 채 대단원에 매몰될 수 있다. 또한 이벤트성 수업으로 전락하거나 교육과정 전체를 보지 못한 교사 편의의 분절적인 수업이 되는 경우가 많다. 이런 우를 범하지 않으려면 본격적인 재구성에 들어가기 전에 교과서 전체를 조감하고 수업의 시작 지점부터 종결 지점까지를 대략 그려 보는 것이 중요하다. 이러한 과정이 '재구성 설계'이다. 완성된 재구성 자료(수업안) 못지않게 중요한 것이 설계 과정이며, 이 과정의 중요성을 인지하는 것이 자기 주도적으로 수업을 재구성할 수 있는 능력을 기르는 길일 것이다.

재구성 설계를 할 때에는 분석할 교과서의 '대단원 구성 틀'을 인지하고 해당 단원을 읽어야 한다. 이 과정에서 떠오르는 생각이나 수업 아이디어 등을 메모해 둔다. 학습 목표를 염두에 두고 '목표 중심의 교수·학습 과정 설계도'를 작성해야 하니 교과서를 살피며 더할 것과 뺄 것을 정하고 다양하고 입체적인 학습 자료를 모은다. 분석이 끝난 후에는 대단원 활동에 필요한 총차시를 정하고 재구성을 반영한 교수·학습 과정안을 작성한다. 고등학교 『국어 I』(문영진 외, 창비, 2014)의 한 단원을 예로 들어 교과서를 분석하고 재구성 설계를 하는 과정을 제시하고자 한다.

(1) '대단원 길잡이' 재구성 설계하기

① 교과서 분석

● 대단원명

1. 개성적인 삶, 효과적인 표현

[1] 선물/'나'를 지키는 집

[2] 그 섬에 사람이 있었다

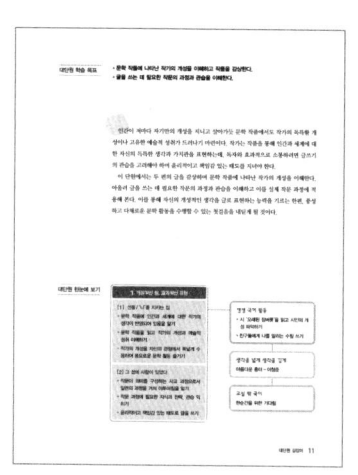

● 대단원 학습 목표

－문학 작품에 나타난 작가의 개성을 이해하
　고 작품을 감상한다.

－글을 쓰는 데 필요한 작문의 과정과 관습을 이해한다.

● 교과서 '대단원 생각 열기' 활동

다음 동영상을 보고 나만의 개성이 무엇인지, 그 개성을 어떤 방식으로 세상에 표현하고 싶은지 적어 보자.

이 대단원은 '문학 작품에 나타난 작가의 개성을 이해하고 작품을 감상한다.'와 '글을 쓰는 데 필요한 작문의 과정과 관습을 이해한다.'라는 교육과정의 성취 기준을 구현한 단원이다. '대단원 길잡이'는 대단원 학습을 시작하기 전에 대단원 학습 내용을 미리 확인하고 관련 내용을 환기하는 역할을 해야 하는데, 교과서에 제시된 '대단원 생각 열기' 활동은 학습자가 찾은 자기의 개성을 어떤 방식으로 표현할지를 쓰는 것에서 그치고 있다. 구체적으로 자기를 드러낼 수 있는 활동을 추가해 교과서 활동을 보완하고자 하였다. 이때 시도할 만한 방법이 전체 11종 국어 교과서 중에서 2~3권을 미리 선정하여 해당 대단원에서 활용 가능한 아이디어를 추출해 적용하는 것이다. 여러 출판사의 교과서를 엮는 재구성 방식도 얼마든지 가능하기 때문이다. 이러한 점을 감안하여 여러 활동을 구안해 보고, 실제 수업에서는 그중 적절한 것을 선택하여 적용하면 된다.

② 재구성을 위한 추가 활동 아이디어 예

재구성 활동 아이디어	비고
동영상을 참고로 자신의 개성을 찾고, ○○○으로 표현해 보자.	'○○○'에 해당하는 표현 방식은 추후 구안하기
'나는 ( )이다.' 형식을 활용해 '나'를 표현하는 카피 문구를 만들고, 그 이유를 발표해 보자.	다양한 명함 문구 및 디자인을 소개하는 인터넷 게시글 안내하기 ☞ 인터넷 검색
자신을 빗댈 수 있는 사물을 염두에 두고 자신을 드러내는 글을 써 보자.	미리 과제를 제시하고 누리집에 글을 올리게 한 후 친구 한 명을 지명하여 그 글에 댓글을 달게 하기. 활동 순서는 '과제 수행 → 누리집 탑재 → 댓글 달기'

(2) 첫 번째 소단원 재구성 설계하기

① 교과서 분석

● 소단원명

[1] 선물/'나'를 지키는 집

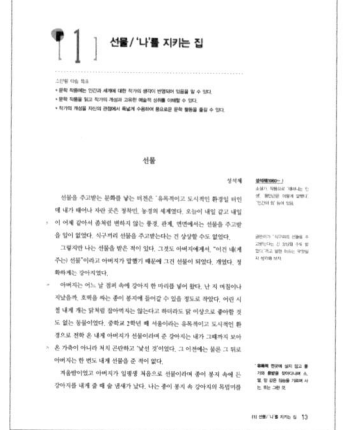

● 소단원 학습 목표

－문학 작품에는 인간과 세계에 대한 작가의
생각이 반영되어 있음을 알 수 있다.

－문학 작품을 읽고 작가의 개성과 고유한
예술적 성취를 이해할 수 있다.

－작가의 개성을 자신의 관점에서 폭넓게 수용하여 풍요로운 문학 활동을 즐길 수
있다.

● 바탕글

－성석제, 「선물」

－정약용, 「'나'를 지키는 집」

● 교과서 학습 활동

1. 「선물」과 「'나'를 지키는 집」의 내용을 파악해 보자.

2. 두 글에 나타나는 글쓴이의 개성을 파악해 보자.

3. 두 글의 표현 방식에 나타나는 글쓴이의 개성을 파악해 보자.

4. 두 글을 읽으며 글쓴이나 작품에 대해 인상 깊게 느낀 점을 댓글로 달아 보자.

5. [보기]의 항목을 참고하여 (가), (나)와 관련된 내 경험담을 적어 보자. 그리고 친
구들과 그에 얽힌 사연을 나누어 보자.

이 소단원의 경우 바탕글로 두 편의 글이 제시되어 있다. 하지만 소단원 학습 목표 중 하나인 작가의 개성과 예술적인 아름다움을 발견하기는 쉽지 않은 글이다. 그렇기 때문에 각 글에 드러난 작가 특유의 개성이나 문체를 찾기 위한 분석을 하기보다는 이를 통해 '자신의 소중함'을 깨닫는 활동을 하고, 짝과 친밀한 관계를 갖도록 유도하고자 하였다. 재구성 단계에서 유념할 점은 '학습 활동의 양과 질'에 대한 이해이다. 이 소단원의 경우 제시된 학습 활동을 한 시간에 모두 소화하기는 어렵다. 더구나 바탕글 분석 중심의 학습 활동이기 때문에 학생들에게는 상당히 버겁다. 이 점을 감안하여 미리 과제로 해결하도록 안내하고, 수업 중에는 활동의 단계를 유기적으로 연결하여 수업의 역동성을 강조하는 것이 필요하다. 또한 재구성 활동 중 과제로 제시할 내용이 있다면 학생들에게 미리 과제를 하게 해야 수업이 원활하게 진행된다는 점을 염두에 둔다.

② 재구성을 위한 추가 활동 아이디어 예

재구성 활동 아이디어	비고
「선물」에서 가장 의미 있다고 여기는 구절을 찾아 적고, 선물에 관련된 자신의 경험과 그로 인해 느꼈던 점을 써 보자.	과제로 내 주어 누리집에 글을 미리 탑재하게 하기
「나」를 지키는 집」에서 기억에 남는 문장을 찾아 그 이유와 함께 써 보자.	
「선물」은 글쓴이가 잡지에 발표한 글 「그해 겨울, '선물'의 울음소리」를 책으로 엮는 과정에서 손질한 것이다. 「선물」과 처음 발표된 글의 내용을 비교해 보자.	잡지에 발표된 글을 볼 수 있는 웹 페이지 주소 안내하기 ☞ 인터넷 검색
「선물」이 실린 산문집을 소개하는 글 「글로써 교정되고 밑줄 그어지는 우리의 삶」을 읽어 보자.	참고 글을 볼 수 있는 웹 페이지 주소 안내하기 ☞ 인터넷 검색
다음 활동을 유기적으로 수행해 보자. 1) 두 학생(두 모둠)을 지명하여 재미나게 두 편의 글을 구연해 보자. 2) 각 글에서 읽을 수 있는 가치(주제)를 말해 보자. 3) 각 글의 표현 방식에 나타나는 글쓴이의 개성을 파악해 보자. 4) 가장 기억에 남는 선물을 써 보고 친구들과 나누어 보자.	-두 편의 글과 교과서의 학습 활동을 엮어 한 차시의 수업 흐름을 넷으로 나누기 -발표 내용은 수업 전에 준비하게 하고, 수업 중에는 활동이 유기적으로 이루어지도록 안내하기

(3) 두 번째 소단원 재구성 설계하기

① 교과서 분석

● 소단원명

[2] 그 섬에 사람이 있었다

● 소단원 학습 목표

–작문이 의미를 구성하는 사고 과정으로
　서 일련의 과정을 거쳐 이루어짐을 알 수
　있다.

–작문 과정에 필요한 지식과 전략, 관습을
　익힐 수 있다.

–윤리적이고 책임감 있는 태도로 글을 쓸 수 있다.

● 바탕글

남종영, 「그 섬에 사람이 있었다」

● 교과서 학습 활동

1. 글쓴이가 기사를 쓴 과정을 정리해 보자.

2. 글쓴이가 자신이 전하려는 의미를 적절히 구성하여 글을 썼는지 확인해 보자.

3. 다음 활동을 통해 글을 쓸 때 필요한 형식적 관습과 윤리적 태도에 대해 알아보자.

4. 이 글의 다음 문장과 관련한 내 주변의 이야기를 글감으로 삼아 글을 쓸 계획을
　세워 보자.

　이 소단원을 학습할 때는 작문이 의미를 구성하는 사고 과정임을 인지하고 이
를 바탕으로 작문의 실제를 경험하는 것이 중요하다. 그렇기 때문에 작문 이론을

설명한다거나 제시된 글을 분석하기보다는 실제 신문 기사를 찾아보는 활동을 하고 이를 바탕으로 작문의 과정을 모둠원끼리 논의하는 시간을 갖는 안을 그려 보았다. 글을 쓸 때는 윤리적이고 책임감 있는 태도로 접근해야 함을 안내하는 것도 잊지 말아야 한다. 아울러 사회적 이슈가 되는 주제에 대해 자유롭게 검색하고 토의하는 시간을 주고, 이를 모둠 대표가 발표하는 동안 다른 모둠원이 핵심 내용을 학급 게시판에 탑재하는 방식의 활동도 가능할 것이다.

② 재구성을 위한 추가 활동 아이디어 예

재구성 활동 아이디어	비고
글쓴이가 작성한 기사 「뽕밭이 '콘크리트 숲'으로」 전문을 읽고, 다음 활동을 유기적으로 수행해 보자. 1) 모둠원끼리 기사로 쓰고자 하는 주제(기삿거리)를 토의를 통해 선정해 보자. 2) 선정된 주제를 바탕으로 작문 과정에 따라 활동지의 빈칸에 알맞은 내용을 써 보자. 3) 완성된 개요를 발표해 보자. 그 후 모둠에서 글감을 정하고 그에 따른 주제(주장)와 논거를 써 보자.	−신문 기사를 볼 수 있는 웹 페이지 안내하기 ☞ 인터넷 검색 −미리 작문 과정을 활용한 활동지를 나누어 주고 순서에 맞게 내용을 채우도록 안내하기 −수업 시간에는 개요 발표까지만 진행하고 이후 글쓰기는 과제로 함(다음 차시에 발표 후 퇴고).

(4) '생생 국어 활동' 재구성 설계하기

① 교과서 분석

● 활동 제재

함민복, 「오래된 잠버릇」

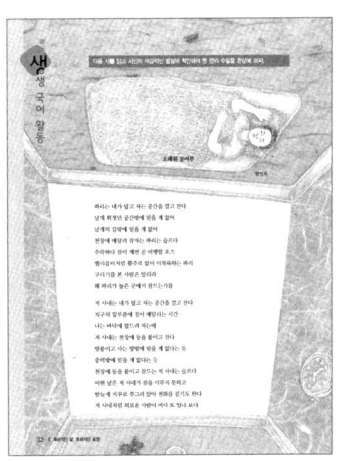

● 교과서 학습 활동

1. 이 시의 내용을 파악하고, 시인이 어떤 개성을 지닌 사람일지 생각해 보자.

2. 시에 등장하는 '사내'가 '파리'의 시각에서 자신을 돌아본 것처럼, 나 자신을 돌아보며 친구들에게 나를 알릴 수 있는 수필을 솔직하게 써 보자.

11종 국어 교과서마다 대단원 구성 방식이 다르다. 그렇기 때문에 사전에 대단원 구성상의 특징을 이해하여 재구성할 부분이 지닌 편집 의도를 십분 활용할 수 있는 전략을 짜야 한다. 즉 '생생 국어 활동'과 같은 부분은 소단원 활동과 차별화할 필요가 있는 것이다. 이런 맥락에서 해당 부분은 시인의 다양한 작품을 살펴보기 위해 인터넷 검색을 하고, 모둠별로 작품 한 편을 선정하여 분석한 후 느낀 점을 바탕으로 운문을 산문으로 바꾸어 보는 활동을 계획하였다. 결과물은 학급 게시판에 탑재하고 다음 차시에 발표할 수 있도록 준비하였다.

② 재구성을 위한 추가 활동 아이디어 예

재구성 활동 아이디어	비고
「오래된 잠버릇」의 낭송을 들어 보자.	시 낭송 파일 준비하기
시집 「모든 경계에는 꽃이 핀다」를 다룬 글을 읽어 보자.	시집의 내용을 깊이 있게 다루고 있는 글이 게시된 웹 페이지 안내하기 ☞ 인터넷 검색
이 시의 심화 자료(감상, 평론 등)를 읽어 보자.	심화 자료가 게시된 웹 페이지 안내하기 ☞ 인터넷 검색
함민복의 다른 시를 더 읽어 보자.	「긍정적인 밥」과 「눈물은 왜 짠가」 등이 게시된 웹 페이지 안내하기 ☞ 인터넷 검색
다음 활동을 유기적으로 수행해 보자. 1) 각 모둠에서 검색하고자 하는 작가를 선정해 보자. 2) 검색을 통해 한 편의 작품을 선정하고 분석해 보자. 3) 선정된 작품(운문)을 산문으로 바꿀 수 있도록 구성해 보자.	−작가 선택은 모둠별 한 사람으로 한정할 수도 있고 자유롭게 정하게 할 수도 있음. −선정된 작품을 분석한 후 산문으로 바꾸는 것은 한 시간으로 불가능함. 과제로 안내하기

(5) '대단원 마무리' 및 부록 코너 재구성 설계하기

① 교과서 분석

교과서에서 가장 소홀히 다루기 쉬운 부분이 '대단원 마무리'이다. 특히 '더 읽어 보기'나 '마무리 활동' 같은 코너는 제재에 대한 학습 활동이 없기 때문에 수업을 이끌기 쉽지 않다. 하지만 반대로 교사가 훨씬 자유롭게 재구성을 할 수 있는 부분이다. 아예 제재를 통째로 바꾼다거나 한 시간의 활동을 특화해서 진행할 수 있기 때문이다. 경우에 따라서는 이전 시간과 대단원 마무리를 짝지어 미리 과제로 제시한 것을 확인(과제 발표, 공유)하는 시간으로 사용할 수도 있다. 예를 들어 앞 시간에 수행한 '운문을 산문으로 바꾸기' 과제를 발표하는 시간으로 운영할 수도 있다.

해당 단원의 '대단원 마무리'에는 '어휘력 키우기', '배운 내용 확인하기', '스스로 점검하기'가 제시되어 있다. '생각을 넓게 생각을 깊게'에는 이청준의 수필 「아름다운 흉터」가, '교실 밖 국어'에는 시인 강은교와 소설가 성석제를 인터뷰한 내용이 별도의 활동 없이 수록되어 있다. 이 부분에서도 단원 학습 목표와 관련해 몇 가지 추가 활동 아이디어를 정리할 수 있다.

② 재구성을 위한 추가 활동 아이디어 예

재구성 활동 아이디어

● '대단원 마무리'
모둠원끼리 '어휘력 키우기', '배운 내용 확인하기', '스스로 점검하기'를 자기 주도적으로 해결해 보자. (10분 제공)

● '생각을 넓게 생각을 깊게'
1. 나에게는 어떤 아름다운 흉터가 있으며, 그것이 나에게 주는 의미는 무엇인지 말해 보자.
2. 흉터에 대한 글쓴이의 생각이 변화하게 된 계기는 무엇인지 써 보자.
3. 흉터를 거울로 삼는다는 의미가 무엇인지 써 보자.

● '교실 밖 국어'
1. 「한순간을 위한 기다림」을 읽고 핵심적인 의미를 한 문장으로 써 보자.
2. 두 작가의 개성이 무엇인지 알 수 있는 자료를 인터넷으로 검색하고, 그 결과를 발표해 보자.

---

2) 재구성 디자인

교과서 분석과 추가 활동 아이디어 메모(설계)가 끝났다면 이를 바탕으로 다양한 형태의 수업안을 작성한다. 재구성 방식은 다양할 수 있다. 설계(교과서 분석)한 것을 바탕으로 교과서 내용이나 순서에 따라가는 방식이 가장 일반적이다. 크게 무리가 없기 때문이다. 하지만 한 단계 더 나아가 재구성에 대한 적극적인 의지를 가진 교사는 대단원의 틀을 완전히 바꾸어 새롭게 구성하는 것도 가능하다. 이 역시 교육과정을 염두에 두고, 바탕글을 통해 학습하고자 하는 학습 목표에 충실해야 하는 것이 전제이다.

'활동 중심 재구성안'은 대단원을 관통하는 주요 학습을 위해 우선 '대단원 수행 과제'로 학습 방향을 이해시키고(1차시), 이어 교과서의 바탕글과 학습 활동을 듣기·말하기·읽기·쓰기의 영역으로 나누어 명실상부 완전히 새로운 형태의 활동(토론) 중심 수업으로 이끌어 가는 안이다. 이는 한 명의 교사가 해당 학년을 전담하여 수업을 하는 경우에 적용 가능하다. 이때 서술형·논술형 평가 문항을 미리 개발해 두어야 한다. 수업 중에는 형성 평가로 변형해 활용할 수 있고, 이를 기초로 내신 시험 출제 역시 가능하기 때문이다. 평가 문항을 미리 개발하길 바라는 것은 수업과 평가는 동전의 양면임을 강조하기 위해서이다. 수업 따로 평가 따로는 지양해야 한다.

'차시별 재구성안'은 대단원을 소단원 순서에 따라 순차적으로 접근하는 방식이다. 교과서 분석을 통해 얻은 구상과 활동 아이디어를 묶어 차시별로 펼쳐 놓고 진행한다. 교과서를 바탕에 두고 재구성을 하기 때문에 활동 중심 재구성보다는 변화의 폭이 작다. 한 교과서를 여러 명의 교사가 함께 가르칠 경우에는 이러한 재구성이 바람직할 것이다. 역시 이 경우에도 미리 서술형·논술형 평가 문항을 개발하여 수업에 활용해야 하며 평가 문항 작성 역시 재구성 과정에 포함되어야 한다.

(1) 활동 중심 재구성안

활동 중심 재구성 디자인은 교과서 활동에 '특별 활동'을 추가하는 수업 형태이다. 이때 '특별 활동'은 대단원 차시 안에서 해결할 수 있어야 한다. 이를 위해 미리 과제를 제시하거나 관련 내용을 조사하도록 안내해야 한다. 이 재구성안은 크게 세 영역으로 나누어진다. 먼저 '대단원 수행 과제'는 대단원의 전반적인 학습 방향을 안내하는 역할을 한다. '자기 주도적 과제'는 각 소단원의 바탕글과 학습 활동을 '헤쳐' 새롭게 '모은' 방식의 재구성이다. 교사의 학습 의도에 따라 교과서는 철저하게 참고 자료가 되는 것이다. 교과서는 완전식품이 아니며 교사의 의도와 학생의 수준에 따라 얼마든지 새롭게 가공 가능한 자료에 불과하다는 인식을 가져야 한다. '서술형·논술형 평가'를 재구성 디자인 과정에서 함께 고려하는 이유는 앞서 언급한 것처럼 평가가 수업의 과정(연속)이기 때문이다. 평가는 시험 문제일 뿐이라는 인식에서 벗어나야 한다. 서술형·논술형 평가를 통해 수업 속에서 수행 과정을 중시하는 평가를 하는 것이 중요하다.

① 대단원 수행 과제

구분	활동 내용
교과서 활동	동영상을 보고 나만의 개성이 무엇인지, 그 개성을 어떤 방식으로 세상에 표현하고 싶은지 써 보자.
재구성 과제	나에게는 어떤 '흉터'나 '상처'가 있는지, 그것이 나에게 주는 의미는 무엇인지 생각하며 글을 써 보자. (1,000자 내외, 물리적인 상처 외에 정신적으로 받았던 상처도 가능함.)
재구성 활동	카피 문구 만들어 제시하고, 그 이유를 발표해 보자. (명함 만들기, 활동지를 사전에 준비하여 제공) －나는 ( )이다.

② 자기 주도적 과제

영역	활동 내용
읽기·쓰기	이 단원에 소개된 작가 다섯 사람(성석제, 정약용, 함민복, 강은교, 이청준)의 개성과 특징을 조사하여 학급 누리집에 탑재해 보자.
말하기	1. '선물'에 대한 자신의 경험을 드러낸 글을 써 보자. 바탕글에 제시된 의미 있는 어휘를 반영해 글을 쓴 후 탑재하고, 이를 발표해 보자. 2. 자신의 '과거, 현재, 미래'를 엮어 재미나게 스토리텔링해 보자.
쓰기	1. 함민복의 시 「오래된 잠버릇」을 읽고, 자신의 잠버릇을 수필로 써 보자. 2. '나는 ( )이다.' 카피 문구를 제목으로 제시하고, 그 이유를 써 보자.
말하기·듣기	모둠 친구들이 탑재한 '상처'에 관한 글을 읽고, 글쓴이의 성격에 대해 토론해 보자. 1) 탑재한 글을 출력해 토론을 하고 글쓴이의 성격, 문체의 특징을 답글로 올려 보자. 2) 모둠원끼리 기사를 작성하고, 이를 누리집에 탑재해 보자.

③ 서술형·논술형 평가

서술형·논술형 평가 계획은 재구성안 작성 시 미리 마련해 둔다. 실제 예는 '(3) 서술형·논술형 평가' 부분에서 제시하였다. 단, 차시별 재구성의 경우에는 형성 평가 문항을 배치하여 수업과 평가가 연계될 수 있게 해야 한다.

(2) 차시별 재구성안

　교과서 분석 후 재구성한 내용을 매 차시마다 반영하여 차시별 수업안을 설계한다. 수업은 가급적 학생들의 경험을 되살릴 수 있는 토의·토론 활동을 중심에 두고 구안한다. 이해 활동보다는 탐구 활동, 표현 활동에 주력하고 모둠 활동을 강화한다. 또한 바탕글 분석과 학습 활동 비중을 최소화하여 학생이 수업의 주체가 되게 한다.

차시	활동 내용
1차시	• 학습 목표: 다섯 작가(성석제, 정약용, 함민복, 강은교, 이청준) 탐색하기 1. 유명 연예인(개그맨)의 개성(특징)을 말해 보자. (모둠별 자유 토의 후 발표) 2. 모둠에서 조사한 작가(5명)에 대해 1명씩 발표한다. (다섯 모둠) 3. 모둠 협의를 통해 대단원 수행 과제를 고루 분배한다. (탑재 및 발표 시기 조절)
2차시	• 학습 목표: 글에는 작가의 인생관이 반영됨을 알기 1. 「선물」, 「'나'를 지키는 집」의 학습 활동을 확인한다. (과제 확인) 2. 「선물」, 「'나'를 지키는 집」에 제시된 의미 있는 어휘(문장)를 찾아보자. (모둠 활동) 3. 두 편의 글을 재미난 이야기로 말해 보자. (두 모둠, 가산점 부여) 4. 「선물」에 대한 자신의 경험을 발표해 보자. (미리 과제를 수행한 모둠원이 발표)
3차시	• 학습 목표: 작문 과정 익히기 1. 「그 섬에 사람이 있었다」의 학습 활동을 모둠원끼리 확인한다. (국어 도우미 확인) 2. 교과서 '학습 활동 1'을 함께 확인한다. 3. 자신의 '과거-현재-미래'를 재미나게 스토리텔링해 보자. (미리 과제 제시)
4차시	• 학습 목표: 개성적인 삶, 개성적인 표현 1. 「오래된 잠버릇」의 학습 활동을 모둠원 중 한 명과 함께 해결한다. 2. 자신의 잠버릇에 대한 수필을 발표해 보자. (미리 과제 제시)
5차시	• 학습 목표: 작가의 개성 파악하기 1. 교과서 '대단원 마무리' 활동을 모둠원의 도움을 받아 스스로 해결한다. 2. 대단원 모둠 수행 과제로 '상처'에 관한 글을 발표한다. (모둠 모두) 3. 발표한 글을 바탕으로 모둠에서 우수작을 선정한다. (수행 평가에 반영)
6차시	• 학습 목표: 작문의 과정을 설명하고 기사문을 발표하기 모둠 토의를 통해 기사를 작성하고 관련 기관 누리집에 탑재한다. (자기 주도적 모둠 활동) *1~5차시 동안 지속적으로 활동 수행 과정을 점검하고 독려한다. 즉 기사 주제 정하기, 관련 자료 모으기, 윤독(정리), 개요 작성, 퇴고 등의 과정을 거쳐 6차시 수업 전까지 해당 글이 탑재될 수 있도록 안내한다. 대단원 수업 중 1회 이상 모든 모둠원이 과제 수행의 주체가 되도록 사전에 협의하고 지정한다.

(3) 서술형·논술형 평가

평가는 단지 지식을 확인하는 차원의 통과 의례가 아니다. 이 점을 감안해 '삶'의 문제를 '앎'으로 접근한 평가가 이루어져야 한다. 수행 평가 방식이 선호되어야 하는 이유이다. 교사는 다양한 신문의 기사, 인터넷 자료, EBS 평가 문항 등을 수합하는 일에 소홀해서는 안 되며, 특히 학생들이 자신의 평가 수행 과정을 수업 속에서 확인할 수 있도록 안내를 잘 해 주어야 한다.

평가 문제는 객관식(형성 평가) 문항도 준비해 두어 수업 중에 활용하고, 이를 심화하여 내신 시험에 변형 출제할 수 있어야 한다.

평가 문항 예

● 서술형 평가와 논술형 평가

> 명절에 공무원들에게 준 선물 세트 등도 포괄적 뇌물에 해당된다는 법원 판결이 나왔다.
> 창원지법 형사 1단독 이원 부장 판사는 10일 경남 지역 초·중·고등학교에 축산물 식자재를 납품하면서 교장 등에 금품을 뿌린 혐의(뇌물 공여 등)로 기소된 육류 가공 판매 업체 대표 김 모(46)씨에게 징역 1년에 집행 유예 2년, 사회봉사 200시간을 선고했다.
> 김 씨는 재판 과정에서 "의례적인 명절 선물, 식사비를 건넨 것에 불과하며 상대방의 접대에 대한 답례의 의미도 있었다."라고 학교장들과의 개인적인 친분을 내세우며 대가성을 부인했다. 그러나 이 부장 판사는 "김 씨가 식자재 납품권을 쥐고 있는 학교장 등과 호의적 관계를 만들기 위해 금품을 전달했고, 학교장 등도 이러한 사정을 알고 있었다."며 오고 간 금품을 직무와 대가 관계가 있는 포괄적 의미의 뇌물로 판단했다.
> ─「명절 선물도 포괄적 뇌물 해당」, 『연합 뉴스』 2012년 8월 10일 자 기사.

─[서술형 평가] 위 글에서 알 수 있는 '선물'과 '뇌물'의 가장 큰 차이점을 써 보자.

(10자 이내)

─[논술형 평가] 위 글을 읽고 해당 사건 판결문의 요지를 작성해 보자. (200자 내외)

● 형성 평가

1. 동일한 대상을 다룬 작품도 주제 면에서 차이가 나는 이유는?

　① 소재　　② 구성　　③ 표현 능력　　④ 창작 의도　　⑤ 작가의 개성

2. 누리집에서 자기를 소개할 때 글에 비해 사진이 지닌 장점으로 적절한 것은?

① 사고력을 키워 준다.   ② 정보를 추상화할 수 있다.

③ 의미를 시각화할 수 있다.   ④ 비유적으로 표현할 수 있다.

⑤ 연속 화면을 통해 현장감을 높인다.

3. 작가가 생각하는 흉터의 의미로 적절하지 <u>않은</u> 것은?

① 어려웠던 시절의 삶의 기록   ② 자신을 되돌아보게 하는 매개체

③ 긍정의 힘을 갖게 하는 원동력   ④ 진정한 삶의 가치를 깨닫게 하는 계기

⑤ 자신의 삶에 대한 경의를 표할 수 있는 근거

4──교과서 재구성을 위한 제언

재구성은 움직이는 교과서이다. 움직이는 교과서를 통해 교사는 재탄생된다. 교사는 교과서를 재구성했을 때 비로소 거듭날 수 있다. 이를 위한 몇 가지 제언을 덧붙인다.

(1) 재구성은 '버림'에서 출발한다

마땅히 오늘에 되살려도 하등 문제될 것이 없는 지식이나 활동을 제외하고는 가급적 버리는 마음이 앞장서야 한다. 그간 쌓아 온 자료를 재활용하고 싶은 유혹에 빠지기 쉽기 때문이다. 경험을 보호 장비 삼아 자료 활용의 유효 기간을 연장하는 나태함을 막기 위해서는 '버림'에서 출발해야 한다. 이렇듯 재구성은 빈자리에 새로운 것을 채우려는 마음이어야 가능하다. 마음을 비운다는 것은 초심으로 돌아간다는 의미이다. 수업은 추억을 되살리는 자리가 아니다. 귀한 손님을 맞이하기 위해 집안을 청소하는 마음이 곧 재구성이 시작되는 시점이다.

(2) 재구성은 '맞이하는 마음'이다

새 책을 펼쳐 들고 공부를 다짐하던 신학기의 마음을 1년 동안 이어 가는 힘은 내 것인지 여부에 있다. 학생들에게 가르쳐 줄 나만의 것이라는 의미는 물론이거니와 학생들을 내 안의 것으로 맞이하겠다는 진정성이 있어야 한다는 말이다. 어느 여행지에서 본 아름다운 풍경은 내 것이 아니다. 그렇기에 사진 속에 담아 추억으로 간직할 뿐이다. 손수 지은 집만이 내 이름을 단 내 집일 수 있듯이 재구성은 자신이 소중하다는 것을 알고 자존감을 세우는 일이다.

(3) 재구성은 '아끼는 마음'이다

'버림'이 의미 있는 자료를 만들기 위한 출발 전 활동이라면 '아끼는 마음'은 혼신을 다해 만든 자료를 귀히 다루는 마음이다. 자신이 만든 수많은 자료가 일회용으로만 쓰인다면 아까운 일이다. 정기적으로 엔진 오일을 교체한다거나 부동액을 점검하는 일이 자가용을 소중히 다루는 일이듯 수업도 마찬가지이다. 수업도 다양한 내용으로 적절한 전략을 구사하여 학습 목표라는 목적지를 향해 달리는 운전이라고 할 수 있다. 이를 위해 수많은 수업 자료를 쓰기 편하도록 편집해 놓거나 수준에 맞게 분류해 놓는 것 등이 모두 자료를 아끼는 마음이다. 그래야만 목적지까지 안전하게 갈 수 있는 이치와 같다. 자료를 아무 데나 던져 놓고서는 필요할 때 우왕좌왕하면서 뒤지지 말자는 것이다.

(4) 재구성은 '희망'을 이야기하는 것이다

가르치고 싶은 교사의 마음과 배우고 싶은 학생의 마음이 만났을 때 교실에 '희망'이 자리한다. 희망은 단시일에 도달할 수 있는 목표는 아니다. 최소 한 학기 이상 이어 갈 주제여야 하고 그렇기에 수준과 과정이 유기적이어야 한다. 희망이 바람직한 결과를 낳기 위해 가장 필요한 것은 '멈추지 않음'이다. 멈추지 않으려면 지속할 것이 있어야 하는데, 그것이 바로 자신의 에너지를 쏟아부은 재구성 아니겠는가. 날마다 외식일 수 없듯 매시간 다른 이의 수업(자료)을 빌려다(복사) 쓰는 것은 부끄러운 일이다. 희망은 도움을 받아 생기는 것이 아니라 스스로 만들어 가는 것임을 잊지 말아야 한다.

(5) 재구성은 '즐기기' 위함이다

부름을 받고 산다면 행복한 일이다. 준비를 해 두면 누군가, 어디선가 '필요한 사람'으로 부르기 마련이다. 기회라 칭하는 것 역시 준비해 두었기 때문에 오는 것 아니겠는가. 운으로 다가왔을지라도 응할 내용이 마련되지 않았다면 도루묵이다. 일에 매였느냐, 아니면 끌고 갔느냐의 차이는 작업 시간이 아니라 몰입을 경험했는지 여부에 달려 있다. 그것이 '워크홀릭'과 '워크러버'를 결정한다. 재미없는 수업의 반복은 탈진일 뿐이다. 수업 시작종과 끝 종이 천당인가, 지옥인가! 즐기기 위해 재구성을 하자.

(6) 재구성의 시작과 끝은 '교수·학습 과정안'이다

모든 교사가 교육과정이나 교과서를 개발하는 것은 아니다. 아니, 할 필요가 없다. 교사의 절대다수는 교과서를 '가지고' 수업만 하면 된다. 그렇다면 누가 더 자유롭고, 더 창의적이고, 더 부담이 없을까. 당연히 교실 수업 교사가 아니겠는가. 교육과정이나 이에 근거해 만든 교과서가 규격화된 아파트라면 재구성은 단독 주택이다. 얼마든지 제 구미에 맞게 디자인할 수 있으니 훨씬 다양한 형태로 수업을 이끌 수 있지 않겠는가. 여러 참고서를 펼쳐 놓고 짜깁기하는 식의 해설을 덧붙이는 수업 준비가 아니라 처음부터 새롭게 집을 짓는다고 생각하면 행복 아닌가. 올해 지은 집에 다소 문제가 보인다면 내년에 다시금 지을 수 있으니 얼마나 멋진 삶인가.

(7) 재구성은 '내 것'을 갖는 일이다

남의 것은 절대 내 것이 될 수 없다. 부족한 내 것으로도 네 것보다 훨씬 더 수업을 주체적으로 이끌 수 있다. 그 '내 것', '네 것'이 학습 내용에 국한되는 것은 아니다. 하나같이 교수·학습 전략에 관한 것들이어야 한다. '네 것'은 개발자가 사용하고 남은 자료를 웹상에 올려놓은 결과물일 뿐이다. 그러한 결과물만을 놓고 유의미한 정도를 판단하는 것은 쉽지 않다. 왜냐하면 결과물을 만들게 된 원인이나 과정에는 해당 교사의 개인적 사고 수준, 경력과 능력, 학교 단위의 환경이 입체적으로 반영되기 때문이다.

(8) 재구성은 '시간과 관계를 맺는' 일이다

금요일이면 반드시 '교사 교육과정'이라 할 수 있는 다음 주 '나만의 일주일 시간표'를 작성해야 한다. 준비할 것이 있다는 것은 기분 좋은 일이다. 그것은 '미리 숙제를 줄걸', '사전에 이것을 먼저 할걸', '다음번에는 이것을 해야겠군', '몇 반은 수업이 안 되겠군', '학교 행사가 이때쯤 있겠군', '수업 진도가 늦겠군' 등의 점검을 하는 것에서부터 시작된다. 중요한 것을 빠뜨리지 않으려는 체크 리스트이기도 하다. 교사의 삶은 진도와 무관할 수 없다. 한 주를 기점으로 반복에 반복을 거듭하지만 그 안에서 변화를 예측하고 미리 준비할 것을 확인해 두어야 한다. 재구성은 이렇듯 시간과의 싸움이다.

(9) 재구성은 '녹화 방송'이다

교육은 수업 시간에 이루어진다. 하지만 교육의 질은 수업 시간에 결정되는 것이 아니라 수업 준비에 의해서 판가름이 난다. 재구성은 문서로 자리하는 요식 행위가 아니다. 드라마의 녹화 필름과 같다. 매일같이 시청하는 드라마가 마치 중계 방송하듯 생방송으로 이루어진다면 어떻겠는가. 물론 시청자야 문제될 것이 없으나 배우나 스텝은 어떻겠는가. 이런 경우를 생각해 보면, 수업 역시 미리 녹화를 해 두고 수업 시간에 방영한다는 마음으로 접근하는 것이 필요하다. 그래서 잘 재구성한 수업은 설명하거나 강의하는 것이 아니라, 녹화된 필름을 잘 편집하여 '보여 주는 것'이라 할 수 있다.

(10) 재구성은 '상호 작용성'을 높이는 것이다

배움은 학교에서는 교사와 학생, 사회에 나아가서는 직장 선후배 간의 상호 작용 속에서 이루어진다. 그런데 관점을 조금 달리하여 생각해 보자. 상호 작용의 범주를 동료 교사, 학생과 학부모 등 교육 공동체 간의 관계 외에 교사와 교과서, 교수 전략과 학습 내용, 온라인과 오프라인, 개념과 적용 등으로 넓히면 그것이 수업의 질을 결정하고 이끄는 가장 직접적인 요인이 된다. 알찬 상호 작용은 물리적 만남이 아니라 정신적 만남이다. 원석의 상태로 보여 주는 것이 아니라 가공을 하여 보석으로 만든 후 수업에서 '멋'을 내는 것은 여러 가지 요인과의 진정한 상호 작용이 이루어졌을 때 가능할 것이다.

(11) 재구성은 '디자인'하는 것이다

교사의 전문성을 논할 때, 교과 과정이 아니라 교육 경험을 디자인하라고 조언한다. 디자인이라는 용어를 쓴 이유는 재구성이 수업에 동원되는 내용(학습 요소, 주제, 목표)과 전략(교수법)을 연출하는 것이라고 생각하기 때문이다. 수업은 정태적인 교과서가 아니라 동태적인 활동이기 때문에 교사는 수업 환경을 입체적으로 구성해야 한다. 역동성을 제1의 목표로 삼아야 한다. 수업이 예술이 될 수 있다고 생각해 보자. 튼튼함을 첫째로 삼을 수도 없고 양으로 승부를 낼 수도 없다. 한 편의 드라마 같은 수업을 제대로 실현하지 못한다면 역시 능력 없는 것이 아닌가. 그러면서 학생들에게 "참고 인내하고 들어 줘!"라고 애걸할 것인가. 모든 것을 졸고 있는 학생들 탓으로만 돌릴 것인가 말이다.

수업은 분명 권력을 행사하는 행위이다. 그러나 결합 관계에 내재하는 자발적 성격을 지닌 '권위'를 포함하는 경우라면, 달리 말해 자발적으로 복종시키는 공식적 형태의 수업 능력이라거나, 학생의 행동을 자연스럽게 변화시키는 영향력이라면 얼마든지 이바지 가능한 권력으로의 탈바꿈이 가능하다. '교사의 힘'은 교과서에서 나오는 것이 아니라 재구성에서 비롯한다. 그렇기에 재구성은 능력의 문제가 아니라 의지의 문제이다. 재구성을 실천하겠다는 의지를 굳건히 하려면 조직(연구회)을 만들어야 한다. 그래야만 교직에 있는 동안 교과서에 얽매인 수업이 아니라 자기 주도적인 수업을 통해 가르치는 자유와 기쁨을 누릴 수 있다. '내 이름의 교과서'를 만들자. 재구성 수업을 하는 교사는 '움직이는 교과서'라 할 수 있다.

현대 시를 어떻게 가르칠 것인가

오연경

—교과서 정전과 '해석 없는 시 읽기'의 가능성

1——'교과서 시'라는 제도

'교과서에 실린'이라는 수식어는 우리나라에서 아직까지 상당한 권위를 보장해 주는 말이다. 어떤 종류의 텍스트가 교과서에 실렸다는 것은 굳이 영광이랄 것까지는 없더라도 공증된 지위를 부여받았다는 암묵적 의미를 지니게 된다. 교과서 수록 경력은 믿고 읽을 만하다는 신뢰를 넘어 널리 권장하여 읽힐 만하다는 높은 가치 평가를 함의하는 것이다. 그래서 교과서는 흔히 '정전(正典)의 집'이라 불리기도 한다. 하지만 최근 자신의 작품이 교과서에 실리는 것을 거부하고 나선 작가도 있듯이, 정전의 집은 달리 말해 '박제화'라는 부정적 의미를 지니기도 한다. 심지어는 아무리 재미있는 작품도 교과서에 실리면 재미가 없어진다는 말도 나온다. 물론 이 말에는 문학 교육에 대한 여러 가지 따가운 비판들이 함축되어 있다. 문학 교육의 대상으로 선정된 작품들의 편향성이 지적되기도 하고, 어떤 작품이든 그것을 읽고 가르치는 방법이 문제라는 비판이 제기되기도 한다. 이처럼 '교과서 시'는 수록된 작가와 작품뿐 아니라 그것을 읽고 가르치는 방법까지 정전화하는 하나의 제도라 할 수 있다.

교육은 특정한 목적을 지닌 가치 지향적 활동이며 문학 교육 또한 마찬가지이다. 해방 이후 우리나라 문학 교육은 국어과 교육과정 안에 포함되어 국어 교육의 하위 영역으로 다루어져 왔다. 그러므로 문학 교육의 목표 또한 국어 능력의 신장이라는 궁극적 목표 안에서 설정되고 조율된다. 문학 교육이 문학'에 대한' 교육이 아니라 문학'을 통한' 교육이 되어야 한다는 생각에는 문학을 지식 교과화해 온 지난 역사에 대한 반성도 깔려 있지만 우리의 특수한 교육 체제에 부응하고자 하는 의도도 들어 있다. 문학 교육에서 특정 작품을 교육 자료로 선정하고 조직하는 데에는 문학적 가치뿐만 아니라 교육적 가치에 대한 판단이 중요하게 작용한다. '교과서 시'라는 정전은 이 두 가치의 조화로운 합의를 이상적으로 제도화한 것으로 여겨진다. 즉 '교과서 시'는 국민 문학의 정체성과 문학사의 연속성을 확립하는 상상적 총체이자 문학적 국어 사용 능력을 신장시키기 위한 최적의 교육 자료로서의 지위를 지닌다. 그러나 제도적 이상화는 특정한 가치를 보편적인 것으로 절대화하는 이데올로기의 제도화일 수 있다. 이 글에서는 교과서 시의 선정 및 그것의 교수·학습 방법이라는 측면에서 현대 시 교육의 몇 가지 문제점을 짚어 보고자 한다.

2──우리가 배워야 할 모든 시는 교과서에 있다?

한국 근현대 문학사 백 년 동안 누적되어 온 다양한 문학 작품들 가운데 특정 작품들이 문학 교육의 제재로 선정되어 교과서에 수록된다. 주지하다시피 이 선정 과정에는 상당히 복잡하고 다단한 변인들이 개입된다. 이론적으로는 서로 상충되기도 하고 절충되기도 하는 다양한 문학 교육의 입장들이 존재하고, 제도적으로는 국가에서 고시하는 국어과 교육과정 및 교과서 개발 시스템이 작동하며, 실천적으로는 암묵적인 사회적 금기나 현실적인 편의성 등이 영향력을 행사한다. 이 중 가장 결정적인 것은 국가 수준의 교육과정이라 할 수 있다. 교육과정은 총론상으로는 국가 이데올로기와 교육 이념, 시대적 가치관 및 요구되는 인간상 등을 제시하고, 각론을 통해 국어과의 목표, 영역, 세부 내용 등을 명시한다. 국어과 교육과정에서 제시하는 '내용 체계'는 단원의 조직과 구성을 대략적으로 결정짓고, '세부 내용(성취 기준)'은 하위 단원에서 작품을 통해 도달해야 할 학습 목표를 제시하기에 교육과정은 사실상 작품 선정의 최우선 기준 역할을 하게 된다.

우리나라의 중등 교육은 해방 직후 교수 요목기(1946~1955)를 거쳐, 1955년 1차 교육과정을 시작으로 2009 개정 교육과정에 이르기까지 열 차례의 개편을 겪어 왔다. '현대 문학'이 고등학교 '국어 Ⅱ'에서 독립 영역으로 분리된 것은 4차 교육과정기에 들어서이며, 고전 문학과 현대 문학이 '문학'이라는 단일 과목으로 통합된 것은 5차 교육과정기부터이다. 이후 현재에 이르기까지 문학 교육은 국어 교과서의 하위 단원 혹은 고등학교 국어과의 선택 과목인 문학 교과서를 통해 이루어지고 있다. 2007 개정 교육과정 이후 문학 교과서뿐만 아니라 국어 교과서 개발까지 검정 체제로 전환되었으나, 교육과정은 여전히 검정 교과서로 '채택'되기 위해 엄수해야 할 검열 기제로 작동한다. 이처럼 교과서는 교육과정의 내용과 형식을 수렴하여 구현한 교육 자료로서, 교육장과 문학장의 논리를 반영·가공하여 정전을 재생산하는 도구로서 기능한다. 그러므로 현대 시 정전의 표면적 실체를 살펴볼 수 있는 것은 다름 아닌 교과서에 수록된 작품들의 목록이라 할 수 있다.

어떤 작품이 교과서에 선정되었다는 것은 그것이 다른 작품들과 구별되는 특성, 즉 대표성과 전형성을 지니고 있다는 의미가 된다. 즉 교과서에 실린 한 편의 시는 한국 시의 대표적 특성과 '시'라는 장르의 전형적 특성을 보여 주는 보편성을 지닌 것으로 여겨진다. 이와 같은 보편성 위에 세워진 작품은 거꾸로 보편성을 지속시키는 역할을 한다. 정전화된 작품은 다른 작품들의 상징적 질서를 규정하고 제한하는 하나의 규범으로 작동하기 때문이다. 그리하여 특정 작품이 교과서에서 빠지고 새로운 작품이 들어오는 변화가 있더라도, 하나의 보편성을 상정하는 상상적 총체로서의 정전은 계속해서 재생산된다. 그러나 정전의 보편성은 본질적으로 주어진 것이 아니다. 그것은 권력 집단의 지배 이데올로기나 문화적 헤게모니 투쟁을 통해 사후적으로 만들어진 것이다. 남북 분단 이후 반공 이데올로기에 의해 문학 작품을 검열하고 배제해 온 역사, 문학의 탈이념화를 위해 '순수 문학'을 본질화해 온 역사는 이러한 사실을 잘 보여 준다. 그러므로 교과서 시의 선정은 단순히 작품 자체의 내재적 가치에 대한 판단이 아니라 시대적 조건 및 문화적 선택과 전수의 역학 속에서 이루어지는 복잡한 메커니즘을 내포한다.

중등 교육을 통해 형성된 현대 시 정전은 범박하게 말해 순수시 계열과 민족시 계열의 두 축으로 이루어져 있다고 할 수 있다. 즉 시문학파에서 시작되어 생명파, 청록파 등이 중심을 이룬, 소위 문협정통파로 이어지는 순수시 계열이 하나의 중심축을 굳건히 형성한 가운데 한용운, 이육사, 윤동주 등의 민족시 계열이 또 다른 한 축을 담당하는 현대 시의 정전 체계가 확립되었고, 그것은 지금까지도 강력한 영향력을 행사한다. 이러한 국민 문학의 정체성을 확립하는 정전 목록이 집약된 것은 2차 교육과정기의 일이고, 여기에 신비평 이론이 결합하여 현대 시 교육의 탈이념화가 가속화된 것은 3·4차 교육과정기(1973~1981~1987)의 일이다. 이후 현대 시 목록은 몇 차례의 계기를 통해 양적 확대를 겪게 된다. 5차 교육과정기(1987~1992) 이후 해금 조치로 월북 작가들의 작품이 대거 수혈되었고, 사회적 분위기의 유연화와 역사주의의 도입에 힘입어 사회 비판적인 작품, 참여시 계열의 작품이 일부 수용되었다. 그리하여 순수시와 민족시 중심의 기존 정전 체계는 월북 작가들의 작품을 재배치하면서 더욱 공고해지는 한편, 1960년대 이후 사회 참여적 계열의 작가들, 예컨대 김수영, 신동엽, 김지하 등을 포괄하면서 확장된 주변부를 거느리게 된다.

그런데 이러한 현대 시 정전 체계의 실질적인 핵심부는 신비평적 관점 및 분석주의적 주해 방식이라 할 수 있다. 우리의 시 교육에서 신비평 이론은 단순히 시 읽기의 교수·학습 방법만이 아니라 텍스트를 하나의 유기적인 통일체로 바라보고 그에 대한 개념적 이해와 분석에 치중하게 하는 텍스트 중심주의로 작동해 왔다. 이러한 신비평적 접근 방식에 대한 비판이 끊임없이 제기되면서 6차 교육과정기(1992~2007)에 이르러 독자의 수용 측면을 강조하는 방향 전환이 이루어졌고, 7차 교육과정기(2007~2009)에 와서 학습자 중심주의의 본격적 실현을 모색하게 되었다. 이전까지의 문학 교육이 문학을 대상적 관점에서 바라봄으로써 작품의 '이해와 감상'에 초점을 두었다면, 7차 교육과정기에 와서는 문학의 '수용과 생산' 이라는 이원 구도가 문학 교육을 지배하게 된다. 이는 문학 교육의 패러다임이 텍스트 중심주의에서 독자 중심주의로 이동했음을 의미하며, 문학에 대한 개념적 이해가 아니라 문학 현상에 대한 실천적 참여를 강조하는 관점이 도입되기 시작했음을 보여 준다. 이와 더불어 문학사적 평가가 완료된 작품만을 교육의 대상으로 삼는다는 암묵적 금기가 깨지면서 살아 있는 작가의 최근 시들이나 청소년층의 창작 시까지 다양하게 교과서에 실릴 수 있게 되었다. 그리하여 작품 목록의 확장과 함께 시 읽기의 질적 다양화가 일정 정도 이루어졌다.

그러나 결코 과소평가할 수 없는 이러한 변화에도 불구하고 현대 시 선정 과정에는 일정한 선택과 배제의 기제가 지속적으로 작용해 왔다. 이때 선택과 배제의 양상은 반공 이데올로기 및 민족주의에 근거한 정치적 이념의 차원에서 전통 서정 시학에 근거한 미적 이념의 차원으로 서서히 이동해 온 것으로 보인다. 문제는 선택과 배제를 통해 '순수'를 '서정'으로, '민족'을 '민주 시민'으로 조율해 온 정전 체계가 현대 시의 새로운 변화 양상을 검열하고 관리하고 있다는 것이다. 교과서에 수록된 교육 정전은 끊임없이 창작되고 있는 현재 진행형의 문학 실천으로부터 새로운 자양분을 공급받으면서 재구성된다. 이때 재구성의 양상은 현재의 작품들이 만들어 낸 단절로부터 과거의 정전 체계가 새롭게 조율되는 방향이 아니라, 이미 완성된 정전 체계의 틀로 현재의 작품들을 억압하는 방향으로 이루어진다. 그러므로 '모든 시'의 대표 격을 자임하는 교과서 시는 사실상 특정한 가치 기준에 의해 선정된 '어떤 시들'의 집합체로서의 성격을 지닌다고 볼 수 있다.

3──정전의 안과 밖: 최근 시들의 교과서 수용 양상

현대 시 정전은 지배적 이데올로기를 전승함으로써 순응적 주체를 만들어 낼뿐 아니라 '시란 이런 것이어야 한다'는 개념과 비전을 유포함으로써 제한된 시적 경험의 주체를 만들어 낸다. 특히 후자의 효과는 검정 체제로 발행된 교과서들에 실린 최근 시들의 양상을 통해 살펴볼 수 있다. 2007 개정 교육과정부터 국어 교과서까지 검정 체제로 발행되기 시작했고, 이후 이 년 만에 교육과정이 또다시 개정되면서 단기간에 다양한 종의 국어과 교과서들이 쏟아져 나왔다. 따라서 검정 체제로의 전환 이후 현대 문학 정전은 상당한 혼란과 함께 그 가능성의 폭을 시험하는 기회를 얻었다고 할 수 있다. 검정 체제의 교과서들이 별다른 차별성 없이 교육과정에 충실한 채 비슷비슷하다는 비판에도 불구하고, 최근작들의 선정에서 정전 목록은 가장 큰 폭의 다양화를 보인다. 최근 작품들의 선정과 조직에는 특별한 어려움이 따르는데, 이는 아직 문학사적 가치가 입증되지 않았다는 미완의 평가 때문이기도 하고 끊임없이 창작되어 나오는 동시대 작품들의 양적 방대함 때문이기도 하다. 그러나 이는 현재 진행형의 문학사를 써 나간다는 문학적 의의와 동시대 작품에서 당대적 가치를 추출해 낸다는 교육적 의의를 지니는 일이기도 하다. 더구나 1980년대 이후의 시들이 교과서에 수록되는 양상은 학계 및 교육계에서 고수하고 있는 '정전으로서의 문학'과 문화 시장에서 소통되고 있는 '현상으로서의 문학' 사이의 간극을 살펴볼 수 있는 가장 첨예한 영역이라 할 수 있다.

먼저 순수시와 민족시의 전통이 '서정' 개념으로 계승되면서 서정시 중심의 정전 체계가 구성되는 경향을 살펴볼 수 있다. 교과서에 수록된 1970년대 시들이 대체로 민중주의적 서정시 계열이었다면, 1980년대 이후 시들은 민중주의와는 거리를 둔 자기 성찰적 서정시가 주류를 이루고 있다. 특히 주목할 만한 점은 1980~1990년대에 등단하여 현재 활발하게 활동하고 있는 시인들의 등장인데, 김선우(「단단한 고요」), 나희덕(「땅끝」, 「뿌리에게」), 문태준(「맨발」), 장석남(「배를 밀며」) 등이 그 예이다. 이들의 작품은 소단원 바탕글로 비중 있게 다루어지고 있으며, 수록 작품의 종류가 늘어나면서 서서히 대표작 목록을 형성해 가고 있다. 이들 시가 조명을 받게 된 것은 서정의 현대적 성취 및 학습자와의 정서적·경험적 평형성이라는 면에서 문학적·교육적 가치를 확보했기 때문으로 보인다. 그러나 서정시 중심의 정전 체계는 전통 시학으로 설명될 수 없는 '시적인 것'을 시의 범주 바깥으로 추방함으로써 현대 시사를 편향되고 협소하게 만든다는 문제가 있다.

둘째, 모더니즘 계열이나 실험적 경향의 작가군을 확충하면서도 그들의 개성적 성향과 성취를 드러내는 작품군은 배제하는 경향을 발견할 수 있다. 현재 교과서에 수록된 시인들의 목록을 보면 황지우, 이성복, 기형도, 오규원, 김혜순, 유하, 장정일, 최영미, 이장욱 등의 이름을 찾아볼 수 있지만, 수록된 작품들의 양상을 살펴보면 그 시인의 시 세계나 시적 개성을 잘 드러내는 작품이라기보다는 비교적 단정하고 서정적인 작품이거나 성취 기준 적합성에 따라 선정된 작품임을 알 수 있다. 황지우(「새들도 세상을 뜨는구나」, 「너를 기다리는 동안」, 「겨울-나무로부터 봄-나무에로」), 이성복(「서해」, 「서시」), 기형도(「엄마 걱정」, 「빈집」, 「홀린 사람」), 김혜순(「납작납작—박수근 화법을 위하여」), 유하(「자동문 앞에서」), 장정일(「라디오와 같이 사랑을 끄고 켤 수 있다면」), 최영미(「선운사」), 이장욱(「절규」) 등의 선정 작품에서 그러한 경향을 쉽게 읽어 낼 수 있다. 이는 현대 시의 새로운 분화 양상을 '서정'의 내용적 다양함으로 대체함으로써 포스트모던한 작품이나 탈서정적 작품을 배제하는 결과를 낳는다.

셋째, 시대 변화를 반영한 교육과정의 요구에 따라 특정 주제별로 정전군이 형성되는 경향을 보인다. 타인의 삶에 대한 이해와 우리 사회를 구성하는 다양한 공동체와의 소통이 강조되면서 다문화 문제, 환경 문제, 사회적 약자의 문제 등을 주제로 한 작품들이 수록되기 시작했다. 이에 따라 다문화 문제를 주제로 한 정전군으로는 꾸준히 이 주제에 천착해 오고 있던 하종오의 시들(「밴드와 막춤」, 「원어」, 「동승」, 「신분」)이 바탕글로 떠올랐고, 박후기(「불법 체류자들」), 신용목(「붉은 얼굴로 국수를 말다」), 조인선(「사과 한 알」) 등 잘 알려지지 않은 작가의 시가 교과서에 주제 관련성으로 호출되었다. 환경 문제를 주제로 한 정전군에는 이문재의 여러 시편들(「광화문, 겨울, 불꽃, 나무」, 「산성 눈 내리네」, 「기념식수」)과 그밖에 김기택(「바퀴벌레는 진화 중」), 박용하(「지구」), 정현종(「들판이 적막하다」) 등의 시가 수록되었다. 사회적 약자로서의 여성 문제를 주제로 한 정전군에는 문정희의 다양한 시들(「그 많던 여학생들은 어디로 갔는가」, 「작은 부엌 노래」, 「퇴근 시간」)과 고정희의 시(「우리 동네 구자명 씨」)가 대표 격을 이루고 있다. 다른 한편 변화된 문학 환경에 따라 매체 및 인접 예술과의 상호 텍스트성이 강조되면서 영상물이나 회화 또는 다른 시인의 시와 매개된 작품들이 주목을 받게 되었다. 이승하(「이 사진 앞에서」), 정일근(「흑백 사진—7월」), 고재종(「세한도」), 도종환(「세한도」), 송수권(「세한도」), 김혜순(「납작납작—박수근 화법을 위하여」), 신달자(「편지 2—이중섭 화가께」), 김선우(「감자 먹는 사람들」), 정진규(「감자 먹는 사람들」), 이장욱(「절규」), 김유선(「김광섭 시인에게」) 등의 작품이 그 예라 할 수 있다.

이러한 작품들은 대부분 1980년대 이후의 시들이지만, 이 작품들로 1980년대 이후 현대 시사의 흐름을 구성할 수 있는 것은 아니다. 작품을 선정하는 과정에서 교육과정의 세부 성취 기준을 충족시키기 위해 개별 작품의 시적 성취나 문학사적 가치보다는 주제 적합성이 우선적으로 고려되기 때문이다. 이처럼 소재주의적 관심이나 메시지 전달력에 대한 판단이 앞서기 때문에 교육과정에서 설정한 문제의식 바깥의 작품들은 배제되는 경향이 있다. 예컨대 1990년대 대중문화 장르를 발랄하게 차용한 시, 사이버 디지털 문명을 시적으로 변주한 시, 포스트모더니즘이나 세기말 의식을 노래한 시 등은 교과서에서 자리를 얻기가 힘들다.

마지막으로 교육적 고려에 의한 배제 현상을 살펴볼 수 있다. 사실 1980년대 이후 산업화·문명화·자본화에 대한 시적 대응은 자아와 세계의 관계를 분열이나 해체로 드러내면서 부정적·파괴적인 상상력과 함께 다양한 언어 형식의 실험을 보여 주었다. 이는 자아와 세계의 갈등 없는 합일을 지향하는 전통적 서정과는 다른 방향으로 뻗어 나간 줄기로, 근현대 시 문학사에서 일정한 계보를 지닌 것이다. 이러한 계열의 시들이 배제되는 현상에는 전통 서정이나 동일성의 시학에 근거한 미적 보수성이라고 간단히 몰아붙일 수 없는 복잡한 교육적 요소들이 개입되어 있다. 쉽게 떠올릴 수 있는 것이 성적 표현, 비속어, 비윤리적 규범 등 통상적 금기 사항들이다. 또한 부정적 상상력, 어둡고 우울한 정서, 자극적이고 거친 표현 등을 '비교육적'이라고 판단하는 보수성도 존재한다. 여기에는 중등 청소년들에게 밝고 미래 지향적인 세계관, 긍정적이고 건전한 정서를 심어 주어야 한다는 기본적인 교육관이 깔려 있다. 다음으로 학습자의 수용 능력, 즉 지적 발달 및 정서적 수준을 고려하여 작품을 선정해야 한다는 방법론적 판단이 존재한다. 그러나 작품의 난이도에 대한 판단은 사실 교수·학습상의 편의성과 맞물려 있다. 의미론적으로 정합적인 것, 해석과 평가가 용이한 것을 시 교육의 제재로 선호하는 경향이 있는 것이다. 이러한 몇 가지 교육적 고려들 때문에 두 계열의 작품군, 즉 부정적이고 파괴적인 상상력을 보이는 시나 언어를 의미론적으로 사용하지 않는 시는 배제되는 경향이 있다.

이처럼 교과서를 통한 정전화는 단순히 과거의 '위대한 전통'을 기념비화하는

데 그치는 것이 아니라 현재의 새로운 문학 실천을 제한하고 규정하는 규범으로도 작동한다. 특히 문학 교육이 통시적으로는 문학사의 연속성 및 전통의 계승을 지향하고 공시적으로는 사회 구성원의 통합 기능을 강조한다고 할 때, 현대 시의 정전화는 단수의 문학사와 단수의 공동체를 구성하기 위해 시의 개념과 형식을 특정한 방식으로 이론화해 온 과정이라 할 수 있다. 이는 이질적이고 다양한 요소들을 단일성과 균질성으로 통합함으로써 하나의 정전 체계를 확정하고, 공준된 정전을 경험하고 습득하게 하는 '문학적 사회화'의 기능을 수행한다. 그리하여 특정한 작품들을 선정·조직하여 구성한 정전 체계는 '시'에 대한 전통적 관념을 전승하고 재생산하는 데 기여한다. 이는 최근 현대 시의 새로운 양상이나 변화된 문학 현상의 수용을 어렵게 만들며, 현대 시 교육을 당대 문학 문화와 단절시키는 결과를 가져온다.

4———해석의 정전에서 독자의 반응으로

교과서는 특정 작품들을 선정·배제함으로써만이 아니라 단일 작품이 지닌 다양한 가능성을 효율적으로 관리, 가공, 조직함으로써 정전 체계를 확립한다. 따라서 작품의 목록과 조직뿐 아니라 작품의 교수·학습 방법 또한 정전 구성에서 중요한 문제가 된다. 위에서 살펴보았듯이 정전의 목록은 일정 정도 대체와 확장을 통해 다원화의 과정을 거쳐 왔다. 하지만 여전히 변하지 않는 것은 작품을 읽고 해석하는 방식의 단일화, 즉 하나의 작품에 하나의 정전적 해석이 고정되어 유통되는 구조라 할 수 있다. 이러한 단일화된 해석은 주로 텍스트를 자율적이고 유기적인 통일체로 바라보는 신비평적 독서법에 근거한 것이다. 신비평의 '꼼꼼히 읽기'는 텍스트의 언어 그 자체에 새겨져 있는 공적이고 객관적인 '의미(meaning)'를 전제하며, 이는 독자가 작품에 부여하게 될 개인적인 '의의(significance)'를 허용하지 않는다. 결국 텍스트의 자율성과 완결성은 '로고스의 시학'으로 수렴되어 독자의 해석을 제한하는 규범적 역할을 하게 된다.

정전 비판론이 기존 정전의 해체나 그것을 대체할 만한 대안 정전의 마련을 넘어 작품에 대한 정전적 독법, 즉 해석의 정전을 문제 삼아야 하는 이유가 여기에 있다. 시 교육에서 신비평적 문학관이 지닌 문제점에 대한 비판은 이미 오래전부터 널리 공유되었으며 교육과정상으로도 그러한 문제를 극복하기 위한 이론들을 수용해 왔다. 특히 7차 교육과정기부터 반영되기 시작한 독자 반응 이론은 해석의 단일성 및 규범성에 정면으로 도전하는 문학 교육관이라 할 수 있다. 이후 몇 차례의 교육과정 개정에도 '문학의 수용은 작품과 독자의 상호 교섭 작용'이라는 관점이 계속해서 유지, 확장되고 있다. 그러나 이러한 학습자 중심 문학 교육에 대한 강조에도 불구하고 신비평적 분석은 여전히 다양한 활동들 이전에 먼저 수행되어야 할 기초 단계로 여겨지고 있다. 이는 신비평적 작품 읽기가 하나의 이론이 아닌 본질적 전제로 받아들여지고 있기 때문이다. 실제로 우리 문학 교육의 역사에서 신비평 이론은 시에 대한 인상주의적 접근이나 신비화된 감상을 넘어 '시를 가르친다는 것' 자체를 가능하게 함으로써 문학 교육을 하나의 학문으로 성립시켜 준 근간이었다. 그 때문에 시 교육에서 신비평의 용어와 지식을 적용하여 작품을 꼼꼼히 읽는 것이 교수·학습의 본질적 내용으로 인식되고 있는 것이다.

이러한 신비평적 분석 방식의 지배화는 입시 제도를 비롯한 과학적이고 객관적인 평가 방식에 대한 요구와 맞물려 있다. 텍스트 중심주의와 분석주의는 현행 평가 제도에 적극적으로 부응하는 측면이 있지만, 개별화된 독자의 반응은 그런 식의 평가 대상으로 삼기가 어렵다. 그러므로 해석의 복수화나 다원화는 교육과정상으로나 문학 교육 이론상으로는 권장되고 있지만, 실질적인 구현에서는 현실적 유효성을 얻지 못하고 있다. 문학 교육 연구나 현장 수업 사례에서 학습자 중심적 접근법이 다양하게 개발·적용되고 있음에도 불구하고, 그러한 것들은 작품 읽기의 기초적이고 중심적인 활동이 아니라 부수적이고 사후적인 활동으로 여겨진다. 혁신적인 문학 수업이 '이 시의 주제는 한마디로 뭔데요?'라는 질문 앞에서 위축될 수밖에 없는 이유도 여기에 있다. 그렇다면 독자 반응 이론은 신비평 이론을 비판적으로 극복하거나 대체하기보다는 그것을 보완하는 식으로 부가된 데에 불과하다. 결과적으로 현재 시 교육의 패러다임은 '해석(분석)'에서 '반응(수용)'으로의 전환이 아니라 '선 해석 후 반응'이라는 영역 담당식 종합에 머물러 있다고 할 수 있다. 즉 일단 작품부터 정확히 읽고 이해한 다음에 자율적인 활동을 허용한다는 구조에서 독자의 능동적 수용은 여전히 정전적 해석의 권위에 속박될 수밖에 없다.

텍스트의 객관적 의미를 전제하고 그것을 찾아내는 과정을 작품 읽기의 기초적인 단계로 상정하는 한, 독자의 반응은 작품 해석에 부가되는 사후적인 활동에 불과한 것이 된다. 이러한 구조에서 인지적이고 분석적인 작업은 해석에 일임되고, 독자의 반응은 정의적인 것에 한정된다. 그러나 실제 작품을 읽는 상황에서는 정반대의 일이 벌어진다. 독자는 작품을 맨 처음 읽는 단계에서부터 반복적으로 읽고 수용하는 단계에 이르기까지 자신의 내부에서 활성화되는 인지적이고 정의적인 반응들을 총체적으로 경험한다. 이는 텍스트의 안내를 받으면서 '자신의 작품'을 완성해 가는 전(全) 과정적 체험이라 할 수 있다. 이 과정에서 독자는 시에 대한 지식과 경험을 바탕으로 텍스트에 무언가를 가져오며, 독자가 가져온 것과 텍스트의 의미 구조 사이에 긴장된 대화가 이루어진다. 해석은 이렇게 독자 자신이 작품에 참여했던 경험을 되돌아보면서 논리적으로 재구성해 낸 사후적 결과물이다. 그러므로 시 읽기에서 부수적인 것은 오히려 해석 활동이라고 할 수 있다.

시 교육이 목표로 하는 시적 능력을 시 텍스트와의 소통 능력이라고 할 때, 소통의 스펙트럼은 텍스트가 가지고 있는 가능성들에 주관적으로 참여하는 능력에서부터 텍스트의 경험된 의미를 객관화하여 분석하는 능력에 이르기까지 폭넓게 펼쳐질 수 있다. 여기서 중요한 것은 텍스트에 참여하는 능력을 낮은 단계의 성취로 위계화하는 것이 아니라 해석과는 또 다른 종류의 능력으로 보아 시적 능력을 다원화하는 것이다. 예컨대 소통의 스펙트럼 한쪽에 어떤 작품이든지 읽고 분석할 수 있는 능력, 좋은 작품과 그렇지 않은 작품을 판단할 수 있는 능력이 있다면, 다른 한쪽에는 자신에게 의미 있는 어떤 작품을 읽고 즐길 수 있는 능력, 좋아하는 작품과 그렇지 않은 작품을 나열할 수 있는 능력이 있을 수 있다. 후자는 텍스트에 대한 자기 참여, 즉 이상적 독자가 아닌 개별 독자로서 정전을 자기화하는 개방적 읽기라 할 수 있다. 이러한 읽기를 위해서는 충분한 반응 시간이 주어져야 하며, 기존의 해석이 먼저 제시되어서는 안 된다. 텍스트가 제공하는 혼란의 경험, 스스로 질문하고 답하고 가설을 세우고 수정하는 시행착오의 과정이야말로 학습자가 향유해야 할 문학적 경험이기 때문이다.

물론 자신의 텍스트 경험을 명료한 언어로 표현하고 좋은 작품을 선별해 낼 수 있는 것은 이상적 독자가 갖추고 있는 높은 수준의 시적 능력이라 할 수 있다. 그러나 일정 교육 기간에 모든 학습자가 이러한 능력을 성취하기를 기대한다면 시 교육은 어떤 작품이든지 읽고 소통할 수 있는 마스터키, 좋은 작품과 그렇지 않은 작품을 가치 평가할 수 있는 객관적 규범을 전제할 수밖에 없다. 문학에는 그러한 마스터키나 객관적 규범이 존재하지 않기 때문에 정전화된 해석이나 비평 이론이 그러한 역할을 대신하게 된다. 그러나 정전화된 해석은 한 작품에 대해 축적된 수많은 비평과 해석 가운데 선택된 하나의 의견일 뿐이다. 시 텍스트와의 소통 능력이 작품에 대한 공인된 해석에 동의하는 것이 아닌 이상, 오독과 시행착오는 소통을 위해 거쳐야 할 과정적 절차로 용인되어야 한다. 교육적으로 볼 때 여러 번의 실패보다 위험한 것은 주어진 성공을 그대로 수용하는 것이다. 시 교육에서 해석의 무정부주의와 해석의 암기는 둘 다 피해야 할 난관이지만, 교육적 측면에서 봤을 때 다듬어 나갈 가능성을 지닌 것은 암기된 해석이 아니라 미숙한 해석이라 할 수 있다.

그럼에도 불구하고 반응 중심 시 교육이 제대로 실현되지 못하는 데에는 현실적인 문제들이 자리하고 있다. 정해진 수업 시수 안에서 학습자가 충분히 반응할 시간을 확보하기 어렵다는 점, 학습자의 반응은 객관적으로 그 성취도를 측정하기 어렵다는 점 등을 생각할 수 있다. 그러나 이러한 어려움은 절대적인 것이 아니라 고정된 문학 교육관에서 비롯된 임의적인 것이다. 주어진 정전의 섭렵이 아니라 선택한 '자기 정전'의 탐구를 목표로 삼는다면 시간은 절대량의 문제가 아니라 조직의 문제가 된다. 평가의 어려움 또한 교육적 편의성에서 비롯된 것이라 할 수 있다. 해석은 읽기 과정 중에 일어났던 무질서한 반응들을 논리적으로 정리해 낸 결과물이므로 객관적으로 평가하기가 쉽지만, 과정 중의 반응 자체는 확인하거나 측정하기가 어렵기 때문이다. 하지만 텍스트와의 소통 능력을 시 교육의 목표로 삼는다면, 시에 대한 자기 반응을 유도하고 안내할 수 있는 교육 방법을 개발하고 그러한 교육과정을 구조화할 수 있는 교육 시학적 개념과 용어 및 그에 따른 평가 도구를 마련하는 것은 시 교육이 회피할 수 없는 문제이다. 예를 들어 독자가 텍스트에 참여하기 위해 가져온 자기 경험 및 지식의 적절성, 자기가 가져온 것을 텍스트의 안내에 따라 수정하고 조율하는 과정의 타당성, 자기 정전의 목록화 및 조직에 있어서의 창의성과 풍부성, 텍스트에 대한 '자기 반응 기술'의 논리성과 감수성 등으로 시적 능력의 다양한 영역을 재구성할 수 있을 것이다.

5── '해석 없는 시 읽기'의 가능성

사실상 교육과정이나 교과서에서 '해석'이라는 말이 사라진 지는 오래되었지만, 여전히 문학 수업 현장에서는 그것이 일상적으로 유통된다. '해석'이라는 용어는 텍스트의 의미나 주제에 대하여 일종의 정답과 같은 것이 존재한다는 굳건한 믿음을 반영한다. 미술이나 음악 수업에서 학습자들의 아마추어적인 감상과 창작이 격려를 받고 향유되는 것과 달리, 유독 문학 수업에서는 학습자들이 해석과 이론 앞에서 주눅 든 채 스스로 읽기를 포기하게 된다. 물론 미술이나 음악과 같은 독립된 예술 교과와 달리 문학은 도구 교과인 국어에 소속되어 '국어 사용 능력'이라는 기능주의적 임무를 부여받고 있다. 그러나 언어의 문학적 사용 능력을 위해서는 기능적 측면뿐 아니라 예술적 측면도 고려되어야 한다. 예술의 수용과 생산에서 중요한 것은 무엇보다도 주관성이며, 주관적 경험에서 비롯되는 심미적 안목의 고양이라 할 수 있다.

'해석 없는 시 읽기'란 다소 과장되고도 모순된 표현일 수 있다. 하지만 해석의 복수화와 다양화가 당위론적으로 반복되는 데도 실질적인 변화가 일어나지 않는다면 해석의 강력한 권위를 견제하기 위해 해석 자체를 제시하거나 요구하지 않는 교육지책이 필요하다. 예를 들어 작품의 종류, 성격, 표현적 특징, 수사법, 주제 등의 개요를 제시하는 대신, 시를 읽고 반응하는 데에 집중할 수 있는 시간과 절차를 제공하고 그러한 읽기 과정에서 일어난 자기 반응을 수업의 기초 자료로 삼는 교수·학습 방법을 개발해야 한다. 지금의 시 교육은 학습자로 하여금 교과서에 수록된 텍스트와 정전화된 해석으로 이루어진 제도에는 적응하게 할지언정, 자신이 좋아하는 작가와 작품의 리스트를 갖추고 거기서부터 시 읽기를 확장해 나가는 주체적 전망을 길러 주지는 못한다. 학습자를 진정한 시적 주체로 세우기 위해서는 주어진 정전 작품의 섭렵을 통해 보편적 분석 능력을 귀납해 내는 방식이 아니라, 개인적 정전의 탐구로 주체적 향유 능력을 확장해 나가는 방식을 검토할 필요가 있다. 경험의 총체성은 양적인 접근이 아니라 질적인 접근을 통해서도 획득할 수 있기 때문이다. 텍스트에 대한 '개인적 재현'과 스스로 겪어 내는 시적 체험이 교육적으로 설계될 때 현대 시 정전의 질적 변화, 즉 작품 목록의 확장뿐 아니라 해석의 풍부한 복수화를 통한 개방적 정전 체계의 확립이 가능해질 것이다.

근대 소설을 어떻게 읽고 가르칠 것인가 신두원
—김유정의 「만무방」을 중심으로

1——근대 소설의 특성

소설을 어떻게 읽고 가르칠 것인가? 사실 정답이 있을 수 없는 물음이다. 소설을 읽거나 가르치는 데 반드시 적용되어야 할 모범적인 방법은 있을 수 없다. 물론 소설만이 아니라 다른 문학 장르도 마찬가지일 것이다. 소설이나 시, 희곡 등의 상위 장르는 역사적으로나 오늘날 실제 생산·수용되는 창작품에서나 수많은 하위 갈래를 가지고 있고, 게다가 각 장르에 속하는 셀 수 없이 많은 작품은 그 자체로 하나의 독자적인 '작품'을 이루고 있기 때문에 어떤 모델 형식으로 환원되지 않는다. 그렇지만 하나의 장르에 속하는 만큼 공통의 특질이 없을 수 없고 그 공통의 특질이 장르의 본질을 이룰 것이므로, 공통 특질을 중심으로 각 장르의 '이론'을 가르칠 수 있게 된다. 하지만 장르의 이론을 가르치는 것만으로 그칠 수는 없다. 앞서 이야기했듯 하나의 작품은 장르로서의 공통 특질만이 아니라 그 작품만의 고유한 개성적인 특질도 지니고 있기 때문이다. 오히려 문학 교육에서 더 중시되어야 할 것은 소설 이론이 아니라 하나하나의 개별 작품이다. 그래서 소설 이론을 가르치기에 앞서 개별 작품들을 가르친다. 우리가 시나 소설 등 문학 작품을 읽는 것은 시나 소설의 이론을 알기 위해서가 아니라, 하나하나의 작품을 감상하기 위해서이다.

그러나 장르가 다른 만큼 시를 읽거나 가르치는 방법과 소설을 읽거나 가르치는 방법은 달라야 할 것이며, 또 기존의 소설 이론들은 바로 그렇게 시나 희곡 등과 다른 소설의 특징을 규명하기 위해 애써 온 것이 사실이다. 소설 이론들은 대부분, 소설이 근대에 새롭게 발생했거나 과거의 소설 내지 서사물과 달리 환골탈태했다고 이해한다. 가령 소설은 동일한 서사 갈래에 속하는 신화나 서사시, 전설과 민담 등과 상이한 특질을 지니며, 근대 이전에도 창작되었지만 근대 이후에 접어들어 본격적인 발전을 이루었다고 보는 것이 통설이다.

늘 통설을 따라야 하는 것은 아니지만 그래도 통설을 무시하고서 소설을 읽거나 가르치기는 어렵다. 이처럼 근대와 소설을 관련지어 이해하는 방식에 따르면, 다른 서사 갈래와 달리 소설, 특히 근대 소설에서는 인물들이 기존의 어떠한 이념에 전적으로 의존하지 않고 스스로 자기 삶의 길을 개척해 나가는 이야기들이 펼쳐진다. 근대 이전의 신화나 서사시, 설화, 민담 등은 그렇지 않다. 예컨대 고전적인 소설 이론으로 손꼽히는 게오르크 루카치(György Lukács)의 『소설의 이론』은 고대 서사시의 세계를 다음과 같은 유명한 구절로 요약하면서 시작하고 있다.

> 별이 빛나는 창공을 보고, 갈 수가 있고 또 가야만 하는 길의 지도를 읽을 수 있던 시대는 얼마나 행복했던가? 그리고 별빛이 그 길을 훤히 밝혀 주던 시대는 얼마나 행복했던가? 이런 시대에 있어서 모든 것은 새로우면서도 친숙하며, 또 모험으로 가득 차 있으면서도 결국은 자신의 소유로 되는 것이다. 그리고 세계는 무한히 광대하지만 마치 자기 집에 있는 것처럼 아늑한데, 왜냐하면 영혼 속에서 타오르는 불꽃은 별들이 발하고 있는 빛과 본질적으로 동일하기 때문이다.[*]

요컨대 서사시의 시대에는 하늘의 별이 갈 수 있고 가야만 하는 길을 알려 주기 때문에 모험을 떠난 인간도 어디를 가든 늘 새로우면서도 친숙하고 자기 집에 있는 것과 같은 편안함을 느낀다는 것이다. 서사 갈래는 '이야기', 즉 어느 작품이든

---

[*] 게오르크 루카치, 「소설의 이론」, 반성완 역, 심설당, 1985, 25면.

주인공이 기존의 환경을 떠나 새로운 환경에 처해지면서 일종의 모험을 하는 스토리를 담고 있다. 그래서 주인공은 다른 인물들과 갈등을 겪기도 하고 서로 연대하기도 하면서 예전에는 알지 못했던 삶의 새로운 영역을 개척해 가게 된다. 그런데 근대 소설 이전의 서사물들은 그러한 모험을 떠나 있을 때에도 이미 자신이 살던 곳의 공동체에서 삶을 지배했던 이념이 여전히 별처럼 길을 밝혀 주므로 전혀 낯설지 않았다는 것이 루카치의 설명이다. 그에 반해 근대 소설에서는 그러한 별이 사라진 시대의 이야기가 펼쳐진다. 주인공이 어떠한 주어진 이념에도 의거하지 않고 현실을 탐사해서 자신의 힘으로 새로운 삶의 의미를 찾아 나가는 여정, 그것이 바로 근대 소설의 플롯이라는 것이다.

물론 루카치가 대표하는 유럽의 소설 이론은 노블(novel), 즉 장편 소설을 대상으로 하는 것인 만큼 그것을 모든 소설에 적용하는 것은 위험할 수 있다. 아울러 그러한 '이론'에 정확하게 부합하지 않는 소설도 얼마든지 찾을 수 있다. 그럼에도 소설이 근대에 들어와서 본격적으로 전개되기 시작한 점은 무시할 수 없는 사실이다. 근대 이전의 시대만 하더라도 세계를 해석하는 데 중요하게 작용했던 '이념'들이 근대에 들어와서는 현실 적합성을 상실하게 되었고, 좀 더 현실에 즉해서 세계를 새롭게 재해석하고자 하는 인류의 노력은 줄기차게 이어졌다. 소설은 문학의 영역에서 그러한 노력을 대표하는 장르로 부상했던 것이다. 그리고 문학사적으로 보면 근대 이전의 봉건 시대에도 소설이라고 부를 만한 작품들이 더러 창작되었으나, 그 소설들도 대부분 봉건 시대를 지배하던 이념에 의문을 제기하거나 균열을 일으킬 만한 현실을 담아내고 있다. 가령 우리 고전 소설을 대표한다고 할 수 있는 「춘향전」만 하더라도 봉건 시대를 규율하던 신분제라는 질서를 받아들이지 않고 그에 저항하면서 자신의 삶을 스스로의 의지로 개척해 나가는 주인공을 그려 내었다.

요컨대 소설은 단순한 이야기가 아니라 주인공이 새로운 환경에서 현실을 접하는 가운데 스스로 삶의 의미를 찾아 나가는 이야기를 담고 있는 것이며, 소설을 읽는 일은 단순히 재미난 이야기를 즐기는 것이 아니라 소설 속에서 주인공이 펼쳐 나가는 모험을 추체험함으로써 세상살이의 숨겨진 의미를 깨달아 나가는 행위이기도 하다. 그래서 소설을 가르치는 것 역시 단순히 문학이라는 예술을 감상하는 방법을 가르치는 데서 머무르는 것이 아니라, 그것에서 더 나아가 학생들로 하여금 세계나 사회, 타자와 자신의 관계에 대해 혹은 '이 세계 속에서 어떻게 살아야 할 것인가' 하는 존재론적이거나 윤리적인 물음에 대해 조금씩 답을 찾아 나가는 태도를 길러 주는 계기가 되어야 한다.

소설을 가르치는 데에 특별한 방법이 따로 있지는 않겠지만 이러한 소설의 본질을 바탕으로 하여 개별 작품들을 읽거나 가르치는 것은 소설 교육의 하나의 방도가 될 수 있을 것이다. 이 글에서는 이러한 전제 위에서 김유정의 작품 「만무방」을 어떻게 읽고 가르칠 것인지 살펴보고자 한다.

2──소설 교육에서 김유정의 「만무방」이 지닌 의의

김유정은 중등 교육과정에서 반드시 한 번쯤은 가르치는 우리 근대 문학의 중요한 작가다. 그는 1908년생으로 1935년에 등단하여 1937년 서른 살의 나이로 요절하기까지 약 3년간 불과 30여 편의 많지 않은 작품을 남겼지만, 그의 작품은 오늘날까지도 많은 사람에게 애독되고 있다. 특히 「동백꽃」, 「봄봄」 등은 청소년을 주인공으로 삼고 있어서 중등 교육과정에서 한두 번은 반드시 다루게 된다. 두 작품은 2009 개정 교육과정에 따라 개발된 중학교와 고등학교 국어, 문학 교과서 여러 종에도 수록되었다.

이 두 작품에 비해 「만무방」은 김유정의 작품 중에서 비교적 덜 알려져 있다. 그러나 「만무방」 역시 김유정의 대표작으로서 전혀 손색이 없고, 오히려 앞의 두 작품에 비해 김유정의 소설적 특징을 더 잘 구현하고 있다. 김유정이 단순히 청소년을 주인공으로 한 다소 동화적인 작품에서만 두각을 드러낸 것이 아니라 본격적인 소설 작품에서도 우리 문학사에서 두드러진 업적을 남겼음을 증명하는 것이 바로 「만무방」인 것이다.

물론 「동백꽃」과 「봄봄」도 단순한 동화적 작품이 아니며 본격 소설로서도 전혀 손색이 없는 작품이다. 그러나 이들 작품을 주로 중·고등학교에서 가르치다 보니, 수용 과정에서 김유정에 대한 일종의 '편견'이 발생하는 것도 사실이다. 가령 「동백꽃」의 경우 청소년들의 사랑이라는 주제가 워낙 부각되다 보니, 이들 사랑이 엇나가게 되는 근본 원인이 작품 속에 분명하게 제시되어 있음에도 불구하고 그것이 간과되거나 혹은 부차적으로 다루어짐으로써 작품의 '동화'적 성격이 더욱 중시되는 경향이 짙다. 어리숙한 소년인 주인공 '나'가 이웃집 소녀 점순의 애정 표현을 알아채지 못해 둘 사이에 갈등(그러나 독자들은 그것이 심각한 갈등이 아니라 사랑을 둘러싼 싸움임을 알 수 있으므로 유머를 느끼게 된다)이 벌어지다가 어느 한 순간 둘의 애정이 실현되는 이야기를 담고 있기에 청소년들의 사랑을 주제로 한 대표적 작품으로 손꼽히면서 작품의 동화적 측면이 주로 부각되는 것이다. 「봄봄」 역시 데릴사위와 장인 사이에서 벌어지는 유머러스한 상황이 돋보인다. 그러다 보니 그러한 상황의 이면에 가로놓인 현실적 갈등이 작품에 상당히 그려져 있다는 점은 간과되고 마는 경향이 있다. 점순네 집에 데릴사위로 들어와 사는 주인공 '나'는 자신을 오래 부려 먹으려고 성례를 늦추는 예비 장인의 속셈을 알아채고는 빨리 성례시켜 달라고 예비 장인과 드잡이를 한다. 그 과정이 아주 유머러스하게 형상화되어 있어 이들 사이의 갈등이 실은 지주를 대신하는 마름과 일반 민중 사이의 이해관계를 둘러싼 심각한 갈등이라는 점은 부차화되기 일쑤인 것이다.

그에 반해 「만무방」은 김유정의 또 다른 대표작 「금 따는 콩밭」 등과 같이 유머가 주조를 이루지 않는, 일제 강점하에서 피폐해져 가던 농촌 현실을 심각하게 형상화한 작품으로 분명히 동화적 성격과는 구별되는 본격 소설로 다루어질 만하다. 그래서 교과서에 수록된 「만무방」은 「동백꽃」과 「봄봄」 두 작품이 중등 교육에서 다루어지며 생긴 김유정에 대한 일종의 편견을 바로잡는 기능을 할 것으로 기대된다. 근대 소설이 새로운 환경에서 스스로의 힘으로 삶의 의미를 찾아 나가는 주인공의 모험을 담고 있다고 한다면, 동화적 내용이나 유머 등과 같이 학습자의 눈높이나 흥미를 고려한 제재만으로는 근대 소설을 가르치는 데에 한계가 있을 수밖에 없다. 「만무방」은 주인공이 근대적인 주체로서 현실과 진지하게 대결하고 교섭하는 모습을 담고 있으므로 그러한 한계를 넘어서서 근대 소설을 가르치기에 적합한 성격을 지니고 있다.

3──「만무방」을 어떻게 읽을 것인가
등장인물을 중심으로

소설은 인물들 사이의 갈등과 대립, 연대와 화해 등을 통해 이루어지는 사건을 서술하는 갈래이므로 인물의 성격이 매우 중요한 의미를 지니기 마련이다. 뚜렷한 성격을 지닌 인물이 등장하여 인상적인 사건을 만들어 냄으로써 독자들에게 의미 있는 질문을 던지는 것이 좋은 소설이다. 「만무방」은 단편이지만 등장인물의 성격이 아주 선명하기에 특히 등장인물을 중심으로 작품을 읽거나 가르치는 것이 중요한 의미를 지니게 된다.

「만무방」에서는 응칠과 응오 두 형제가 주요 인물로 등장하는데, 두 사람의 성격은 뚜렷이 대조적이다. 응칠은 외향적이고 활달한 성격인 데 반해 응오는 내성적이고 소극적이다. 응칠은 다른 사람의 눈치를 보지 않으며 자기 의지를 분명하게 드러내는 데에 거리낌이 없는 반면, 응오는 형 응칠에게도 자기 의사를 잘 표현하지 않는다. 거기에다가 응칠은 이미 '만무방'이 되어 있는 데 반해 응오는 아직은 '진실한 농군이자 모범 청년'으로 살아가고 있다. 이러한 대조는 그 자체로도 흥미를 자아낼 뿐 아니라, 작품 내의 주요 사건을 만들어 내고 또 해결하는 데에도 중요한 작용을 한다.

응칠이 '문제적 인물'인 점도 의미가 있다. 김유정의 문학 작품 중에서 응칠만큼 문제적인 인물은 흔치 않다. 응칠은 자신에게 주어진 환경에 순응하며 살아가기보다는 그 환경의 문제점을 날카롭게 인지하고 그에 반발하며 새로운 삶의 방식을 선택한다. 그 새로운 삶의 방식은 물론 흔히 비윤리적이라고 지탄받을 만한 성격의 것이다. 이미 그는 '만무방'으로 도박과 절도를 한 전과 4범이다. 그러나 주어진 사회 제도가 지닌 문제로 인해 정상적인 삶을 영위하기가 쉽지 않다면, 주어진 사회 제도와 질서를 유지하는 데 일조하는 사회 관습과 윤리에 마냥 순종하며 살 수도 없다. 응칠은 주어진 사회 제도와 질서에 순종하지 않음으로써 그것이 지닌 문제점을 드러내는 역할을 한다. 응칠이 문제적 인물인 것은 그런 점에서이다. 그렇다고 해서 응칠이 마냥 비윤리적인 인물이라고 할 수는 없다. 그가 처음부터 '만무방'이었던 것은 결코 아니다. 착실하게 살아 보려고 했으나 갈수록 빚만 늘어나자 어쩔 수 없이 농촌을 떠났고, 그 뒤로 농사지을 땅을 구하지 못해 떠돌아다니다 보니까 만무방이 된 것이다. 또한 도박을 하면서도 자기 잇속만 챙기는 것이 아니라 돈을 잃고 노름 밑천을 도와 달라는 재성에게 돈을 나눠 주기도 하고, 동생을 생각하는 마음을 간직한 채 동생 논의 벼를 훔친 도둑을 잡기 위해 애쓰기도 한다. 자기 나름의 윤리 의식이 없고서는 문제적 인물도 될 수 없는 것이다.

응칠이 주어진 사회 제도의 문제점을 스스로 명확하게 인식할 만큼 지적인 것은 아니다. 아마도 근대 교육을 전혀 받지 않았을 그에게서 지적인 인식을 기대하기는 어려울 것이다. 그렇지만 응칠은 결코 무지한 인물이 아니다. 응오네 논의 벼가 일부 도적맞았다는 사실을 듣자마자 그 혐의가 자신에게 올 것임을 직감하고서는, 자신이 벼 도적을 잡아내겠다는 마음을 먹는다. 처음 그 사실을 자신에게 알린 성팔을 추궁하고, 주막 할머니에게서 성팔에 대해 정보를 캐내고, 응오네 집에 들러 사정을 알아보고, 벼 도적이 다시 응오네 논으로 도적질을 하러 올 것임을 예감하고는 밤새 응오네 논을 지키는 등 도적을 잡기 위해 상당한 지혜를 발휘한다. 가방끈은 짧다 못해 아예 없는 지경이지만 지혜롭지 않은 인물은 결코 아닌 셈이다.

이렇게 문제적 인물인 응칠을 주인공으로 삼고, 착실하게 주어진 환경에 순응하며 살아가고자 애쓰는 응오를 다른 한편에 배치함으로써 이 작품은 당시 농촌 현실의 심각한 문제점을 형상화하는 데 성공한다. 당시 농민을 대표하는 인물은 응칠이 아니라 오히려 응오이다. 당시 수많은 농민들은 응칠과 같이 사회로부터 일탈하여 만무방으로 살아간 것이 아니라 응오와 같이 주어진 현실을 견디며 살아갔다. 하지만 그렇게 착실하게 살아도 응오는 추수를 해도 남는 것이 없는 상태에 놓여 있다. 물론 응오에게는 앓는 아내가 있다. 응오는 그 아내를 얻기 위해 삼 년간 머슴을 살며 먹고 싶은 술 한 잔, 고기 한 점 안 먹었는데, 그렇게 데려온 아내가 두 해가 못 되어 큰 병에 걸린 것이다. 그러나 병든 아내가 응오가 몰락하게 된 근본 원인은 물론 아니다. 작품에서는 근본 원인에 해당하는 것을 다음과 같이 제시하고 있다. "캄캄하도록 (벼를) 털고 나서 지주에게 도지를 제하고 장리쌀을 제하고 삭초를 제하고 보니 남은 것은 등줄기를 흐르는 식은땀이 있을 따름." 지주에게 막대한 소작료(도지)와 이자(장리쌀)를 물어야 했기에 농민들의 삶은 연년이 피폐해질 수밖에 없었다. 그래서 응오는 올해는 추수할 때가 되어도 벼를 아예 베지 않고 있다가 자신이 농사지은 벼를 몰래 훔쳐 내는 일을 저지르고 만다. 그러니까 당시 농민의 몰락을 더욱더 심각하게 체현한 인물은 응칠이 아니라 응오이다.

요컨대 이 작품은 주인공은 응칠이지만, 응오의 몰락담을 담고 있다. 응칠의 시선으로(이 작품은 전지적 작가 시점을 취하고 있지만, 오로지 응칠의 시선으로만 그려진다. 응칠이 유일한 초점 화자이다) 동생 응오의 몰락담을 그려 낸다. 응오 논의 벼가 도적맞는 일이 일어나자 응칠은 자기가 그 혐의를 쓰게 될 것 같아 벼 도적을 찾아 나섰는데, 찾고 보니 바로 응오였다는 것이다. 이미 만무방이 되어 있는 것은 응칠이지만 동생 응오 역시 그 길로 나서지 않을 수 없는 현실을 그리고 있는 셈이다. 이후 응오가 어떻게 살아갈지에 대해서 작품은 조금도 암시를 하고 있지 않다. 응오는 이미 벼 도적질을 했기 때문에 그 마을에서 삶을 유지하기는 어려울 터, 응칠과 마찬가지로 만무방으로 살아갈 가능성이 더 높을 것이다. 그러나 작품은 그것까지 보여 주지 않아도 된다. 응칠의 시선을 통해 이미 만무방의 길로 들어선 자신은 말할 것도 없거니와 착실하게 농군으로 살아가려던 응오마저 자기 벼를 훔칠 수밖에 없고, 자신처럼 고향을 떠날 용기가 없는 친구들은 도박에 목을 매면서 헛된 희망을 품을 수밖에 없는 현실을 보여 준 것만으로도, 아마 당시 독자들은 자신들이 처한 삶의 조건이 어떠한가를 통렬하게 깨달을 수 있었을 것이다. 이처럼 우리(혹은 우리일 수도 있는 타자)가 처한 삶의 진정한 조건, 우리가 살아가는 삶의 이면, 이런 것들을 새삼스럽게 다시 우리 눈앞에 펼쳐 보여 주면서 그 속에서 주인공들이 어떠한 삶의 의미를 찾아 나가는지를 그리는 것이 바로 소설인 것이다.

4——「만무방」 수용의 여러 차원들

「만무방」이 발표된 때로부터 100년도 지나지 않았지만 「만무방」이 비판적으로 형상화한 농촌 문제는 오래전 일이 되었다. 당시 우리 국민의 절대 다수는 농민이었으나 이제 농민은 우리 인구에서 10%도 되지 않는다. 응칠과 응오 형제가 겪었던 현실은 지금의 독자로서는 아득한 옛일이어서 거의 실감으로 다가오지 않을 터이다. 그렇다면 오늘의 시점에서 이 작품은 어떻게 수용될 수 있을까?

우선 이 작품을 '역사적으로' 수용하는 것이 하나의 방법이 될 수 있다. 오늘날에도 수많은 역사 소설이 창작되고 수용된다. 비단 소설만이 아니라 드라마나 영화, 만화 등 다른 문화 콘텐츠에서도 역사물은 넘쳐 난다. 역사를 바르게 이해하는 것이 오늘의 현실을 바르게 이해하는 방법이 되기 때문이다. 「만무방」이 다루고 있는 농촌 현실은 오늘의 실감과는 많이 동떨어져 있지만 지금 우리 현실의 그리 멀지 않은 원류에 해당한다. 「만무방」은 농지가 없는 농민들의 비참한 현실을 다루고 있는데, 농지 문제는 해방 직후에도 우리 민족의 가장 큰 관심사였으며 그것을 어떻게 해결하느냐에 따라 남한과 북한의 이후 발전 경로가 달라졌다. 그래서 일제 강점기 농촌 문제에 대한 인식은 이후 남한과 북한으로 분단되어 대립해 온 우리 민족의 역사를 제대로 이해하는 지름길이 된다.

한편 역사물은 오로지 역사에 대한 이해만으로 창작되거나 수용되는 것이 아니다. 오늘의 현실을 비추는 거울의 역할을 기대해서 창작·수용되기도 한다. 우리는 삼국 시대나 조선 시대를 다룬 역사 드라마를 통해서 오늘의 정치 현실이 어떻게 전개되고 있는지를 비유적으로 읽어 내기도 한다. 곧 역사적 사실은 오늘의 현실에 대한 비유의 기능을 하는 것이다. 마찬가지로 「만무방」에 그려진 응칠 형제의 현실은 은연중 오늘의 민중 현실을 비추는 거울로서 수용될 수도 있다. 땅이 없어 농사를 지어도 남는 게 없고, 결국 농촌으로부터 떨려 나는 응칠 형제의 사연은 오늘날 격심한 경쟁에서 밀려난 수많은 민중의 사연과 그리 동떨어져 있지 않다.

무릇 문학 작품을 비롯한 여러 텍스트들은 오로지 그 텍스트 자기만의 닫힌 세계 안에서 독자적으로 존재하는 것이 아니다. 텍스트들은 서로 넘나든다. 작가들이 창작을 할 때에도 오로지 자신의 생각만을 담아내지는 않는다. 여러 기존 텍스트를 참조하거나 변형하여 새 텍스트 속에 융합해 낸다. 독자들 역시 어떤 텍스트를 수용할 때 오로지 그 텍스트만을 들여다보지 않는다. 예전에 보았거나 들었거나 읽었던 텍스트들을 참조하여 서로서로를 비추어 가며 새롭게 해석하고 자기 고유의 이해에 도달해 간다. 이른바 '상호 텍스트성'인데, 「만무방」은 상호 텍스트성을 활용해 수용하기에도 좋은 모티브들을 많이 간직하고 있다.

하나는 '탐정 서사'와 관련해서이다. 이 작품은 응칠이 산속을 돌아다니다 성팔을 만나 그로부터 응고개에 있는 응오네 논에 벼가 없어졌다는 이야기를 전해 듣고, 그 범인을 찾아 나가는 플롯으로 이루어져 있다. 응칠은 처음에 성팔을 의심했다. 응고개가 외진 곳에 있어서 성팔이 그곳에 갔다는 사실 자체가 의심을 살 만한 것이었다. 그 뒤 주막집 할머니에게 성팔에 대해 캐묻는 등 성팔을 범인으로 지목하기를 계속하지만, 밤에 응고개 논으로 가던 중 불빛을 보고 찾아가 보니 굴속에서 다섯 사람이 노름을 하고 있었다. 성팔은 그 자리에 없었으나 곧 성팔이 응고개 논 근처에 간 것도 노름을 하기 위해서였을 수 있다. 응칠은 이를 눈치채지 못하지만 성팔이 벼 도적일 가능성은 한층 엷어진 셈이다. 노름을 한바탕 한 뒤에도 응칠은 응고개 논 근처에 잠복해서 추위와 어둠과 싸우는 등 탐정 서사에 요구되는 추리의 재미와 긴장감을 한층 북돋는다. 게다가 결말에 가서 밝혀진 범인은 전혀 생각 못했던 응오이니, 반전과 의외의 결말이라는 탐정 서사의 단골 모티브를 충실하게 담아내었다. 따라서 다른 탐정 서사물과의 비교 이해라든가, 「만무방」의 플롯을 활용한 새 추리물 구상 혹은 창작 등의 활동 가능성이 풍부하게 열려 있는 것이다.

또 하나는 '형제 이야기(형제간의 갈등과 화해를 담고 있는)' 모티브이다. 이 작품은 형제간의 갈등과 파국, 그리고 결말에서의 화해 가능성을 극적으로 담아낸다. 응칠와 응오 형제는 다른 길을 가고 있다. 응칠은 만무방으로 떠돌아다니는 삶을 살면서도 응오를 그리워하여 지금 이곳에 와 있지만, 응오는 응칠을 대하는 태도가 퉁명스럽기만 하다. 표면적인 이유는 병든 아내를 위해 돈을 좀 만들어 달라는 부탁을 형이 거절하였기 때문이지만, 아마도 만무방으로 사는 형이 못마땅한 것이 더 근본적인 이유일 것이다. 작품 속에서 확인하기는 어렵지만 어쨌든 응오는 형 응칠과 달리 '진실한 농군'으로 살고 있었으므로 응칠의 길과 거리를 두었을 것이다. 응칠은 동생이 자신을 퉁명스럽게 대하자 못마땅해하지만 그렇다고 진실한 농군으로 살아가는 동생의 모습에 불만이 있지는 않았다. 그러나 결말 장면에서 응칠 자신에게 혐의가 돌아올 것을 충분히 알 수 있었음에도 응오가 자기 논의 벼를 훔친 사실을 알게 되자 배신감을 느낀다. 또 동생을 생각해서 '좋은 수'를 제안하였을 때 응오가 자신의 손을 부질없다는 듯이 털어 버리자 응오에게 일어나지 못할 만치 매를 내린다. 자신과 같은 만무방의 길에 들어서지 않을 수 없는 처지이면서도 만무방으로 사는 형의 제안을 끝까지 거부하는 데서 일종의 분노를 느낀 것이다. 즉 자기 길에 대한 거부로 받아들였기 때문일 것이다. 그러나 동생이 엉엉 우는 꼴을 보고는 또한 마음이 편할 수 없어서 결국 그를 일으켜 등에 업고 고개를 내려오는 것으로 결말이 맺어지는데, 이처럼 서로에 대한 일종의 거부감을 간직하면서도 화해의 길로 들어서는 것이 이 작품이 그려 내고 있는 '형제 이야기'의 결말이다. 형제 이야기는 전설이나 민담에서도 많이 찾아볼 수 있는데, 전설이나 민담에서의 형제 이야기와 소설인 「만무방」의 형제 이야기가 어떻게 다른지 비교해서 살펴보는 것도 소설의 진실성을 이해하는 하나의 방법이 될 수 있다. 물론 형제 이야기는 세계 어느 곳에서나 찾아볼 수 있을 것이므로 비교의 대상은 무한히 열려 있다고 할 수 있겠다.

　이러한 수용의 여러 차원은 비단 「만무방」에 국한되는 것은 아닐 것이다. 작품 내용을 작품의 시간적·공간적 배경과 관련하여 이해하는 역사적 수용은 근대 소설이라면 어느 작품에나 적용되어야 하는 가장 기초적인 방법이다. 더 나아가 작품에서 다루어진 역사적 현실을 오늘의 현실을 비추는 비유로 읽어 내어 수용하는 것은 비단 소설만이 아니라 어느 텍스트나 콘텐츠에 대해서도 독자에게 부여되어 있는 자유로운 권리 중 하나일 것이다. 또 작품 속에 등장하는 주요 모티브들을 그와 유사한 모티브를 담고 있는 다른 작품과 비교하여 읽는 것도 작품의 의미나 가치를 더욱 확장된 영역에서 평가해 볼 수 있는 중요한 방법 중 하나이다. 이들 수용의 여러 차원은 다른 소설 작품들에 대해서도 얼마든지 적용 가능하므로 소설 교육의 방법으로 널리 활용할 수 있을 것이다.

5── '작가-주인공-독자' 간의 대화로서의 소설 읽기

소설을 읽고 가르치는 데에 어떤 혁신적인 방법이 있을까? 사실 그런 것이 있을 것 같지는 않다. 다만 소설은 어쨌거나 작가가 힘써서 이룩해 놓은 텍스트이므로 작가의 의도가 반영되어 있기도 하지만, 다른 한편으로는 작가의 의도를 넘어서서 독자적인 하나의 세계를 이루고 있기도 하다. 특히 작품 속의 인물들이 살아 움직이기에 작가가 의도하지 않은 의미를 형성하기도 한다는 점이 소설이라는 갈래의 특징이다. 그래서 작품 속에는 작가의 목소리만 오롯이 담기는 것이 아니라 주인공이나 여타 인물들의 목소리도 작가의 목소리로부터 독립하여 존재할 수 있다는 것, 그래서 소설은 여러 목소리가 혼재된 다성적(多聲的)인 세계라는 것이 소설을 이해하는 또 하나의 방식이 된다.

그러나 작품 속의 세계는 홀로 존재하는 것이 아니라 수용자의 독서를 통해 최종적인 의미가 구축된다. 그래서 결국 소설 읽기는 소설가와 주인공을 비롯한 등장인물들, 그리고 독자 사이의 대화라 할 수 있다. 대화에 성실하게 참여하기 위해서는 소설가는 무슨 생각으로 이 소설을 썼는지, 주인공은 소설 속의 모험을 거치면서 어떠한 삶의 의미를 찾아 나가는지를 질문해 가면서 소설을 읽고, 그 질문에 대한 독자 자신의 판단을 내려 나가야 한다. 그것 외에 더 좋은 방법은 있을 수 없다. 이러한 질문과 대화를 통해 독자 자신이 세상을 보는 새로운 깨달음을 얻을 수 있는 것이 좋은 작품일 것이다. 좋은 작품을 골라 작가나 등장인물과 대화를 하면서 그들이 던지는 물음에 자기만의 답을 찾아보며 세상을 사는 의미를 다시 생각해 보게 하는 것, 그것이 필자가 생각하는 소설 교육의 한 방법이 아닐까 한다.

고전 운문을 어떻게 가르칠 것인가

김풍기

1——고전 운문 교육의 목표

문학 교육의 목표는 시대에 따라 혹은 그 대상에 따라 차이를 보였다. 시대의 새로운 정신으로 새로운 세대를 육성하는 것이 범박한 의미에서의 교육이라면, 시대마다 설정하는 정신이라든지 새로운 인간형에 대한 모색은 달라질 수밖에 없다. 그러나 세대와 공간을 넘어 인간의 보편적 진리나 정신을 교육함으로써 과거의 뛰어난 전통을 잇고, 그것을 통해서 개인의 수월성을 확보할 뿐 아니라 개인을 넘어 인류 보편의 원칙을 발견하고 실천하는 것이야말로 교육의 가장 기본적인 목표라 할 것이다. 그렇다면 문학 교육의 목표 역시 이 범주에서 크게 벗어나지 않는다.

국어과 교육과정에서 문학 교육 목표의 최종 심급에는 대체로 전통문화의 계승과 발전이라는 문제가 늘 자리해 왔다. 근래 들어 세계 문학과의 관계를 염두에 둔 보편성의 문제가 동시에 논의되기도 하는데, 이는 특히 고전 문학 교육에서 많은 해석과 논쟁을 정리하는 놀라운 효과를 발휘했다. 따라서 교육과정 총론에 제시된 '추구하는 인간상'에도 반영되어 있으며, '고전' 교과의 목표에서는 "고전의 가치를 인식하고, 고전을 제재로 한 다양한 국어 활동을 통해 교양인으로서의 국어 능력을 심화하며, 고전과의 소통을 생활화하는 태도를 기르는 것"[1]이라고 기술되어 있다. 이러한 목표는 '문학' 안에서 고전 문학 작품을 다룰 경우에도 준용될 수 있다. 우리만의 고전 문학이 아니라 종국에는 세계인들에게도 보편적으로 감상될 수 있는 고전 문학을 염두에 둔다면 당연한 일이다. 이를 통해서 우리 고전 문학 작품의 개별성과 보편성을 운위할 수 있기 때문이다.

'문학' 교과에서 고전 문학 작품은 다양한 차원에서 교육적으로 활용될 수 있지만, 그것은 앞서 언급한 것처럼 우리 문화 고유의 특징을 찾는 것과 연계되어 있다. 동시에 그것은 반드시 우리 문화 이외의 것과 부단한 소통을 통해서 "우리 공동체의 문학 문화 발전에 적극적으로 참여"(134면)하는 것과 연계되어 있기도 하다. 즉 특수성과 보편성을 동시에 생각하면서 문학 교육이 이루어져야 하고, 고전 문학 작품도 이와 같은 맥락 위에 있다. '문학'에서 다루는 고전 문학 작품이 이렇게 교수·학습되어야 '고전'과 긴밀하게 연관되면서 국어과 교육 목표에 도달할 수 있으리라 생각된다.

고전 문학 작품이 시대를 살아가는 지식인에게 하나의 교양으로서 기능해 온 것은 오래전부터다. 고전이 지니는 차별성이나 희귀성에서 기인하는 것이든, 그 내용이 포함하고 있는 보편적 가치 때문이든 어느 시대에나 고전은 늘 계몽적 차원과 연결되어 논의되어 왔다. 말하자면 문학 작품 감상에서 오는 즐거움을 고전 문학 작품에서 느끼기가 쉽지 않았다는 의미이기도 하다. 똑같은 문학 교육이지만 현대 문학과 고전 문학 사이에는 넘기 힘든 간극이 있었다. 그 간극이 양자 사이의 본질적인 차이에서 비롯한 것이든 일종의 관행에서 비롯한 것이든 우리는 그 차이를 암묵적으로 당연하게 받아들여 왔던 것도 일정 부분 사실이다. 최근 들어 현대 문학과 고전 문학 사이의 거리가 허구라는 것을 공유하는 분위기가 강해지긴 했지만, 여전히 양자는 서로 다른 분야로 남아 있다.

'역사적 이해의 원근법'이라는 이름 아래 고전 문학이 문학 교육으로서의 공통 영역에 참여하면서도 현대 문학 교육과 구별되는 지점이 도대체 어디에서 비롯하는지를 논의하는 과정에서, 김흥규 교수는 일곱 단계의 층위를 설정한 바 있다.

---

1 교육과학기술부, 「국어과 교육과정」 교육과학기술부 고시 제2012-14호(별책 5), 2012, 144면. 이후 「국어과 교육과정」을 인용할 때는 본문에 이 자료의 면수만 밝힌다.

① 텍스트에 관한 서지적(書誌的) 이해, ② 텍스트 언어의 해독, ③ 장르적 관습, 장치, 특성의 이해, ④ 작품과 관련된 사회적 문화적 요인, 환경 및 작자에 관한 이해, ⑤ 작품에 대한 느낌, 심미적 반응의 형성, ⑥ 작품 해석, ⑦ 작품에 대한 소감, 평가 등이 그것이다.[2] 현대 문학에 비해서 고전 문학은 교수·학습 과정에서 ①과 ②가 사전 지식으로 더 제시되고 ③과 ④가 비교적 강조되어 제공되어야 한다. 이는 근대 이전의 문자 및 언어, 한문에 대한 지식 등이 언제나 작품 이해의 전제 조건이라는 점이 교육적으로 고려된다는 의미를 내포한다. 그런 점을 생각할 때 한자(한문)를 비롯한 근대 이전의 문화에 익숙하지 않은 지금의 학습자에게 고전 문학이란 즐기는 대상이라기보다는 고통스럽게 독해해야만 하는 대상으로 인식되기 십상이었다.

이러한 맥락에서 고전 문학 교육의 새로운 길을 모색하는 것은 쉽지 않은 일이다. 게다가 작품 속에서 이야기를 찾아 흥미를 유발시킬 계기를 내함(內含)하고 있는 고전 산문에 비해 그러한 계기를 찾기 어려운 고전 운문의 경우는 교사의 심도 있는 공부와 다양한 교수·학습 방법을 모색하는 고민이 필요하다. 이런 노력이 고통의 대상을 즐김의 대상으로 전환시킬 수 있을 것이다.

2——고전 운문의 운율 체험과 문화적 층위의 체득

읽기와 쓰기가 국어 교과에서 중요한 위치를 차지한다는 것이야 당연히 강조되어야 하지만, 문학 교육에서 읽기는 하나의 출발점이라 할 수 있다. 고전 운문의 경우 원전이 학습자에게 수용되는 과정을 정리하면 대체로 '텍스트 → 독해 → 의미 해석 → 감상'[3]의 과정을 거친다. 고전 산문에 비해 운문의 언어는 대체로 함축적이고 짧은 형식과 문장으로 되어 있으므로 텍스트의 독해에서 의미 해석으로 이

---

2 김흥규, 「고전 문학 교육과 역사적 이해의 원근법」, 『한국 고전 문학과 비평의 성찰』, 고려대학교출판부, 2002, 309면 인용.

3 용어는 연구자에 따라 다양하게 사용된다. 이 글에서는 용어를 정확하게 정의하자는 것이 아니므로 평범한 수준에서 사용하였다. '텍스트'는 고전 운문 작품의 원전 자체만을, '독해'는 근대 이전의 언어를 지금의 언어로 바꾸는 작업을, '해석'은 작품의 의미를 풀어내는 작업을 지칭하기로 한다.

어지는 일련의 과정을 꼼꼼하게 진행해야 한다. 그 과정에서 우리는 운문이 지니는 특징적인 부면을 충분히 살리면서 풍부한 의미 해석에 도달해야 한다.

고전 산문과 비교할 때 운문은 상대적으로 강한 함축성과 율격을 지니고 있다. 현대 문학에서도 마찬가지겠지만, 이러한 특징은 고전 운문을 교수·학습할 때 충분히 고려되어야 온전한 감상에 이를 수 있다. 또 하나는 운문 작품을 감상하기 위해서는 작품 주변의 다양한 요소들을 고려해야 한다는 점이다. 물론 작품 외적 요소가 강조되면 작품을 감상하는 데에 방해가 되기도 하지만, 고전 운문의 경우에는 그 작품이 창작된 시대적·공간적 배경과 작가의 생애 등을 고려하며 해석할 때 더욱 풍성한 의미를 발견하거나 부여할 수 있다.

문학에서의 고전과는 편차가 있겠지만, '고전' 교과와 관련하여 이 점을 생각해 볼 수도 있을 것이다. 국어과 교육과정에 제시되어 있는 '고전'의 세부 내용은 '고전의 가치, 고전의 탐구, 고전과 국어 활동, 고전에 대한 태도'이다. 이들 각각의 항목에 대한 해설을 보면 작품에 대한 문학(내)적인 이해, 예컨대 비유나 상징, 이미지, 운율, 갈래 등과 같은 문제에 집중하기보다는 교양인으로서의 태도 함양, 시대를 초월한 고전의 지혜, 현대의 문제를 해결하기 위한 고전의 활용, 인성 함양 및 삶의 성찰 등과 같은 지점에 집중해 있다. 이는 앞서 제시한 역사적 이해의 원근법의 방식으로 이야기하자면, ①~⑥보다는 ⑦에 치중하는 구조이다. 물론 이 점이 중요하지 않은 것은 아니지만, 적어도 앞의 단계에 대한 충분한 이해를 어떻게 담보할 것인가 하는 문제가 현장에서는 큰 걸림돌이 될 가능성이 높아 보인다.

1) 몸으로 느끼는 고전 운문 체험과 낭송의 재발견

처음 읽는 고전 운문 작품을 만나면 학습자는 내용을 파악하기 위해 먼저 텍스트를 읽어 본다. 읽는 과정에서 학습자는 모르는 단어나 구절이 얼마나 있는지 확인하기도 하고, 자신이 읽어 본 다른 작품들과 어떤 차이점이나 같은 점이 있는지를 찾아보기도 하며, 어떤 갈래에 속하는 것인지도 생각해 본다. 학교 현장마다 차이가 있겠지만 고전 운문 작품을 공부하는 가장 좋은 방법은 학습자가 실제로 작품을 읽으면서 그 과정에서 생겨난 의문을 해소하는 것이다. 일정 부분 교사의 도움이 필요하겠지만, 이러한 수업 방법의 일차적인 의도는 학습자가 스스로의 힘으로 작품을 읽고 의미를 찾아가며 나아가 자신의 다양한 생각들과 연결시키게 하는 것이다. 혼자 힘으로 서도록 도와주는 것이 교육이라면 고전 운문 교육 역시 마찬가지다.

학습자가 텍스트를 읽는 것으로 운문 작품 이해의 첫발을 뗀다고 했을 때, 우리가 가장 먼저 떠올릴 수 있는 것은 낭송이다. 동서양을 막론하고 근대 이전 지식인들이 독서 방식으로 낭독(혹은 낭송)을 다수 채택했다는 점은 이미 널리 알려진 사실이다. 묵독이 독서 형태를 바꾸기 전까지 낭독은 독서의 주도적인 방식이었다. 우리나라 역시 마찬가지다. 조선 후기에 소설을 낭독했던 전기수(傳奇叟) 이야기는 널리 알려져 있거니와, 이러한 방식은 읽고 듣는 문화가 사회 전반에 퍼져 있었기 때문에 가능했다. 책을 낭송하는 전통은 경기 민요를 부르는 사람들을 중심으로 지금도 전해 오며, 그것을 '송서(誦書)'라고 부른다. 이런 방식의 독서가 형성된 것은 높은 문맹률도 한몫했겠지만, 적어도 낭독이나 낭송은 작품을 읽는 재미를 배가시키는 또 하나의 방식이었던 것이다.

여기에 기억해야 할 것이 한 가지 더 있다. 우리나라의 고전 운문 작품들은 모두가 음악이었다는 사실이다. 누구나 알고 있으면서 정작 작품을 대할 때에는 그 점을 잊는다. 우리가 공부하는 고전 운문 작품의 대부분은 노래 가사인 셈이다. 근대 이후 학문의 세분화와 함께 문학이 음악이나 기타 분야의 예술과 결별하면서 운문 작품 역시 그것의 형성에 중요한 역할을 했던 분야를 잃어버리고 말았다. 시조만이 남아서 음악과 문학이 하나의 예술적 장(場)에서 만들어졌음을 증언하고 있을 뿐, 대부분의 고전 운문 작품은 문자로 표현되어 정지된 상태로 우리 앞에 제공되고 있다.

묵독은 문자를 매체로 한 언어 이해의 기량인 데 비해 낭독은 자연 언어의 문법에 맞춰 문자로 표현한 텍스트를 독자가 보고 다시 음성 언어로 재현하는 작업이므로 언어 교육에서도 주목을 받는 방법이다.[4] 문학 교육에서도 낭독은 오랫동안

---

4 박인진, 「낭독에 대한 언어학적 고찰」, 『언어 과학』 제14권 제3호, 한국언어과학회, 2007, 41면 참고.

사랑받아왔던 교육 방법이며 지금도 여전히 이루어지고 있다.[5] 현대 소설 단원을 비롯한 현대 산문 문학 작품을 처음 배울 때 소리 내어 읽게 한다든지, 희곡 작품을 배역에 따라 실감 나게 읽어 본다든지 하는 것은 널리 시행되어 왔다. 시조 갈래의 경우도 낭송하는 방식을 활용하여 교수·학습을 해 왔다.[6] 그렇지만 7차 교육과정 이후 낭송의 방식은 이전에 비해 현저히 줄어들면서 고전 운문에서조차 사용하는 경우가 드물어졌다.

애초에 노래였던 대부분의 고전 운문 작품을 제대로 느끼고 이해하기 위해서 낭송은 중요한 독서 방법이다. 그것은 고전 소설을 낭독하는 송서와는 또 다른 측면이 있다. 송서는 많은 경우 청자(독자)를 상정하고 이루어지지만, 고전 운문의 낭송은 혼자 있을 때에도 많이 이루어졌다. 청중들이 있는 자리에서 노래를 부르기도 했지만, 혼자 단순한 노동을 할 때나 외로움을 달래기 위해서 노래를 부르는 경우가 많았다. 따라서 학습자 역시 고전 운문 작품을 낭송하면 처음 만나는 낯선 작품에 쉽게 친근해질 수 있으며, 해당 작품이 지닌 특유의 운율을 느낄 수 있다.

원순문(元淳文) 인로시(仁老詩) 공로사륙(公老四六)

이정언(李正言) 진한림(陳翰林) 쌍운주필(雙韻走筆)

충기대책(沖基對策) 광균경의(光鈞經義) 양경시부(良鏡詩賦)

위 시장(試場) 경(景) 그 어떠하니잇고

금학사(琴學士)의 옥순문생(玉筍門生) 금학사(琴學士)의 옥순문생(玉筍門生)

위 날조차 몇 분이닛고

                                              ―한림제유, 「한림별곡」에서[7]

널리 알려진 「한림별곡」 제1장이다. 이 작품을 처음 대하는 학습자의 경우 그 내

---

5 최지현, 「독서 교육에서 낭독의 의의에 대한 재음미」, 『독서 연구』 제24호, 한국독서학회, 2010, 참고.

6 고전 운문 분야의 낭송과 관련해서는 시조에서 약간의 성과가 제출되어 있다. 2003년 한국시조학회에서 낭송과 관련하여 전국 학술 대회를 연 바 있고, 그 성과는 『시조학 논총』 제19집(한국시조학회, 2003)에 수록되어 있다.

7 임형택·고미숙 엮음, 『한국 고전 시가선』, 창비, 2006, 57면. 이후 인용된 작품 역시 출처는 『한국 고전 시가선』이며, 본문에 이 자료의 면수만 밝힌다.

용을 파악한다는 것은 불가능한 일이다. 현재 이 노래를 복원하지 못했기 때문에 노래로 이 작품을 접하거나 배울 수는 없다. 이 작품을 교수·학습할 때 대체로 단어와 구절의 의미가 무엇인지, 등장인물은 어떤 행적을 보였고 그들의 역사적 공과(功過)는 무엇인지, 이들이 활동했던 시대는 어떠했는지, 그들은 어떤 계층에 속하는지 등과 같은 것을 나열해 왔다. 고려 후기의 역사 환경을 파악하기에도 서투른 학습자들이 그 시대를 살았던 낯선 인물들에 관해 듣고 안다는 것은 참으로 어려운 일이다. 이규보(李奎報)나 이인로(李仁老), 진화(陳澕) 정도의 이름 외에는 이름을 듣는 것도 어쩌면 처음일 것이다. 그것도 이름이 직접 거론되지 않고 그들의 장기인 한문학 갈래나 벼슬 이름과 함께 나열되고 있으니, 약간의 사전 지식마저도 소용이 없다. 그런데 교사는 발음도 어려운 사람들의 이름과 낯선 역사적 환경을 가르치고 있다. 이런 사정이 어찌 경기체가에만 국한된 것이겠는가. 난이도 차이만 있을 뿐 대부분의 고전 운문이 비슷한 처지일 것이다.

처음 접하는 작품을 큰 소리로 읽어 나가면 자신의 목소리를 들으면서 텍스트의 원문에 친숙해질 수 있다. 여럿이 읽어도 마찬가지다. 한두 차례 읽어 보면 그 작품이 지닌 리듬감 내지는 운율성을 자연스럽게 발견하게 되고, 거기에 맞추어 읽으면서 낭송의 즐거움을 느낀다. 이를 통해서 음운의 반복으로부터 생성되는 '운'율이나 글자의 덩어리들이 모여서 만들어 내는 운'율'을 특별한 설명 없이도 발견할 수 있다. 작품을 몇 차례 낭송한 뒤 어디에서 운율이 발생하는지 이야기를 나누어 볼 수 있다.

어떤 방향에서든 작품이 익숙해지면 단어나 구절을 독해하는 단계로 넘어가기가 수월해진다. 어려운 인명이나 단어를 쉽게 익힐 수 있다는 뜻이 아니다. 낭송도 없이 작품의 해독으로 바로 들어가는 것보다는 작품에 대한 학습자들의 흥미가 지속될 수 있다는 점 때문에 그렇다. 시조나 가사와 같이 기존에 낭송을 통해 작품 읽기를 자주 시도했던 갈래와는 달리, 학습자들이 비교적 어렵다고 여겨 왔던 갈래의 경우는 낭송을 통해 작품에 익숙해지는 것이 중요하다고 생각한다. 지속되는 흥미를 매개로 해서 내용을 숙지한 다음 다시 한 번 낭송을 하는 것이 좋다. 묵독보다는 낭송을 할 때 자신이 파악한 작품의 내용을 음미할 수 있는 시간적·심리적 여유가 생기기 때문이다. 앞서 인용한 「한림별곡」 제1장의 인명을 완전히 익히지는 않더라도 그들이 어떤 상황에서 작품에 등장했는지를 알기만 하면 이 작품에서 새로운 차원의 즐거움을 느끼게 된다.

우리가 흔히 '전대절(前大節) 후소절(後小節)' 형식으로 지칭하는 향가나 고려 가요의 경우, 전절과 후절 사이에 어떤 심미적 차이가 있는지 알아내기란 쉽지 않다. 이 작품이 원래의 모습처럼 노래로 지금까지 불리고 있다면 문제는 다를 것이다. 그렇다면 우리에게 주어진 문자 텍스트에서 그 심미적 차이를 어떻게 느낄 수 있을까.

작자가 자신이 생각하는 최고의 문인들을 나열할 때에는 이들 사이의 연관성을 찾을 수 없다. 앞서 나열된 인명을 "~경(景)"이라는 구절로 포괄하는 순간 감탄을 동반한 정서적 반응을 보이게 되는 것이다.[8] 나열과 포괄(혹은 집약)로 전절과 후절이 구성되고, 연관이 없어 보이던 사물들이 하나의 주제나 핵심어로 관통되는 것을 발견히는 순간 후절의 첫머리에 나오는 '위'라고 하는 감탄사는 낭송자의 감흥을 한층 고조시키는 것이다.

이미 교육 현장에서 적용되고 있는 것인데, 자기만의 경기체가 작품을 지은 뒤 그것을 낭송하는 것은 더욱 큰 효과를 낸다. 자신이 좋아하는 가수나 영화, 친구의 이름 등을 나열하여 전절(前節)을 구성한 뒤 그것을 포괄하는 하나의 핵심어를 내세워 '~경(景)'을 노래하는 순간 자신의 감흥이 한껏 고조되는 것을 잘 느낄 수 있기 때문이다. 이는 고전 운문 문학을 표현 교육과 연결시킨 좋은 사례라 할 수 있다. 필자 역시 수업 시간에 이러한 방법을 사용한 바 있는데, 많은 학습자가 '위~' 부분에서 감탄을 하거나 즐거워하며 박수를 치는 등 정서적 반응을 강하게 보였다.

이 같은 정서적 고양 상태에 대한 경험은 흥미롭게도 경기체가 형식을 이해하는 계기로도 작동한다. 왜 고전 운문 형식이 이렇게 구성되었는지, 그러한 구성을 통해서 어떤 심미적 효과를 얻는지, 형식과 내용이 왜 동전의 양면과 같은 것이라고 말을 하는지 등을 스스로 탐구하고 익힐 수 있기 때문이다.

---

8 '포괄화의 원리'로 알려진 이 내용은 조동일의 「경기체가의 장르적 성격」(『한국 문학의 갈래 이론』, 집문당, 1992)에서 자세히 논의되었다.

2) 고전 운문의 문화적 독법과 새로운 문화의 실천

　고전 운문을 포함한 문학 작품은 이해와 감상의 대상이라고는 하지만 그것을 이해하기 위한 선이해(先理解)로서의 문학 지식을 필요로 한다. 기본적인 용어나 인명, 문학사나 갈래 등에 대한 기초적인 이해가 없다면 문학 작품을 풍부하게 감상하는 것은 어렵다. 특히 현대 문학보다는 고전 문학이 그러하다. 고전 문학 수업이 자칫 지식 위주로 흐르기 쉬운 것도 이런 점 때문이다. 지식 위주의 수업은 학습자들의 흥미를 떨어뜨리기도 하고 유발시키기도 한다. 따라서 수업에서 교사의 역할이 매우 중요하다. 학습자는 수업 시간에 익힌 지식을 통해 고전 문학 작품을 공부해 나가는 것이며, 그 과정에서 인식의 즐거움이나 발견의 즐거움을 느끼기 때문이다.[9] 지식'만'을 중심에 놓고 이루어지는 수업은 문제가 있지만, 그렇다고 해서 지식을 주변부로 밀어내고 작품 자체만을 통해 감상을 하자고 한다면 그 수업 역시 문제다.

　그렇다면 그 지식은 어떤 점에 집중되어 있는 것일까? 고전 운문 작품을 가르칠 때 교사는 작가와 창작 배경, 작품의 기초가 되는 철학적 배경 등을 거론한다. 작품을 통해 이러한 내용을 함께 배울 수 있다면 국어과 교육 목표 중 하나인 교양인으로서의 능력을 신장시키는 데에 도움이 될 수 있다. 그러나 더욱 중요한 것은 작품에 스며 있는 문화적 층위를 익히는 것이다.

　　　청산은 어찌하여 만고에 푸르르며

　　　유수(流水)는 어찌하여 주야에 그치지 않는고

　　　우리도 그치지 마라 만고상청(萬古常青)하리라

　　　　　　　　　　　　　　　　　　　　　　　　　—이황, 「도산십이곡」에서 (107면)

　　　구곡(九曲)은 어디메오 문산(文山)에 세모(歲暮)커다

　　　기암괴석(奇巖怪石)이 눈 속에 묻혔어라

9　이 점에 대해서는 염은열의 「고전 문학의 교육적 발견」(역락, 2007) 181면에서 거론된 바 있다.

유인(遊人)은 오지 아니하고 볼 것 없다 하더라

―이이, 「고산구곡가」에서 (109면)

　이황의 「도산십이곡」이나 이이의 「고산구곡가」는 교과서에 널리 수록되어 읽히는 작품이다. 어느 교과서든 이 작품들을 통해서 조선 시대 성리학자들의 노래에 대한 인식이라든지 그들의 철학적 태도를 말한다. 특히 자연을 바라보는 그들의 시선을 통해서 조선의 성리학이 어떻게 고전 운문 작품에 반영되고 표현되는지를 말하고 있다. 성리학은 자연의 운행에서 그 이면의 규칙적인 법칙이나 원리를 찾아내고, 그렇게 발견한 원리를 통해서 세계와 인간을 해명하려는 학문이다. 그러니 이황의 작품에 등장하는 '청산'과 '유수'는 '만고상청'이라는 단어로 수렴된 것처럼 영원히 변치 않는 존재를 상징하며, 그것을 통해 세계를 구성하는 '이(理)'를 표현하는 사물들이다. 이이의 작품에 등장하는 '문산'은 기암괴석으로 가득한 아름답고 기이한 경치를 숨기고 있는 곳인데, 눈으로 덮이는 바람에 그 진가를 발견하지 못하고 있다. 유람객들이 그 진면목을 모르고 이곳까지 오지 않는 것에서 이이는 성리학의 오의(奧義)를 끝까지 탐구하려 하지 않는 동시대의 선비 계층에 경종을 울리고자 했다. 사실 이 정도의 해설은 어느 고등학교 교과서를 보든 등장하는 내용이다.

　그러나 이러한 점만을 부각하고 끝낸다면 우리는 시조 갈래를 통해서 배울 수 있는 문화적 층위를 상당 부분 놓치는 결과를 낳는다. 작품을 구성하는 소재나 구절에 어떤 철학적 의미가 담겨 있는지를 파악하고 그것을 통해서 조선 성리학자들의 자연관을 안다는 것 역시 이 작품을 읽는 즐거움 중의 하나겠지만, 어째서 성리학자들은 그런 내용을 시조라는 운문 갈래로 표현했으며 그것을 어떤 방식으로 즐겼을까 하는 의문은 풀리지 않는다.

　조선 시대 지식인들의 놀이 문화는 다양하게 존재했지만 그중에서도 자연 속에서의 놀이는 수양과 풍류 모두를 합일시키는 방법이었다. 앞서 언급한 것처럼 자연 속에서의 놀이를 즐기는 가운데 성리학적 철리(哲理)를 깨닫는 것도 그들의 기쁨이었지만, 그러한 배경을 깔고 이루어지는 풍류야말로 그들의 놀이를 한층 더 품격 있고 우아하게 만들어 주는 요인이었다. 이러한 계열에 속하는 조선 전기 시조 작품을 강호가도(江湖歌道)라고 다루어 왔는데, 그 상대편에는 고려 가요에 대한 조선 사대부들의 비판적 인식이 자리하고 있었다. 모든 시조가 그러했던 것은 아니지만, 적어도 이황의 「도산십이곡」은 고려 가요가 가지고 있는 정서적 반응의 과잉과 그로 인한 인간 성정의 불균형을 우려하고 비판하는 자리에서 탄생한 것은 분명하다. 술자리에서 질탕하게 놀면서 고려 가요를 불렀던 고려 후기의 사대부와는 달리 조선의 사대부들은 성리학적 수양을 통해서 자신의 감흥을 좀 더 절제하여 우아한 삶을 보여야 한다고 생각했다.

이러한 맥락에서 시조를 부르며 즐기는 그들의 풍류는 자연의 아름다움을 절제 있게 즐기고, 이를 통해 세속적 욕망을 멀리함으로써 정신적 청정의 세계에 도달하기를 원했다. 이를 '계산 풍류(溪山風流)'라고 할 수 있다.[10] 이는 당시 사족(士族)들의 정치저·사회적·문화적 성장과 관련을 맺으며 꾸준히 이어졌다. 이황 학맥이 대체로 '육가계(六歌系)' 노래를 즐겼고 이이 학맥이 '구곡계(九曲系)' 노래를 즐기면서 약간의 차이를 보이기는 했지만, 번우한 세상을 벗어나 자연 속에서 유유자적하는 그들의 삶을 작품 속에서 읽어 내는 일은 철학적 입장을 읽어 내는 것 이상으로 중요한 지점이다. 동아시아의 관점에서 보면 이것은 주희의 「무이도가(武夷櫂歌)」의 풍류와 문학적 전통을 이은 것이기도 하다. 이는 마치 소식(蘇軾)의 「적벽부(赤壁賦)」가 칠월 열엿샛날 밤의 뱃놀이라는 새로운 풍류 양태를 유행시킨 것과 비슷한 맥락이라 할 수 있다.[11] 조선의 사대부들은 이렇게 동아시아의 문학적 전범을 익히는 과정에서 자신들의 환경에 걸맞은 풍류와 문화를 만들어 나갔다.

사대부들이 풍류를 즐기는 모습과 태도를 작품에서 읽어 냄으로써 그들이 즐기는 자연은 어떤 것이었는지, 그들의 삶에서 어떤 의미를 가졌던 것인지, 그리하여 그들의 삶이 다른 시대나 계층 사람들과 어떻게 달라졌는지를 말할 수 있게 된다. 그 속에서 창작되고 향유된 운문 작품을 즐김으로써 우리 역시 그들의 감흥을

---

10 계산 풍류에 대해서는 임형택의 「16세기 광(光)·나주(羅州) 지역의 사림층과 송순의 시 세계」(『한국 문학사의 논리와 체계』, 창작과비평사, 2002)에서 자세히 다루었다.

11 이 문제는 필자가 「놀이 문화의 이상: 소식의 적벽부의 교육적 독법」(『문학 교육학』 제5집, 한국문학교육학회, 2000)에서 다룬 바 있다.

알고 느끼게 되며, 이를 통해서 지금 우리 시대의 풍류를 돌아보며 어떻게 우리의 삶 속에서 양질의 문화를 만들어 나갈 것인가를 생각해 보는 것이다. 고전 운문을 읽고 감상하는 과정에서 자연스럽게 과거의 아름다운 풍류 전통을 체득하게 되고, 그것은 이 시대를 살아가는 우리의 실천을 통해 새로운 문화로 재탄생할 수 있게 된다.

3──고전 운문 교육의 다양한 논의를 위하여

고전 운문 교육을 어떻게 할 것인지에 대한 이야기는 경우에 따라 천차만별로 달라질 수 있고, 그들 나름의 정당성을 가지고 있기 때문에 절대적 기준으로 재단할 수 없다. 그렇지만 우리가 국어과 혹은 '문학', '고전'의 교육 목표를 설정할 때 고전 운문 작품을 지식의 대상으로 삼거나 그 속에 감추어져 있는 절대적 의미나 진리를 찾아야만 하는 대상으로 다루지 말아야 한다는 것에는 많은 부분 동의할 것이다. 중요한 것은 고전 운문 작품을 감상하고 즐기는 것으로 대해야 한다는 점이며, 이러한 과정을 통해 고전 운문 교육이 자연스럽게 자기 정체성을 갖춘 세계 시민으로서의 교양인이 되는 데에 기여해야 한다는 점이다.

이를 위해 필자는 낭송의 즐거움을 재발견해야 한다는 점, 옛사람들의 삶을 섬세하게 살펴서 문화의 전통적 차원을 충실히 익혀야 한다는 점을 제안했다. 그러나 고전 운문 교육에서 어찌 이 두 가지만 중요한 요소이겠는가. 많은 요소가 있고 다양한 시각으로 작품을 다룰 수 있으며, 그 작품을 읽은 많은 생각이 존재한다. 그것들을 어떻게 엮어 고전 운문 작품이 학습자들의 삶을 문화적으로 풍요롭게 할 것인지에 대한 상세한 논의들이 필요하다. 이 글은 그러한 논의로 가는 작은 첫 걸음인 셈이다.

문법 교육의 문제, 새로운 돌파구를 찾아서 　최형용

1──학교 문법 교육의 현실

질문 1: "선생님, 그거 시험에 나오나요?"

위 질문은 중학교, 고등학교가 아니라 대학교 전공 문법 시간에 중간고사를 앞두고 한 학생이 교수인 필자에게 던진 질문이다(이런 질문은 맥락에 대한 이해를 돕기 위해 뒤에서도 몇 개 더 제시될 예정이다). 국어국문학을 전공으로 선택한 대학생이 이런 모습이라면 중학교나 고등학교의 현실은 불을 보듯 뻔한 일이다. 입시라는 무형의 감옥에서 힘겹게 탈출한 학생들에게, 공부는 여전히 시험의 대상이 되는 것에 한정되고 있음이 단적으로 드러난 사례라 할 것이다. 다른 과목도 이러한 사정에서 완전히 자유롭다고 할 수는 없을지 모른다. 그러나 앞의 질문은 유독 문법이 그 속에서 흥미를 찾기 어렵고, 일상생활과 직접적으로 연관된다든가 하는 특별한 재미를 느끼기도 힘들기 때문에 시험에 나오는 부분을 울며 겨자 먹기 식으로 공부해야 하는 학생들의 심정을 대변하는 것이라고 해석된다.

현재 문법은 학교 교육의 현장에서 크게 두 가지 방식으로 학생들을 괴롭히고 있다. 하나는 '국어'라는 테두리 안에서 그 모습을 감춘 채이고 다른 하나는 대담하게도 '독서와 문법'이라는 선택 과목으로 그 모습을 적나라하게 드러낸 채이다. 앞의 것은 국어를 버릴 수는 없으므로 그 안에 들어 있는 문법 내용에 대해 간단히 혹은 요점만, 경우에 따라서는 한꺼번에 몰아서 접하게 되거나 심하게는 문법 내용을 건너뛰는 경우도 있다고 한다.

사정이 이럴진대 이러한 맥락에서 접하게 되는 문법이 재미있을 수 없는 일이고 그것에 흥미를 가진다는 것은 아주 특이한 학생이 아니고서야 바라기 힘든 일이다. 필수 과목 수업이 이런 상황이라면 선택 과목인 '독서와 문법'은 더 말할 나위도 없다. 원래는 국정 교과서로 '문법'이 독립되어 있다가 '독서와 문법 I, II'의 시기를 거쳐 이제는 단권 '독서와 문법' 속에 위치한 '문법'은 더부살이로서도 그 지위가 점점 하락되어 언제 무너질지 모르는 모래성처럼 위태롭기까지 하다. 입시에서 몇 문제로라도 문법이 출제되기 때문에 그에 대한 대비로서의 학습이 문법의 명맥을 이어 가는 상황이다.

이 글에서는 이러한 현재의 상황을 극복하기 위해 필자 나름대로 대안을 찾아보고자 한다. 이에 대해 본격적으로 살펴보려면 문법 연구와 문법 교육이 어떤 관계에 놓여 있었는지 그간의 상황을 간단히 언급하는 것으로부터 논의를 시작할 필요가 있다.

2─── 문법 연구와 문법 교육의 관계

교육 대상으로서의 문법에, 역설적이기는 하지만 좋은 시절이 아예 없었던 것은 아니다. 우선 우리도 서양처럼 교육 대상으로서의 문법과 연구 대상으로서의 문법이 구별되지 않았던 시기가 있었다. 이른바 개화기로 일컬어지던 시기에는 한 나라가 바로 서기 위해서 글, 곧 문(文)에 대한 질서 정립이 뒷받침되어야 한다고 보았다. 이에 대해서는 주시경 선생이 1910년에 쓴 역저(力著) 『국어 문법』 서문의 앞부분을 참고하는 것으로 충분하다고 생각된다.

우주 자연(宇宙自然)의 이치로 지구가 이루어지매 그 표면이 수륙(水陸)으로 나뉘고 육지[陸面]는 강, 해, 산악, 사막으로 각 구역을 경계 짓고 인종도 이에 따라 구역마다 같지 아니하며 그 언어도 각각 다르니 이는 하늘이 경역을 각각 세워 한 경역의 땅에 한 종족의 사람을 낳고 한 종족의 사람에게 한 종류의 말을 발하게 한 것이다. 이러한 까닭으로 하늘이 명령한 성(性)에 따라 그 경역에 그 종족이 살기에 알맞으며 그 종족이 그 말을 말하기 적합하여 천연(天然)의 사회로 국가를 이루어 독립이 각각 정해지니 **경역은 독립의 터[基]요 종족은 독립의 몸[體]이요 언어는 독립의 성(性)이라 성(性)이 없으면 몸이 있어도 몸이 아니요 터가 있어도 터가 아니니 국가의 성쇠(盛衰)도 언어의 성쇠에 있고 국가의 존부(存否)도 언어의 존부에 있는 지라.** (강조는 인용자)

일본의 주권 침탈 이후에는 이러한 시각이 보다 절실해져서 민족어, 즉 국어의 수호가 곧 시대적 사명으로 인식되었다. 이 시기에는 비록 흥미나 재미와 같은 부수적인 요소가 끼어들 틈이 없었지만 문법은 의심할 바 없는 세력을 구가했다. 그러다가 1960년대를 전후하여 교육 대상으로서의 문법과 연구 대상으로서의 문법이 각자의 길을 걷기 시작하면서 문법의 개념과 영역이 서로 분리되었을 뿐만 아니라 그 태도도 구별되어 연구 대상과 교육 대상으로 나뉘기에 이르렀다.

지금의 관점에서 연구 대상으로서의 문법과 교육 대상으로서의 문법을 구별해 주는 가장 손쉬운 예는 일반인(안타깝지만 이 경우 앞의 질문을 제기한 학생, 그리고 그 학생에 심적으로 동조하는 국어국문학 전공 학생도 일부 포함될 듯하다)이 국어 문법 전공자에게 던지는 다음과 같은 질문에서 찾을 수 있다.

질문 2: "문법은 너무 어려워요. '맞히다'와 '맞추다'를 어떻게 구별하나요?"

필자가 전공 밖의 영역에서 문법 전공임을 밝힌 후에 듣게 되는 질문도 대부분이 '맞춤법'과 관련한 것이다. 그러나 맞춤법은 (적어도 현재에는) 교육 대상으로서의 문법에서는 실용적인 목적에서 표기와 관련하여 중요하게 다루고 있지만(사실 뒤에 나오는 것처럼 맞춤법이 문법 교육에 포함된 것은 그리 오래되지 않았다), 이는 언어 규범에 해당하는 것이므로 순수 연구 대상으로서는 다루는 일이 거의 없다.

이렇게 놓고 보면 문법 연구와 문법 교육이 서로 별개의 것인 것처럼 오해하기 쉬울 것 같다. 그러나 그렇다고 볼 수는 없다. 문법 교육은 문법 연구를 통해 토대를 제공받는 것이기 때문이다. 가령 국어의 품사를 명사, 대명사, 수사, 동사, 형용사, 관형사, 부사, 감탄사, 조사로 9개라고 하는 것은 어디까지나 문법 교육을 위한 '약속'이다. 그런데 이렇게 9개 품사가 '약속'되어 나오기까지 품사에 대한 연구가 얼마나 치열하게 전개되었는지에 대해서는 간단히 정리하기가 쉽지 않다. 1963년에 지금과 같이 9개 품사가 '학교 문법 통일안'이라는 이름으로 결의되었다. 하지만 이를 반대하는 학자 가운데는 홀로 10개 품사를 주장하여 이를 관철한 교과서가 검인정의 터널을 무사히 통과해 학교에서 통용된 적도 있다. 지금이라면 이러한 반항은 상상조차 할 수 없는 일이다. 또한 문법을 연구하는 학자들 가운데는 품사를 적게는 5개만 인정한 경우도 있었고 많게는 13개까지 인정한 경우도 있었다는 것을 염두에 둔다면 9개 품사로 통일한 것은 놀라운 일이다. 만약 연구 대상으로서의 문법이라면 5개를 주장하는 견해와 13개까지를 주장하는 견해가 왜 그렇게까지 달라지는지를 따지는 것이 매우 흥미로운 주제가 될 것이다. 하지만 교육 대상으로서의 문법에서는 이러한 그간의 사정을 일일이 밝히는 것보다는 약속된 9개 품사의 특성을 일관되고 체계적으로 '가르치는' 것에 방점이 찍히기에 그 둘 사이에는 차이가 생기는 것이다.

또한 문법이 연구 대상과 교육 대상으로 갈라지면서 그 외연도 일치하지 않게 되었다는 사실을 언급할 필요가 있다. 순수 연구 대상으로서의 문법은 그야말로 '문(文)', 즉 문장과 관련되는 '단어'와 '문장'으로 그 영역을 한정하는 것이 일반적이다. 즉 연구 대상으로서의 문법론은 단어를 대상으로 삼는 형태론과 문장을 대상으로 삼는 통사론을 하위 영역으로 삼고 있다. 이에 비해 교육 대상으로서의 문법은 연구 대상과 교육 대상이 구별되지 않았던 시기의 범위를 따라 소리에서부터 문장, 문장을 넘어서 담화, 그리고 맞춤법 등 어문 규범에 이르기까지를 영역으로 삼고 있다.

한편 문법 연구 대상이 모두 문법 교육 대상으로 전환되는 것은 아니라는 점도 주의할 필요가 있다. 역설적으로 들릴지 모르겠지만, 이는 문법 연구에서 의견이 첨예하게 갈리는 '뜨거운' 주제일수록 교육의 대상으로서는 적절하지 않다고 판단했던 데 이유가 있다. 검인정 체제로 발행되던 문법 교과서를 1985년도에 처음으로 국정으로 통일하면서 1984년도에 검토용 『문법』을 배포하였다. 이 책에서 보조사 '은/는'을, 가령 "철수는 학교에 간다."라는 문장에서 '철수에 대해 말하자면'의 의미 즉 '언급 대상성(aboutness)'을 지칭하는 '주제(theme)'와 관련된 것으로 제시했다. 그런데 이에 대한 견해가 일치하지 않아 정작 1985년도에 출판된 고등학교 『문법』에는 이 부분이 삭제되었는데, 이 경우가 그 예이다.

이렇게 보면 문법 연구는 문법 교육과 매우 복잡한 관계에 놓여 있음을 알 수 있다. 문법 연구의 내적 문제 혹은 문법 교육 대상으로서의 적정성 판단에 따라 얼마든지 문법 교육의 범위는 변화될 수 있기 때문이다. 그럼에도 불구하고 중요한 것은 문법 연구가 문법 교육의 바탕이 되는 것에는 변함이 없다는 사실이다.

이 시점에서 살펴보면 교육 대상으로서의 문법은 연구 대상으로서의 문법과는 달리 일상의 언어생활과 관련된 내용의 비중을 점점 높여 가고 있다. 올바른 맞춤법을 묻는 앞의 '질문 2'가 연구 대상으로서의 문법 시간이 아니라 교육 대상으로서의 문법 시간에 나오게 된 것도 이와 연관되어 있고, 품사를 다루면서 사전(辭典)의 정보를 이용하는 방법을 함께 소개한다든가 단어 형성의 원리를 학습하면서 실제로 동아리나 가게의 이름을 지어 보게 한다든가 하는 것이 모두 이러한 맥락에서 이해가 가능하다. 즉 교육 대상으로서의 문법은 그 나름대로의 실용성을 추구하면서 소극적이나마 피교육자의 호기심을 자극하려고 노력하는 것이다.

3──문법 교육, 왜 필요한가?

그렇다면 이제 본격적으로 문법 교육은 왜 필요한지 생각해 볼 차례가 되었다.

다음의 질문을 이러한 맥락에서 이해해 보도록 하자.

질문 3: "선생님, 문법이 없어도 국어를 사용하는 데 어려움이 없지 않나요?"

위의 질문에서 알 수 있는 것처럼 사실 문법을 배우지 않더라도 국어를 읽고 쓰는 데 별 어려움을 겪지 않는다고 생각하는 사람이 적지 않다. 또한 이러한 측면에서 보면 쓰기에 직접적인 도움을 주는 맞춤법이 교육 대상으로서의 문법의 핵심 내용으로 생각되는 이유를 알 수 있을 것 같기도 하다. 문법을 배우지 않아도 국어를 읽고 쓰는 데 별 어려움을 겪지 않고 문법을 배웠더라도 국어를 읽고 쓰는 데 큰 도움이 된다고 느끼지 못한다면 왜 재미없고 어려운 문법을 (앞에서 언급한 것처럼 '독서'에 더부살이를 하는 등 비록 그 지위가 상당히 추락해 있긴 하지만) 교과 과정에서 빼지 않는 것일까?

지금까지의 논의를 참고한다면 이 질문에 대해서는 적어도 주시경 선생이 활동하던 시기에는 그 답을 누구나 알고 있었다고 할 수 있다. 국어 문법을 연구하고 가르친다는 것은 곧 민족의 생존과 직결되는 것이었고, 국권 상실을 겪은 후에는 '국어'를 '국어'로 부르지 못하는, '국어'가 '조선어'로 강등된 현실을 경험하였을 뿐만 아니라 그나마 이것도 사용하지 못하게 된 상황에 직면하여 '조선어학회 사건'을 체험한 이들에게는 굳이 그 필요성을 설명하지 않아도 되었을 것이다.

그러나 다시 그러한 상황에 처하지 않기 위해 문법을 교육하는 것이라고 답변하자는 뜻은 물론 아니다. 주시경 선생과 같은 시기를 살았던 사람들에게도, 그에 비하면 비교도 안 될 만큼 발전한 오늘의 한국을 살고 있는 사람들에게도 문법 교육이 필요한 이유는 문법이 단순히 국어 사용법만을 의미하는 것은 아니라는 데에 해답의 실마리가 있다. 문법을 통해 우리가 배워야 할 것은 좁게는 국어에 담겨 있는 '원리'이고 넓게는 그 원리를 통한 '사유의 방법'이다.

문법을 몰라도 국어를 사용하는 데 어려움이 없다고 할 수 있다. 그러나 이것은 사실 국어의 문법을 모른다는 것과는 다르다. 이미 알고 있는 사실로부터 그 원리를 끄집어내고 그 원리를 끄집어내는 방법을 탐구하는 것이 바로 문법의 역할이다. 가령 끝말잇기 게임을 한다고 가정해 보자. '사과-과일-일기' 다음에는 어떤 말이 올 수 있을까? '기름, 기차, 기계' 등은 가능하지만 '기다랗다, 기지개를 켜다'와 같은 말에는 고개를 갸우뚱할 것이다. 왜 이런 현상이 생길까? 이것은 '사과-과일-일기'의 유사성이 '기름, 기차, 기계'에는 이어지지만 '기다랗다, 기지개를 켜다'에는 이어지지 않는다고 판단하기 때문이다. 문법에서는 '사과, 과일, 일기, 기름, 기차, 기계'는 '명사(名詞)'로 부르고 '기다랗다'는 형용사(形容詞), '기지개를 켜다'는 구(句)라는 명칭을 부여한다. '사과, 과일, 일기, 기름, 기차, 기계'는 그 속성이 공통된다는 것을 '명사'라는 일종의 추상적 원리를 통해 가르치는 것이 문법 교육이다. 따라서 '명사'를 모른다고 해서 끝말잇기 게임을 못하는 것은 아니지만, '명사'라고 하는 추상화 과정을 통해서 국어에 존재하는 원리를 익히고, 이러한 원리를 적용해서 보다 고도의 사유를 가능하게 하는 것이 문법 교육의 궁극적인 목표라고 할 수 있다. 이는 주시경 선생도 알고 있었고 가르치고자 했던 것이다. 다만 그것이 시대적 상황 속에서 부각되지 않았을 뿐이다. 만약 국어를 잘 사용하기 때문에 문법이 필요 없다고 한다면 수학이나 과학 같은 과목도 역시 마찬가지로 필요 없다고 할 수 있는 것이다.

이제 문법을 어렵다고 느끼는 것과 문법이 필요 없다고 생각하는 것을 구별해야 할 필요가 있다. 즉 문법이 어렵다고 해서 이것이 문법의 불필요성을 의미하는 것은 아니다. 이것은 사태를 해결하려는 것이 아니라 감추려는 것과 다름이 없다. 실제로 피교육자들이 문법의 어려움과 그것의 불필요성을 직접적으로 연관 짓고 있지 않다는 통계적인 사실이 보고되어 있다. 국립국어원에서는 2013년에 『독서(읽기) 능력 향상을 위한 문법 내용 개발』이라는 보고서(이하 '2013년 국립국어원 보고서'로 칭함)를 낸 바 있다. 이 보고서를 위해 필자도 공동 연구원으로 참여한 바 있는데, 여기에는 인문계 고등학생 65명, 전문계 고등학생 65명, 대학생 75명 등 총 205명을 대상으로 한 여러 가지 조사 결과가 포함되어 있다. 이 가운데, 독서에 초점이 맞춰져 있는 것이기는 하지만, 문법이 필요하다고 대답한 사람은 총 127명으로 약 62%에 달하는 것으로 조사되었다. 그런데 이들을 대상으로 문법 문제를 내었더니 100점 만점으로 환산할 때 평균이 고작 42점이었다. 문법 능력의 필요성에는 대부분 공감하지만 사실 그 능력은 현저히 낮은 것이다. 이처럼 문법 능력이 생각보다 낮다는 조사 결과는 민현식(2010)의 논의에서도 확인된다. 중등학교 교사 23명을 대상으로 학생들의 언어 능력 중 부실한 영역을 조사하였는데 결과를 보면 '문법 능력(33%) > 쓰기 능력(26%) > 말하기 능력(21%)'의 순이었다고 한다.

이것은 일차적으로는 문법의 필요성 인식과 실제 문법 능력이 비례하지 않는다는 것을 보여 주는 것이라 할 수 있지만, 여기서 우리가 근본적으로 강조하고자 하는 것은 피교육자가 문법의 필요성, 보다 정확히는 문법의 효용성을 인지하고 있다는 사실 그 자체이다. 따라서 우리가 힘들여 논의해야 할 것은 문법이 어려운가의 여부를 따진다거나 왜 그토록 어려운가, 또 그러한 문법을 왜 배워야 하는가를 밝히는 것이 아니라 문법의 필요성을 어떻게 문법 교육을 통해 적절하게 충족할 수 있는가 하는 방안 마련임을 알 수 있다.

4── 문법 내용과 문법 교육의 새로운 방향을 찾아서

문법 교육에 대한 필요성을 충족시키는 방안은 크게 내용과 방법 두 가지로 나누어 살펴볼 필요가 있다. 이것은 현재의 문법 내용이나 문법 교육이 만족스럽지 못하다는 것을 의미한다는 점에서 지금까지의 문법 내용과 문법 교육이 지닌 문제점에 대한 대안 제시라는 의미도 아울러 가지고 있다. 문법 내용이 문법 교육으로 연결되는 통로라는 사실을 다시 상기할 필요가 있는 것이다.

먼저 문법 교육의 내용 그 자체에 대해 새로운 방안을 마련하는 문제를 간단히 살펴보고자 한다. 사실 지금까지의 문법 교육 개선안은 대부분 여기에 초점을 맞추고 있었다고 해도 과언이 아니다. 그러나 그 반응은 여전히 만족스럽다고 하기 어려워 보인다. 이것도 세부적으로는 두 가지로 그 방향을 나눌 수 있는데, 하나는 문법 교육에서 다루는 내용의 범위이고 다른 하나는 이를 제시하는 방법이다.

앞의 문제부터 살펴보기로 하자. 사실 1985년의 국정 교과서 시기부터만 따지더라도 문법 내용의 범위에 적지 않은 변화가 있어 왔다. 또한 그 변화의 방향은, 점진적이기는 하나 대체로 내용의 확대와 실용성의 추구로 특징지을 수 있다. 1985년 통일 국정 문법 시기 이후 연구진이 확대되면서 어휘 의미론의 영역이 추가되고, '텍스트(text)'를 번역한 '이야기'가 도입되면서 양적, 질적으로 확충된 것이 내용 확대의 줄기를 이룬다. 실용성의 추구는 1996년 국정 교과서 3기인 6차 교육과정에서부터 '바른 언어생활', '표준어와 맞춤법' 항목이 추가된 것을 들 수 있다. 그러나 '독서'와 '문법'이 단권으로 묶인 현재에는 어쩔 수 없이 분량을 줄이게 되면서 어휘 의미론의 영역이 축소되고 '표준어와 맞춤법'도 그 내용이 상당히 압축되게 되었다. 이것은 개화기부터 이어져 온 문법의 면면한 발전 방향과는 거리가 멀다. 무엇보다도 불편한 동거인 현재의 '독서와 문법' 체계는 '독서' 측에도 '문법' 측에도 도움이 되지 못한다. 서로 원해서 결합한 것이 전혀 아니기 때문이다. 이러한 관계에서는 독서가 문법에 기여하지도 못할 뿐만 아니라 문법이 독서에 도움이 되지도 않고 서로 만나는 장소에서도 어색하게 눈치를 보기 마련이다.

　이를 좀 더 구체적으로 살펴보기로 하자. 2009 개정 교육과정에서 단권 체제인 '독서와 문법' 교과에서 충족하기 원하는 32개의 성취 기준 가운데 문법과 독서의 연관성이 제시된 것은 아래의 5개에 불과하고(밑줄 참조) 또 그 영역도 모두 문법에 한정된다는 점에서 문법에서 독서로 그 방향성도 일방향적이다.

　(5) 음성, 음운의 세계를 탐구하고 올바르게 발음 생활을 한다.

　음성과 음운의 개념을 이해하고, 국어 음운 체계에서 자음과 모음, 비분절 음운이 보이는 특성을 탐구한다. 우리나라 사람이 외국어를 배울 때 발음하기 어려워하는 말소리와 외국인이 국어를 배울 때 발음하기 어려워하는 말소리를 조사하여 그 이유를 생각해 보고 이를 음운 체계상의 차이와 관련지어 이해하도록 한다. 음운 교체를 통한 의성어와 의태어의 표현 효과(예: 감감-캄캄-깜깜; 알록달록-얼룩덜룩)를 알아보고 표준 발음법과 현실 발음의 괴리를 조사해 올바른 발음 생활을 실천하는 태도를 기른다. 독서와 관련하여 낭송, 낭독의 효과를 다루고, 소리를 연구하거나 발음이 중요한 직업의 세계를 탐구하여 볼 수도 있다.

(6) 음운의 변동을 탐구하고 올바르게 발음하여 표기하는 생활을 한다.

음운의 개념과 체계에 대한 이해를 바탕으로 주요 음운 변동 현상을 이해할 수 있다. 음운 변동의 유형은 기본적으로 교체, 탈락, 첨가, 축약으로 이해할 수 있으며, 음절의 끝소리 규칙, 비음화, 구개음화, 유음화, 된소리되기, 사잇소리 현상과 같은 개별 음운 변동 현상으로 이해할 수도 있다. 한글 맞춤법과 발음의 괴리를 보이는 자료를 통해 올바른 발음과 표기 생활을 실천하는 태도를 기르도록 한다. 독서와 관련하여 청자나 독자를 위하여 올바르게 발음하고 표기하는 생활의 중요성을 이해한다.

(10) 단어의 의미 관계와 의미 변화 양상을 탐구하고 이해한다.

글을 이해하려면 단어의 의미를 정확히 알 필요가 있다. 유의 관계, 반의 관계, 상하 관계와 같은 단어의 의미 관계를 비롯하여 다의어, 동음이의어에 대해서도 탐구하고 이해하도록 한다. 또한 단어의 의미가 역사적으로 축소, 확대, 이동해 온 양상을 이해하도록 한다. 한 단어를 두고 다양하게 연상어를 도출하는 활동을 통해 단어의 깊이와 넓이를 체험하여 어휘의 창의적 사용 능력을 기르도록 한다. 독서와 관련하여 글에서 핵심어의 기능, 단어 의미의 표현 효과 등을 생각해 볼 수 있다.

(12) 의미 구성에 기여하는 문법 요소의 개념과 표현 효과를 탐구한다.

문장의 성분과 짜임에 대한 이해를 바탕으로 주요 문법 요소가 문장이나 글 전체에 미치는 표현의 의미 효과를 탐구해 볼 수 있다. 구체적으로는 종결 표현, 피동·사동 표현, 높임 표현, 시간 표현, 부정 표현, 인용 표현 등 주요 문법 요소들이 사용되는 양상을 이해하고 특히 독서와 관련지어 그것들이 문장과 글 전체에 미치는 표현의 효과를 탐구하도록 한다. 이를 위해서는 기사문, 광고문, 시, 소설 등 실제 국어 자료를 통하여 학습하고 활용하도록 한다.

(14) 담화에서 지시, 대용, 접속 표현의 기능과 효과를 이해한다.

지시 표현, 대용 표현, 접속 표현은 담화의 응집성과 통일성을 높이는 데 기여한다. 특히 독서와 관련지어 구체적인 담화 자료를 바탕으로 지시 표현, 대용 표현, 접속 표현을 분석하고 그 효과를 탐구함으로써 이들 표현이 하나의 담화에서 갖는 기능을 이해하고 담화의 특성을 이해할 수 있도록 지도한다.[1]

이러한 상황에서는 한결같이 독서는 문법 내용을 구성하기 위한 재료의 역할만 담당할 뿐 독서 능력이 문법 교육을 통해 향상되는 관계를 바랄 수는 없는 것이어서 오히려 문법 교육을 위해서도 바람직하지 않은 결과를 도출하게 되고 만다. 이것은 어디까지나 문법이 독서와 상호 필요성에 의해 자발적으로 결합된 것이 아니라 문법의 입지 축소에 따른 정책적 결합이 가져온 자연스러운 귀결이 아닐 수 없다.

따라서 지금으로서는 문법 내용을 위한 돌파구를 이들 두 영역이 원래대로 제자리를 찾는 것으로부터 열어야 한다고 생각한다. 문법이 독자적인 과목으로서 자기의 자리를 다시 찾은 후에라야 그 내용 제시 방법에 대한 고민도 함께 시너지 효과를 거둘 수 있기 때문이다. 문법 내적 요인이라면 몰라도 어디까지나 문법 외적 요인 때문에 문법 내용이 축소되거나 조정되는 것은 결코 바람직하지 않다.

이러한 체계가 정립된 후에 문법 교육 방법에 시선을 돌릴 수 있다. 문법도 다른 학문 분야가 그러하듯이 메타적인 용어를 사용할 수밖에 없다. 앞서 언급한 것처럼 '명사'라고 언급하면 될 것을 '사과, 배, 책, 사랑……' 등 끝도 없이 그에 해당하는 예들을 나열할 수는 없기 때문이다. 그런데 이 '명사'를 학생들에게 제시하는 방법은 여러 가지가 있을 수 있다. 다음은 단일 국정 교과서의 시초인 1985년 고등학교『문법』에서 명사를 설명한 부분이다.

(가) 인수는 오늘도 동대문에서 지하철을 탔습니다.

(나) 저기 가시는 분이 저의 선생님이십니다.

(다) 이곳에 온 지도 벌써 한 해가 가까워 온다.

(라) 오로지 최선을 다할 따름이다.

1 교육과학기술부,『국어과 교육과정』교육과학기술부 고시 제2012-14호(별책 5), 2012, 120~122면 부분 인용. 밑줄은 인용자.

(마) 시간이 허락되는 대로 그려 보도록 하겠다.

(바) 집 한 채 짓는 데 3년이 걸렸다.

위의 밑줄 그은 단어들은 사물의 명칭을 표시한 것인데, 이러한 단어들을 명사(名詞)라 한다.

명사에 해당하는 예들과 그 예들이 보여 주는 개념적 정의가 제시되어 있어 내용으로만 보면 문제가 전혀 없지만, 학생들의 입장에서 보면 그야말로 건조해서 '재미없다'고 느낄 수밖에 없다.

그런데 이러한 제시 방법은 탐구 활동이 강조된 7차 교육과정을 거치면서 변화를 겪기 시작하였고, 검정 체제인 2007 개정 교육과정 이후의 교과서들에서는 피교육자의 입장에서 보다 흥미를 느낄 수 있는 다양한 방법들이 시도되고 있다. 가령 2013년 검정된 창비의 고등학교 『독서와 문법』에서는 명사를 나음과 같이 설명하고 있다.

먼저 어릴 때 하던 수수께끼 몇 가지를 떠올려 보자.

깎으면 깎을수록 길어지는 것은?
낳긴 오늘 낳았는데 생일이 내일인 것은?
가지 말라고 해도 꼭 가는 것은?
공 가운데 사람들이 가장 좋아하는 공은?

정답은 차례로 '연필심', '신문', '시간', '성공'이다. 수수께끼는 어떤 사물에 대하여 바로 말하지 아니하고 빗대어 말하여 알아맞히는 놀이이다. 수수께끼의 답이 되는 '연필심', '신문'과 같이 구체적인 대상의 이름이나 '시간', '성공'과 같이 추상적인 대상의 이름을 나타내는 단어를 명사(名詞)라 한다.

전달하려는 내용은 1985년의 『문법』과 차이가 없지만 예와 개념을 바로 연결시키는 데서 오는 거부감을 줄이기 위해 수수께끼를 동원하여 완충 지대를 만들고, 다른 한편으로 학생들의 주의를 환기하려고 노력하였다. 이런 점은 적어도 문법 교육의 측면에서는 1985년에 비한다면 놀라운 발전이라고 할 수 있다. 이와 같은 방법 말고도 만화나 TV 프로그램, 학생들이 좋아하는 가요 등을 이용하려는 노력 등이 모두 같은 맥락에서 시도된 것들이다. 자칫하면 주객이 전도되고 가벼워질 수 있다는 단점이 없지 않지만 이러한 방법을 적절하게 도입하는 것은 분명히 학생들이 문법에 대해 가지는 막연한 거부감을 줄이는 데 기여할 것이라 생각한다.

이처럼 문법이 독자적인 과목으로 독립되고, 체계적으로 선택된 내용이 흥미를 유발할 수 있는 방법론 위에 설 때 문법이 다른 영역에 기여할 수 있는 방안을 모색해 볼 수 있다. 독서와의 결별이 자칫하면 문법의 배타성을 의미하는 것으로 해석되어서는 안 되기 때문이다.

질문 4: "문법이 문법 이외에 도움이 되는 영역이 있나요?"

위의 질문도 문법 교육의 현장에서 그리 어렵지 않게 접하는 종류의 것이다. 문법은 그 자체로도 충분히 의미가 있지만 그렇다고 하여 다른 영역과 융합될 수 없는 유아독존적 존재는 아니다.

이를 위한 가능성을 모색한 것이 앞에 언급한 '2013년 국립국어원 보고서'이다. 이 보고서의 목적은 문법을 문법 그대로 두지 말고 다른 영역, 즉 독서 능력 향상을 위해 문법이 기여할 수 있는 방안을 마련하는 것이었다. 문법을 교육하되 그 문법 교육이 오로지 문법에만 머무르도록 두는 것이 아니라 다른 능력의 향상에도 이바지할 수 있도록 영역 간의 융합을 도모하자는 것이다. 다시 한 번 언급하거니와 '독서'와 '문법'이 자율적이든 타율적이든 하나의 테두리 안에 묶이게 되었지만 이것이 독서 영역과 문법 영역의 시너지 효과를 창출하는 단계에까지 이르지 못하였다. 즉 한지붕 아래 살고는 있지만 철저히 유리된 두 가족의 불편한 동거에 그치고 있는 셈이다.

이에 비한다면 '2013년 국립국어원 보고서'는 적어도 독서 능력에 도움이 되는 문법 내용의 개발을 목표로 삼고 있다는 점에서 문법 내용의 변화를 능동적으로 모색한다는 의의를 지닌다. 그 출발점으로 다음과 같은 문법 내용의 융합적 변화에 주목할 필요가 있다고 본다.

문법 기술 방식의 선호도를 묻는 질문[2]

6. 아래의 글을 파악하는 데, 설명 A와 B 중에 읽기(독서)에 도움이 되는 것은 어느 것인가요?

> 과학자들은 현재와 같이 화석 연료를 지속적으로 사용할 경우, 2100년경에는 지구의 연평균 기온이 최대 6.4℃까지 상승할 것으로 전망하고 있다. 이런 지구 온난화 현상으로 인해 세계는 어떻게 변하게 될까?
> **첫째,** 빙하 감소와 해수면 상승을 들 수 있다. 빙하가 녹으면 해수면의 높이가 올라가는데, 지난 100년 동안 해수면은 약 20cm가량 상승하였다. 북극곰, 펭귄과 같은 극지방의 생물뿐만 아니라 우리 인간들이 생활할 수 있는 터전도 점점 사라지고 있다.
> **둘째,** 가뭄과 사막화를 들 수 있다. 특히 아프리카 대륙과 중국 북서부 내륙 지방의 사막화 현상이 두드러지는데, 사막화가 되면 농작물이 자랄 수 없어 질병과 영양실조로 인한 인명 피해가 늘어나게 된다.
> **셋째,** 전 세계적인 이상 기후 증가와 생태계 파괴를 들 수 있다. 최근 지구 곳곳에서는 태풍, 홍수, 폭우, 엘니뇨와 같은 이상 기후가 증가하여 수많은 사람들의 생명을 빼앗아 가고 있다. 또한 생태계에서는 나무의 조기 개화, 새들의 조기 산란, 동식물의 서식지 변화, 생명의 다양성 감소 등의 피해가 속출하고 있다.

● 설명 예시 A형

- '첫째', '둘째', '셋째' 등은 수사의 일종으로 대상이나 일의 순서를 매겨 나타내는 서수사이다.

- 따라서 '첫째'는 순서가 가장 먼저인 차례를, '둘째'는 순서가 두 번째인 차례를, '셋째'는 순서가 세 번째인 차례를 나타낸다.

● 설명 예시 B형

- '첫째', '둘째', '셋째' 등은 수사로서, 비슷한 내용이나 정보들을 병렬적으로 열거할 때 사용된다.

---

2 국립국어원, 「독서(읽기) 능력 향상을 위한 문법 내용 개발」, 국립국어원, 2013, 41면.

- 따라서 '첫째'가 등장하면, 그다음에 비슷한 수준의 정보가 최소한 하나 이상 이어진다는 것을 예측할 수 있다.

A형은 수사에 대한 일반적인 문법 내용이고 B형은 이를 독서와 연관하여 독서에 도움이 되도록 변형한 것이다. 이러한 내용에 대한 선호도를 묻는 질문에 A형이 좋다고 대답한 경우는 전체 205명 가운데 36명 즉 17.6%뿐이고, B형이 좋다고 대답한 경우는 전체 205명 가운데 168명 즉 82.4%에 이른다. 이는 문법을 문법 그대로 두는 것보다 독서와의 연관성 속에서 그 능력 함양에 도움이 되도록 변형하는 것에 대해 피교육자들이 긍정적인 반응을 보인다는 것으로 해석하기에 충분하다. 이러한 접근은 그 출발점으로 독서를 택한 것일 뿐 화법이나 작문에도 적용될 수 있다. 이는 곧 문법이 문법 그 자체를 위해서도 중요하지만 다른 영역과의 융합을 통해 상승 효과를 창출할 수 있는 쪽으로 과감하게 방향을 전환할 필요가 있다는 것을 말해 준다. 또한 모든 문법 내용이 독서 능력 향상에 기여할 수는 없는 일이지만 문법이 이론적 기술에 머무를 것이 아니라 실제적 기술 방식 개발에도 관심을 기울일 필요가 있다는 사실을 단적으로 보여 준다.

그러나 다시 한 번 강조할 것은 이러한 융합이 독서와 문법의 고유 영역을 부정하는 것이 아니라 독서는 독서대로, 또 문법은 문법대로 독자적인 과목으로서 그 지위를 확고히 한 연후에야 영역 간 융합의 도모가 가능하다는 사실이다. 그래야 진정한 시너지 효과를 창출할 수 있다. 융합은 고유 영역을 부정하는 것이 아니라 영역과 영역의 장점을 통해 제3의 가치 창출을 위한 경계 허물기가 되어야 하기 때문이다. 교육과정의 개편 역시 이러한 방향으로 추진되기를 바라는 이유가 여기에 있다.

이상에서 제시한 문법 고유 영역 확보의 필요성, 그리고 그에 따르는 문법 내적, 외적 측면에서의 두 가지 방안이 오늘날 문법과 문법 교육이 지닌 위기를 극복할 수 있는 유일한 탈출구는 물론 아닐 것이다. 그러나 이 점들이 적어도 개화기부터 싹을 틔워 적지 않은 역할을 담당해 온 우리 문법 교육이 보다 적극적이고 능동적으로 거듭날 수 있는 새로운 돌파구로서의 역할은 담당할 수 있다고 믿는다. 이것은 어떻게 보면 거창한 것이 아니요, 전혀 새로운 것도 아니라는 점에서 문법 교육이 처한 위기를 극복하는 지름길을 찾자는 것이 아니라, 바른길로 가자고 주장하는 것이기도 하다. 가장 기본적인 것이 가장 중요한 것임은 두말할 나위가 없다. 위기가 기회라는 말이 믿고 싶어지는 대목이다.

참고 문헌

* 국립국어원(2013), 『독서(읽기) 능력 향상을 위한 문법 내용 개발』, 국립국어원.
* 고영근 외(2010), 『주시경 국어 문법의 교감과 현대화』, 도서출판 박이정.
* 김민수 외(2009), 『역대 한국 문법 대계(II)』, 도서출판 박이정.
* 민현식(2010), 「통합적 문법 교육의 의의와 방향」, 『문법 교육』 제12호, 한국문법교육학회.
* 이도영 외(2014), 『독서와 문법』, 창비.
* 주시경(1910), 『국어 문법』, 박문서관.

국어 교육과 평가, 질적인 전환을 위하여   남민우

1——시작하며

국어 교육에서 학생 평가는 학생들의 국어 능력을 확인하기 위해, 국어 교육의 문제점 개선에 필요한 정보를 수집하기 위해 이루어지는 필수 불가결한 행위이다. 평가가 없는 국어 교육은 상상하기 어렵다.

그러하나 평가는 국어 교사나 학생 모두에게 불편한 대상으로 여겨진다. 평가 결과에 따라 학생의 미래가 좌우되기 때문이다. 학교생활에서의 기쁨과 슬픔도 평가와 무관하지 않다. 실정이 이와 같기에 '평가는 학생을 위한 것'이라는 원론적 명제를 하나의 구두선(口頭禪)으로 치부한다. 심지어는 평가를 없애는 것이 해법이라는 주장도 제기된다. 특히 대학 수학 능력 시험이 대표적인 비판의 대상이다.

국어 교육 평가에 대한 이러한 인식이나 현실이 지속되는 것은 국어 교사와 학생 모두에게 득일 수가 없다. 평가는 필수 불가결한 과정인바, 평가를 타기시하기보다는 오히려 학생들에게 환영받을 수 있는 국어 교육 평가를 실현하려는 노력이 필요하다. 이러한 관점에서 이 글에서는 '형성 평가 중심의 국어 교육 평가, 미래 사회에 필요한 핵심적인 국어 능력 중심의 국어 교육 평가, 수준 높은 국어 교육 평가 도구의 개발과 활용, 국어 교육 평가 전문성의 지속적 계발' 등을 논의하고자 한다.

2——형성 평가 중심의 국어 교육 평가

국어 교육에서 평가가 환영받기 위해서는 국어 교수·학습 과정에서 개별 학생들이 겪는 다양한 어려움을 해소하는 데 즉각적이고 구체적인 도움을 줄 수 있는 '형성 평가(formative assessment) 중심의 국어 교육 평가'를 실현해야 한다. 이는 교수·학습과 평가가 분리된 체제에서 그 둘이 유기적으로 연계된 체제로의 전환이 필요함을 의미한다. 이를 위해서는 우선 형성 평가에 대한 새로운 인식이 이루어져야 한다. 또한 국어 수업에서 교사의 강의보다 교사와 학생 간의 상호 작용, 학생과 학생 간의 협력 학습 활동이 중심이 되어야 한다.

기본적으로 평가는 어떤 질문에 대한 답에 가치(value)를 매기는 행위이다. 교수·학습은 '어떤 개념이나 원리의 설명 ↔ 학생의 연습과 탐구 ↔ 학생의 독자적 깨침'의 순환적 과정이다. 이 과정에서 학생들은 다양한 의문을 품고 질문을 던지게 되고 그 의문과 질문에 대해 스스로 적절한 답을 찾는 행위를 한다. 적절하지 않은 답은 수정하거나 폐기하면서 새로운 답을 찾고자 한다. 이는 자기 스스로 찾은 어떤 답의 가치를 매겨 보는 행위의 연속인바, 일종의 자기 평가 행위이다. 이런 점에서 교수·학습 과정에는 이미 평가적 행위가 함축되어 있다. 형성 평가는 이를 표면화·명시화한 평가이다.

종래의 평가 중 총괄 평가(summative assessment)는 교수·학습 과정에서 일부를 인위적으로 분리하여 교수·학습이 종료된 특정 시점에 실시하는 평가이다. 총괄 평가는 학생 스스로 설정해야 할 의문이나 질문을 교사가 인위적으로 구성하여 문제화하고 그것에 대해 답하도록 요구한다. 따라서 총괄 평가는 교수·학습 과정에서 학생 스스로 품었던 의문이나 질문의 실제성이나 개별성과 거리가 먼 문제 상황을 이용한 평가이다. 또한 특정 학생이 교수·학습 과정에서 의문 해소에 어려움을 느꼈던 특정 시점과도 시간 차가 많은 평가이다. 그렇기에 총괄 평가는 '학생의 입장에서, 가려운 순간에 가려운 데를 긁어 주는 효과'를 발휘하지 못한다. 자연스레 평가는 순위 매기기가 핵심인 양 치부되어 불편하고 무용하다는 인상을 준다.

하지만 형성 평가는 즉각적·구체적·협력적 진단과 처방을 제공해 줄 수 있다는 점에서 평가의 유용성을 강화시킬 수 있다. 이를 위해서는 '교사와 학생 간의 상호 작용' 즉 묻고 답하고, 답한 내용의 허점을 지적하여 보완하는 상호 작용을 확대해야 한다. 또한 '학생과 학생 간의 협력 학습' 즉 조금 더 빨리, 많이 깨친 학생이 조금 더디게, 덜 깨친 학생에게 도움을 주는 행위 역시 활성화되어야 한다. 이러한 국어 교육이 실현될 때 국어 교육 평가는 환영받을 수 있다. 더욱이 교사와 학생 간, 학생과 학생 간 상호 작용은 언어적 상호 작용이란 점에서 이것이 활성화되면 될수록 학생들의 언어적 문제 해결 능력, 협동적 학습 능력도 자연스럽게 신장될 수 있다.

물론 형성 평가 자체는 오래전부터 교육 현장에서 논의되어 온 것이다. 하지만 최근에 새롭게 해석되고 있는 형성 평가는 '교과 내용에 대한 지식 중심의 총괄 평가, 지필 검사를 활용한 평가'로 요약되는 전통적인 학생 평가의 대안으로 떠오르고 있다(성태제 외, 2013, 285~305면). 새롭게 해석되고 있는 형성 평가는 학습 결과에 대한 평가(assessment of learning)가 아닌 '학습을 위한 평가(assessment for learning)'를 강조하고 있을 뿐만 아니라 '평가 정보에 기반한 교수·학습(teaching based on assessment evidence)'을 강조하고 있다. 교수·학습과 평가가 더는 분리되어서는 안 된다는 관점이다.

이러한 형성 평가 중심의 국어 교육 평가는 다음과 같은 점에서 국어 수업의 변화를 요구한다. 첫째, 국어 수업의 학습 목표 설정부터 평가 목표, 평가 내용 설정, 평가 결과의 활용까지 모든 단계에 교사와 학생이 함께 참여하고 적극적인 상호 작용을 할 수 있어야 한다. 교과서에 명시된 학습 목표에 따라 국어 수업이 이루어지는 전통적 방식이 아니라 무엇을 어떻게 학습하고 평가할 것인가에 대한 계획을 수립하고 그것을 실행하는 과정에서 교사와 학생의 협력이 적극적으로 이루어져야 하는 것이다. 둘째, 국어 교수·학습 과정에서 개별 학생들의 수준에 맞는 다양한 문항들을 적극 활용해야 한다. 이를 위해서는 다양한 문항을 포함하고 있고, 각각의 문항에 대한 학생들의 반응에서 드러나는 장단점을 즉각적으로 진단하고 처방해 줄 수 있는 '온라인 국어 교육 평가 시스템'이 국어 수업이 이루어지는 교실에 제공되어야 한다(남민우, 2012). 달리 말해, 전통적인 국어 교과서를 대체할, 국어 교수·학습과 평가가 연계된 온라인 국어 교육 시스템이 구축되어야 하는 것이다. 이를 매개로 교사와 학생들의 언어적 상호 작용이 활성화되는 국어 교실을 만들어야 가야 한다.

3──미래 사회에 필요한 국어 능력 중심의 국어 교육 평가

국어 교육 평가가 환영받기 위해서는 평가의 목표와 내용이 미래 사회를 살아갈 학생들에게 필요한 국어 능력을 중심으로 설정되어야 한다. 이는 국어 교육 평가의 목표와 내용을 설정할 때 전통적 관점에서 탈피할 필요가 있음을 의미한다. 이를 위해서는 국가 수준의 국어과 교육과정의 변화, 국어 수업의 내용 변화가 전제되어야 하는바 최근 새롭게 논의되고 있는 미래 사회 대비 국어과 교육과정 구상에 관해 관심을 가질 필요가 있다.

그동안 국어과 교육과정은 화법, 작문, 독서, 문법, 문학 등 전통적인 과목 구조에 따라 구성되어 왔다. 국어 교육 평가 역시 과목별 기초 개념과 원리를 근간으로 다양한 담화와 글을 활용하여 시행되어 왔다. 이러한 평가 방식은 과목별 기초 개념과 원리에 대한 이해력과 탐구 능력을 측정하는 데에는 무리가 없다. 하지만 대학 진학이나 사회 진출 직전에 있는 고등학교 학생들에게도 이러한 평가를 시행하는 것이 어떤 의미가 있는지 재고될 필요가 있다. 모든 학생이 동일한 진로를 선택하는 것도 아니고 동일한 학과에 진학하는 것도 아니기 때문이다. 또한 학생들이 살아갈 미래 사회가 요구할 국어 능력 역시 지금, 여기서 요구되는 국어 능력과 다를 수 있기 때문이다.

이러한 점에서 국어 교육 평가의 목표와 내용을 설정하고 조직하는 데 새로운 접근을 꾀할 필요가 있다. 첫째, 전통적인 과목별 지식과 개념 중심의 국어 교육 평가와 미래 사회에 대비한 국어 능력 중심의 국어 교육 평가를 구분하여 적용하는 접근이 필요하다. 둘째, 교육 내용 공급자 중심의 국어 교육 평가와 교육 수요자 요구 중심의 국어 교육 평가를 구분하여 적용하는 접근이 필요하다. 셋째, 탈맥락적 국어 활동 중심의 국어 교육 평가와 실제 상황 맥락적 국어 활동 중심의 국어 교육 평가를 구분하여 적용하는 접근이 필요하다. 이를 도식화하여 제시하면 아래와 같다.

국어 교육 평가 목표와 내용 설정의 새로운 접근법

초등학교 → 중학교 → 고등학교	
• 과목별 개념 중심의 국어 교육 평가	• 미래 사회에 대비한 국어 능력 중심의 국어 교육 평가
• 교육 내용 공급자 중심의 국어 교육 평가	• 교육 수요자 요구 중심의 국어 교육 평가
• 탈맥락적 국어 활동 중심의 국어 교육 평가	• 실제 상황 맥락적 국어 활동 중심의 국어 교육 평가

이러한 접근법의 핵심은 초·중·고등학교에서 국어 교육 평가를 실천할 때 학교 급이 상승할수록 미래 사회에 대비한 국어 능력, 교육 수요자의 요구, 실제 상황 맥락적 국어 활동을 중심으로 한 국어 교육 평가의 비중을 확대해야 한다는 것이다. 이러한 주장은 무엇을 의미할까?

최근의 논의를 따르면 미래 사회 대비 국어 교육에서 신장시켜야 할 핵심적인 역량은 의사소통 능력, 문제 해결 능력, 대인 관계 능력, 기초 학습 능력, 비판적·창의적 사고력, 정보 처리 능력, 문화·예술 향유 능력 등이다(서영진 외, 2013, 129~138면). 현 단계에서 각각의 능력이 명확하게 규정되었다고 볼 수는 없으나 이들 능력은 모두 대학이나 사회에서 국어 활동의 주체들이 갖추고 있어야 할 핵심적인 역량들임에 틀림없다.

그런데 새롭게 강조되고 있는 국어 능력들에 대한 인식 변화에서 결정적인 점은

'의사소통 매체로서의 언어의 변화'이다. 새롭게 요구되는 의사소통 능력은 전통적인 관점에서의 듣고 말하기, 읽고 쓰기의 개념과는 다르다고 보아야 한다. 미래 사회에서 학생들이 활용해야 할 '의사소통 매체로서의 언어'는 문자나 음성 등의 전통적 언어가 아니라 시청각적인 특성이 복합적으로 결합해 있는 새로운 언어다. 의사소통 능력 역시 '새로운 매체를 활용한 언어로' 의사소통할 수 있는 능력일 것이다. 문제 해결 능력, 대인 관계 능력도 '새로운 매체로서의 언어'에 주목하여 새롭게 규정되어야 할 능력들이다. 문화·예술 향유 능력도 마찬가지이다. 이제는 문학 작품이 전통적인 언어로만 창작되지 않으며, 문학 작품에 대한 반응도 전통적 언어로 쓴 감상문에 그치지 않는다. 하나의 문학 작품은 다양한 문화적 활동의 원천이 되어 새롭게 향유된다. 소위 '원 소스 멀티 유즈(One Source Multi Use)'의 시대로 전환된 지 오래이며 그러한 변화는 더욱 확대·심화되고 있다.

요컨대, 국어가 바뀌고 있다. 미래 사회에서의 국어 능력 역시 새롭게 규정되어야 한다. 국어 교육의 목적도 새롭게 규정되어야 할 국어 능력에 기초해야 한다. 따라서 국어 교육 평가의 목표와 내용 설정 역시 미래 사회에 대비한 국어 능력을 중시해야 하는바, 미래 사회에 진출하기 직전인 고등학교일수록 이러한 관점의 적용이 확대되어야 함은 마땅하다.

학교 급이 상승할수록 교육 수요자 요구 중심의 국어 교육 평가나 실제 상황 맥락적 국어 활동 중심의 국어 교육 평가가 강조되어야 한다는 주장도 이와 일맥상통한다. 미래 사회를 살아갈 주체들이 국어 교육을 받으면서 제기할 요구 역시 새로운 국어 능력 신장이 핵심일 것이기 때문이다. 또한 새로운 의미의 국어 능력이 발휘될 맥락 역시 그들의 입장에서는 '실제 상황'이라 보아야 할 것이다. 이를 무시하고 전통적인 관점에서의 국어 능력을 평가하고자 한다면, 학생들의 실제 상황 맥락과는 동떨어진 탈맥락적 국어 능력을 평가할 가능성 역시 크다. 따라서 국어 교육 평가의 목표와 내용을 새로운 의미의 국어 능력에 주목하여 설정함으로써 미래 사회에 대비한 국어 능력 중심의 평가, 교육 수요자인 미래 사회 주체들의 요구 중심의 평가, 미래 사회 주체들에게 필요한 실제적인 상황 맥락을 중심으로 하는 국어 교육 평가를 실현해야 할 것이다.

4──실제적 평가 도구를 활용하는 국어 교육 평가

국어 교육 평가가 환영받기 위해서는 국어 교육 평가에 활용하는 평가 도구의 수준이 높아야 한다. 이는 국어 교육 평가 도구의 질적 수준이 국제적 비교 차원에서도 앞선 수준을 갖추고 있어야 함을 의미한다. 이를 위해서는 현재 우리나라 국어 수업에서 활용하는 평가 도구들을 다른 국가들이 활용하는 다양한 자국어 교육 평가 도구들과 비교해 비판적으로 개선할 수 있는 안목을 갖춘 국어 교사가 많아져야 한다.

좋은 평가 도구의 기준으로 흔히 타당도(validity), 신뢰도(reliability), 긍정적 환류 효과(washback effect), 실용도(practicality), 실제성(authenticity) 등을 언급한다. 이 중에서 언어 능력 평가 도구가 갖추어야 할 가장 중요한 기준은 실제성이라 해도 무방하다. 실제성은 평가 문항에서 설정된 언어적 과제가 인위적이지 않고 실제 언어 활동에서의 과제와 유사해야 한다는 기준이다. 이것은 특정한 언어 시험의 점수와 실제적인 언어 활동 능력 간의 비례 관계와 관련된다. 만일 어떤 언어 시험에서 좋은 점수를 받은 학습자(집단)의 실제적인 언어 활동 능력이 그 점수와 반비례한다면 그 언어 시험의 실제성은 낮다고 보아야 한다. 심지어 그 언어 시험은 무의미하다고 비판할 수도 있다.

실제성을 충족하려면 시험에서 사용된 언어가 매우 자연스러운 언어여야 한다. 또한 시험을 구성하는 문항들은 상호 일정한 맥락을 형성하고 있어야 하며, 제시된 화제들이 학습자들에게 의미 있고 흥미로워야 한다. 그리고 각각의 문항들이 요구하는 과제는 실제적인 언어 활동에서 접하는 과제와 유사해야 한다. 따라서 실제성을 갖춘 언어 능력 평가 도구는 그 외형이나 내용 면에서 모두 실제적인 언어 활동과 유사한 상황을 반영하고 있어야 한다.

이러한 실제성의 관점에서 국내의 평가 도구를 분석해 보면 부정적 판단에 이르기 십상이다. 전통적인 국어 교육 평가 도구들은 '시험을 위한 매체, 즉 시험지'로서의 성격이 뚜렷한 반면, 실제적인 국어 활동에서 접하는 신문, 잡지, 책, 인터넷 사이트 등과는 거리가 멀기 때문이다.

예를 들어, 호주의 국가 수준 학업 성취도 평가(NAPLAN)[1]에서 사용하는 평가 도구는 실제성이 매우 높다(남민우, 2011). 호주의 국가 수준 학업 성취도 평가에서 읽기 평가 시험지는 별도로 구성된 읽기 자료집(Reading Magazine)과 읽기 문항집 (Reading Booklet)으로 나뉘어 있다. 학생들은 읽기 자료집과 읽기 문항집을 함께 받으며, 읽기 자료집에서 텍스트를 읽은 후 문항에 대한 답을 읽기 문항집에 직접 표시하게 된다. 읽기 문항집은 그 자체로 답안지 역할까지 하는데, 여기에 표시된 반응은 스캐닝되어 데이터로 수집된다.

예를 들어 읽기 자료집의 텍스트는 시험에서 활용하는 지문일지라도 과학 잡지 에서 접할 수 있는 글 자체를 그대로 활용하는데, 이는 학생들의 실제적인 독서 활 동 상황과의 유사도를 높이는 데 긍정적이라 평가할 수 있다. 또한 별도의 답안지 를 활용하지 않고 읽기 문항집에 직접 답을 표시하게 하는 것은 독자가 읽기 중에 메모하는 실제적인 반응 상황과의 유사도를 높이기 위한 방식이라 할 수 있다.

물론 실제성이 국어 교육 평가 도구의 유일한 기준일 수는 없다. 또한 실제성을 갖춘 평가 도구라 할지라도 반드시 학생들에게 환영받을 것이라고 판단할 수는 없 다. 하지만 시험 점수와 실제적인 언어 능력 간의 비례 관계를 판단하는 데 평가 도 구가 하나의 중요한 기준이 된다는 점과 시험 상황에서도 학생들의 흥미를 고려하 여 평가 도구를 만들어야 한다는 점에서 실제성이 높은 호주 평가 도구의 의의를 살필 필요가 있다. 이러한 실제성을 갖춘 평가 도구를 만들고자 하는 국외의 노력 에 비추어 볼 때, 국내의 국어 교육 평가 도구는 개선의 여지가 많다.

5——평가 전문성의 지속적 계발과 국어 교육 평가

교육의 질은 교사의 수준에 비례한다. 따라서 국어 교육 평가의 내실을 기하기

---

[1] 호주에서 2008년부터 시행한 읽기, 쓰기, 언어 규범, 수리 영역 평가이다. 3, 5, 7, 9학년 전체 학생을 대상 으로 매년 실시된다. 평가 도구 예시는 'www.naplan.edu.au'에서 볼 수 있다.

위해서는 교사가 국어 교육 평가에 관련된 전문성을 지속적으로 계발해야 한다. 이는 미래 사회에서도 변함없이 유효한 명제일 것이다.

국어 교육에서 평가의 전문성은 크게 국어 교육 고유의 전문성과 범교과적 전문성으로 구분할 수 있다.[2]

국어 교육 고유의 평가 전문성

점검 영역	점검 내용
국어 교육 평가의 본질에 대한 이해	① 국어과 평가 목표인 국어 능력에 대한 이해 ② 국어과 평가의 원리와 방법에 대한 이해
국어과 평가 내용 및 방법의 선택 능력	① 다양한 국어 교육 내용 중 평가 내용을 선정하고 조직하는 능력 ② 평가 목적, 내용의 특성에 적합한 국어과 평가 방법을 선정하는 능력
국어과 평가 도구 개발 능력	① 국내외 다양한 언어 능력 평가 도구들의 장단점에 대한 이해 ② 특정 평가 상황(목적, 내용, 방법)에 적합한 국어과 평가 도구 선정과 개발 능력 ③ 국어과 평가 도구 개발에 필요한 작문 능력과 검사지 편집 및 제작 능력
학생에 대한 이해	① 국어 능력의 발달 특성에 대한 이해 ② 국가 수준 국어과 학업 성취도에 대한 이해(학년별·학교 급별·지역별·성별 국어과 학업 성취도) ③ 국어과 서술형 평가, 수행 평가 시 학생들의 실제적 반응 자료의 질적 수준을 평정할 수 있는 능력

위에 제시한 바처럼 국어 교사는 '국어 교육 평가의 본질에 대한 이해, 특정한 평가 상황에 적합한 국어과 평가 내용의 선정과 조직 능력, 평가 방법의 선택 능력, 국어과 평가 도구 개발 능력, 학생의 국어 능력 발달 특성에 대한 이해' 등 이론적·실천적 전문성을 지속적으로 계발할 필요가 있다.

국어 교육 평가는 가르칠 내용에 대한 통달만으로는 부족하다. 국어 교육 평가가 이루어지기 위해서는 학생들의 의식 속에 내면화된 국어 교육의 내용을 밖으로 유도해 내야 한다. 학생들이 반응하지 않으면 국어 교육 평가는 불가하다. 따라서 어떤 평가 도구를 활용해야 학생들의 반응을 효과적으로 유도해 낼 수 있는지, 어떤 기준으로 학생들 반응의 가치를 평가하는 것이 타당한지 등에 대한 전문성

---

2 이하 내용은 김수동 외 『국어 수업에서 학생 평가를 잘 하려면』(한국교육과정평가원, 2005)의 내용을 재구성하였다.

을 갖추고 있어야 한다. 이러한 국어 교육 평가 전문성은 경험의 축적, 이론의 정련이 지속적으로 뒷받침될 때 심화될 수 있다.

또한 국어 교육 평가의 시행과 관리에 관한 전문성도 계발할 필요가 있다. 학교 현장에서 국어 교사는 평가 도구 개발만을 담당하는 것이 아니라 평가 계획, 시행, 결과 분석 등 평가의 전반적 과정을 담당하는 주체이기 때문이다.

범교과적 평가 전문성

점검 영역	점검 내용
평가 계획과 시행 능력	① 평가 계획표, 평가 목표 이원 분류표, 검사지, 채점 기준, 성적표 등의 작성 능력 ② 평가 시행 과정의 관리 능력 ③ 채점 기준에 따른 채점과 성적 부여 능력
평가 결과의 분석과 활용 능력	① 기초적인 통계 분석 능력 ② 문항 반응 결과에 따른 문항 양호도 분석 능력 ③ 평가 결과에 따른 학생들의 장단점 분석 능력 ④ 학생별 평가 결과에 따른 학생과의 상담 능력
평가자로서의 윤리 의식	① 학생에 대한 공정한 이해 ② 공정한 채점과 성적 부여 ③ 평가 도구에 대한 보안 유지

위에 제시한 바처럼 '평가 계획과 시행 능력, 평가 결과의 분석과 활용 능력, 평가자로서의 윤리 의식' 등 범교과적 평가 전문성도 지속적으로 계발할 필요가 있다. 평가는 비가시적 속성을 지닌 인간의 능력을 대상으로 이루어지는 활동이다. 그렇기 때문에 평가는 평가 과정이나 결과에 대한 논란이 지속적으로 제기될 수 있는 민감성을 지닌다. 이러한 실제적 쟁점들을 해결하기 위해서는 평가 내용에 대한 통달만으로는 국어 교육 평가의 온전한 주체가 되기 어렵다. 따라서 교사는 평가의 전 과정을 공정하고 타당하게 시행하고 관리해야 할 주체로서 지녀야 할 범교과적 평가 전문성 역시 소홀히 할 수 없다.

6——마무리하며

지금까지 이 글에서는 형성 평가 중심의 국어 교육 평가, 미래 사회에 필요한 핵심적인 국어 능력 중심의 국어 교육 평가, 실제성을 갖춘 국어 교육 평가 도구의 개발과 활용, 국어 교사의 평가 전문성 계발 등을 중심으로 국어 교육 평가의 질적 전환에 관해 논의해 보았다. 국어 교육에서 평가는 불편한 것, 교수·학습의 끝에 이루어지는 것 등으로 여겨져 왔다. 이는 국어 교육 평가에서 지배적으로 선택되었던 방법, 내용, 도구의 특성에서 기인한다고 볼 수 있다. 하지만 이러한 국어 교육 평가는 국어 교육을 받는 과정에서 어려움에 직면한 학생들을 즉각적이고 구체적으로 돕는 데 필요한 정보를 수집하지 못할 수 있다. 학생들이 살아가야 할 미래 사회에 필요한 국어 능력을 신장시키는 데에도 기여하지 못할 수 있다. 국어 교육 평가는 국어 교육 발전에 필수 불가결한 행위이므로 이의 질적 전환을 위한 노력이 확대되어야 한다.

참고 문헌

- 김수동 외(2005), 『국어 수업에서 학생 평가를 잘 하려면』, 한국교육과정평가원.
- 남민우(2011), 「국어과 학업 성취도 평가 도구의 국제 비교 연구」, 『국어 교육 연구』 제49집, 국어교육학회.
- 남민우(2012), 「국어과 평가 체제의 재구성과 국어 교육의 미래」, 『국어 교육 연구』 제50집, 국어교육학회.
- 서영진 외(2013), 『미래 사회 대비 국가 수준 교육과정 방향 탐색―국어』, 한국교육과정평가원.
- 성태제 외(2013), 『2020 한국 초·중등 교육의 향방과 과제―교육과정, 교수·학습, 교육평가』, 학지사.

3부

국어 교육의 확장과 심화

'통합 자아' 형성을 위한 글쓰기 교육

조재도

1 —— 시작하며

글쓰기 교육을 하려는 교사들이 많이 있다. 국어 교사뿐만 아니라 다른 교과 교사들도 글쓰기 교육에 관심을 보이고 실행하기도 한다. 그런 교사들에게 왜 글쓰기 교육을 하느냐고 물으면 대답이 거의 엇비슷하다. 글쓰기 과정에서 학생들을 좀 더 이해하고 싶어서, 담임을 맡았는데 글쓰기를 활용해 학급 운영을 하고 싶어서 등. 물론 좋은 말이다. 글쓰기로 교사와 학생 간의 벽을 허물어 교사와 학생이 하나의 온전한 인격체로 만나기를 바라는 사람이 아니라면 글쓰기 교육에 관심을 기울일 리 만무하기 때문이다. 그러나 나는 글쓰기 교육을 하고자 하는 근본 동기를 조금 더 과학적이고 체계적인 안목으로 살펴볼 필요가 있다고 본다. 모든 교육 행위의 궁극적인 목적이 '행복한 인간 육성'에 있다고 할 때, 우리가 하는 글쓰기 교육도 그 범주 안에서 이루어지는 일이기에 말이다.

행복한 인간이란 어떤 인간인가. 행복하다고 할 때 그 행복의 구체적인 알갱이가 무엇인가? 나는 그것을 '통합 자아가 형성된 인간'으로 본다. 그래서 이 글에서는 먼저 통합 자아에 대해 살펴본 다음, 그것을 이룰 하나의 교육 행위로서 생활 글쓰기 교육에 대해 말하고자 한다.

2──통합 자아와 대치 자아

자아란 인식, 의욕, 행동의 주체가 자신을 타인이나 외계(外界)와 구별하는 것을 말한다. 다시 말해 자아란 자기 자신에 대한 의식이나 관념, 곧 다른 사람과 다른 '나'의 생각이나 느낌, 감정, 의견 등을 말한다. 이렇게 '나'가 타인이나 외계와 다름을 느끼고 깨닫는 것을 자아의식, 또는 자의식이라고 하며 그러한 의식이 형성되는 것을 자아 형성이라고 한다.

청소년기에는 뇌의 폭발적인 발달로 자아에 대한 의식, 곧 자의식이 발달한다. 자의식이 형성되면 자아상(自我像)을 갖게 되는데, 자아상이란 사람이 제각기 자기의 역할이나 존재에 대해 하는 생각, 즉 자신이 생각하는 자기 모습이다.

청소년기라는 생애의 한 주기를 지나면서 인간은 두 가지 성장의 길을 걷게 된다. 그것은 어떤 자아의식과 정체감을 형성하느냐 하는 문제이기도 하다. 데이비드 엘킨드(David Elkind)는 『다 컸지만 갈 곳 없는 청소년』(교육과학사, 1996)에서 이를 '통합 자아'와 '대치 자아'로 나누어 말하고 있는데, 그 내용을 정리하면 다음과 같다.

● 통합에 의한 자아 형성

통합 자아는 해결하는 데에 시간이 필요한 여러 갈등 속에서 형성된다. 일관성 있는 자아의식(통합 자아)을 형성하기 위해서 우리는 자신의 느낌, 사고, 신념이 다른 사람과 '어떻게 다른지'를 발견할 수 있는 다양한 경험을 해야 한다. 이와 동시에 우리는 다른 사람과 또 '얼마나 같은지'에 대해서도 알 필요가 있다. 이러한 과정은 다양한 갈등 속에서 이루어지고, 충분한 시간을 필요로 하므로 쉽지 않은 일이다.

● 대치에 의한 자아 형성

대치에 의한 자아 형성은 다른 사람의 느낌, 사고, 신념을 모방하고 '단순히 첨가'하여 이것저것 끼워 맞춘 자아와 같다. 이러한 방법으로 자아가 형성된 사람은 자기 존재의 깊숙한 내면과 접촉하지 못한다. 대치에 의해 자아가 형성된 청소년 들은 자신의 자아를 명확히 알지 못하기 때문에 다른 사람들에게 쉽게 영향을 받 거나 동요된다.

오늘날 학교에서 이루어지는 주입식 교육과 획일적인 학교 문화는 청소년들에 게 통합 자아 형성의 기회를 주지 못한 채 끼워 맞춘 자아(대치 자아)의 발달을 조 장한다. 이는 청소년들을 스트레스에 더욱 취약하게 만들고, 그들의 인격과 개성 이 전면적으로 발달할 수 있는 기회를 가로막는다.

통합 자아가 형성된 사람은 일상생활, 가족, 일, 오락 활동에서 기쁨을 느낄 수 있다. 자신과 사회에 도움이 될 수 있는 일련의 가치, 태도, 습관을 전체적으로 통 합하였기 때문에 무슨 일을 하든 개인적 고통과 에너지를 최소화하면서 스트레스 에 잘 대처한다. 그러나 대치에 의해 자아의식이 형성된 사람은 자신과 타인(혹은 일) 사이에서 어떤 일이든 마치 게임하듯이 한다. 그리고 타인의 요구에 응하든 맞 서든 자책감을 느끼게 되어 자존감이 약하다. 그들은 대체로 동조, 경쟁, 불안, 자 책, 분노, 공포와 같은 상황에 잘 사로잡히고, 그것들을 성취하거나 해소하기 위해 자신의 에너지를 허비한다. 한 인간이 일생 동안 쓸 수 있는 에너지는 한정되어 있 는데, 통합 자아를 형성한 사람은 삶의 기쁨과 긍정을 위해 그 에너지를 쓰는 반 면, 대치 자아를 형성한 사람은 늘 자아 존중감이 낮은 상태에서 삶의 부정적인 면을 위한 일에 에너지를 허비하게 된다.

앞서 언급한 것처럼 나는 교육의 궁극적인 목적이 '행복한 인간 육성'에 있다고 본다. 좋은 직업이나 부, 특출한 재능, 명예 등은 인간 행복의 조건이 되기는 하겠지 만 그 자체가 절대적이지는 않다. 인간이 행복한 삶을 살기 위해서는 궁극적으로 '행복을 느낄 수 있는 힘'이 있어야 하고, 그 힘은 청소년기에 자아가 어떻게 형성 되느냐에 달려 있다.

3──통합 자아 형성을 위한 글쓰기 교육

통합 자아는 오랜 시간 동안 내면의 힘겨운 갈등을 거치면서 형성된다. 외부에서 주입되는 정리된 지식이나 가치 체계를 수동적으로만 받아들이지 않고, 그것을 자신의 심층부에서 '자기화'하는 과정을 거쳐야 하는 것이다. 독서, 토론, 수업 등의 모든 교육 행위는 자신이 직면한 문제를 자기화하는 과정을 거칠 수 있게 해야 한다. 그것이이야말로 행복한 인간 육성이라는 본래의 목적에 충실한 교육이다. 지금부터 이야기하려는 생활 글쓰기 교육도 예외가 아니다.

1) 글쓰기 교육의 실제

통합 자아 형성을 위한 생활 글쓰기 교육에서 빠뜨리지 않고 해야 할 것은 다음 세 가지 활동이다.

- 실제 글쓰기(자세히 쓰기, 진실하게 쓰기)
- 쓴 글 발표하기
- 좋은 글을 예문으로 읽어 주기

(1) 실제 글쓰기

나는 학기 초 3월에 학생들에게 일 년간 국어 수업을 어떻게 할지 안내하며 글쓰기 시간을 운영하겠다는 계획을 이야기하였다. 일주일에 한 시간을 글쓰기 시간으로 정해 그 시간에는 진도를 나가지 않겠으니 교실이 아닌 도서관에서 만나자고 하였다. 그리고 필기구와 공책(글쓰기 공책을 따로 만들지 않고, 국어 공책에 그대로 글을 썼다)을 준비하게 하였다.

학생들이 일 년간 쓸 글의 주제는 미리 정해 두었다. 이 계획에 따라 해당 글쓰기 시간까지 써 올 글의 주제를 한 주 전에 미리 알려 주고 숙제처럼 내 주었다. 또 그 주제와 관련 있는 좋은 글을 읽어 주었다. 수업 시간에는 학생들이 써 온 글을 검사했고, 글을 제출한 학생들은 책을 읽게 하였다. 글을 써 오지 않았을 경우에는 그 시간에 글을 써서 검사를 받게 하였다. 검사할 때마다 교무 수첩에 완성해 온 글의 수를 '正' 자로 표시해 두고, 그 결과로 학기 말 수행 평가 점수를 매겼다.

검사한 글에는 반드시 사인을 해 주었고, 글을 읽고 학생과 이야기할 필요가 있을 경우에는 메모해 두었다가 나중에 그 학생과 글의 내용과 관련해 이야기를 나누었다. 그 결과 일 년이 끝나 가는 12월 즈음이 되었을 때, 열심히 글을 쓴 학생의 국어 공책에는 검사 사인이 40개 이상 있었다. 좋은 글은 복사해서 철해 두었다가 글을 쓴 학생의 허락을 받아 다른 학생들에게 본보기로 읽어 주기도 하였다.

내 경험에 비추어 보면, 담임이든 교과 교사든 처음 만난 학생들과 어떤 일을 진행할 때 어느 정도 틀이 잡히기까지 최소 2개월은 걸린다. 글쓰기 교육도 교사가 학생들에게 공표한 후 최소 두 달 동안은 중단하지 않고 계속해야 틀이 잡힌다. 그 정도 되어야 학생들은 글쓰기 시간이 되면 말하지 않아도 공책을 들고 도서관으로 와 책을 읽거나 글을 쓴다. 교사가 깜박하고 다음 주 글쓰기 주제를 이야기하지 않으면 학생들이 "다음 주 주제는 뭐예요?"라고 재촉한다. 그래야 비로소 글쓰기 교육의 기본 틀이 잡혔다고 말할 수 있다.

① 일 년치 글쓰기 주제

나의 몸, 나의 성격과 버릇, 나의 하루, 나만의 소중한 약속, 우리 집, 우리 학교, 우리 동네, 아름다운 사람, 가장 듣고 싶은 말, 가장 듣기 싫은 말, 혼자 힘으로는 할 수 없어요, 나에게 영향을 준 사람, 눈물은 내 친구, 고요함, 스트레스, 부정적인 혼잣말, 소외감을 느낄 때, 첫 경험, 이제는 말할 수 있어요, 열린 마음과 닫힌 마음, 결혼과 이혼, 내가 만일 신이라면, 아리랑 고개(자서전 쓰기)

위 주제는 '나'에서 시작하여 가족과 이웃(학교), 관계, 마음(자아), 사회 문제에 대한 인식으로 확대된다. 주제를 이렇게 배열한 것은 일반적인 인간의 인식 발달이 '나'와 자기 주변에서부터 사회 문제로까지 확대되어 가기 때문이다. 또 주제를 23개로 정한 것은 한 학년 동안 한 주에 한 가지 주제씩 꾸준히 일 년간 글을 쓸 수 있게 하기 위해서이다. 1, 2학기 수업이 34주인데, 시험이나 학교 행사 등으로 글쓰기 수업을 할 수 없는 주를 제외하고 실천할 수 있게 한 것이다. 그러므로 이 글을 읽고서 글쓰기 교육을 하려 한다면, '나의 몸 → 나의 성격과 버릇 → 나의 하루'와 같은 식으로 앞에 제시한 주제의 순서에 따라 한 주에 하나씩 학생들에게 주제를 제시해 주면 된다. 주제별로 학생들이 쓴 글을 보고 싶으면 『눈물은 내 친구』(조재도 엮음, 작은숲, 2013)를 참고하면 되겠다.

② 자세히 쓰기와 진실하게 쓰기

글쓰기 지도에서 내가 가장 강조한 것은 자세히 쓰기와 진실하게 쓰기 두 가지이다. 글쓰기 지도 첫 시간에 꼭 지켜야 할 점으로 이 두 가지를 강조했다.

학생들에게 글을 쓰라고 하면 몇 줄 쓰지 못하고 나자빠진다. 그나마 몇 줄 쓰기라도 하면 다행이다. 아예 글이라면 '우~' 하는 야유성 고함을 치거나 책상에 엎드려 자는 경우가 태반이다. 실제로 글쓰기 지도에서 가장 애먹는 경우가 아이들이 글을 쓰지 않을 때와 쓰더라도 몇 줄 끄적이다 말 때이다. 그런 이유로 자세히 쓰기를 강조하는데, 강조만 해서는 되지 않는다. 실제 연습을 해야 한다.

글쓰기 첫 시간, 학생들에게 다음 주제를 주고 글을 써 보게 한다.

주제: 아침에 일어나 학교 교실의 자기 자리에 앉기까지의 일

학생들 대부분이 "아침에 일어나 밥 먹고 학교에 왔다."라고 쓰고 끝낸다. 이것을 다음과 같이 세분화하여 쓰도록 지도한다.

ㄱ. 아침에 일어나기 싫어 죽겠는데 알람이 울리고 엄마가 깨운다.
ㄴ. 화장실에 가려는데 아빠가 안 나와 신경질이 났다.
ㄷ. 밥을 먹는 둥 마는 둥 한 채 버스를 타고 오는데 버스에서 이런 일이 있었다.

ㄹ. 교문을 들어서는데 학생부 선생님께 걸려 기분이 나빴다.

이런 식으로 장면을 나누어 그에 따른 내용을 쓰도록 지도하면서 자세히 쓴 좋은 글을 미리 준비해 읽어 준다. 여기서 좋은 글을 본보기로 읽어 주는 일이 중요하다. 좋은 글을 읽어 주면 학생들은 어떻게 글을 써야 할지, 교사가 말하는 바가 무엇인지 쉽게 '감'을 잡기 시작한다.

학생들은 좀처럼 자신의 속내를 열지 않는다. 자신의 상처, 열등감, 콤플렉스, 친구와의 문제, 가난으로 인한 고통, 가족 관계, 이성 문제, 스트레스 등에 대해서는 글로 쓰려고 하지 않는다. 교사에게 신뢰감을 느끼지 않는 한 결코 내면을 표현하지 않는다. 이럴 경우 교사는 학생들과 벽을 허물기 위한 부단한 노력을 해야 한다. 최소한 교사가 학생을 이해하고 학생 편이라는 정서적 유대가 형성되도록 노력해야 한다. 진실하게 쓴 글이 감동을 주며 감동을 주는 글이 좋은 글이라는 것, 그런 글을 쓰기 위해서는 '용기'가 필요함을 늘 강조한다. 그런 우호적인 정서를 바탕으로 역시 좋은 글을 준비해 주제에 따라 적절히 읽어 줌으로써 진실한 글쓰기를 이끌어 내야 한다.

글을 검사하면서 맞춤법, 띄어쓰기, 부자연스러운 문장, 좀 더 자세히 표현해야 할 부분 등에 대해 공책에 표시하거나 학생에게 따로 말해 주었다. 이모티콘, 그림 등은 크게 문제 삼지 않았고, 글로 쓰기 싫을 경우 그림을 그리게 하였다.

(2) 쓴 글 발표하기

쓴 글에 대한 발표 지도는 쓰기 지도만큼이나 통합 자아 형성에 중요하다. 글을 쓴 학생은 자기가 쓴 글을 다른 사람 앞에서 발표함으로써 글 속의 '나'를 좀 더 명확히 인식할 수 있다. 또 글에 나타난 경험이나 감정, 의견을 타인과 공유하거나 그로 인해 갈등을 겪기도 하면서 자아상을 새롭게 세우게 된다.

이러한 현상은 듣는 이에게도 나타난다. 교사나 학생이 글을 읽어 주면 듣는 학생은 '나도 저 아이처럼 글을 써야겠구나.' 하고 생각함과 동시에, 자기 글과 제시된 글의 공통점과 차이점을 찾아보게 된다. 그러면서 타인과 다른 자기 자신을 새롭게 인식하고 진실을 공유하며 갈등한다. 그리고 언젠가 그 갈등을 극복하는 가운데 자아상이 확장되고 정체성이 확립된다.

글을 쓰고 발표를 하며 학생들은 자아를 발견하고 자아 정체성을 형성하여 자신의 삶을 스스로 기획할 수 있는 힘을 기르게 된다. 인간은 자기 이야기를 하면서 자신을 이해하고 해석하며 새롭게 발견한다. 이는 글을 쓰는 이의 입장에서 보면 타인에게 자신의 진실된 '내면'을 드러냄과 동시에 자신을 발견하고 인식하게 되는 일이다. 듣는 이의 입장에서는 타인의 이야기를 들으면서 자기 속의 '낯선 자신'을 확인하고, 그것에 수긍하거나 갈등하며 자신과 세계가 긴밀히 관계를 맺고 있음을 자각하게 되는 과정이다. 결국 글을 쓰고 발표하는 행위는 자기 이해와 성장을 도와 통합 자아 형성에 이바지하는 셈이다.

발표 지도를 할 때 가장 유의할 점은 글쓴이의 신상이 공개되지 않도록 해야 한다는 것이다. 같은 학교 학생의 글인 경우 글을 읽어 주면 학생들은 "아 그거, ○○가 썼지?" 하며 글쓴이를 거의 심작한다. 만일 그런 일이 일어날 염려가 있다면 글 쓴 학생에게 글을 발표해도 좋은지 미리 양해를 구해야 한다.

학생들은 자기가 쓴 글이 타인에게 공개되는 것을 다분히 꺼리는 경향이 있다. 특히 사춘기인 청소년들의 경우 집안 사정이나 신체적 약점, 친구 관계 등의 문제는 말 한마디에도 깊은 상처를 받고, 그들 사이 관계가 파경에 이르는 경우도 종종 있다.

(3) 글쓰기 단계별 교사의 지도 내용

글을 쓰고 발표하고 마지막에 정리할 때에는 교사의 주도적인 역할이 꼭 필요하다. 교사는 학생이 미처 깨닫지 못하고 있는 부분에 대한 인식의 지평을 넓혀 주기 위해, 혹은 미처 해결하지 못한 갈등을 해결하기 위해 글쓰기의 전 과정(쓰기 → 발표 → 정리)에 적절히 개입해야 한다. 실제 예를 통해 글쓰기 과정에 필요한 교사의 지도 내용을 살펴보자.

글쓰기 첫 시간, '나의 몸'이라는 주제로 쓴 글 가운데 다음과 같은 글이 있었다.

나의 콤플렉스　　　　　　　　　　　　　　　　　　　백서연(중 1, 여)

　나에게는 치명적인 콤플렉스가 있다. 한 가지는 털이 많다는 것이고, 한 가지는 키가 작다는 것이다. 그렇지만 키가 작은 애들은 꽤(?) 있으니까 그건 스트레스를 받기는 받지만 별로 크지 않은데, 털이 많은 건 참 싫다. 털이 많은 애들도 조금 있는 것 같지만 여자가 나처럼 털이 긴 애들은 드물 것이다. 다른 애들은 거의 5mm도 될까 말까인데 나는 1cm 정도 되는 털들도 있다. 여자가 다리에 털이 나 있고, 팔에도 털이 나 있으니까 내가 보기에도 좀 징그럽다는 생각이 든다. 친구들도 내가 상처받을까 봐(?) 나한테는 얘기 안 하지만 그렇게 생각할 것이다. (이하 생략)

　글을 쓴 학생에게 "네가 쓴 글을 반 아이들에게 읽어 주면 어떻겠냐?"라고 물으니 싫다고 하였다. 창피하다는 거였다. 나는 콤플렉스란 누구에게나 있는 것이며, 그것을 혼자 끌어안고 고민할 게 아니라 여러 사람 앞에 떳떳이 공표하여 털어 버릴 수 있는 계기가 필요하다는 생각에 거듭 물었다. 그러자 학생도 마음을 바꾸어 발표를 하겠다고 하였다. 발표 후에는 글을 쓴 학생과 발표를 들은 학생 모두에게 느낌을 정리해 보게 하였다.

　● 글을 쓴 학생의 느낌

　발표하기 전에는 창피했지만 애들 반응이 궁금하기도 해서 발표해도 좋다고 했다. '괜찮아. 금방 까먹겠지.' 발표하는 도중에는 창피하고 얼굴이 화끈거리는 것 같았다. '털보' 얘기를 할 때는 얼굴을 들 수가 없었다. 하고 나서는 왠지 찝찝하다. 내 글을 듣고 다른 애들이 어떻게 생각할지 궁금하다. 조금 쪽팔린다.

　● 발표를 듣고 난 다른 학생의 느낌

－백서연은 용기가 많은 것 같다. 나 같았으면 말을 못 했을 거다. 근데 털이 얼마나 많아서 털보라고 한 것인지 궁금하다. 털보는 온몸이 털로 뒤덮인 것이 아닌가 생각한다. (김민철)

－서연이가 털 때문에 스트레스를 받는 것은 알았지만 이 정도일 줄은 몰랐다. 친구

야, 네가 그렇게 마음 고생하는 줄 모르고 털 많다고 놀려서 미안하다. 앞으로는 네 앞에서 털이 어쩌고 하는 얘기는 안 할게…… 근데 솔직히 말해서 털 뽑은 게 더 이상해 보였다. 설마 다리털까지 뽑으려는 건 아니겠지. (김정연)

－나도 사실은 다리 쪽에 털이 많다. 그래서 가끔씩 짓궂은 남자아이들에게 다리를 안 보이려고 숨겼었는데…… 나 같으면 못 쓸 것 같은 글을 서연이가 썼는데 정말 용기가 대단하다고 느꼈다. 그리고 또 나와 똑같은 고민을 가지고 있는 아이도 있었구나 하며 신기했다. (전자홍)

발표를 듣고 난 학생들의 느낌은 다음 몇 가지로 정리해 볼 수 있겠다.

- 털이 많다는 사실을 인정하고 그러한 일에 신경 쓰지 말고 살아라.
- 자기 약점을 다른 사람에게 공개할 수 있는 용기가 부럽다.
- 나한테도 그런 점이 있다. (공통점 확인)

그렇다면 정리 단계에서 교사는 어떤 일을 할 수 있는가. 먼저 글 쓴 학생의 인식의 지평을 넓혀 주어야 한다. 다른 아이들도 너와 비슷한 경우가 있거나 혹은 너보다 더한 경우가 있으니 너무 신경 쓰지 말라든가, 콤플렉스란 어떤 것이며 콤플렉스를 자기가 콤플렉스로 인식하는 이상 큰 문제가 되지 않으니 맞서 싸워 이기려고만 하지 말고 '나한테 그런 면이 있구나.' 하고 인정하고 넘어가는 것도 콤플렉스에 대처하는 좋은 방법임을 알려 준다.

위 예에서는 제시되지 않았지만 발표한 글이나 발표를 듣고 난 소감을 쓴 내용에 갈등이나 대립이 드러나는 경우도 있을 수 있다. 갈등이나 대립의 내용이 발견되면 그것을 해결하기 위해 교사가 직접 나설 수도 있을 것이다. 그러나 교사의 중재에 의한 갈등 해소는 어디까지나 일시적인 것임을 유념해야 한다. 갈등 해소가 자아의 심층부에서부터 일어나지 않으면 그 사람의 진실한 행동 변화를 기대하기 어려우며, 그러자면 시간이 걸린다. 따라서 교사에게는 그 문제가 한 번에 해결될 수 있는지, 시간을 두고 해결되어야 하는지 판별할 수 있는 지혜가 있어야 한다. 그리고 중재의 방식도 학생과 직접 대면하기, 휴대폰에 메시지 남기기, 글쓰기 공책에 메모하기, 편지나 이메일 보내기 등 여러 가지가 있는데, 어느 방식이 가장 적절할지는 여러 상황을 고려하여 결정해야 한다.

결국 교사에게는 학생에 대한 끊임없는 주의력과 인간에 대한 통찰력이 필요하다. 이런 점에서 볼 때 정리 단계에서의 교사 활동은 단순한 글쓰기 지도 차원을 넘어 학생에 대한 전반적인 상담 활동 영역으로까지 넓어지기도 한다.

2) 생활 글쓰기를 통한 학생의 변화

글을 쓰고 발표하고 정리하는 과정을 거치는 동안 한 인간의 내면에는 많은 변화가 일어난다. 학생들 사이에는 인정, 갈등, 무시, 성취감 등이 일어나며, 교사와 학생 간에는 신뢰, 이해, 대화 등을 바탕으로 한 인간관계가 형성된다. 처음에는 학생들이 교사를 탐색하며 믿지 않으려 한다. 그러다 어느 순간 마음의 문이 열리면서 자기 이야기를 글로 쓰게 된다. 다음은 『눈물은 내 친구』(조재도 엮음, 작은숲, 2013: 190~191면)에 수록된 글이다. 이 글은 변화하는 자신의 모습을 잘 드러낸다.

거짓말
주슬기(중 1, 여)

지금까지 난 국어 선생님께 거짓말을 해 왔다. 물론 애들한테도. 나는 전에 '우리 집'이라는 제목으로 글을 쓸 때 아빠가 있다고 했지만 사실 지금 우리 아빠는 엄마와 이혼하시고 안 계시다. 아이들에게는 아빠가 없다는 사실을 얘기할 수 없지만 선생님께는 얘기할 수 있다. 그 이유는 주연이와 선경이도 선생님께 모두 얘기한 것 같으니까.

지금 우리는 엄마와 함께 살고 있다. 엄마는 혼자서 우리를 키우느라 일을 나가셔서 정말 바쁘시다. 그런데도 엄마는 우리에게 맛있는 음식을 해 준다고 요리 학원에 다니신다. 저번에 시험에 합격해서 조리사 자격증을 딴 상태~! 아차차, 아무튼 엄마는 우리 때문에 시간이 많이 없다.

난 아빠와 엄마가 다시 살기를 원하는 것도 원하지 않는 것도 아니다. 엄마와 아빠가 같이 살면 엄마가 일을 안 하시고 쉴 수 있어서 좋지만 같이 살 때 아빠가 예전처럼 술 드시고 들어와서 막 화를 내서서 엄마가 우시는 건 정말 보기가 힘들다. 그래서 난 빨리 고등학생이 되어 아르바이트해서 엄마를 기쁘게 해 드리고 싶다. 될 수 있으면 고등학생이 아니라 그냥 빨리 어른이 되고 싶다. 그러면 엄마를 더 기쁘게 해 드릴 수 있을 텐데.

난 아빠가 정말 보고 싶다. 그런데 저번에 엄마께 별로 보고 싶지 않다고 거짓말을 했다. 엄마가 마음 아파하실 것 같았기 때문이다.

그리고 나는 에듀피아(인터넷 공부)를 하는데 거의 매일 안 한다. 안 하는 걸 엄마가 모르시는 것 같지만 매일매일 에듀피아에서 편지가 와서 출석 일을 말해 준다. 나는 매일 그걸 감췄다가 조심스럽게 불에 태워 버렸다. 엄마 죄송해요.

4──나오며

지금까지 생활 글쓰기 지도가 어떻게 통합 자아 형성에 기여할 수 있는지에 대해 살펴보았다. 이 글에서는 글쓰기 교육과 관련한 지도 사례를 소개하는 것에 그치지 않고, 글쓰기 교육을 하는 목적이 다른 교육 행위처럼 통합 자아 형성에 있다는 점을 강조하였다. 이는 청소년기 학생에 대한 전반적인 이해를 바탕으로 글쓰기라는 교육 행위가 이루어졌으면 하는 바람에서였다.

생활 글쓰기 교육은 여러 다른 교육 행위처럼 학생의 자아 형성에 많은 영향을 미친다. 나는 이 글이 그동안 글쓰기 교육을 하고자 했던 교사들에게, 또 실제로 글쓰기 교육을 하고 있는 교사들에게 조금이나마 도움이 되었으면 한다. 또한 이 글을 읽고 교사들이 청소년기에 자아가 어떻게 형성되는지, 그것이 왜 중요한지, 그들을 위해 해야 할 일이 무엇인지 이해하였으면 한다. 그리고 이 글이 자신의 교육 행위가 학생들에게 어떤 영향을 미칠지 한 번쯤 생각해 볼 수 있는 계기가 되기를 바란다.

학생들과 함께한 시 읽기와 쓰기 수업

배창환

1──들어가며

1) 시 교육, 왜 하는가

우리는 문학 언어를 통하여 사물과 세계를 총체적으로 인식할 뿐 아니라 삶의 가치를 사유하고 내면화하여 자신의 생각과 느낌을 적극적으로 표현한다. 또한 삶의 가치들을 현실에서 실천적으로 구현하는 힘을 지니게 된다. 문학 작품에는 작가의 '가치' 세계가 작품의 미적인 구조를 통해 형상화되어 있다. 독자는 작품을 읽으며 작가의 경험 세계 또는 가치관과 적극적이고 능동적으로 만난다. 또 삶과 세계의 아름다움을 향수하고 표현하며 궁극적으로는 자신의 개성과 인격을 확립하고 높여 갈 수 있다.

그중에서도 시는 모국어로 된 가장 아름다운 정수(精髓)이다. 시를 통해서 우리는 사물과 영적인 교감을 이룰 수 있으며, 가치 있는 삶에 대한 인식과 이미지를 얻을 수 있다. 또한 시적 상상력으로 보이지 않는 세계까지 볼 수 있을 뿐 아니라, 일상에서 감추어진 세계의 비밀을 찾아낼 수 있는 심미안을 갖추게 된다. 그러므로 시를 배우고 향유하는 일은 곧 인생을 높은 예술의 차원으로 끌어올리는 일이라 할 수 있다.

2) 오늘의 시 교육, 어떠한가

작품을 해부하고 주제를 찾아 외우는 식의 수업, 답이 하나밖에 없는 문제 풀이를 위한 입시용 수업이 수십 년 동안 거의 변함없이 교실을 지배해 오다 보니 학생들에게 시 공부는 가장 골치 아프고 힘든 영역이 되어 버렸다. 게다가 자연 생태의 순환과는 동떨어져서 숨 가쁘게 돌아가는 삭막한 도시의 생활 환경은 학생들로 하여금 시를 더욱 이해하기 힘들게 한다. 사물을 알지 못하는데 어떻게 느낄 수 있으며 그것을 노래한 시를 어떻게 쉽게 이해하겠는가. 또한 갈수록 난해해지는 시의 경향 때문에 시는 학생 독자들에게 외면당하고 있다. 시를 읽고 쓰는 일에 푹 빠져 보지 못한 교사들의 문학 체험 부족 또한 시 교육의 시도 자체를 어렵게 여기고 주저하게 하는 주요 원인이다.

결과적으로 우리의 시 교육은 '가슴'은 없고 '머리'만 남은 기형적인 형태가 되고 말았다. 가볍고 편안한 마음으로 시 한 편을 읽고, 생각을 나누거나 써 보는 시간을 확보하지도 못한 채 적당히 읽고 요점을 정리하면서 시를 시험의 출제 대상으로만 다루는 형편이다. 현실이 이러하니 학교에서 시를 가르치면 가르칠수록 시를 사랑하는 독자가 사라지는 것은 당연한 귀결이다. 따라서 이제는 시 교육을 근본적으로 다시 생각해 보아야 할 시점이다.

3) 시 교육, 어떻게 할 것인가

시 교육은 언어 체험을 통해 감동으로 나아가는 과정이다. 따라서 시 감상이 학습자의 가치 있는 삶으로 이어지도록 하는 것을 시 교육의 궁극적인 목표로 삼아야 하며, 좋은 작품을 많이 감상하고 창작하는 기쁨을 맛볼 수 있는 학습자의 활동을 수업의 중심에 두어야 한다. 그러기 위해서는 우선 하나의 답을 전제로 두고 요약정리한 지식이나 해설을 일방적으로 주입하는 낡은 학습 형태에서 벗어나 다양한 감상의 가능성과 기회를 열어 두어야 하며, 학생들이 자신의 삶을 시로 쓰는 단계로까지 나아가야 한다.

여기서 중요한 것은 학생들을 교육의 주체로 세워야 한다는 점이다. 또한 학생들의 삶과 거리가 먼 난해한 시보다는 학생들이 이해하고 감동할 수 있는 시와 자신의 삶을 노래한 학생 창작 시를 감상과 토의의 대상으로 삼아야 한다. 이는 학생들의 삶 자체를 학습의 대상으로 삼음으로써 학습자가 자신의 삶을 발견하고 표현하는 활동으로 나아가게 해야 한다는 뜻이다.

구체적으로 살펴보면, 살아 있는 시 교육을 하려면 우선 시 읽기부터 시작하여 좋은 시 감상하고 토의하기, 좋은 시 낭송 또는 암송하기, 창작 시 쓰기 등에 이르는 일련의 과정을 반드시 거쳐야 한다. 결국 읽기에서 쓰기까지의 과정인 셈인데 시 읽기가 안 되어 있는 아이들에게 앞의 과정들을 생략한 채 곧바로 시 쓰기부터 하라고 하면 거의 낙서 수준이거나 줄글을 써서 행을 나누는 정도에 그치고 만다. 좋은 시를 읽고 그 시가 왜 좋은지 알고, 좋은 시가 글쓴이의 삶을 형상화한 것임을 깨달아야 한다. 그래야 스스로 좋은 시를 찾아 읽고, 자기 이야기를 시로 쓸 수 있게 된다.

2──시 읽기, 감상 쓰기, 시 토의 수업

1) 수업 계획

읽기에서 쓰기에 이르는 수업을 진행하기 위해서는 가장 먼저 시 수업 시간을 확보해야 한다. 학교의 연간 계획을 참조해 교과서 수업 내용과 시수를 조정하여 따로 시 교육 시간을 적절하게 확보하고 수행 평가 계획을 세밀하게 세워서 추진해야 한다.

시 교육의 첫걸음은 좋은 시를 많이 확보하는 것에서 출발한다. 그리고 시를 읽을 때에는 학생들 스스로 좋은 시를 선택할 수 있는 기회를 주어야 한다. 곧 시가 아이들에게 천천히 걸어 들어가 대화를 나눌 수 있는 시간을 주어야 하는 것이다.

그러기 위해서는 '시 읽기와 감상, 모둠별 토의', '애송시 낭송, 애송시 암송, 애송시 시화 그리기', '시 쓰기와 창작 시 시화 그리기' 등으로 단계를 나누어 순차적으로 활동을 해 나가는 것이 좋다. 1, 2학년을 연계하여 이 단계를 진행하는 것이 바람직하지만, 혼자 감당해야 할 때는 최소한 시 읽기(3~4시간)와 생활 시 쓰기(3~4시간)에 이르는 일련의 수업을 차례로 진행해야 일정한 성취에 이를 수 있다. 읽기를 생략하면 쓰기가 제대로 이루어지지 않는다는 뜻이다. 이를테면 중간고사 이전에 '시 읽기'를 한 후 기말고사 이전에 '시 쓰기'를 하거나, 1학기에는 '시 읽기와 토의, 시 암송 평가' 등을 하고 2학기에 '시 쓰기와 창작 시 시화 그리기' 등을 하는 방법이 있다. 이렇게 하면 학교 축제 시기에 맞추어 작품을 낼 수도 있다.

고등학교 '문학' 수행 평가 연간 계획 예

시기	수행 평가 과제 및 일정	배점
1학기	• 3월: 수필 읽기(감상)	100
	• 4월: 마인드맵 그리기, 수필 쓰기(1차)	마인드맵 20, 수필 쓰기 80
	• 5월, 중간고사 전후: 시 읽기(감상)와 암송(1회, 5편)	감상 50, 암송 50
	• 6월: 시 쓰기(1회)	100
	합계	400점
2학기	• 9월: 수필 쓰기(2차)	마인드맵 20, 수필 쓰기 80
	• 9월: 독서, 권장 도서를 골라 읽고 내 생각 쓰기	100
	• 9~11월(수업 중): 시 낭송	낭송 80, 자료철 20
	• 시 쓰기(창작 시 시화 그리기)	100
	합계	400점

* 지필 평가 70%, 수행 평가 30%

2) '시를 보는 눈' 키우기

시를 읽기 전에 먼저 '시를 보는 눈', 곧 좋은 시의 기준에 대해 학습할 필요가 있다. 어떤 시가 좋고 어떤 시가 좋지 않은지 아이들이 분명하게 알아야 하기 때문이다. '좋은 시'의 기준은 여러 가지가 있겠지만 아주 단순화하면 단 두 가지로 정리할 수 있다. 첫째는 '이해가 되는가?'이고, 둘째는 '감동이 있는가(가슴에 남는 것이 있는가)?'이다.

내용 이해는 시인과 독자가 교감할 수 있는 전제 조건이다. 이해가 되지 않는 시에서 감동을 기대할 수는 없다. 학생들의 시는 학생들이 가장 잘 이해하고 반응도 즉각적으로 하지만 시인들의 시는 이해조차 힘든 경우가 많다. 원인은 대체로 두 가지이다. 하나는 시인이 난해한 시를 즐겨 쓰는 경우이고, 다른 하나는 학생들의 경험이 부족하여 삶에 대한 이해 수준이 높지 않거나 어휘력이 부족한 경우이다. 이런저런 원인을 고려하더라도 이해가 되지 않는 시를 학생들에게 '좋은 시'라고 소개할 수는 없다.

또 하나는 감동이다. 물론 '좋은 시'는 이해와 감동이 따로 오지 않는다. 한꺼번에 닥친다. 하지만 이해는 그럭저럭 되는데 감동이 없는 시도 많다. 그런 시 역시 밋밋한, 죽은 시일 것이다. 내용(제재)이나 표현의 새로움에서 오는 참신한 맛이 감동으로 올 수 있고, 삶에 새로운 시각을 열어 주는 인생의 지혜가 가슴을 울리는 수도 있다. 이런 감동이 없는 작품이라면 우리는 '좋은 시가 아니다'라고 말할 수 있어야 한다.

학생들과 시를 읽기 전에 먼저 좋은 시의 조건을 이해하는 과정이 필요하다. 좋은 시로는 '진실하고 따뜻한 마음이 담겨 있는 시, 발상이 독특한 시(독특한 맛과 향기가 있는 시), 삶의 모습이 구체적으로 살아 있는 시, 우리의 마음을 깨끗이 해 주는 시, 자유롭게 살아가는 마음을 보여 주는 시, 관찰이나 명상의 흔적이 있고 새로운 발견이나 깨달음을 보여 주는 시, 일상 언어와 토속어 등을 잘 살려 썼거나 표현이 재미있고 독특한 맛과 향기가 있는 시, 마무리를 인상적으로 해서 감칠맛 나는 시' 등을 들 수 있다. 반대로 좋지 않은 시로는 '어디선가 많이 본 듯한 시(유행가나 인터넷에 떠도는 시를 표절한 시), 너무 자기 감상에만 치우친 시, 자기 생각을 나열하여 행만 구분한 시, 다 읽고 나서도 알맹이가 잡히지 않는 시, 읽어 봐도 맛이나 향기가 없는 시, 너무 어른스럽고 매끈한 언어로 꾸민 시, 관념적인 소재를 관념적으로 쓴 시, 새로운 깨달음이나 관찰을 보여 주지 못하고 상투적인 언어의 나열로만 된 시, 행과 연 구분, 함축 등이 제대로 되지 않아 리듬을 느끼기 어려운 시' 등을 들 수 있다.[1]

좋은 시를 보여 주면 학생들은 금방 반응한다. 이 반응이 시 교육의 출발점이다. 학생들이 좋은 시를 읽고 즐길 수 있게 되면 모방하고 싶은 욕구가 생겨난다. 여기서부터 모방 시든 창작 시든 쓸 수 있다.

3) 시 읽기 자료 제작, 읽기와 감상 쓰기

시를 보는 시각을 학생들에게 설명한 다음 청소년 시와 시인의 시를 모은 시 자료를 나누어 주었다. 청소년 시는 주로 학생들의 시를 엮은 『뜻밖의 선물』(휴머니스트, 2012)과 『36.4℃』(작은숲, 2012)에서 뽑았다. 시인들의 시는 전국국어교사모임 선생님들이 엮은 『국어 시간에 시 읽기』(휴머니스트, 2012) 1~3권과 『문학 시간에 시 읽기』(휴머니스트, 2013) 1~3권, 또는 학기 초에 나누어 준 권장 도서 목록에 있는 시집에서 학생의 눈높이에 맞게 뽑았다.

자료가 준비되면 학급마다 세 시간에 걸쳐 돌아가면서 낭독했다. 시를 읽을 때는 최대한 느리게 읽게 했다. 학생들은 대부분 시를 너무 빨리 읽는다. 그래서 교사가 먼저 읽기를 해 보여야 한다. 목소리는 또록또록하게, 입은 둥글고 크게 벌려 천천히 읽되, 행이 바뀔 때는 충분히 쉬어서 끊어지는 맛이 나게 했고, 연이 바뀔 때는 행보다 두 배로 쉬게 했다. 세 시간은 많은 자료를 음미하면서, 때로는 교사가 약간의 도움이 될 만한 내용을 붙여 가면서 읽기에 턱없이 부족한 시간이다. 함께 읽지 못한 나머지 부분은 읽기 과제로 내도 상관없다.

시를 읽어 나가는 동안 마음에 드는 시를 체크해 '내가 뽑은 시' 활동지에 시 감상을 쓰게 했다. 배부해 준 자료에 있는 시인의 시와 학생 시 중에 각각 다섯 편씩 고르게 하면 된다. 물론 수행 평가에 포함시킨다.

좋은 시가 눈에 보이기 시작하고 거기에 매료되면 감상을 쓰는 일은 어렵지 않

---

1 좋은 시와 그렇지 않은 시의 기준은 이우경의 『교과서를 내던져 버린 살아 있는 국어 수업』(해오름, 2006) 350면의 내용을 참고로 정리하였다.

다. 감상을 쓸 때에는 시에 대한 해설을 쓰는 것이 아니라 짧더라도 수필에 가까운 글을 써야 함을 말해 둔다. '나의 생각이나 느낌 쓰기'이며, 떠오르는 것은 무엇이든 좋다고 말해 주면 학생들은 부담이 없어진다. 잘 써야 하고 그럴듯하게 써야 한다는 부담을 없애 주면 아이들은 오히려 더 잘 쓰고, 많이 쓰고, 진지하게 자신의 생각을 드러낸다.

'내가 뽑은 시' 활동 자료

	지은이	제목	뽑은 이유(감상)
1	이시영	그	그는 자신이 지켜야 할 깨알 같은 약속과 작은 일과 부양가족만을 위한 삶을 살았다. 하지만 그것이 정말 그 자신을 위한 삶이었을까? 그는 살아가면서 작은 약속들 때문에 그가 진정 하고 싶던 바라던 일을 끝내 이루지 못하고 시간만 흘려보냈다. 지금 내가 하고 싶고, 내가 진정 해야 한다고 생각되는 일이 있다면 망설이지 말고, 후회하기 전에 해야 한다고 생각한다.
2	황영진	눈물	어머니는 평생 자식만을 위해 살아간다. 자식만을 위해 아끼고, 굶어 가며 살다 결국 돌아가신다. 그 와중에 벽시계 안에 남긴 만 원짜리 몇 장. 자신을 위해 쓰라고 주어진 그 몇만 원을 자식을 위해 아끼고 아껴 남겨 준다. 그 지폐를 찾았을 때 아들은 어떤 마음이었을까. 이 시처럼 어머니께 걱정이 되고 짐이 되지 않는 떳떳한 딸이 되고 싶다.
⋮	⋮	⋮	⋮

4) 시 토의 수업

아이들이 개인별로 '내가 뽑은 시'의 감상을 써 오면 모둠별로 모여서 각자의 시 감상을 발표하고 그에 대해 모둠원들과 토의하는 시간을 마련한다. 그 후에 모둠원이 공동으로 시 한 편을 뽑아 함께 읽고 심화 토론하는 시간을 잠시 주고, 모둠 대표가 모둠 토론에서 나온 이야기들을 정리해 발표하게 한다. 한 편의 시에 대한 깊이 있는 감상은 이때 이루어진다. 그 후 모둠에서 뽑은 시에 대한 감상을 모둠원들 각자가 A4 용지 1쪽 내외로 적어 내게 하면 일단 감상 수업은 끝난다.

시인	제목	뽑은 명수	학생	제목	뽑은 명수
황지우	너를 기다리는 동안	5명	김○○	어린아이	4명
함민복	눈물은 왜 짠가	5명	이○○	떠돌이 개	3명

* 가장 많이 나온 대표 시 3편(시인, 학생 각각)을 뽑아 좋은 점을 중심으로 토의한 후, 다시 한 편씩을 선정하여 토의하고 그 내용을 정리하여 발표합니다.

–시인의 시:

– 학생 시:

이렇게 심도 있게 작품을 감상하는 과정에서 학생들은 자기가 좋아하는 시를 찾게 된다. 그다음에 할 수 있는 활동은 무궁무진하다. 다양한 형태의 애송시 시화를 그릴 수도 있고, 생활 시 쓰기와 자작시 시화 그리기도 할 수 있다. 완성된 작품은 축제 때 전시를 할 수도 있다. 모둠별로 애송시를 연극으로 바꾸어 공연할 수도 있으며, UCC를 제작하여 발표 대회를 열 수도 있다. 학생들 마음으로 뛰어들어 온 시는 무궁한 활동의 원천이 되는 것이다. 학급 또는 학년별 홈페이지를 만들어 주기적으로 활동 자료를 올릴 수도 있고, 시 공책에 매달 한두 편씩 애송시를 적고 시화와 감상을 남겨 포트폴리오를 만들면 훌륭한 애송시 문집을 만들 수도 있다.

3——이야기가 있는 생활 시 쓰기 수업

창작 시 쓰기는 시 읽기와 감상 활동이 끝나고 시 암송 평가까지 끝난 다음에 했는데, 내용은 '이야기가 있는 생활 시 쓰기'였다. 아이들에게 2학기 학교 축제에 맞춰서 각종 시화를 제출하자고 하고 반드시 한 편씩은 완성해서 평가받도록 했다. 여러 번 고치고 고친 다음 최종적으로 완성된 작품을 대상으로 평가하고 학교에서 시상도 했다.

생활 시는 제재의 범위를 정하지 않았다. 학생들이 가장 손쉬우면서도 구체적으로 떠올릴 수 있는 제재가 자기 주변의 사람이나 사물이다. '나'를 포함하여 가족이나 이웃, 친구 등 모든 사람이 대상이 되며 지금까지 마주한 사물이나 체험을 포함해 그중 가장 기억에 남는 것이면 된다. 학생들은 앞의 과정에서 또래들의 시를 읽으며 이미 자기 시의 제재를 머릿속으로 구상하고 있었을 것이다.

시 쓰기는 몇 가지 단계로 나누어 했다. 물론 각 단계의 순서와 해당 내용은 시 읽기 자료와 함께 제시해 주고 충분히 설명했다.

1) 평가 기준 정하기

시를 쓰기 전에 평가 기준을 먼저 제시해 주었다. 물론 이 기준을 학생들과 함께 마련하면 좋겠지만 교사가 혼자 정해서 설명해도 상관없다. '주제를 감동적으로 잘 살리고 있는가' 또는 '생활 속에서 만난 사람, 이웃, 사물, 사회 현상에서 새로운 것을 발견하고 관찰했는가', '시적인 생생한 표현을 했는가' 등에 평가의 주안점을 두었다.[2]

---

2 평가 기준은 '나의 느낌이나 생각, 깨달음(주제)을 감동적으로 잘 살리고 있는가? 생활 속에서 만난 이웃이나 자연, 사회 현실(현상)에서 새로운 것을 발견하고 관찰했는가? 감각을 잘 살려서 구체적이고 생생한 언어로 표현했는가? 행, 연 구분이 무리가 없고, 리듬을 잘 살렸는가?(산문시 포함)' 등으로 정하여 합산하면 된다. 배점은 각각 25점으로 상 25점, 중 24점, 하 23점으로 하였다.

2) 글감과 주제 정하기

  평가 기준을 설명한 다음 좋은 시를 여러 번 읽고 몇 편을 암송하게 한 뒤 바로 글감을 찾는 일을 시작했다. 글감을 찾기 위해 자기 주변 사람이나 주변에서 일어났던 일 중에서 감동적이었던 일, 오래 기억에 남는 일, 인상 깊었던 일, 남모르는 슬픔이나 기쁨이 컸던 일 등을 떠올리게 했다. 이 단계에서도 글감이 잘 떠오르지 않는 학생은 자료집의 시를 다시 읽으며 그와 관련된 자신의 경험을 생각해 보게 하거나 연상되는 일을 백지에 마구 쏟아 내게 해서 그 가운데 글감을 정하게 하였다.

  그리고 글감과 관련된 생각과 느낌을 다시 떠올리면서 어떤 내용을 시로 쓰고 싶은지, 곧 주제를 생각해 보고 메모하게 했다. 이때 주제가 꼭 무거운 것이어야 할 필요는 없다. 생활 속의 작은 관찰이나 발견이어도 좋고 깨달음도 좋다. 기쁨, 슬픔, 충격과 같은 한순간의 느낌이나 스쳐 가는 가벼운 생각(착상)이어도 좋다. 이것 역시 시 자료를 읽으면서 충분히 터득할 수 있는 일이다. 시 자료가 깊이와 폭에서 다양해야 하는 이유가 여기에 있다.

3) 글감과 주제 확인, 마인드맵 그리기

  이 단계부터는 개인별 지도로 진행했다. 글감과 쓰고 싶은 중심 내용이 대략 정해지면 우선 교사의 확인을 거치게 했다. 글감이 될 수 있는지 교사가 판단해서 글감으로 적절하지 않아 보이면 다시 정하게 했다. 글감과 중심 내용을 확인받은 학생에게는 글감과 관련되는 구체적인 이미지나 일, 느낌, 연상되는 것들을 마인드맵으로 상세하게 그려 보게 했다. 백지를 놓고 가장 기억에 남는 사건에 대해 떠오르는 말들을 마구 낙서하듯이 모두 쏟아 놓게 했다. 이때는 사건만을 뼈다귀처럼 달랑 두는 것이 아니라, 피와 살을 더해서 당시의 주변 환경과 풀, 동물, 다른 사람의 표정, 주고받은 말씨, 그 사건과 연결되는 다른 사건이나 느낌, 떠오르는 구절이나 단어, 문장 등은 모두 백지에 쏟아 놓는데, 되도록이면 잔가지를 많이 쳐서 풍부한

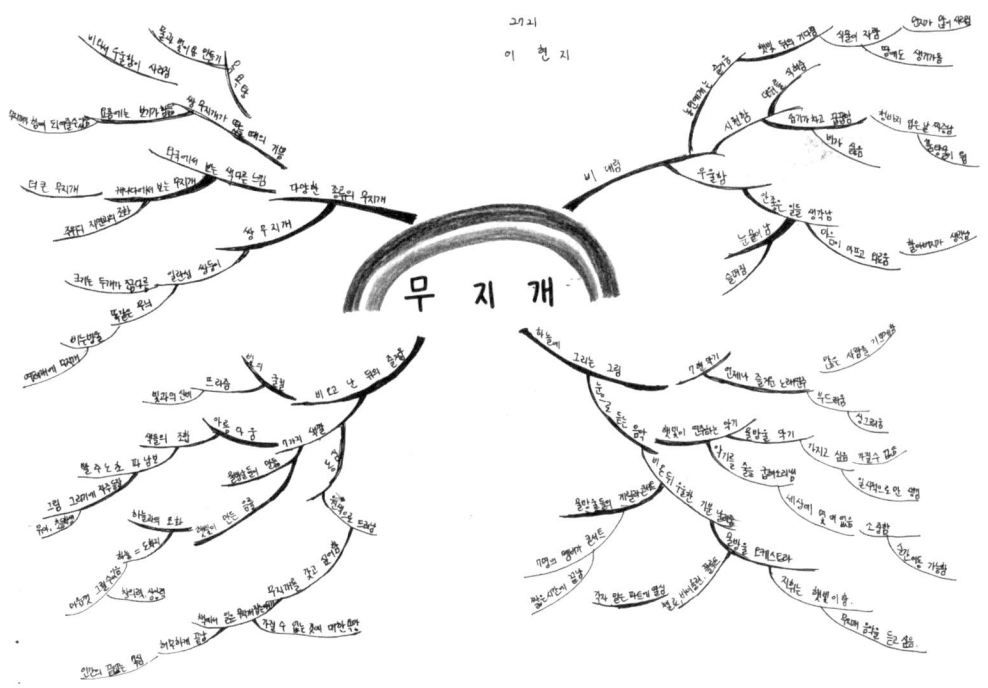

시 쓰기 마인드맵 학생 활동 자료

연상 작용을 거치는 것이 좋다. 이것들은 나중에 시의 피와 살이 되어 되살아나게 되어 있다.

이렇게 하여 완성된 마인드맵 역시 2차 확인의 대상이다. 한 차례의 마인드맵만으로 충분하다고 판단되면 바로 시를 쓰게 하고, 주제 중심으로 모여 있지 않고 언어들이 제각각으로 흩어져 있으면 마인드맵을 다시 그리게 한다. 이때는 중심 사건은 하나로 잡되 그것을 구체화하기 위한 주 가지를 2~3개 정도 만들도록 했다. 중심 사건이 여러 개로 번져 나가면 시가 너절해지기 때문에 집중력을 잃고 흩어지고 만다. 이 주 가지들은 사실상 짜임의 역할을 대신하는 것이며, 창작 시에서 곧바로 하나의 연(聯)이 될 수 있게 했다. 물론 그 결과는 반드시 확인했다.

주제가 너무 추상적이거나 뻔한 이야기에 교훈적인 관념어를 나열한 것에 불과한 마인드맵 역시 다시 그리게 했다. 그를 바탕으로 시를 쓴다고 해도 결국은 관념어의 잔치로 끝날 가능성이 높기 때문이다. 이때는 마인드맵의 내용 가운데 인상 깊게 남아 있는 중심 사건이나 느낌이 있으면 그것을 살릴 수 있도록 지도한다.

4) 시 쓰기

마인드맵을 그리고 확인하는 과정에서 이미 시의 전체 뼈대, 즉 각 연의 핵심 내용이나 구절이 대략 구성되어 있을 것이다. 시 쓰기 단계에서는 얼개를 별도로 다시 만들어도 되지만 마인드맵을 보면서 바로 시를 써도 상관없다. 그리고 꼭 마인드맵의 내용대로만 시를 써야 하는 것은 아니라고 말해 주었다. 쓰다 보면 훨씬 좋은 구절이 나올 수도 있는 법이니까.

시를 쓸 때는 첫 구절과 마지막 구절이 가장 중요하다. 첫 구절이 떠오를 때까지 집중력을 잃지 말고 명상에 잠기면서 당시의 체험을 다시 겪어 보게 했다. 그렇게 해서 첫 구절이 떠오르면 물 흐르듯이 줄줄 써 내려가게 했다. 이 부분은 수업 중에 다 하지 못할 경우가 많다. 완성 못한 학생들에게는 시 쓰기를 과제로 내 주었다. 시를 쓸 때는 전체적으로 물 흐르듯이 줄줄 써 내려가되, 마지막 부분에서는 한 번 더 시상의 전환을 주어 감칠맛이 나게 쓰기를 당부했다.

5) 고치기

학생이 한 번 쓴 글은 초고다. 초고는 어디까지나 초고일 뿐 초고가 완성작이 되는 일은 극히 드물다. 따라서 이 단계에서도 교사의 지도가 필요하다. 창작 시에서 중요한 것은 고치기다. 초고부터 몇 번이고 고치되 고치는 과정을 스스로도 알 수 있도록 하고, 고치기 전과 비교하기 위해서 완고와 초고를 함께 공책에 붙여서 제출하게 했다.

학생의 초고를 훑어보고 우선 전체적으로 내용(알맹이)이 있는지부터 확인했다. 그리고 구체적인 이야기나 느낌, 정경 등이 드러나는지를 살펴보고 허황한 말 잔치로 끝나고 있는 시는 전면적인 수정을, 일부만 고치면 가능한 시는 부분 수정을 하게 했다. 그리고 학생과 일대일 면담을 통해서 어떤 방향으로 고칠 것인지를 토의했다. 다음은 창작 시 고치기의 기준으로 삼은 것들이다.

- 알맹이가 뚜렷하며 줄기가 잡히는가?

- 읽어서 독특한 맛이 느껴지는가?

- 학생답게 참신하고 진솔하게 표현했는가?

- 어른 흉내에 그치지는 않았는가?

- 쓸데없는 조사가 있는가? (생략해도 의미가 통하는 조사는 모두 버린다.)

- 시의 연과 행은 제대로 구분이 되어 있는가? (산문시로 쓸 만한 내용은 산문시로 고쳐 본다.)

- 운율이나 반복적인 리듬을 살릴 만한 곳은 없는가?

- 참신한 비유를 쓸 만한 곳이 있는가?

- 삭제하면 좋을 불필요한 표현이나 고쳐야 할 애매한 표현이 있는가?

고치기는 스스로 하게 한다. 이렇게 하여 고쳐 오면 수정한 시를 다시 확인하고 고치기 과정을 되풀이하며 시를 점차 다듬어 나갔다. 많이 깎고 다듬을수록 대개는 좋은 시가 되어 갔다. 어떤 학생은 고친 시가 원래보다 못하기도 했다. 그 경우에는 왜 더 못한지를 이야기해 주고 다시 고치게 했다.

6) 시화 그려서 제출하기

이렇게 하여 창작 시가 한 편 완성되면 학생들에게 시화를 그리고 시작(詩作) 메모를 써서 제출하게 했다. 창작 시와 시작 메모가 적힌 시화, 마인드맵을 걷었는데 마인드맵은 제출 여부만 확인(제출하지 않으면 감점)하고 시화의 그림은 참고만 했다. 평가는 시와 시작 메모에 국한했다.

완성된 시화를 제출할 때는 다음과 같은 몇 가지 유의 사항을 학생들에게 안내하여 그대로 해 오게 했다.

● '창작 시, 시화 그려서 제출하기' 이렇게 하세요!

— 완성작은 컴퓨터로 입력해 A4 용지에 출력한 후 시화를 그려서 제출합니다. 시는 손으로 써도 좋습니다.

— 제목은 14~15포인트, 시는 10.5~11포인트로 하되, 글자체는 무난한 것이 좋습니다. (글자를 알아보기 어려운 글꼴은 쓰지 않습니다.)

— 완성작 아래에 '시작(詩作) 메모'를 써 붙입니다. 시작 메모는 시를 쓰면서 못다 한 이야기나 좋았던 점, 어려웠던 점 등 나 자신이나 친구들에게 하고 싶은 말을 하면 됩니다. 자작시의 '해설'이 아니라는 점을 유의하세요.

— 창작 시의 수준과 시작 메모를 주로 평가합니다.

— 우수작은 시상합니다.

— 마감 시간을 꼭 지켜 주세요.

시작 메모는 시 쓰기 활동의 보완 작업이며 활동에 대한 자평(自評)이라 할 수 있다. 시화를 완성하면 시작 메모를 하는데 이를 통해 어려운 시를 이해하기에만 급급했던 학생들이 시를 쓰는 일이 새로운 경험이라는 것을 느끼고 자신들이 해 온 활동에 스스로 의미를 부여하게 된다. 학생들의 실제 시작 메모 몇 편을 읽어 보자.

사별의 슬픔을 처음 깨닫게 된 그날…… 알지 못할 여러 감정들이 뒤섞여 내 마음을 눈물로 적시던 그날을…… 난 아직도 생생하게 기억하고 있다. 평소 예쁘다 느꼈던 국화꽃이 슬프게 보일 수도 있다는 것을 알았다. 그때의 내 감정을 글로 적어 보고 싶었다. 처음엔 이러한 소재로 글을 쓰기가 조금 꺼려지긴 했지만 하늘에 계신 큰 아버지께서 분명 기뻐해 주실 거라 믿는다. 큰아버지께 이 시가 전해졌으면 좋겠다.

—김난연, 「큰아버지」 시작 메모

아직도 그때의 일을 생각하면 가슴 한구석이 저려 온다. 거짓말을 하는 아이처럼 가슴이 콩닥거리기까지 한다. 나는 그때 얼마나 어렸으며 못난 딸이었는지……. 이 시는 내가 엄마에게 보내는 아주 길었던 하루의 일기이며 편지이고, 반성문이다.

─장혜미, 「엄마의 눈물」 시작 메모

보육원에서 만난 아이들에게 희망을 주고 싶어서 이 시를 쓰게 되었다. 한창 부모님의 사랑을 받으면서 재롱부려야 할 아이들을 바라보면서 안타까운 생각이 많이 들었다. 이 시에서 그런 아이들의 순수함과 밝은 모습을 그리고 싶었다.

─이연주, 「생일 파티」 시작 메모

7) 창작 시 발표

작품이 완성되면 다양한 형태의 발표 활동을 할 수가 있다. 자기가 쓴 시를 학급이나 적절한 공간에서 창작 소감 발표를 곁들여 낭송하면 자작시 낭송회가 되고, 학교 축제 등에 맞추어 시화를 열린 공간에 전시하면 자연스럽게 시화전이 된다. 시화를 꼭 액자에 가두어 둘 필요는 없으며 꼭 백지에 그릴 필요도 없다. A4 용지에 그리더라도 코팅을 하면 새로운 맛을 느낄 수 있다. 다양한 종류의 용지에 펜이나 붓을 활용하여 입체감 있는 그림을 그려도 되고, 좋아하는 그림을 오려 붙여도 재미있다. 키친타월 같은 올록볼록한 면에 색 사인펜으로 시화를 그려서 벽면에 붙이면 그대로 장관이 된다. 이 방법은 창작 시와 애송시 등 여러 편의 시를 시화로 표현할 때 사용하였다.

아이들과 시 쓰기를 하면서 특히 기억에 남는 것은 농촌 중학교에서 자연 염색한 옷이나 손수건 등에 창작 시와 애송시의 시화를 그려서 강당 벽면을 장식했던 일이다. 작품을 제출한 학생들과 축제를 구경하러 온 사람들의 눈을 한참이나 사로잡았다. 그 밖에도 교지나 신문, 학급 신문, 학급 문집, 방송 등 학교의 모든 매체에 발표할 수도 있다. 이러한 발표 활동의 장점은 학생들을 칭찬해 주고 시상할 수 있는 적절한 기회가 생긴다는 것이다. 학생들은 중·고등학교 때 글을 써 보았다는 경험만으로도 이 일을 오래 기억할 것이고, 장차 양식 있는 훌륭한 독자가 될 잠재력을 지니게 된다. 이런 과정을 거치면서 시가 아이들의 삶 속에 생생히 살아 있게 할 수 있다.

4──맺음말

시 읽기와 시 쓰기는 시 교육의 시작이자 끝이며, 핵심 내용이다. 스스로 좋은 시를 찾아 읽고 직접 시를 써 보는 가운데 생활을 시 속으로 끌어들이는 것(또는 시를 생활 속으로 끌어들이는 것)과 스스로 고른 시를 여러 벗들 앞에서 낭송하고 시에 대한 이야기를 나누는 것은 시를 삶 속에 생생하게 살아 있게 하는 가장 기본적인 활동이다. 이런 활동은 학생들의 기억에 깊이 남아 즐거운 추억이 되며, 학생들이 졸업을 하고 나서도 독자로서 스스로 시와 가까이 지낼 수 있게 하는 학습이라 할 수 있다.

우리의 교육 여건이 시 교육을 본격적으로 하기 어려운 것은 사실이지만 언제까지나 '교과서'와 '입시 제도'가 우리에게 도움을 줄 날만을 기다릴 수는 없다. 그런 날은 아마도 영영 오지 않을 가능성이 크다. 우리 스스로를 위로해 가면서 혹은 다그쳐 가면서 자신감을 가지고 시작해 보자고 덤비면, 아무리 어려운 상황에서도 시 교육은 가능하다.

시 교육은 시를 독자에게로 돌려주는 것에서 출발해야 하며, 너무 어려워서는 안 되고 시로 아이들을 괴롭혀서도 안 된다. 그리고 어려운 시를 해석하느라 낑낑대기보다는 좋은 시를 읽고 쓰고 즐기는 것에서부터 시작해야 한다. 시 교육은 '시'와 '삶'의 관련을 밝히는 일이고, 한 알의 씨앗 속에서 우주와 생명을 찾아내고 지혜를 기르는 일이기 때문이다.

보다 나은 삶을 꿈꾸는 '도란도란 책 모임'

백화현

1——왜 책 모임인가

30년 가까이 국어 교사로 살면서, 나는 국어 교사이기 전에 교육을 하는 사람이어야 하고, 앞서 한 인간이어야 한다는 사실을 잊지 않으려 애썼다. 그렇기 때문에 국어 수업에서도 지식 전달이나 성적 향상보다 아이의 존재와 삶 자체를 변화시킬 수 있는 보다 근본적인 것들에 더욱 주목했다. 이런 까닭에 유독 '독서'에 마음을 빼앗겼고, 또 혼자서 하는 독서보다 '함께하는 독서'에 깊이 빠져들게 된 것이 아닌가 싶다.

학교 단위에서 '친구와 함께하는 도란도란 책 모임'을 본격적으로 시작하게 된 것은 2011년 북미 도서관 탐방 직후이다. 이미 집에서 2003년부터 2010년까지 우리 큰아이와 작은아이, 그 친구들이 함께하는 '가정 독서 모임'을 운영한 경험이 있었다. 그래서 '책'과 '친구'가 결합된 자율적인 소그룹 독서 모임이 성적에 대한 스트레스와 정체성의 혼란을 겪는 청소년들에게 정서적 안정감을 주고 잃어버린 배움의 기쁨을 되돌려 준다는 사실을 잘 알았다. 그러나 이러한 책 모임 운동을 학교에서 대대적으로 벌일 생각까지는 못했다.

그런데 2011년 1월, 도서관 모임(전국 학교 도서관 담당 교사 서울 모임) 선생님들과 함께 미국과 캐나다의 여러 학교들을 둘러보고 그 학교 교장 선생님과 사서 선생님, 학생들을 인터뷰하면서 '교과서 하나'에 '정답 하나'를 강요하는 우리의 획일적인 교육은 아이들의 정서를 황폐해지게 할뿐더러 전혀 경쟁력이 없겠다는 생각이 들었다. 갑자기 마음이 바빠졌다.

알다시피 오늘날 대한민국의 학생들은 날마다 두 개의 학교를 다녀야 한다. 오후 3시나 4시쯤 학교에서 돌아오면 간단히 간식을 먹고 두 번째 학교인 학원으로 향한다. 밤 10시쯤 돌아와 저녁을 먹고 게임을 하거나 숙제를 하고 나면 밤 12시, 지친 상태로 자고 일어나면 똑같은 하루가 반복된다.

우리 아이들은 깨어 있는 시간 동안 교과서와 문제집(또는 학습지)에서 벗어날 수가 없다. 어른들이 짜 놓은 빡빡한 일정표대로 기계처럼 움직여야 하고 자신이 무엇인가를 찾고 탐구하고 발견하는 대신에 선생님이 던져 주는 대로 받아먹어야 한다. 인간이, 더구나 질풍노도의 시기를 보내는 청소년이 매일을 이처럼 살다 보면 마음이 병들고 스스로 생각하는 힘을 잃는다. 배움의 기쁨에서 멀어질 수밖에 없다. 왕따와 학교 폭력 문제가 사회적 이슈가 될 만큼 심각한 수준에 이르고, 대한민국 청소년의 자살률이 세계 1위, 청소년 행복 지수가 세계 최하위라는 통계가 나오는 것은 결코 우연이 아니다.

더구나 지식 정보화 시대로 통칭되는 오늘날은 창의성이나 능동성이 없어도 공부만 잘하면 취업이 잘 되던 산업화 시대와는 거리가 멀다. 앨빈 토플러(Alvin Toffler)가 지적한 것처럼, 산업화 시대는 소품종 대량 생산의 시대로 창의성보다는 책임감이나 성실성이 더 중요한 가치였으나 다품종 소량 생산의 시대인 지식 정보화 시대는 그 무엇보다도 창의성과 능동성을 필요로 한다. 곧 어른들이 시키는 대로 움직이고 선생님이 던져 주는 지식을 앉아서 받아먹기만 해서는 경쟁력이 없다. 미국과 캐나다의 학교들이 무엇 때문에 학교 도서관을 '학교의 심장'이라 여기고, 교과서와 문제집만을 추종하는 교육 대신에 수많은 책 자료와 웹 자료를 활용하여 학생 스스로 읽고 쓰고 탐구하고 발표하는 교육으로 전환했겠는가. 어째서 우리와 같은 '정답 하나'의 평가 방식을 버리고 '다양한 답'이 강조되는 '100% 과정 평가'로 돌아섰겠는가. 이러한 교육 내용과 평가 방식 덕에 그들 나라에는 학원이 들어설 자리가 없다. 그 덕분에 그 나라 아이들은 학교를 마친 후 다시 학원으로 달려가야 하는 우리 아이들과는 달리 자신들이 좋아하는 운동이나 애니메이션, 영화, 음악, 오케스트라, 춤 등 다양한 클럽 활동에 참여하여 자신의 특기와 취미를 살릴 수 있다.

생각할수록 우리 아이들이 안타까워 방법을 찾던 중 집에서 했던 '친구와 함께하는 도란도란 책 모임'을 학교에 적용하면 좋겠다는 생각을 했다. 물론 아이들의 정서를 안정시키고 경쟁력을 갖추게 하려면 미국이나 캐나다 등의 경우처럼 학생이 배움의 주체가 되도록 수업을 전개하고 100% 과정 평가 방식을 도입하는 것이 좋다. 하지만 한 나라의 문화나 시스템 전체를 당장 바꿀 수는 없는 노릇이니, 방과 후 시간을 활용하여 많은 아이들이 책 모임을 경험하게 하는 것이 우선이었다.

2── 책 모임, 어떻게 홍보하고 조직할까

내가 생각한 책 모임은 교사가 1~2개 반을 맡아 자신이 주도하여 이끌어 가는 형태가 아니라, 학생 3~6명이 자신들이 원하는 요일의 방과 후에 도서관에 모여 스스로 프로그램을 짜고 운영해 나가는 것이었다. 이러한 책 모임의 장점은 경우에 따라 교사 혼자서도 수십 개의 책 모임 운영이 가능하다는 점이다. 그리고 학생들은 친구와 도란도란 이야기 나누며 독서 활동을 하기에 독서 효과를 얻을 뿐만 아니라 관계와 정서의 문제까지도 해결할 수 있다. 나는 더 많은 아이들에게 이러한 책 모임을 경험하게 해 주고 싶었고, 아이들이 충분히 이러한 모임을 해낼 수 있다는 믿음이 있었기에 교장 선생님과 사서 선생님, 동료 선생님의 도움을 얻어 바로 실행에 옮겼다.

먼저 3월 두 주간은 수업 시간마다 '친구들과 함께하는 책 모임'의 가치와 필요성을 아이들에게 역설했다. 또한 학부모 독서 모임과 교사 독서 모임 회원들에게도 기회가 있을 때마다 책 모임의 중요성을 피력하고, 가정 통신문과 학부모 총회를 활용하여 학부모들에게 우리가 벌이고자 하는 책 모임 활동 계획을 자세히 안내했다. 그리고 3월 셋째 주에는 다음과 같은 내용을 담은 벽보를 만들어 각 교실 게시판과 복도 벽마다 붙여 놓고, 희망자는 도서관에 와 책 모임 신청서와 계획서를 받아 작성하여 제출하게 했다.

친구들과 함께하는 독서 모임.

잃어버린 자아와 배움의 기쁨을 되찾을 수 있고, 마음을 나눌 진정한 친구를 얻을 수 있습니다.

원하는 친구들 3~6명과 함께 활동하면 됩니다.

방과 후 일주일에 1~2번, 친구들과 함께 멋진 책 여행을 하고 싶은 사람은 3월 27일까지 사서 선생님이나 백화현 선생님께 신청하기 바랍니다!

물론 독서의 맛을 잘 모르고 날마다 할 일이 태산인 아이들이 이 정도 홍보만으로 때로 몰려드는 일은 없다. 그러나 이 일을 처음으로 시작했던 봉원 중학교의 경우, 2011년 3월에 17개 책 모임이 구성되어 운영되었고, 그해 7월에는 22개, 2012년 3월에는 39개, 7월에는 32개의 책 모임이 활발히 움직였다.

3──책 모임 운영 원칙 및 활동자 유의 사항

'도란도란 책 모임'의 운영 원칙은 '자발적 참여, 소그룹(3~6명) 구성, 자율적 운영, 정기적 모임(주 1~2회), 울타리 교사 도움'이라는 말로 요약할 수 있다. 스스로 원하여 참여하고 모두가 주체가 되어 활동할 때라야 진정한 만남과 배움의 기쁨을 누릴 수 있고 그만한 성장을 이룰 수 있다고 생각한다. 그런데 아이들은 스스로 주체가 되어 자신이 원하는 활동을 해 본 경험이 턱없이 부족하기 때문에 울타리 교사를 두어 출석 확인이나 도서 추천, 상담 등을 돕고, 일주일에 한 번씩 정기적으로 활동을 할 수 있게 했다. 이렇게 했을 때라야 독서를 몸으로 익힐 수 있을 것 같아 몇 가지 원칙을 정한 것이다.

다음은 책 모임 활동자들에게 강조했던 유의 사항이다.

● 반드시 모임일에 출석해야 한답니다.

- 모임일에 말도 없이 빠지면 남은 친구들은 어찌해야 하나요? 이런 일이 자꾸 되풀
  이되다 보면 서로 간에 신뢰가 깨지고 모임도 무너져 버리겠죠?

- 만일 어찌할 수 없이 모임에 결석해야만 할 상황이 발생했을 때는, 반드시 울타리
  교사와 모임 친구들에게 미리 연락하여 양해를 구해야 합니다. 이것은 최소한의
  예의입니다!

- 모임원 모두가 결석을 하는 상황이 발생했을 때는 울타리 교사에게 허락을 구한
  다음, 다른 날로 옮겨서 활동하는 게 좋겠죠? 단, 일주일에 1시간은 꼭 활동해야
  만 합니다. 이 원칙은 반드시 지켜야 해요.

● 어떻게 해야 모두가 활발하게 참여할 수 있을까요?

1. 서로를 존중해 주어야 합니다.

　책을 남들보다 잘 읽는 사람도 있고 좀 느리게 읽는 사람도 있을 것입니다. 말을
잘하는 사람도 있고 어눌한 사람도 있을 테고요. 사람은 누구나 개성이 있는 법이
고 잘할 수 있는 것이 다릅니다. 그 차이를 인정하고 서로의 인격을 존중하여 말을
함부로 하지 않아야 합니다. 친구를 무시하거나 헐뜯는다면 그 친구는 이 모임에
오고 싶지 않을 것입니다. 서로를 존중하며 예의를 지켜야 합니다.

2. 누구 한 사람이 마음대로 해서는 안 됩니다. 모두가 주인이 되어야 합니다.

　책을 선정할 때는 협력하여 정하고, 말을 할 때는 어느 한 사람만 말하지 않아야
합니다. 돌아가면서 3분씩 말하기, 혼자서 5분 이상 말하지 않기, 돌아가면서 사회
보기, 돌아가면서 책 추천하기 등 서로의 지혜를 모아 모임별로 모두가 참여할 수
있는 규칙을 정하는 것도 좋을 것입니다.

3. 재미있는 책, 읽고 싶은 책부터 읽으세요.

　독서를 오래도록 하려면 먼저 그 재미에 푹 빠져들어야 한답니다. 처음부터 너무

어려운 책을 읽기보다는 멋진 그림과 감동적인 내용이 담긴 그림책이나 만화책, 청소년들의 마음과 고민을 잘 그려 낸 성장 소설, 관심 분야의 책 등 읽기에 편하고 재미나는 책부터 읽으세요. 그 후에 차차로 청소년 권장 도서나 고전에 도전하면 좋답니다!

4. 읽지만 말고 읽은 소감을 함께 나누도록 해요.

읽은 소감을 나누지 않고 그냥 읽기만 한다면 굳이 모임 활동을 할 필요가 없을 것입니다. 읽는 것은 혼자서도 할 수 있으니까요. 독서 모임의 장점은 읽은 것을 서로 나누고 그 느낌과 생각을 교류할 수 있다는 것입니다. 생각과 마음을 나누면 자신뿐 아니라 친구의 깊은 마음도 들여다볼 수 있고 새로운 모습도 발견하게 되어 서로를 잘 이해하고 아끼게 된답니다. 진정한 마음의 벗이 생기게 되는 것이지요. 이럴 때 우리의 정신과 마음은 쑥쑥 성장하게 된답니다.

5. 다양한 독후 활동을 하면 자신의 성장을 눈으로 확인할 수 있어 뿌듯합니다.

책을 읽으며 느끼고 생각한 것을 정리하는 독후감 쓰기는 사고력과 쓰기 능력을 향상시킬 뿐 아니라, 책의 내용을 자신의 것으로 만들 수 있어서 좋습니다. 그러나 이러한 글쓰기가 너무 부담스럽다면 읽으면서 마음에 들었던 문장들을 베껴 오면 됩니다. 그리고 왜 그 문장들이 마음에 들었는지 설명하면 되지요. 또한 가끔씩 지은이나 책 속 인물에게 편지 쓰기, 캐릭터 그리기, 장면화 만들기 등 다양한 독후 활동을 하면 독서 활동이 따분하지 않고 재미있습니다. 그리고 이러한 활동들이 공책에 담겨 쌓여 갈 때, 그 성취감은 눈물 날 만큼 기쁘고, 감동적이지요. 스스로 멋지게 성장한 자신을 만날 수 있을 테니까요.

4——도란도란 책 모임 활동거리

자발성과 자율성을 원칙으로 하는 '도란도란 책 모임'이기에 교사가 활동 프로그램을 기획하거나 강요할 수는 없지만 추천해 줄 수는 있다. 나는 책 모임 조직이

완료되는 3월 말, 책 모임 워크숍* 때 다음과 같은 활동거리를 소개한 후 마음에 드는 대로 골라서 활동을 하도록 권한다.

- 원하는 책이나 자료를 읽고 자신의 삶과 관련지어 자유롭게 이야기 나누기
- 책이나 읽기 자료를 읽고 글을 써서 발표한 후 주제 토론하기
- 존경하는 인물이나 좋아하는 음악 혹은 감동적인 영화 소개하기
- 원작 읽고 영화나 명화 보기
- 자료나 책 읽고 독서 기행 혹은 문화 답사하기
- 관련 책이나 자료를 읽은 후 전시회, 음악회 등 함께 가기
- 서점이나 도서관 탐방하기(서점이나 도서관에서 하는 저자 강연회 함께 가기)
- 토론 주제를 정하여 관련 자료를 읽은 후 찬반 토론하기(디베이트 형태)
- 진로 관련 책들을 읽고 진로 탐구하기(진로 독서 모임)
- 특정 분야의 책을 중점적으로 읽으며 한 분야의 전문성 키우기(경제 독서 모임, 환경 독서 모임, 역사 독서 모임, 과학 독서 모임 등)
- 한 주제에 관해 3개월 혹은 6개월 단위로 탐구 조사하기(프로젝트 독서 모임)
- 책을 읽고 캐릭터 그리기, 독서 신문 제작하기, 독서 나무 만들기, 표지화 그리기 등의 다양한 독후 활동 하기

그리고 책을 읽은 후 어떤 이야기들을 주고받아야 할지 막막해하는 아이들에게 '도란도란 책 모임 토론법'을 소개해 준다.

독후 토론 안내문

- '도란도란 책 모임 토론법'을 소개합니다.

    책을 읽고 토론을 하려니 막막하지요? 토론 주제는 무엇으로 해야 할지, 말은 어떻게 시작해야 할지, 친구의 말에 어떤 말을 덧붙이고 어떤 말로 반론을 펴야 할지…… 토론은 누구에게나 어렵습니다. 하지만 방법을 알면 도전해 볼 수 있답니다.

* 이에 대한 자세한 내용은 필자의 책 『도란도란 책 모임』(학교도서관저널, 2013)을 참고하기 바란다.

1. 토론을 하려 하지 말고 그냥 서로의 삶에 대한 이야기를 나누어 보세요.

책을 읽다 보면 책 속 인물이나 환경, 사건 중에서 자신의 삶과 관계되는 것이 하나쯤은 있을 것입니다. 그런 것들을 돌아가며 하나씩 풀어 놓고 도란도란 이야기 나누어 보세요. 이미 깊은 기억 속에 묻혀 버렸거나 단지 상상 속에서만 존재했던 것일지라도 가만히 생각해 보면 모락모락 기억이 되살아날 것입니다. 이러저러한 삶의 이야기들을 주고받는 일은 책과 친구를 깊이 사귈 수 있는 좋은 방법이랍니다.

2. 돌아가며 밑줄 친 내용을 읽은 후 그 이유를 발표해 보세요.

먼저 책을 읽으며 마음에 드는 구절에 밑줄을 그어 오기로 약속을 해야겠지요. 그리고 각자 밑줄 친 내용을 읽어 주고 왜 그곳에 밑줄을 그었는지 자신의 경험이나 생각, 느낌 등을 이야기하면 됩니다. 쉬우면서도 감동이 있답니다.

3. 독후감을 발표한 후 친구들과 그에 대한 생각이나 느낌, 평 등을 나누어 보세요.

독후감 쓰는 일이 쉬운 일은 아닙니다. 그러나 가능하다면 독후감을 써서 발표한 후 토론할 만한 수제 한두 개를 뽑아 주제 토론을 하는 것이 좋습니다. 읽기는 쓰기와 함께 더욱 깊고 정확해질 수 있는 것이고, 쓰기는 말하기를 통해 더욱 생동감을 얻을 수 있답니다. 더구나 친구늘과 함께 토론까지 한다면 폭발적인 힘을 얻을 수 있지요.

4. 가끔은 자신의 롤 모델을 소개하거나 좋아하는 음악, 영화 이야기를 해 보세요.

친구와 함께 내가 좋아하는 것에 대해 이야기 나누다 보면 자신과 친구를 더 잘 알게 되어 좋겠죠?

5. 가끔은 찬반 토론을 해도 재미있습니다.

책을 읽은 후 주제를 정해 찬성 측과 반대 측을 나눈 후, 양측이 정해진 시간 동안에 입론과 반론을 주고받고, 그 소감을 나누면 좋을 것입니다. 예컨대 '찬성 측의 입론(2분) → 반대 측의 입론(2분) → 양측 교차 반박하며 답하기(각 3분, 총 6분) → 양측 교차 재반박하며 답하기(각 3분, 총 6분) → 양측 마무리 발언하기(각 1분, 총 2분) → 토론 소감 나누기(4분)'와 같은 형태가 되겠지요. 실제로 해 보면 의외로 매우 재미있습니다.

실제로 울타리 교사의 이러한 안내는 책 모임 활동 경험이 전혀 없는 아이들에게 큰 도움이 된다. 어느 것 하나만을 고집하고 강요할 필요는 없지만 아이들의 상상력과 욕구를 불러일으킬 수 있을 만큼의 구체적인 방법은 제시해 줄 필요가 있다.

5── 도란도란 책 모임, 마음을 열어 주고 배움의 기쁨을 주다

아이들은 '친구'와 '책'이 함께하는 책 모임 활동을 통해 정서가 안정되고 배움에 대한 즐거움을 얻는다. 그렇기에 대체로 자연스럽게 교과 성적이 향상되고, 학교를 떠난 후에도 책을 가까이해 스스로 배우며 성장해 나갈 수 있다. 다음은 필자가 낸 『책으로 크는 아이들』(우리교육, 2010)과 『도란도란 책 모임』(학교도서관저널, 2013)에 실려 있는 가정 독서 모임과 봉원 중학교 독서 모임 아이들의 활동 후기이다.

2003년 겨울에 시작되어 2007년 겨울에 끝을 맺은 가정 독서 모임 1기. 그 시간 동안 나는 게을렀고 무지했다. 그러나 책 공부를 한다는 것이 즐거웠고 만남이라는 것이 소중하다는 것을 배웠다. 수능을 위한 딱딱한 학습이 아닌 즐길 수 있는 배움, 자신의 길을 닦을 수 있도록 이끌어 준 독서라는 것이 지금 생각해 보면 참 위대한 것이었구나 하는 생각이 든다. (장벼리)

이 모임에서 내가 얻은 것이 뭐냐고 묻는다면 당연히 1순위로 인연이라고 하겠다. (중략) 그리고 같이 책을 읽고 토론할 수 있는 친구가 있다는 것이, 나는 전혀 생각도 할 수 없었던 측면을 말해 주는 친구가 있다는 것이 얼마나 멋진 일인지 이 모임에서 배웠다. 단순히 긍정과 부정으로만 생각하던 나의 이분법적 논리는 이곳을 통해 '다분법적 논리'라는 다분히 n차원적이고 쿨한 생김새로 변했고 그런 특별한

경험은 이곳이 아니었으면 이만큼 자주 느껴 보지 못했을 것이다. (권기경)

독서 모임을 시작하기 전 나에게 독서란 지겨운 것이었다. 어떻게 그 많은 글을 다 읽을 수 있을까? 책이 두려웠다. 하지만 책에는 눈길도 주지 않았던 내가 친구들과 함께 모임을 하면서 조금씩 변해 갔다. 독서 모임의 또 다른 좋은 점은 바로 친구들과 함께한다는 것이었다. (중략) 내가 삐뚤어질 때, 옆에서 잡아 주는 친구들이 있어서 다행이었던 것 같다. 친구들과 함께여서 두꺼운 소설책도 재미있게 느껴졌고, 우리끼리 주제를 정해서 토론도 진행해 보니 독서가 신이 날 정도였다.

또 독서뿐만 아니라 책에 관련된 외부 활동도 진행하였다. 책을 읽고, 그 책을 주제로 한 영화를 보고, 연극도 함께 관람하면서 책에 대한 흥미를 잃지 않을 수 있었고, 친구들과의 친목도 도모할 수 있었다. 다소 지루할 수도 있는 책 읽기에 문화 활동이 더해져서 처음에 가지고 있었던 거부감이 점점 줄어들었다. (중략) 독서 모임을 통해서 나는 숨겨신 나를 찾을 수 있었고 자신감 또한 회복할 수 있었다. (김예리)

이처럼 친구들과 함께하는 책 모임은 자신뿐 아니라 다른 이의 존재에 대해 깊은 관심을 갖게 해 준다. 또한 책을 매개로 서로를 위로하고 격려하며 함께 배우고 함께 성장할 수 있도록 돕는다. 이렇게 정서적으로 안정되고 배움의 기쁨을 알게 되었을 때 아이들은 삶에 대한 욕구와 집중력이 생겨 삶의 활기를 찾을 수 있고, 학교를 떠난 후에도 스스로 배워 갈 수 있다. 그리고 필요하다면 공부도 열심히 하고 성적도 향상시킬 수 있다.

어른들, 특히 교사와 부모는 코앞의 성적과 입시에만 매달려 아이들을 우울증과 폭력과 자살로 몰아갈 것인지, 아이들의 마음을 살피고 진정한 배움의 길을 열어 주어 그들이 정서적인 안정감뿐만 아니라 이 시대를 잘 살아갈 수 있는 힘을 얻도록 도울 것인지, 가던 길을 멈추고 곰곰이 생각해 보아야 한다.

가정 통신문

제목	20○○년 자율적인 학생 독서 모임 운영 안내
담당	독서 교육부 ☎ (02) 822 - ○ ○ ○ ○

학부모님께

나뭇가지마다 새순 돋아나는 봄입니다. 댁내 두루 평안하셨는지요?

20○○년 본교에서 진행하고자 하는 자율적인 학생 독서 모임 운영에 대해 안내하고자 합니다.

독서의 중요성에 대해서는 새삼 강조하지 않더라도 잘 알고 계실 것입니다. 특히 21세기 지식 기반 사회에서는 '독서가 곧 국가 경쟁력'이라 할 만큼 '독서의 힘'이 크지요. 그러나 꾸준히 독서하기란 결코 쉬운 일이 아닙니다.

이에 본교에서는 '책'과 '친구'를 결합한 형태의 '자율적인 학생 독서 모임'을 활성화하여 학생들이 친구들과 함께 책을 읽고 도란도란 얘기 나누며 책에 대한 흥미와 관심을 높이고 친구와의 우의도 깊게 다질 수 있는 기회를 주고자 합니다. 책은 혼자 읽는 것도 좋지만 친구들과 함께할 때 보다 넓고 깊은 독서가 가능하고, 또 재미를 느껴 오랫동안 독서의 즐거움을 누릴 수 있습니다.

아래 안내 사항을 읽어 보신 후 독서 모임 활동을 희망하는 자녀가 있으면 기일 내에 신청할 수 있도록 협조해 주시기 바랍니다. (신청서는 본교 도서관과 교무실 독서 교육부에 비치되어 있습니다.)

가정에 평화와 행복이 넘쳐 나기를 기원합니다.

자율적 학생 독서 모임 운영 계획

1. 목적

-친구와 함께하며 독서에 대한 관심과 흥미를 높이고 정서적인 안정감을 꾀한다.

-자율적이면서도 지속적인 독서 모임 활동을 통해 독서 습관 및 독서의 질을 향상시키고 평생 독서의 기틀을 다진다.

-스스로 운영하는 자율적인 활동을 통해 자기 주도적인 학습 능력을 향상시킨다.

2. 추진 방침

−학생들의 자발적 참여, 자율적 운영, 소모임 구성(한 모임 3~6명)을 원칙으로 한다.

−독서 모임 활동자는 주 1~2회, 1시간 이상 활동하는 것을 원칙으로 한다.

−각 독서 모임에는 활동 장소 및 약간의 간식을 제공한다.

−독서 모임마다 울타리 교사를 두어 활동을 격려하고 조언해 준다.

−1년에 1, 2회 독서 모임 워크숍과 발표회를 열어 활동의 효율성을 높인다.

−울타리 교사는 독서 모임 활동자의 활동 내용을 생활 기록부에 등재해 준다.

3. 독서 모임에 권하는 활동

−원하는 책이나 자료를 읽고 자신의 삶과 관련지어 자유롭게 이야기 나누기

−책이나 읽기 자료를 읽고 글을 써서 발표한 후 주제 토론하기

−원작 읽고 영화 보기 혹은 명화 보기

−자료나 책 읽고 독서 기행 혹은 문화 답사하기

−관련 책이나 자료를 읽은 후 전시회, 음악회 등 함께 가기

−토론 주제를 정하여 관련 자료를 읽은 후 찬반 토론하기(디베이트 형태)

−진로 관련 책들을 읽고 진로 탐구하기(진로 독서 모임)

−특별 분야의 책들을 중점적으로 읽으며 한 분야의 전문성 키우기(경제 독서 모임, 환경 독서 모임, 역사 독서 모임 등)

−한 주제에 관해 3개월 혹은 6개월 단위로 탐구 조사하기(프로젝트 독서 모임)

−다양한 독후 활동(캐릭터 그리기, 독서 신문 제작하기, 독서 나무 만들기, 표지화 그리기 등) 자유롭게 하기

4. 독서 모임 신청 기간: 20○○. 3. 12.(수) ~ 3. 27.(목)

5. 신청할 곳: ○○ 중학교 도서관 혹은 독서 교육부 교무실

신청서는 이곳에 비치되어 있으니 함께 하고 싶은 친구와 와서 신청하세요. 함께 할 친구가 없어도 활동 가능하니 와서 상담하기 바랍니다.

20○○년 3월 11일

○○ 중학교장

모임명				
	학년	반	이름	연락처
회원				

**중심 활동
내용**

| | 활동
요일 | 해당 일에
동그라미표 | 활동 시간 | | 총시간 |
|---|---|---|---|---|---|
| 활동 일시 | 월 | | | ~ | |
| | 화 | | | ~ | |
| | 수 | | | ~ | |
| | 목 | | | ~ | |
| | 금 | | | ~ | |
| | 토 | | | ~ | |
| | 일 | | | ~ | |

| 학교의
지원 사항	• 월~금 활동 모임의 경우 도서관 공간 제공 • 도서관에서 활동하는 경우 간식 지원 • 4월 독서 모임 워크숍 & 밤새워 책 읽기 운영 • 10월 독서 모임 발표회 & 독서 캠프 운영 • 필요한 경우, 수시로 독서 모임 프로그램 및 도움말 제공 • 4개월 이상 활동자는 학교 생활 기록부에 활동 내용 등재
준수 사항	• 시험 기간과 방학을 제외하고는 반드시 일주일에 1시간 이상 활동해야 한다. • 특별한 사정이 있는 경우를 제외하고는 독서 모임 행사나 모임 활동에 빠져서는 안 된다. (불참 시 울타리 교사에게 사전 연락해야 함.) • 가을 독서 모임 발표회 때 모임별로 그동안의 활동 내용을 발표해야 한다.

모임명				

	학년	반	성명	모임 대표
회원				

활동 목표

	월	활동 내용
	3	
	4	
	5	
	6	
	7	
월별 계획	8	
	9	
	10	
	11	
	12	
	2	

	요일	활동 시간
활동 일시		~

삶의 길을 찾아가는 책 읽고 서평 쓰기 류대성

1——과거와 현재, 그리고 미래의 국어 교육

국어는 듣기·말하기, 읽기, 쓰기, 문법, 문학 영역으로 구분되어 있다. 하지만 국어 능력은 이 모든 영역들이 통합적으로 제 기능을 발휘하는 것을 말한다. 듣기와 말하기는 '화법'으로 통합되지만 나머지 영역들은 분절적으로 학습하게 된다. 더구나 독서와 문법, 화법과 작문, 문학, 고전 등으로 구별된 교과서는 학생들이 각 영역에 대해 마치 서로 다른 교과처럼 상이한 접근 방식과 태도를 취하게 한다. 바람직하지 않은 현상이지만 교육과정 안에서의 과목 구분과 수업의 진행도 마찬가지다. 그렇다면 국어 교과의 각 영역들이 통합적으로 진행될 수는 없을까. 문제의식은 여기에서 출발한다.

거시적인 관점에서 '국어' 교육의 과거와 현재, 그리고 미래는 크게 다르지 않다. 다만, 도구 교과인 '국어'의 '내용'과 '형식'에 대해서는 다양한 고민과 논의가 필요하다. 시대정신(zeitgeist)에 따라 '무엇을', '어떻게', '왜' 가르쳐야 하는가의 문제는 국어 교사가 놓을 수 없는 화두이기 때문이다.

7차 교육과정 이후 '매체'가 국어에 수용됐지만 실제 교실에서 이루어지는 수업은 여전히 텍스트 중심이다. 문학이든 비문학이든 텍스트의 내용 자체가 수업의 방향과 목적을 결정하는 데 중요한 역할을 하기 때문이다. 국가 수준의 교육과정에서 제시한 목표와 내용이 교과서를 통해 학생들에게 그대로 전달되기는 어렵다. 개인별 배경지식의 차이, 지역 사회와 학부모의 요구, 일반고와 특성화고 등의 차이에 따라 텍스트의 선정과 수업 방법을 선택적으로 차별화해야 한다. 이때 텍스트의 난이도와 수업의 방법은 학습자 중심 수업의 성공 여부를 좌우하는 중요한 요소라고 할 수 있다.

그렇다면 교육과정의 분절과 텍스트 중심의 수업에서 벗어나 창의적이고 통합적인 사고를 바탕으로 합리적이고 비판적인 판단력을 기를 수 있는 국어 수업은 어떻게 가능할까. 그것은 책 읽기와 글쓰기의 통합으로 가능하리라 본다. 책을 읽는 행위가 단순히 개인적이고 수동적인 차원에만 머무르는 것이 아니라 글쓰기를 통해 적극적인 소통을 이끌어 내는 과정으로 전이되는 경험을 하며 학생들은 보다 고차원적인 사고 능력을 기를 수 있다. 이는 곧 듣기와 말하기의 과정까지 통합될 수 있는 장점이 있다.

미래 사회는 '베스트(best)'가 아니라 '유니크(unique)'한 사람을 요구한다. 앨빈 토플러(Alvin Toffler)의 지적대로 미래의 권력은 물리적인 힘(power)이나 자본(money)이 아니라 지식(knowledge)을 기반으로 한 창조적 사고력에 있다. 책 읽기와 글쓰기는 오래된 인류 지식의 보고를 뒤적이며 현재를 바탕으로 미래를 준비하는 가장 정밀한 과정이다. 네트워크 사회인 21세기의 지식은 '방법(konw-how)'보다 '위치(know-where)'이다. 언제 어디서든 정확한 지식을 재창조하고 그것을 활용하는 종합적 사고 능력이 중요한 것이다. 국어 교육의 목적 또한 마찬가지여야 하지 않을까.

2──책 읽고 서평 쓰기 수업의 실제

1) 국어과 시수 쪼개기

단위 학교의 교육과정 안에서 책 읽기와 글쓰기 시간을 따로 확보하는 것이 필요한가? 사실 국어 교과의 수업에서는 텍스트를 읽고 간단하게 글을 쓰는 활동이 지속적으로 이어진다. 그런데도 학생들 스스로 책을 읽고 글을 쓰는 시간을 확보하고 활용하는 것이 왜 필요하고 중요한가에 대한 고민이 선행되어야 한다.

2009 개정 교육과정에 따라 국어 교과에 '고전' 과목이 신설되었다. 이제 국어 교과에서 다양한 분야의 책 읽기는 선택이 아닌 필수다. 철학, 역사, 사회, 과학, 예술 등 다양한 분야의 고전 텍스트를 읽는 것은 "우리나라와 세계의 고전을 제재로 한 통합적인 국어 활동을 통해 교양인이 갖추어야 할 수준 높은 국어 능력을 심화" 하고자 하는 교육과정의 목표와도 부합한다. 즉 고전을 읽으며 독해 능력을 향상시키고, 나아가 역사와 사회에 대한 통찰력을 배양하는 것이 핵심 목표가 된 것이다.

학기별 이수제가 도입되면서 단위 수가 높아져 책을 읽고 글을 쓸 수 있는 시수를 확보하는 일은 어렵지 않다. 한 주에 국어 시간이 4차시에서 6차시까지 배정되는데 이 중 한 차시는 독서 시간으로 활용할 수 있다. 같은 학년 교사들과 협의를 거쳐 '3+1', '4+1', '5+1'의 형태로 운영할 수 있다. 일주일에 한 차시를 독서 시간으로 확보하면 교사에게도 학생들에게도 실제 수업 시간을 활용한 체계적인 책 읽기와 글쓰기가 가능하다. 또 하나의 방법은 창의적 체험 활동 시간을 활용하는 것이다. 각급 학교에 주어진 창체 시간을 독서 시간으로 배정하는 방법이다. 물론 전체 교사의 동의를 구해야 하고, 독서 시간을 담당하는 교사들의 노력도 필요하다. 함께 모여 논의하되 이 과정을 주도적으로 이끌어 줄 교사가 학기당 17주의 수업 계획을 미리 세워 두는 것이 운영에 효과적이다.

2) 책 읽고 서평 쓰기 수업을 위한 준비

필자는 재직 중인 학교에 특색 사업으로 '도서 100권 읽기 프로젝트'를 제안했다. 입학해서 졸업할 때까지 100권 읽기에 도전하는 프로그램으로, 30권, 70권, 100권의 3단계로 나누어 인증제를 실시하여 책 읽기 운동을 펼치고 있다. 국어과를 중심으로 1, 2학년 '국어'와 '문학' 시간의 1차시씩을 독서 시간으로 활용하였고, 이후에는 창체 시간을 활용해 독서 시간을 1차시씩 배정했다. 담당 교사가 여

흥덕인의 서재

3년간 도서 100권 읽기 도전

1. 학생들이 입학 후 졸업 전까지 100권의 책을 읽는 데 목표를 둔다.

2. 고등학생 대상 권장 도서와 각 교과에서 추천한 도서를 대상으로 한다.

3. 인증 방법은 '독서 교육 종합 시스템'에 기록하는 것을 원칙으로 한다.

4. 인증은 총 3단계로 한다.
   - 1단계: 30권 (독서의 달인)
   - 2단계: 70권 (독서의 고수)
   - 3단계: 100권 (독서의 신)

5. 1, 2학년 국어과 수행 평가 점수에 10점 반영(연 2회).

6. 각 단계 인증에 성공한 학생에게는 학교장상('책 배지' 선물)을 시상하고 생활 기록부에 기록한다.

100권 읽기 프로젝트 안내문

러 명일 경우 어려움이 있으나 학급 수에 따라 한 명의 국어 교사가 전담할 수도 있다. 각급 학교의 상황과 교사들의 의견에 따라 다양한 방법으로 운영하면 된다.

시간 배정보다 중요한 것은 대상 도서의 선정이다. 보통 필독서로 몇 권의 책을 지정할 경우 학생들의 관심과 책 내용의 난이도 등이 상이하기 때문에 흥미를 유발하기 어렵고 학생들을 활동에 적극적으로 참여시키기 어려울 수 있다. 따라서 추천 도서 목록은 '추천'의 기능만 담당하고 학생들이 직접 고른 책도 읽을 수 있게 하는 것이 좋다. 물론 학생이 선택하는 책은 교사의 검토와 의견 교환 과정을 거친 후에 확정해야 흥미 위주의 무분별한 도서 선정의 함정을 피할 수 있다. 국어, 사회, 수학, 과학, 외국어, 예체능 교과에서 각각 20~30권 정도의 책을 추천하면 100여 권의 추천 도서 목록을 만들 수 있다. 이는 진학과 진로를 탐색하는 과정에서도 매우 중요하고 결정적인 역할을 한다. 관심 분야의 책을 읽고 미래의 꿈을 키우는 과정은 매우 소중한 경험이기 때문이다.

성공적인 책 읽기와 글쓰기 수업이 이루어지기 위해서는 학기가 시작되기 전에 동료 교사들과 협의를 통해, 혹은 담당 교사 스스로 한 학기 동안의 독서 수업 계획을 세워 두는 것이 좋다. 34주를 바탕으로 연간 계획을 세우는 것도 좋고, 17주를 기준으로 한 학기 계획을 세우는 것도 좋다.

3) 실제 수업 계획과 실행 과정

추천 도서 목록을 참고해 자신이 스스로 선정한 책을 읽고 서평을 쓰는 과정은 지속적이면서도 주체적이고 능동적인 책 읽기와 글쓰기를 위한 바탕이 된다. 첫 시간에는 독서 시간이 필요한 이유를 설명하고 운영 계획을 이야기하며 학생들과 충분히 공감대를 형성하는 시간을 가져야 한다. 책을 읽고 글을 쓰는 행위는 자율 성에 기초하기 때문이다. 필요성을 스스로 인식하고 능동적으로 움직이지 않는다 면 아무리 의미 있는 활동이라도 지속적으로 참여하지 않는다. 서평을 국어 교과 수행 평가에 반영하거나 모든 교과에서 일정 부분 교과 관련 책 읽기와 글쓰기를 평가에 반영하는 것도 하나의 방법이지만 이것이 또 하나의 학습 부담이 되지 않 도록 주의할 필요가 있다.

생활 기록부의 독서 활동 사항이나 교과 학습 발달 사항에 기록이 가능하기 때 문에 학생들에게 범교과적인 독서의 필요성과 중요성을 충분히 이해시키는 것이 중요하다. 주체적이고 자율적인 독서 활동을 하면 진로 탐색이나 대학 입시 등 현 실적인 문제에도 자연스레 큰 도움이 된다. 학생들에게 이상적인 의미만을 강조 할 것이 아니라 현실적인 면에서도 독서가 필요하다는 사실을 주지시키면 적극적 인 참여를 유도할 수 있다. 양날의 칼처럼 독서가 목적이 아닌 도구가 될 수도 있으 나 책을 읽고 서평을 쓰는 과정에서 실제로 두 마리 토끼를 모두 잡을 수도 있다. 17주를 기본으로 간단한 한 학기의 수업 계획을 세워 보자.

이 과정에서 교사는 각 교과별 추천 도서 목록을 확정하고 독서 시간 운영에 관 한 안내문, 서평 쓰기 원고지, 활동지 등을 준비한다. 안내문은 친절하고 상세한 것 이 좋다. 서평 쓰기 양식은 단계별 서평 쓰기를 구체적으로 제시한 형태도 좋고 빈 종이만 준비해도 좋다. 학교 급별, 학생별 상황에 따라 다양한 방법과 양식이 활 용될 수 있다. 한 학기가 아니라 한 학년을 위한 계획을 세우는 것도 좋다. 시작 단 계에서 자신이 책을 읽는 목적을 정하고 자신만의 독서 계획을 세워 보도록 지도 한다. 학년 말에는 읽은 책을 다시 정리하고 평가의 시간을 마련해 다음 해 계획을 미리 세워 보는 것이 좋다. 독서 시간이 없어도 스스로 독서 계획을 세우고 실천하 는 습관을 갖도록 해야 한다.

첫 책은 '말하기·듣기' 평가로 활용할 수 있다. 책을 선정한 이유, 방법, 목적 등 을 발표한다. 저자나 관련 내용을 미리 조사하는 학생도 있고 PPT, 프레지를 준비

활동 내용	준비물	국어 영역	장소	차시
독서 시간 안내	안내문		교실	1
나만의 독서 목록 작성	목록 인쇄물		도서관	2
책을 선정한 이유(3분)	각자 선정한 책	말하기·듣기	도서관	3
				4
책 읽기 1	책, 노트, 메모지	읽기	교실	5
책 읽기 1	책, 노트, 메모지	읽기	교실	6
책 읽기 1	책, 노트, 메모지	읽기	교실	7
서평 쓰기 1	서평 쓰기 원고지	쓰기	교실	8
책 읽기 2	책, 노트, 메모지	읽기	교실	9
책 읽기 2	책, 노트, 메모지	읽기	교실	10
책 읽기 2	책, 노트, 메모지	읽기	교실	11
서평 쓰기 2	서평 쓰기 원고지	쓰기	교실	12
책 읽기 3	책, 노드, 메모지	읽기	교실	13
책 읽기 3	책, 노트, 메모지	읽기	교실	14
책 읽기 3	책, 노트, 메모지	읽기	교실	15
서평 쓰기 3	서평 쓰기 원고지	쓰기	교실	16
평가와 정리		말하기·듣기	도서관	17

하는 학생도 있다. 이 과정은 두 시간에 걸쳐 모든 학생들을 대상으로 진행할 수도 있고, 시간마다 2~3명씩 발표하는 방식으로도 진행할 수 있다. 서평 쓰기뿐만 아니라 모둠별, 주제별 도서를 선정하여 토론 수업을 하는 방법도 있다. 같은 책을 읽은 학생들끼리의 독서 토론도 가능하며 4명씩 한 모둠을 구성한 후 주제가 유사한 책을 각자 읽고 발제한 후에 다양한 관점으로 이야기하는 토론도 가능하다. 토론의 과정을 평가하거나 찬반 토론 후 그 결과를 평가할 수도 있다. 평가의 반영 여부와 방법에 대해서도 동료 교사 혹은 학생들과 논의하여 결정하면 좋다.

일주일에 한 번 읽기 시간에만 책을 읽는 것이 아니라 늘 책을 읽는 습관이 들게 하는 것이 좋다. 학급에서 운영하는 아침 독서 시간, 자율 학습 시간 등 틈새 시간 활용 방법을 지도한다. 대상 도서가 겹칠 경우 돌려 읽게 하거나 책을 구입하여 학교 도서관에 비치해도 좋다. 읽는 과정에서 밑줄과 메모, 질문하기 등의 활동을 할 수 있는 인쇄물을 준비한다. 포스트잇이나 개인 독서 노트를 활용할 수도 있다. 교과 교실이라면 포스트잇이나 메모지를 항상 준비해 둔다.

인터넷 카페의 한 줄 서평처럼 매시간 포스트잇에 간단한 그 시간의 감상을 적어 붙이게 하는 것도 하나의 방법이다. 교사는 천천히 학생들의 생각을 읽을 수 있고 학생은 다른 학생들의 생각과 책의 내용을 확인할 수 있다는 장점이 있다. 이때 교사도 책 읽기에 동참하고 읽은 내용과 독서 활동 결과를 학생들과 공유하는 것이 좋다. 실천적인 교사의 말과 행동은 언제나 가장 좋은 살아 있는 교육이기 때문이다. 학기 초 1, 2차시에는 '책을 읽는 이유'와 '책 읽기를 위한 나만의 계획'을 스스로 정리해 보게 한다.

서평을 쓰기 전 책을 읽는 동안은 인터넷 카페를 통해 매주 읽은 분량을 기록하는 습관을 기른다. 이를 위해 인터넷 카페를 개설해 '한 줄 서평', '500자 서평', '1,500자 서평' 등의 게시판을 마련해 주는 것도 좋은 방법이다. 한 줄 서평을 남기는 것은 스마트폰으로도 가능하기 때문에 학생들은 수시로 독서 과정을 기록할 수 있다. 한 권을 몇 주에 걸쳐 기록하는 학생도 있지만 매주 몇 권의 책을 읽는 학생도 있

감상 쪽지 쓰기

● 책을 읽는 이유

1. 나는 어떻게 살고 싶은가?

2. 나는 어떤 전공을 선택할 것이며 어떤 일(직업)을 하고 싶은가?

3. 나는 왜 책을 읽는가? 책은 내 꿈을 위해 어떤 역할을 할 수 있을까?

4. 책은 나에게 무엇이어야 하며 어떻게 읽어야 하는가?

● 책 읽기를 위한 나만의 계획

1. 졸업할 때까지 목표

학년	독서 목표	관련 분야	분량	기타
1학년			권	
2학년			권	
3학년			권	

2. 올해의 목표

3. 이번 달의 목표

4. 이번 주의 목표

다. 같은 학년을 맡은 교사들이 댓글을 달고 의견을 주고받으며 격려하고, 관련 분야의 다른 책을 권하기도 한다. 다음은 학생들이 인터넷 카페에 남긴 서평들이다.

● 한 줄 서평: 『왜 세계의 절반은 굶주리는가』(장 지글러, 유영미 역, 갈라파고스, 2007)

나는 이 책을 읽기 전, 기아가 무엇이고 그것을 어떻게 해결해야 하는지 깊이 생각해 본 적도 없었고 전혀 모르고 있었다. 이 책을 읽고 내가 관심을 가지지 않았던 기아 문제에 대해 심각하게 고민할 수 있었다. (김혜인)

● 500자 서평: 『죽음의 수용소에서』(빅터 프랭클, 이시영 역, 청아출판사, 2005)

삶을 살아가면서 나에게 주어진 일들이 큰 시련으로 느껴질 때에 다른 사람이 겪었던 큰 고통의 체험을 간접적으로 느껴 보면 지금의 내 상황이 그리 큰 고통이 아님을 상대적으로 느끼게 되고는 한다. 고난을 극복하는 영화나 책이 사람들에게 많은 사랑을 받는 것도 이러한 것이 큰 이유 중 하나일 것이란 생각이 든다. 이 책은 2차 세계 대전 당시 아우슈비츠 수용소에 수감되었던 저자의 개인적인 체험을 바탕으로 한 내용이다. 수용소 안에서 얼마나 잔인한 일들이 벌어지고 무고한 사람들이 얼마나 비참하게 희생당했으며 그것이 얼마나 부당한지에 대해 다루는 것이 초점이 아니라 수많은 사람들이 겪었던 작은 고통에 관한 이야기이다. 다시 말해서 이 책은 '강제 수용소의 일상이 평범한 수감자들의 마음에 어떻게 반영되었을까' 하는 질문에 답을 하기 위해 쓴 책이다. 이 책은 삶의 의미와 목적을 찾고자 노력하고, 삶에 시련이 닥쳤을 때에도 그 안에서 무언가 의미를 찾아 어려움을 극복하고자 노력하는 정신적인 건강함을 추구하거나 필요로 하는 사람이라면 각자에 맞게 큰 힘이 되어 줄 것이라고 생각한다. (원신영)

인터넷 카페를 활용하면 학생들과 소통이 활발해진다. 교사의 댓글 한 줄, 칭찬과 응원은 학생들에게 용기와 자신감을 준다. 평소 책을 가까이하지 않던 학생이나 색다른 책을 읽는 학생에게 보여 준 관심은 다른 학생들에게도 자극을 줄 수 있다. 카페 게시 글이나 댓글 등으로 이루어지는 소통은 학생들 간의 관계 형성에도 도움을 준다. 평소 알고 있던 친구의 의외의 모습이나 색다른 생각을 확인하는 기회가 되기 때문이다. 교사가 일주일에 한 권씩 책을 추천하면 학생들도 더욱 관심

인터넷 카페에 게시한 교사 추천 도서 소개 글

을 보인다. 교육부가 구축하여 지원하고 있는 '독서 교육 종합 지원 시스템'을 활용하는 것도 하나의 방법이다.

서평 쓰기는 글쓰기 수업의 연장선이다. 서평은 책을 읽게 된 이유, 내용 요약, 읽은 후의 감상을 적는 독후감과 달리 비평적 글쓰기에 해당한다. 책의 내용과 관련된 자신의 생각을 논리적으로 주장해도 좋고 작가에게 질문을 하는 형식으로 책의 내용을 비판해도 좋다. 책 전체의 흐름과 전개 방식을 살피고 이와 관련된 배경지식과 다른 책과의 연결을 시도하는 것도 좋은 방법이다. 책의 내용을 몇 군데 이상 인용하도록 하는 등의 구체적인 방법을 제시하고 서평을 쓰는 과정과 유의 사항을 설명해 주는 것도 처음 서평 쓰기를 하는 학생들에게는 도움이 된다. 마지막 시간에는 학생들과 함께 책 읽기와 서평 쓰기에 관한 간담회를 하거나 소감을 나누고 다음 학기 혹은 다음 학년을 위한 준비를 조언하며 마무리한다. 학년 말에는 1년을 되돌아보는 시간을 마련하는 것도 좋다.

한 권의 책을 읽고 서평을 쓰는 과정을 거치며 학생들에게 책 읽기와 글쓰기가 하나의 연속된 흐름이라는 사실을 지도하는 것이 좋다. '독서의 완성은 글쓰기'라는 말을 떠올리지 않더라도 독후 활동의 중요성은 재삼 강조할 필요가 있다. 다만 독후 활동 때문에 부담을 느껴 책을 멀리하는 학생이 없도록 유의해야 한다. 그래서 학생마다 조금씩 다른 방식으로 접근해야 한다. 한 줄 서평으로 시작해서 조금씩 생각의 폭을 넓혀 가도록 유도하고, 글쓰기에 대한 부담을 줄이기 위해서 짧은 분량부터 시작해 글쓰기에 익숙해지게 하는 연습도 필요하다.

자기 점검 활동지

● 자기 점검과 계획 수립

1. 올해의 독서 목표는 이루어졌는가?

독서 결과 체크 리스트	도달	보통	미흡
목표한 분량의 책을 읽었는가?			
다양한 분야의 책을 골고루 읽었는가?			
독서의 결과물을 남기고 목표를 실천했는가?			

2. 나의 책 읽기 방법과 습관 중에서 더욱 발전시켜야 할 점은 무엇인가?

3. 올해 아쉬웠던 점과 고쳐야 할 점은 무엇이었나?

4. 내년의 독서 계획과 목표는?

5. 꼭 읽고 싶은 책(작가)이나 분야는 무엇이며, 그 이유는?

6. 올해 독서 생활과 관련된 생각과 느낌을 적어 보세요.

4) 수업을 진행하면서 유의할 점

독서 시간은 사실 강의식 수업이 진행되지 않고 전체가 함께 보는 교과서를 읽는 것도 아니기 때문에 학생들에게 쉬는 시간으로 인식될 우려가 있다. 교육과정 운영에 관해 관리자를 설득해야 하는 상황이 올 수도 있다. 그래서 보다 치밀하고 계획적인 준비가 필요하다. 아이들에게 수업 시간에 책을 읽히는 것이 매우 중요하고 필요한 경험이라고 교사 자신이 먼저 확신해야 한다.

학생들이 서로 다른 책을 읽기 때문에 교사가 학생들이 읽는 책의 내용을 모두 알 수는 없다. 교사가 읽지 않은 책을 읽는 학생들과 책의 내용에 대해 공감하거나 이야기를 나누어야 하는 어려움이 있는 것이다. 하지만 학급 전체가 같은 책을 읽는다면 교과서 수업과 다를 바가 없다. 학생들이 책을 읽는 과정과 서평에 쓴 내용을 세심하게 살핀다면 소통은 충분히 가능하다. 이때 교사는 주도적으로 수업을 이끌어 가는 사람이어서는 안 된다. 책을 읽고 서평을 쓰는 학생들이 주체가 되어야 한다. 교사는 보조자, 관찰자, 안내자의 역할에 머물러야 한다. 지식의 전달자가 아니라 지식의 안내자가 교사의 역할이다.

평가의 어려움도 빼놓을 수 없는 고민이다. 서로 다른 책을 읽고 쓴 서평을 수행 평가에 반영할 경우 객관적 평가의 어려움이 있다. 하지만 수업 시간을 활용해 직접 쓰게 하고 평소 학생이 사용하는 언어의 폭과 한계를 감안한다면 인터넷 등에서 미리 읽고 준비해 온 내용을 걸러 낼 수 있다. 그리고 책의 내용보다 자신만의 관점, 주체적인 판단 내용, 저자에게 던지는 질문 등을 중심으로 판단한다면 일반적인 글쓰기와 다름없이 객관적 평가도 가능하다. 물론 세부적인 평가 척도를 미리 학생들에게 공개하는 것이 좋다.

5) 교사와 학생의 지속 가능한 책 읽기와 글쓰기

저자와의 인터뷰, 저자 초청 강연 등을 준비하는 것도 좋다. 도서관을 중심으로 한 일회성 행사가 아니라 책 읽기의 연장선에서 기획하는 것이다. 책 읽기 수업 중 학생들의 반응이 좋았던 청소년 시집 『난 빨강』(창비, 2010)을 쓴 박성우 시인을 초청한 강연 행사는 많은 학생들의 호응을 받았다. 학생들과 협의를 거친 후 작가를 섭외하면 학생들의 적극적인 참여를 이끌어 낼 수 있다. 출판사를 통해 섭외를 요청하거나 교사가 직접 연락하는 것도 좋지만 행사 기획 및 섭외 과정 자체를 학생들과 함께 준비하면 더 큰 효과를 얻는다.

단위 학교에서 교과목별로 책 읽기와 관련된 수행 평가를 준비하고 시행하는 과정이 조금씩 다를 수 있다. 학교의 상황, 교육과정, 학생들의 수준과 요구, 교과별 특성에 따라 탄력적으로 운영될 수 있고 서평 쓰기를 포함한 책 읽기와 관련된 다양한 활동은 평가에도 반영할 수 있을 것이다. 책 읽고 서평 쓰기 수업은 도서의 선정과 활동 방법에 따라 각 교과의 학습 활동에 큰 도움을 줄 수 있으며 단순한 지식의 전달과 정보의 확인이 아니라 확산적 사고를 통해 창의성을 기를 수 있다.

지속 가능한 삶을 위해서 우리는 끊임없이 노력한다. 책을 읽는 것은 타인의 삶을 읽는 것이고 글을 쓰는 것은 생각을 표현하는 과정이다. 교사와 학생 모두 지치지 않고 책을 읽고 지속적으로 생각을 표현하는 연습이 필요하다. 그것은 결국 우리 삶에 변화를 가져온다. 패러다임을 전환하고 프레임을 리프레임하는 책 읽기는 끝없는 도전과 꾸준히 책을 읽는 습관을 기를 때 실현할 수 있을 것이다.

3——지속적인 책 읽기와 글쓰기를 통한 삶의 길 찾기

책 읽고 서평 쓰기 수업의 전체 흐름과 과정을 살폈지만 정작 중요한 것은 책을 읽는 목적과 방법에 대한 고민이며 글을 쓰는 과정에 대한 이해이다. 수능을 향해 맹목적으로 달려가는 수업을 받아야 하고 다양한 경험이 부족한 학생들에게 책 읽기와 글쓰기는 새로운 세계를 볼 수 있는 탈출구가 될 수 있다. 현대 사회는 급격한 변화의 중심에 놓여 있다. 과학 기술과 정보 통신의 발달은 책이라는 매체를 다시 생각하게 한다. 하지만 우리 사회에 불고 있는 '인문학' 열풍은 이에 대한 답이라고 해도 좋을 만하다. 삶의 목표와 방향에 대한 본질적인 문제에 인류의 축적된 지혜가 답을 줄지도 모른다. 인문학은 결국 인간과 사회에 대한 관심이다. 과학 기술과 물질문명의 발달은 인간이란 무엇인가에 대한 질문을 던지며 어떻게 살 것인가, 어떤 사회를 만들 것인가에 대해 고민하게 한다. 고전은 이러한 질문에 답을 한다. 책은 그 고민의 과정이고, 이를 통해 축적된 사유의 깊이는 우리 삶을 풍요롭게 한다. 학생들 개개인이 자기 삶의 길을 찾기 위해서는 주체적이고 자율적인 판단 능력이 필요하다. 학생들은 책을 읽는 과정에서 이러한 능력을 키울 수 있다. 각자의 행복이 서로 다른 빛깔로 이루어진, 다양성이 인정되는 건강한 사회를 만들기 위해 필요한 것 역시 생각의 힘을 키워 주는 책 읽기와 글쓰기 교육이다.

책 읽기의 궁극적인 목적은 변화와 실천이다. 평생 책을 읽는 사람은 단 한순간도 현재에 머물지 않으려는 사람이다. 지속적으로 변화를 시도하고 그것을 실천하려는 노력이 책 읽기이기 때문이다. 책 읽기를 위해서는 학교 교육과정의 변화도 필요하다. 창의적 인재, 융합형 인재를 부르짖지만 이를 위해서는 깊이 있는 책 읽기와 글쓰기 교육이 먼저 이루어져야 한다. 범교과적 독서 교육의 강화와 자신의 생각을 표현하는 글쓰기, 이를테면 서술형과 논술형 평가의 확대가 필요하다. 삶의 다양성을 수용하고 나눔과 배려를 실천하는 사람은 타인과 세상을 이해하는 사람이다. 이는 다양한 책을 읽고 글을 쓰는 과정에서 얻을 수 있는 소중한 가치이다. 책이 더 이상 세상을 해석하는 데 머물지 않고 세상을 변화시키는 도구가 될 수 있으면 좋겠다. 이것이 우리가 지향하는 국어 수업의 또 다른 목표가 될 수는 없을까.

논술 수업, 걸음마부터 실전 연습까지

1──논술, 어디에서 와서 어디로 가고 있나

논술(論述)은 글을 통해 자신의 주장을 남에게 보이기 위한 활동으로, 논리적 글쓰기를 뜻한다. 우리의 논술 교육은 대학 입시에서 우수한 학생들을 가려내기 위한 수단으로 도입되었다. 초기에는 프랑스 대입 자격시험 형식의 '바칼로레아'식 논술 형식을 취하다가 최근에는 '통합 논술' 개념이 정착되어 '논제'와 '제시문'에 기대어 요구 사항에 따라 주장을 펼쳐 나가는 '답이 있는' 논술 형식으로 변모해 왔다. 그 과정에서 고교 교육과정을 넘어서는 수준의 지문과 문항이 구성되는 문제, 평가의 객관성 문제 등 우여곡절을 겪었던 것이 사실이며, 현재는 교육부의 논술 지침이 제시된 후 어느 정도 문제의 유형이 정립된 상태이다. 그러나 논술 시험을 대비하는 학생의 입장에서 보면 각 대학마다 엇비슷한 특징들을 세밀하게 분석하고 접근해야 하는 부담은 여전히 남아 있다.

한편 2014년부터는 정규 교육과정에 논술 교과를 편성할 수 있게 됨에 따라 학교에서 논술을 준비할 수 있는 토대가 마련되었다. 이는 사교육비를 올리는 주범으로 작용하였던 논술의 위치를 새롭게 설정하는 전환점이 될 수 있다. 즉 아직까지는 대학 입시 전형의 한 요소로서 논술이 존재하고 있으나 그것과는 별도로 독서와 토론이 자연스럽게 연계되면서 자기 주도적 학습력과 문제 해결력, 사고력을 기르는 장을 마련할 수 있게 되었다는 점이다. 어쩌면 지금의 이 상황은 논술이 단지 대학 입학을 위한 수단으로 머물 것인지, 아니면 삶을 가꾸기 위한 의미 있는 활동으로 자리매김할 것인지를 결정짓는 중요한 순간이라는 생각도 든다.

필자의 경우, 논술 수업을 처음 계획하고 시행한 것은 대입 논술에 대비한 방과 후 교과 활동을 할 때였다. 소위 상위권 대학 진학을 희망하는 학생들의 요구에 따라 특강 형식으로 수업을 개설하였고, 주로 20~30강의 수업이 이루어졌다. 그간의 경험을 통해 깨달은 효과적인 논술 수업을 위한 전제는 '폭넓은 독서'와 '토론의 일상화'이다. 또한 장기적으로는 학년 간 연계 지도가 이루어져야 한다. 이를 위해서는 체계적인 독서 지도의 틀 안에서 '독서-토론-논술'을 조화롭게 엮어 가고자 하는 교사들의 공감대 형성과 실천적 노력이 뒤따라야 한다고 본다.

이 글은 논술 교육의 실천 사례를 보이는 것이 목적이다. 따라서 학교 현장에서 필자가 실제로 수행했던 수업을 토대로 논술 수업의 흐름을 보여 주는 것을 일차적인 목표로 삼았다. 아울러 '교육과정 속 논술'의 실현 방안에 대한 고민 또한 우리에게 주어진 과제라는 생각에서 소박한 제언을 밝히는 것을 다음 목표로 삼았다.

2──논술 지도의 실제와 반성

초등학교에서부터 고등학교 과정에 이르기까지 글쓰기와 관련한 지식 교육이 이루어지고 있지만 학생들은 여전히 글쓰기를 힘겨워한다. 더욱이 논술 교육은 입시와 맞물리면서 뜨거운 감자가 되고는 했다. 대입 논술은 '논술은 공부 잘하는 아이들의 것'이라는 생각을 하게 하고, 글쓰기 자체를 고행으로 여기게 하는 데 일조하지 않았나 하는 생각도 든다. 그러나 글쓰기는 특별한 능력을 지닌 몇 사람만의 것이 아니라 밥을 먹고 물을 마시는 일처럼 누구나 하는, 삶의 자연스러운 도구여야 한다. 자신의 생각이나 느낌을 표현하고 전달하는 수단으로 '말과 글'을 잘 사용하는 것이야말로 언어를 선물받은 인간이 누릴 수 있는 가장 소박한 행복이라고 생각하기 때문이다.

같은 그릇이라도 무엇을 담느냐에 따라 가치가 달라질 수 있으며, 어느 정도 크기의 그릇에 담느냐에 따라 담는 양이 달라지기도 한다. 논술 교육은 '사고의 그릇'에 무엇을 담아내느냐의 문제이며, 얼마나 큰 그릇에 담아내느냐의 문제이기도 하다. 그런데 지금의 논술 교육은 입시에 발목이 잡혀 있고, 소수를 위한 것으로 머물러 있다. '사고의 그릇'이 그 모양이나 크기가 비슷하고 담아내는 내용 또한 정해져 있다. 앞서 언급한 것처럼 학교 교육과정 속으로 논술 교육이 들어서게 된 이 시점이야말로 획일성을 벗어나 다양성으로, 수동성을 벗어나 능동성으로, 입시를 벗어나 삶 속으로 '논술'이 첫발을 내디딜 수 있는 기회라는 생각을 해 본다.

이를 위해 이제부터 필자의 실제 수업 사례를 바탕으로 논술 수업의 흐름을 정리해 보고자 한다. 먼저 3단계로 진행되는 장기적인 논술 지도 계획을 수립하였다. 1단계는 주로 1학년 때 비문학 지문 요약하기를 중심으로 진행했다. 그리고 본격적인 논술 수업이 시작되는 2단계는 2학년을 중심으로 한 기초 수업으로 구성했다. 이 수업은 방과 후 교과 프로그램의 일환으로 희망자를 받아 총 30차시로 진행하였다. 이때는 논술 시험에 대한 전반적인 이해, 제시문 요약하기, 두 제시문 비교·대조하기, 제시문 비판하기 등 문제가 요구하는 다양한 논술 방식의 유형을 이해하고 파악하는 연습에 중점을 두었다. 실전 논술을 주로 하는 마지막 3단계 수업은 3학년 1학기 중이나 여름 방학에 실시하였다. 이 단계의 수업은 대학별 출제 경향을 이해하고 기출 문제 풀이를 하며 실전 감각을 익히는 것을 목표로 하였다.

1) 3단계 논술 지도 과정과 제언

(1) 1단계: 두 마리 토끼 잡기(비문학 지문 요약)

논술을 효과적으로 준비하기 위해서는 1, 2학년 과정에서의 기초 다지기가 필요하다. 마라톤 풀코스를 완주하려면 5km, 10km, 하프 코스 등의 단계별 연습을 거치는 것이 효과적인 것과 유사한 이치이다. 이를 위해서는 무엇보다도 '독서'와 '논술'을 연계해 진행하는 3년간의 수업 과정에 대해 동료 교사들과 공유하고 상호 협조하며 공감대를 형성해야 한다. 먼저 1단계인 1학년 과정에서는 비문학 지문 요약하기 연습을 꾸준히 실시할 필요가 있다. 이는 대학 수학 능력 시험에 대비하여 학생들의 독해력을 향상시키는 효과도 있지만, 논술 시험에서 가장 기본적인 능력으로 요구하는 '요약'에 대한 훌륭한 연습의 기회이기도 하다. 다음으로 적극적인 독서 지도를 통해 사고력을 함양하고 글쓰기의 기본 자질을 기르려는 노력이 필요하다. 개인별 독서 기록장 작성이나 독서 활동 평가회 등을 활용하여 학생들이 능동적으로 폭넓은 독서 활동에 임할 수 있는 환경을 지속적으로 마련해 주는 것이 필요하다고 본다.

비문학 지문 요약하기 학습 과정 흐름

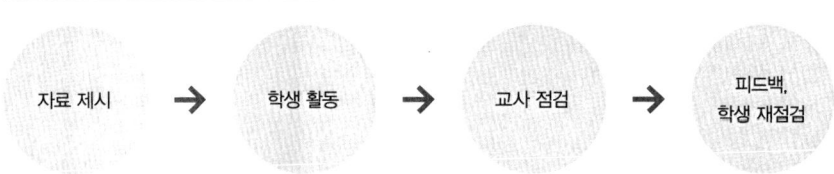

요약은 독해한 내용을 바탕으로 제시문의 의도를 파악하고 글의 내용을 간추려서 자신의 언어로 재구성하는 것이다. 논술의 핵심이 논제의 요구 사항을 확인하고 그에 따라 제시문을 독해한 바탕 위에서 자신의 생각을 논리적으로 펼치는 것이라 할 때, 요약은 제시문 독해의 출발점이다. 따라서 1학년 단계에서는 다양한 제재의 글을 정확하게 요약하는 연습을 꾸준히 하는 것만으로도 논술 쓰기를 위한 훌륭한 준비가 된다고 본다. 활동지를 제공하여 학생들이 핵심어와 소주제문 찾기, 문단 간의 관계 파악하기 등을 거쳐 '요약하기'에 이르도록 꾸준히 지도하는 것이 바람직하다.

요약하기 학생 활동 흐름

글의 종류 파악 → 핵심어 찾기, 형식 문단 소주제문 찾기 → 문단 간의 관계 파악하기 → 요약하기

필자는 '요약하기' 연습이 비문학 제재에 대한 독해 능력 향상 및 본격적인 논술문 쓰기를 위한 준비 역할을 해내는 것을 확인했다. 그러나 요약하기만으로는 한계가 있다. 사고의 영역을 넓히고 삶을 바라보기 위한 글쓰기가 되기 위해서는 '생각의 물꼬'를 터야 하는데, 이는 요약하기만으로는 해내기 어렵다. 이 문제의 대안이 될 만한 것이 바로 '주제별 사고 확장 연습'이 아닌가 싶다. 이 방법은 생활 주변의 친숙하고 구체적인 경험적 사물에서 사고의 단초를 잡아내 이를 우리 집, 우리 학교 또는 우리 사회 등으로 범위를 넓혀 사회적 쟁점들로 확장해 나가는 것이다. 예를 들어 '약속'이라는 단어를 출발점으로 삼아 자신이 약속을 어겼거나 타인이 약속을 어겨서 불쾌했던 경험을 떠올려 볼 수 있다. 다음으로는 '약속'은 어떤 의미가 있는지, 그것을 어긴다는 것은 무엇을 의미하며 그럴 때 왜 불쾌한 기분이 드는지 등을 생각해 보게 하는 것이다. 더 나아가 우리의 사회에서 약속이 지켜지지 않는 경우를 생각해 보게 한다. 그 과정에서 학생들은 약속의 바탕에는 신뢰라는 중요한 전제가 작용하고 있음을 발견하게 될 것이다. 또한 학생들은 정치인들의 각종 공약에서부터 시민들이 지켜야 할 공중도덕, 또는 국가 간의 협약 등에 이르기까지 좀 더 폭넓은 영역으로 사고를 확장하여 자신의 관점을 정리해 보는 경험을 하게 될 것이다. 이렇게 하면 어떠한 문제 상황이나 대상을 다양한 관점에서 분석하고 추론해 내는 사고의 확장을 기대할 수 있다고 본다. 덧붙여 문학 작품을 활용하여 작품 속 주인공들이 드러내는 삶의 양상이나 주제 의식을 함께 연결하여 생각해 보도록 지도한다면 훨씬 더 흥미롭고 깊이 있는 수업이 될 수 있을 것이다.*

(2) 2단계: 논술, 걸음마부터 걷고 뛰기까지

1학년 때 충분한 요약하기 연습이 이루어졌다면, 다음으로는 본격적인 논술 기초 수업을 실시할 수 있다. 이 수업의 목표는 '논제 파악 → 제시문 독해 → 개요 작성'으로 이어지는 논술문 쓰기의 기초 과정에 대한 이해와 연습, '요약하기, 비교·

---

* 이상 언급한 '주제별 사고 확장'의 구체적인 수업 모형과 실천 사례는 임광찬의 '말글살이 뜨락'(cafe.daum. net/dulsai)에서 확인할 수 있다. 문학 작품을 활용한 논술 수업 사례는 김지영의 『문학 시간에 논술하기』(창비, 2011)를 참고하면 된다.

대조하기, 분석하기, 비판하기, 견해 밝히기' 등 대표적인 논술 유형에 대한 실전 연습이다. 수업은 되도록 2시간을 연속해 진행하는 블록 수업으로 실시하고 각 수업마다 모둠 활동을 배치한다. 블록 수업을 실시하는 이유는 교사의 안내와 개인별 수행 및 모둠 활동을 거친 후 이를 종합하기까지 충분한 시간적 여유를 확보하기 위해서이다.

2단계, 본격적인 논술 기초 수업을 위한 30차시 수업 계획

차시	단계	지도 내용	수업 형태
1~2	걸음마	−논술이란? −출제 경향 −접근 방법	강의
3~4		−논제 파악하기의 중요성 −논제 파악 연습	강의, 개인 수행 및 모둠 토의
5~6		−제시문의 성격 −논제에 따라 제시문 이해하기	
7~8		−제시문 분석하기 연습	
9~10	걷기	−개요 작성의 중요성 개요 작성 연습 1	개인 수행 및 모둠 토의 → 교사 첨삭
11~12		−개요 작성 연습 2	
13~14		−표현하기(논제 파악, 제시문 요점 정리, 개요 작성하기까지의 과정을 독백체로 표현하기)	개인 수행 → 상호 첨삭 → 교사 종합
15~16		−요약하기 실전 연습 1	개인 수행 → 모둠별 토론 → 모둠별 발표 → 교사 종합
17~18		−요약하기 실전 연습 2	
19~20	뛰기	−비교·대조하기 실전 연습 1	개인 수행 → 모둠 내 상호 첨삭 → 모둠 간 대표 글 상호 첨삭 → 교사 종합
21~22		−비교·대조하기 실전 연습 2	
23~24		−설명, 분석, 비판하기 실전 연습 1	
25~26		−설명, 분석, 비판하기 실전 연습 2	
27~28		−설명, 분석, 비판하기 실전 연습 3	
29~30		−설명, 분석, 비판하기 실전 연습 4	

블록 수업을 실시하더라도 여전히 '시간'은 논술 수업의 과제로 남는다. 아무리 실전 연습이라고는 하지만 실제 대학의 논술 시험처럼 900자 내외의 문항 두 개

를 2시간 내내 쓰라고 할 수는 없는 노릇이기 때문이다. 그래서 수업을 크게 두 가지 형태로 구안하였다.

수업 형태 1: 400자 내외의 비교적 짧은 논술문 쓰기

차시	수업 내용
1	교사 안내 → 개인 수행 및 모둠 활동(개요 작성) → 글쓰기 완성
2	상호 첨삭 및 대표 첨삭 → 종합

수업 형태 2: 800~1,200자 내외의 논술문 쓰기

차시	수업 내용
1	교사 안내 → 개인 수행 및 모둠 활동(논제 파악 및 제시문 이해)
2	개요 작성(개인별 개요 작성 또는 모둠별 공동 개요 작성) → 모둠별 발표 → 종합
3	교사 안내(출제 의도 및 채점 기준 안내) → 상호 첨삭(모둠 내 상호 첨삭 및 모둠별 상호 첨삭)
4	교사의 대표 글 첨삭 → 첨삭 후 평 → 논술문 개별 재작성

3~4차시 수업은 1~2차시 수업을 하고 한 주가 지나서 하는데, 그 사이에 학생들은 논술문을 완성하여 수업에 참여해야 한다. 실제로 글을 쓰는 작업은 학생 개인이 하지만 모둠 활동이나 상호 첨삭, 대표 첨삭 등의 과정에서 다양한 의견을 교환할 수 있고, 때로는 스스로 오류를 교정하는 과정을 거칠 수도 있다. 이 과정에서 말로 하는 논술이라 할 수 있는 '구술 면접'도 동시에 대비할 수 있다.

교육부가 2013년에 「초·중등학교 교육과정 총론」의 일부를 개정 고시(교육부 제2013-7호)한 것에 따라 2014학년도부터는 정규 수업 시간에 논술을 편성하여 지도할 수 있게 되었다. 공교육 현장에서 논술 기초 능력을 기를 수 있는 토대를 마련하고자 고등학교 교양 선택 과목으로 논술 과목을 신설하기로 한 것이다. 이는 그간 사교육 시장이나 방과 후 교과 활동 형태로 이루어진 입시 중심의 논술이 기초 교양 차원에서 다수를 위한 교육과정의 일환으로 전환되는 계기를 마련한다는 의미가 있다. 이 시점에서 학교 단위 논술 수업의 형태와 내용을 미리 구상해 보는 것도 그 나름의 의미가 있다고 본다.

먼저 논술 수업의 형태는 2~3단위 정도의 범위 안에서 100~150분 블록 타임 제 수업으로 구상하는 것이 좋다. 50분 단위의 수업을 분절적으로 주 2~3회 실시하는 것보다는 블록 타임제 수업을 활용하여 집중적으로 토론 및 쓰기 활동을 진행하는 것이 과목의 성격상 효율적이기 때문이다. 또한 오프라인과 온라인을 연계한 입체적인 지도 방안을 구안하는 것도 필요하다. 실제로 수업 시간에 논술문을 완성하기 어려운 경우가 많고, 다른 학생들의 논술문을 공유하고 첨삭하는 데 드는 시간을 절약할 수 있다는 면에서도 인터넷 게시판 등을 활용해 오프라인 수업을 보완하는 장치를 마련하는 것이 효율적이다.

다음으로 수업 내용을 결정하는 것은 기본적으로 '논술 교과서'가 되지 않을까 싶다. 물론 논술은 교사의 적극적인 자료 탐색과 교재 재구성을 위한 노력이 필요한 과목이지만 그 출발점은 체계적으로 구성된 교과서가 되어야 할 것이다. 그런 점에서 앞으로 학교 현장에서 사용하게 될 교과서의 속살을 어떤 식으로 구성할 것인가 하는 문제는 중요한 화두가 되어야 할 것이다. 이것은 논술 능력을 어떻게 기를 수 있는가 하는 문제와 맞물려 있으며, 그 핵심은 역시 '사고력'과 '문제 해결력' 제고가 되어야 할 것이다. 따라서 새롭게 개발될 논술 교과서는 '논술 기초 개념, 유형 안내, 주제별 안내'와 같은 자료 중심의 기계적인 접근보다는 사고력과 문제 해결력을 기르기 위한 체계적인 절차를 안내하는 쪽으로 방향을 잡는 것이 어떤가 한다.

(3) 3단계: 논술, 뛰고 날기부터 실전 연습까지

3학년 실전 논술 강의는 자기가 지원하고자 하는 대학의 출제 경향을 이해하고, 그 유형에 따라 실전 연습을 해야 하므로 여름 방학 이전에 수업을 편성해 시작하는 것이 좋다. 여름 방학 이후에는 본인의 지망 대학에 따른 실전 연습을 하면서 첨삭을 받아 부족한 점을 보완해 나가는 자기 주도적인 글쓰기 단계로 나아가야 할 것이기 때문이다. 수업은 2단계와 마찬가지로 2시간 블록 타임제 수업을 기본으로 하고 짧은 글과 긴 글 쓰기 두 가지 유형으로 진행한다. 모둠 편성은 동일한 대학에 지망하고자 하는 학생들을 중심으로 하는 것이 좋다. 3단계는 2단계 수업에서 했던 모둠 토론 활동보다는 '개별 수행 후 상호 첨삭'과 '대표 첨삭'의 과정, '첨삭 결과에 따른 논술문 재작성'의 과정에 중점을 두어 진행한다.

3단계. 실전 논술을 위한 30차시 수업 계획

차시	단계	지도 내용	수업 형태
1~2	뛰고 날기	–대학별 출제 경향 이해	강의
3~4		–논제 파악 및 제시문 독해 연습	강의 개인 수행 및 상호 첨삭
5~6		–비슷한 유형의 제시문끼리 분류하고 요약하기 (500~600자)	
7~8		–관점을 이해하고 주장에 대해 평가하기 (600~800자)	
9~10		–표 해석하고 의미 서술하기(400자)	
11~12		–인문, 수리 논술 연습하기(글자 수 제한 없음.)	개인 수행 및 상호 첨삭 → 대표 첨삭(교사)
13~14		–공통점과 차이점 파악하기(400~800자)	
15~16		–자료를 분석하고 추론하기 1(1,000자 내외)	
17~18		–자료를 분석하고 추론하기 2(1,000자 내외)	
19~20	실전 연습	–○○대 기출 문제 연습 1	개인 수행 → 개인별 첨삭(교사) → 대표 첨삭(교사) → 첨삭 참고하여 재작성
21~22		–○○대 기출 문제 연습 2	
23~24		–○○대 기출 문제 연습 1	
25~26		–○○대 기출 문제 연습 2	
27~28		–○○대 기출 문제 연습 1	
29~30		–○○대 기출 문제 연습 2	

현행 입시 논술에 대비한 학교 현장의 수업은 그 형태가 크게 두 가지이다. 단위 학교에서 방과 후 교과 활동 형태로 진행하는 수업과 교육청 차원에서 거점 학교를 중심으로 몇 개의 권역을 나누어 만든 논술 교실 형태의 수업이 그것이다. 전자의 경우 해당 학교 교사가 진행하는 수업과 외부의 논술 팀(사교육 교사)을 초청하여 진행하는 수업으로 다시 나눌 수 있다. 어떠한 경우든 전체 학생을 대상으로 논술 교육을 수행하기 어려운 것이 현실이다. 입시 논술 교육의 현실과 한계인 것이다. 지속적인 대입 논술 전형 실시로 인해 학교 현장의 지도 역량이 강화되고,

수업 자료 또한 교육청 단위로 개발되어 보급된 상태이지만 지도 시간 확보 문제와 첨삭의 부담은 여전히 남아 있다. 물론 교육청 단위나 EBS 등에서 온라인 첨삭을 하는 경우도 있으나 그 역시 한계가 있으며, 대면 첨삭이 병행되지 않는 점 등으로 인해 학생들의 호응도가 높다고 보기는 어렵다. 논술 교육이 학교 교육과정 속에서 진행될 경우 시간 확보 문제는 해소될 수 있지만 첨삭 문제는 여전히 고민해야 할 지점이다. 오프라인과 온라인 수업을 병행하는 등의 방법을 더 찾아야 할 것이다.

2) 논술 수업의 실제

(1) 학습 모둠 조직

논술 수업은 공동 개요 작성이나 토론 및 토의 활동, 상호 첨삭 등을 고려하여 모둠을 편성하여 실시한다. 모둠은 4명씩 편성하되 되도록 4개 모둠을 넘어서지 않는 범위로 수업 인원을 정해야 교사가 첨삭 활동을 하기에 좋고 수업 집중도도 높아진다. 모둠원 각각이 모둠장, 기록자, 자료 담당자, 심부름꾼 등으로 역할을 나누어 맡는 등 적극적으로 모둠 활동에 임할 수 있는 장치를 마련한다. 모둠장은 모둠 토론이나 토의에서 사회자 역할을 맡고, 활동이 끝난 후 결과를 종합하여 발표한다. 기록자는 진행되는 모둠 활동 내용을 기록하여 모둠장의 발표를 돕고, 모둠별로 다음 수업 시간을 위해 수행해야 할 일들이 있는 경우 이를 정리하여 모둠원에게 안내한다. 자료 담당자는 제시문과 관련하여 추가로 필요한 자료나 모둠원이 요구하는 기타 자료들을 수집하여 제공하는 역할을 담당한다. 심부름꾼은 모둠원이 작성한 논술 답안지를 수합하여 담당 교사에게 가져다주고 다시 나누어 주는 등의 역할을 수행한다. 담당 역할은 모둠 내에서 협의를 통해 정하게 하되 주기적으로 역할을 바꾸어 다양한 경험을 하게 한다.

(2) 논술문 쓰기

논술문 쓰기는 사실상 2, 3학년에 집중 배치된다. 2시간 블록 수업을 기본으로 매 1차시 때는 '논제 파악 → 제시문 독해 → 개요 작성'의 과정을 되도록 반복 수행한다. 그리고 모둠 활동을 배치하여 활발한 토론 및 토의를 통해 사고를 확장할 수 있는 기회를 제공한다. 특히 토론 학습 시에는 논의할 쟁점을 명료하게 파악하고 사고를 펼쳐 나가는 연습이 필수적이다.

개요 작성 과정에서는 모둠원 각자가 논제를 파악하고 제시문을 독해한 후, 개요를 공동으로 작성하게 한다. 이 과정에서 제시문을 잘못 이해한 부분이 있으면 바로잡을 수 있도록 지도한다. 모둠별로 개요가 완성되면 발표하고, 개요의 타당성에 대한 상호 토론을 실시한다. 이를 통해 학생들은 주장에 대한 타당한 논거 제시 과정을 체득할 수 있고 설득력 있는 글을 쓰기 위해 자료를 어떻게 해석하고 활용할 것인지 경험할 수 있다. 마지막으로 완성된 공동 개요에 따라 개별 글쓰기를 실시한다.

공동 개요 작성 및 글쓰기 과정

| 개인별 논제 파악 및 제시문 독해 | → | 모둠별 공동 개요 작성(토의) | → | 모둠별 개요 발표 (토론, 조정) | → | 모둠별 개요에 따른 개별 글쓰기 |

(3) 첨삭의 실제

학생들은 완성된 논술문을 상호 첨삭하는 과정에서 동일한 개요에서 출발하였는데도 서로 다른 글이 되는 것을 확인하게 된다. 첨삭 수업은 '학생 상호 첨삭 → 교사의 대표 글 첨삭' 순으로 진행할 수 있다. 이 과정에서 학생들은 잘된 글쓰기와 실패한 글쓰기의 예를 확인하고 자신의 오류를 교정할 수 있다.

① 학생 상호 첨삭

모둠원끼리 서로의 답안을 돌려 가며 색 볼펜으로 첨삭을 한다. 이렇게 하면 자신을 제외하고 최소 3명의 학생이 자신의 답안에 대해 어떤 평가를 내렸는지를 확인할 수 있다. 이때 교사는 사전에 상호 첨삭의 의도와 의미를 충분히 설명하고, 되

학습 목표	• 논제의 요구 사항에 따라 논술문이 작성되었는지 판단할 수 있다. • 첨삭된 내용을 토대로 논술문을 수정·보완하여 재작성할 수 있다.			2/2차시
시간	학습 과정 및 요소	교수·학습 활동		자료 및 유의점
		교사	학생	
도입 (5)	학습 목표	• 학습 목표 제시	• 학습 목표 확인	
전개 (40)	학생 상호 첨삭 (15분)	• 모둠별로 교차하여 상호 첨삭하게 한다.	• 다른 학생의 글을 읽고, 채점 기준에 따라 첨삭한다. • 다른 모둠에서 첨삭한 자신의 논술문을 받는다.	▸ 채점 기준 제시
	교사의 대표 글 첨삭 (17분)	• 교사가 미리 선정해 둔 학생 글 하나를 제공하고, 학생 각자가 첨삭하도록 한다. 이후, 교사가 첨삭의 예를 보인다.	• 대표 첨삭할 학생의 글을 첨삭해 보고, 이후 교사의 첨삭을 경청하며 자신의 논술문과 비교한다.	▸ 대표 첨삭, 첨삭 후 평에 인쇄물 활용
	첨삭 후 평 (8분)	• 대표 첨삭 글 이외의 글들에서 참고할 만한 내용들을 중심으로 정리한다.	• 첨삭 후 다양한 평을 참고로 자신의 논술문에서 보완할 점을 정리한다.	
정리 (5)	정리하기	• 첨삭된 내용을 바탕으로 논술문을 재작성하도록 지도한다.	• 논술문 재작성	

도록 최소 한 가지 정도는 잘된 점을 적도록 지도하여 서로의 평가로 인해 자신감을 잃는 경우가 생기지 않도록 유도한다. 평가하는 학생들은 교사가 미리 나누어 준 채점 기준 표에 의거해 그 기준이 논술문에 잘 반영되었는지를 중점적으로 살펴보고 평가한다. 학생들에게 제시하는 채점 기준은 논제의 요구 사항에 맞게 교사가 작성하되, 각 항목별 점수나 전체 점수의 합산을 강조하기보다는 답안에 꼭 반영되어야 하는 내용들을 중심으로 제시한다.

학생 상호 첨삭의 예

● 1문단 첨삭 내용

－학생 1: ①은 제시문 내용과도 관련이 없어 보이고, 생뚱맞은 느낌이다. ②는 제시

문 내용을 잘못 이해한 것 같다. '다른 이들에게 알려졌는지의 여부에 따라' 지적 재산이 '배타적 재산권'과 '관념'으로 나뉜다는 말은 제시문 내용과 다르다.

- 학생 2: 제시문 (가)에서 관념의 특성을 '밖으로 내뱉는 순간 모든 사람의 소유'가 되므로 '배타적 재산권'과는 거리가 먼 것으로 언급했을 뿐, 둘을 분리한 것이 주된 요지는 아니다. 두 가지 특성을 근거로 관념이 재산권의 대상이 될 수 없다는 것을 언급해야 한다.

- 학생 3: "우리 사회에서 아직도 해결하지 못한"이라는 부분이 특히 거슬린다. 이 문장은 빼는 것이 전체 글의 흐름에도 좋을 것 같다. 또한 논제를 보면, '지적 재산에 대한 두 가지 관점'의 차이를 서술하라고 했다. 이에 따라 제시문을 독해해 보면 지적 재산이 어디에 귀속되느냐보다는 지적 재산을 보호해야 하는지 여부가 중심 내용이 되어야 한다.

☺ 학생 1: 같은 값이면 다홍치마라고 글씨를 예쁘게 쓰니 읽기도 편하고 좋다. 부럽다.

☺ 학생 3: 맞춤법에 어긋나는 단어가 없고, 띄어쓰기도 잘 지켰다. 나는 문장을 너무 길게 쓰는 버릇이 있어서 주어와 서술어의 호응이 안 맞다는 말을 많이 듣는데, ○○이의 글은 문장 길이도 적절하고 깔끔하다.

---

② 교사의 대표 글 첨삭

교사는 전체 학생의 글을 읽은 상태이므로 학생의 답안을 부족한 글, 평범한 글, 잘된 글 정도로 나누어 미리 확인해 두었다가 대표 첨삭을 위한 자료로 활용하는 것이 좋다. 이때 교사는 자신이 첨삭한 내용을 바로 보여 주기보다는 학생들 스스로 이전에 상호 첨삭을 했던 방식으로 대표 글을 첨삭해 보도록 유도한다. 학생들은 이미 채점 기준을 바탕으로 한 모둠별 상호 첨삭을 하며 출제자의 의도와 논제의 요구 사항 등을 공유한 상태이므로, 대표 첨삭할 학생의 글을 공통의 규준에 근접한 상태에서 평가하게 되는 장점이 있다. 학생들의 대표 글 첨삭 활동이 마무리되면 최종적으로 교사가 첨삭한 내용을 제시해 준다. 학생들은 교사의 첨삭 내용을 참고하면서 자신이 첨삭한 내용을 확인한다. 논술 분량에 따라 학생들의 첨삭 과정을 생략하고 바로 교사 첨삭으로 넘어갈 수도 있다. 마지막으로 교사는 첨삭 후 평을 통해 이번 논제에 대한 학생들의 논술 답안에 총평을 해 주는 것이 좋다. 잘된 글의 사례를 들어서 설명해 학생들에게 칭찬과 동기 부여가 될 수 있게 한다.

교사의 첨삭 후 평 예

- 논제의 요구 사항을 전반적으로 잘 따르고 있으나, 2문단 내용에서 자신의 견해를 논할 때 제시문에 근거하지 않고 일반적인 배경지식을 활용하는 경우가 있다.
- 띄어쓰기도 신경 써야 한다. 특히 의존 명사를 띄어 쓰지 않은 경우가 많았다.
- '나는 ~게 생각한다.'라는 식의 서술은 피할 것. 이런 표현을 안 해도 논술은 글쓴이의 견해라는 것이 전제된 것이므로.
- 한 문장 길이가 60~70자를 넘어서는 경우가 있는데, 너무 길다. 문장 간 길이 안배, 문단 간 길이 안배 등을 고려하자.
- ○○이의 최대 장점은 논제 파악을 잘한다는 점이다. 논술의 첫 단추를 꿰는 일은 논제의 요구 사항을 제대로 이해하는 일인데, ○○이는 그 점이 훌륭하다.

첨삭은 미리 제공된 채점 기준 표에 따라 진행하게 하되 다음 유의 사항을 미리 안내해 주는 것이 좋다.

- '문단 → 문장 → 단어' 순으로 숲을 먼저 보고 나무를 보는 첨삭을 한다.
- 논제의 요구 사항을 지켰는지 확인한다.
- 개요 작성 과정을 충분히 거쳤는지 확인한다.
- 문단의 유기적 결합, 주장과 논거의 타당성을 확인한다.
- 제시문 내용을 정확히 이해하여 적확하게 글 내용에 반영했는지 확인한다.

- 주장을 명확히 드러내고 있는지 본다.
- 중심 문장과 뒷받침 문장의 결합이 긴밀한지 확인한다.
- 중의문, 비문, 추상적이고 관념적인 진술 등이 있는지 확인한다.
- 논제와 함께 제시된 유의 사항의 준수 여부를 확인한다.

3——나오며

　논술 수업을 하면서 학생들의 사고는 무한대로 확장될 수 있다는 것을 확인했다. 그리고 학생들이 생각을 자유롭게 펼칠 수 있도록 돕기 위해서는 조급함을 버리고 기다려 줄 수 있는 여유와 작은 변화 하나라도 발견하여 칭찬해 주는 세심함이 필요하다는 것도 깨달았다. 또한 글쓰기인 '논술'과 말하기인 '구술'은 수레의 두 바퀴처럼 함께 움직인다는 생각도 하게 되었다. 논술과 구술 수업을 조화롭게 실현하기 위해서는 각 학교의 실정에 맞는 '독서 → 토론 → 논술/구술'로 이어지는 체계적인 단계별 지도 계획이 있어야 할 것이다.

　필자의 경험으로는 논술 수업 중에 조는 학생은 없었다. 그 이유를 가만히 생각해 보았다. 논술 수업에서는 학생들이 교사의 강의를 일방적으로 듣기만 하지 않는다. 교사의 안내에 따라 학생들이 자기 생각을 말하고 그것을 글로 쓰는 자기 주도적인 학습 과정을 필수적으로 거친다. 즉 '나'의 말을 할 수 있고, 생각을 글로 쓸 수 있는 장이 마련되었던 것이다. 학생들은 생각하는 힘이 없는 것이 아니라 생각을 말할 수 있는 기회가 없었는지도 모른다. 이와 더불어 교사인 필자도 학생들과 많은 경험을 나누었다. 논술 수업은 '소통과 공감'의 장이며, 교사와 학생 모두 소외받지 않는 대화의 장이다. 이 과정에서 학생들의 변화와 발전을 발견하는 즐거움이야말로 논술 수업의 묘미다.

　끝으로 필자는 제시문과 논제를 통해 범위를 좁히고 답을 제한하는 지금의 논술 형태보다는 하나의 주제에 대한 자기 생각을 총체적으로 펼치는 논술 형태가 바람직하다는 생각을 해 본다. 앞서 제시된 논술 교육 사례는 그동안 우리가 골몰

해 왔던 대학 입시 논술에 대비하기 위한 소박한 실천의 예이다. 그러나 앞으로의 논술 교육은 조금은 다른 길을 향해 나아가야 하지 않을까. 삶을 생각하는 논술, 주체적인 삶을 가꾸기 위한 논술로 말이다. 학교 교육과정 속으로 '논술'이 자리 잡은 바로 지금을 기회로 삼아야 한다. 어쩌면 논술이 대학 입시와는 별개로 홀로 설 수 있을 때 그 본질에 한 걸음 더 다가설 수 있을지도 모른다. 논술은 궁극적으로 자기 생각을 논리적으로 서술하는 것이 핵심이다. 대학 입시에서 논술의 비중이 축소되고 있는 작금의 상황에서도 이는 여전히 유효한 논술의 당위다.

참여하는 토론 수업, 설계부터 실행까지 오세호

1 ── 교실 토론과 교과 연계

1) 교과 토론 수업의 필요성

수업 내용을 주제로 학생들이 활발하게 대화를 나누고, 교사는 학생들이 던지는 열정적인 질문을 해결하기 위한 안내를 한다. 이는 교사라면 누구나 꿈꾸는 교실 풍경이다. 거창하게 말하지 않더라도 교사들은 누구나 살아 있는 교실을 소망한다. 그러나 우리의 교실 현장은 이 소망을 이루기 위해 여전히 노력해야 하는 상황이다.

에드가 데일(Edgar Dale)의 학습의 원추(cone of learning)에 따르면 읽거나 듣거나 시청각 자료를 보는 수동적 배움(passive learning)보다 토의와 토론, 직접 설명 등의 능동적 배움(active learning)이 2주 후 학습 내용을 기억하는 정도에서 훨씬 큰 효과를 나타낸다고 한다. 이러한 이론적 토대를 언급하지 않더라도 최근 교실은 학생 활동을 중심으로 수업을 구성하려는 다양한 움직임이 전개되고 있다. 학생이 학습자로서 능동적으로 수업 시간에 참여해 학습 내용을 주도적으로 받아들이는 교육 방식에 대한 믿음이 생긴 결과이다. 실제로 교사들이 수업을 관찰하거나 분석할 때 학생 활동에 초점을 맞추는 경향이 늘었다. 또 교실 붕괴로까지 일컬어지는 무기력한 모습을 보이는 학생들이지만 자기표현 욕구를 살려 수업에 참여하게 하면 수업에 집중할 가능성이 크기에 수업 현장에서는 토론과 협동 학습, 프로젝트 학습, 컴퓨터 기반 학습, PBL(Problem-Based Learning) 등 다양한 학생 활동 중심의 수업을 시도하며 수업 개선에 관심을 기울인다. 교사가 어떤 것을 어떻게 가르치느냐보다는 학생이 어떤 활동을 하고 어떻게 배우는지를 중시하게 된 것이다.

국어 교과 토론 수업은 학생들에게 교과 개념을 스스로 검증해 볼 수 있게 하고, 학습 목표를 달성하는 자발적 활동을 이끌어 내어 학습 효과를 높인다. 또한 학생들은 토론 과정에서 관점이나 가치의 차이를 검증하며 타당한 문제 해결책을 발견해 내기도 한다. 그리고 그 과정은 혼자가 아니라 모둠 구성원과 함께하기에 개별 능력의 한계를 극복하는 자기 발전의 기회이기도 하다. 이러한 협력 학습 과정은 의사소통을 통한 의사 결정 능력과 지식 통합 능력을 키우고 공동체 의식을 함양할 수 있다. 국어 교과는 토론을 화법 영역에서 교육과정의 일부로 다룬다. 이를 독립된 난원으로 배우는 것에 만족하지 않고 다른 교과의 학습에도 활용한다면 도구 교과로서 국어과의 학습 목표 역시 달성할 수 있을 것이다.

2) 토론 수업의 어려움과 해결책

국어 교과 시간에도 학생 중심의 수업을 실현하기 위한 다양한 노력이 시도되고 있다. 물론 수업 시간 전부를 학생이 진행할 수는 없다. 학생 중심 수업으로 매 시간 토론 수업을 할 수도 없다. 그러나 학생 활동을 늘려 학생이 중심이 되는 수업은 생각해 볼 수 있다. 토론을 활용하기에 적절한 제재나 학습 목표가 있을 때 그 둘을 적극적으로 연계해 보는 것도 한 방법이다.

실제 국어 수업에서 토론 수업 모형을 실현하기란 쉬운 일이 아니다. 그 이유 중의 하나가 교과서 진도에 대한 부담이다. 평가를 중심에 두는 현실 때문에 교육과정의 실현인 교과서의 내용을 모두 가르치고 배워야 한다는 부담감이 생긴다. 그래서 토론을 위해서는 교육과정 재구성이 필수적이다. 현실적인 문제 역시 같은 학년 국어과 교사 간의 동의와 협력을 전제로 교과 내용을 재구성함으로써 극복할 수 있다.

토론 수업을 하려면 적지 않은 시간과 노력이 든다는 점 역시 고민이다. 매시간 새로운 토론 모형을 준비할 수는 없다. 이를 해결하기 위해서는 한 차시의 수업을 몇 개의 부분으로 나누고 각 부분의 학습 방법을 개략적으로 준비한 후 상황에 따라 융통성 있게 변화시킬 수 있는 모형을 구안해야 한다.

토론 수업을 망설이게 하는 또 다른 이유는 학생들의 참여 여부에 대한 두려움과 토론 활동이 실제로 학습 효과가 있는지에 대한 의문이다. 그러나 토론이나 학생 활동 중심의 수업은 학생에 대한 믿음을 바탕으로 성립한다. 학생들에게 수업을 맡겨도 훌륭한 학습 성과를 낼 수 있다는 믿음이 있다면 이 고민도 극복할 수 있다. 실제로 학생들은 교사가 준비한 학습 내용 그 이상의 것을 제시한다. 그렇기 때문에 토론 활동이 가치 있는지에 대한 의구심은 실제 토론 활동 과정에서 해소할 수 있을 것이다.

2──토론 수업의 설계 및 사례

1) 토론의 이해와 토론 수업

우리나라는 '토의'와 '토론'을 구별 없이 사용하는 경우가 많다. 토론의 경쟁적 특성과 승패 결정 등을 이유로 토론은 학생들에게 상처를 주거나 좌절을 겪게 하는 비교육적인 측면이 있다고 주장하기도 한다. 그러다 보니 토론과 토의를 묶어 같은 개념으로 다루거나 토의식 토론, 논쟁식 토론으로 토론의 범주를 넓게 규정하기도 한다. 어떤 경우는 두 담화 유형을 결합하여 토의·토론이란 용어를 만들기도 한다. 그러나 국어과 교육과정에서는 담화의 유형을 일곱 가지(연설, 대화, 토의, 토론, 협상, 발표, 면접)로 나누고 토론의 역할을 별도로 제시한다. 토의와 토론은 수업 방법으로 함께 결합하여 활용할 수도 있고, 각각의 특징을 살려 별도로 활용할 수도 있다. 그러므로 각 담화의 특징을 정확히 파악하여 수업 내용에 맞는 효과적인 활용 방법을 찾을 필요가 있다.

토의는 해결 방안의 경우의 수가 다양하고 이들 중 최선의 해결책을 찾아가는 과정이 필요한 문제 해결에 적합하다. 토론은 사회적으로 찬반 대립이 뚜렷한 논제가 발생할 때, 특정 주장이 타당한지를 이유와 근거를 들어 논리적으로 따져 문제를 해결하고자 할 때 적합하다. 토론은 논증을 이용하여 제3자를 설득하는 말하기이자 새로운 제안이나 가설에 대한 검증을 시도하는 말하기이기 때문이다. 토론은 주장의 타당성과 근거의 적절성을 갖추기 위해 검증하고 입증하는 과정을 거친다. 토론의 이러한 특징을 활용한다면 교과 개념의 능동적 이해나 교과 학습의 심층적 확장을 이루어 낼 수 있다.

2) 토론 수업 설계의 실제

(1) 계획하기

토론 수업을 계획할 때에는 학습 내용 분석, 학습자 분석, 수업 환경 분석, 수업 방법 결정 등이 필요하다.

① 학습 내용 분석

학습 내용 분석은 교육과정 분석과 학습 목표 분석을 들 수 있다. 교육과정을 분석하는 것은 토론 수업이 가능하고 적합한 상황을 만들기 위한 작업이다. 즉 교육과정과 교육 내용(교과서나 학습 제재)을 분석하여 재구성하는 활동을 말한다. 모든 단원을 토론을 활용한 수업으로 실현하는 것이 불가능한 만큼 다양한 학생 중심의 활동이 가능하도록 학습량과 방법을 재설정하는 과정이 필요하다. 이를 통해 토론 활용 수업의 비중과 한 차시 내에서의 토론 활용 규칙을 정하면 된다.

학습 목표는 교사 입장보다 학생의 입장에서 수업이 끝난 후 '무엇을 할 수 있게 되었나?', '학습한 요소를 어떻게 확장할 수 있게 되었나?' 등의 물음에 답할 수 있는 방향으로 설정하는 것이 좋다. 그리고 이를 실현하기 위한 토론 요소의 활용 방법을 구상한다.

② 학습자 분석

학습자를 분석하는 것은 토론 수업의 성패를 좌우하는 중요한 작업이다. 학급은 어디든 학습 성취 결과와 학습 속도가 각기 다른 학생들이 섞여 있는 이질적인 집단이다. 그래서 어떻게 하면 토론을 활용한 수업이 유용할 수 있을지를 고민하는 과정을 거쳐 각 학습자의 욕구를 분석하고, 수업에서 그들이 각각 무엇을 배울지를 고려해 계획을 수립해야 한다. 즉 학습자 중심의 학습 목표를 세우고 이에 맞는 자료나 활동지를 제작한 후 수업 방법을 선택한다. 예를 들어, 남학생과 여학생 간의 뚜렷한 선호도 차이가 존재하기에 이들의 각 특성을 배려하거나 이를 극복할 수 있는 남녀 협력 학습을 계획하는 것이다.

학습자의 수업 참여와 학습 결과 성취를 위해서는 개개인의 능력 차이를 넘어 부족한 부분은 보완해 주고 각자의 성장을 유도할 수 있는 소집단 중심의 활동 방법을 강구해야 한다. 교사는 학급을 구성하는 학생들 사이에 토론 경험 여부에 따라 태도, 요구, 지적 능력 등에 차이가 있음을 인정해야 하며, 이러한 이질적 학습 공동체를 확장성 높은 모둠으로 발전시킬 수 있는 방안을 연구해야 한다. 이때 모둠의 규모는 절대 커서는 안 된다. 개개인의 발언 시간이나 횟수 등을 고려하면 2~4명 정도의 소집단일 때 주체적 참여로 인한 효과가 극대화된다.

③ 수업 환경 분석

수업 환경 분석은 물리적인 교실 환경부터 학교의 풍토와 분위기 등을 대상으로 한다. 토론이나 학생 중심 활동이 가능한 교실 구조인지, 모둠 활동에 용이한 요건을 갖추고 있는지 등을 파악해야 한다. 학급 내에서 자리 배치의 가능성과 방법을 강구하고 토론 학습에 활용 가능한 별도의 공간이 있는지 파악한다. 토론 수업을 위한 학교 구성원의 공감과 협조가 가능한 분위기인지를 파악하는 것도 중요하다. 토론 수업을 권장하거나 높이 평가하는 분위기의 학교라면 좋겠지만 그렇지 않을 경우에는 동료 교사나 관리자의 공감을 얻을 수 있는 방법을 모색해야 한다.

④ 수업 방법 결정

수업 방법을 결정하는 것은 토론을 어떤 유형으로 어느 시점에 얼마만큼 활용할 것인가를 결정하는 것이다. 방법을 결정하고 난 후에는 학생들에게 활동의 방향과 방법을 알려 주어 수업 흐름에 대한 사전 인지가 이루어지게 해야 한다. 지나치게 정형화된 수업 방법은 다양한 상황이 전개되는 수업을 감당하기 어려운 경우가 많다. 따라서 상황이 좀 달라져도 적용할 수 있는 융통성 있는 수업 모형의 개발이 필요하다. 특정 상황에만 국한되지 않는 일반적인 모형을 정하고, 이를 기본으로 상황에 따라 변형할 수 있는 체제를 만들어 놓으면 더 많은 토론 수업이 가능해진다.

토론 수업 방법을 결정할 때 고려해야 하는 첫 번째 항목이 토론 수업의 방향을 정하는 것이다. 토론 활용 수업의 방향은 두 가지로 정리할 수 있다. 우선 수업 구성의 측면에서 수업 전체를 토론으로 하는 형태와 수업의 한 부분을 토론으로 운영하는 형태이다. 전자의 경우 일주일을 수행 평가 기간으로 제시하고 논제를 정한 후 학생들을 모두 3~4명의 모둠으로 편성하여 한 시간에 2개 모둠씩 찬성과 반대를 정해 전체 모둠이 돌아가며 토론을 하도록 한다. 이때 논제는 토론 횟수만큼 정해 토론 참여 시기에 따라 성과가 달라지지 않게 하는 것이 좋다. 매시간 토론자로 참여하는 6~8명의 학생들 외의 학급 구성원은 배심원이나 판정관 역할을 하도록 하고 각각 토론 기록지와 판정 평가문 등을 작성하게 하여 별도 평가를 한다. 수업의 한 부분을 토론으로 운영하는 경우는 교육과정을 분석한 후 토론을 활용하는 것이 적절한 부분을 설정해 해당 시간에만 토론 모형을 활용한 수업을 전개한다. 이때도 토론 방법과 모형에 대한 고민이 필요하다. 학기 중 매시간을 토론 수업으로 운영하기는 어렵다. 그래서 수행 평가 주간 같은 특정 기간에만 수업 시간 전체를 토론으로 운영하고, 평소에는 교과 재구성 후 계획한 시간에만 토론 수업을 시행하는 방법을 생각할 수 있다.

그다음 고려해야 할 것이 학생 참여 방식이다. 토론 수업은 학생 참여 방식에 따라 대표 토론과 전체 토론으로 나눌 수 있다. 대표 토론은 학급에서 해당 차시 토론 참가자로 선정되거나 배정된 일부가 참가하는 토론을 말한다. 희망하는 일부 학생이 토론자로 참여하고 그에 대한 보상(수행 평가 점수 등)을 받는 형태나 학급 구성원 전체를 각각의 모둠으로 편성하여 모둠별로 정해진 시간에 돌아가면서 2:2, 3:3, 4:4로 이루어지는 토론을 행하는 수업 형태가 있다. 전체 토론은 한 차시에 학급의 모든 학생이 동시에 토론에 참여하는 방식이다. 최근 많은 교사들이 한 차시 내 전 구성원의 동시다발적 토론 활동을 이상적으로 인식하고 이를 시행하는 데 관심을 보인다. 대표 토론은 소극적인 수업이 될 수 있기 때문이다. 그러나 이 경우도 교사가 동시다발적인 여러 모둠의 토론 결과를 모두 확인할 수 없다는 문제가 있다. 그리고 구조화된 틀은 학생의 역할을 토론자, 배심원, 판정단 등으로 구분하고 역할에 따른 차이를 두기에 학급 구성원 모두가 성장하는 데 한계로 작용하기도 한다. 그러므로 토론 참가자 외 학생들의 참여 기회를 보장하는 보완 방법을 생각해야 한다.

토론 수업 설계를 위한 계획하기 단계의 준비 내용

학습 내용 관련 분석	• 교과별 교육과정 분석: 교육과정을 분석하고 재구성하여 토론을 진행할 부분을 설정하고 학습의 양과 방법을 정함. • 학습 목표 분석: 학생의 입장에서 학습 후 성취하게 될 능력이나 학습 요소의 확장 가능성을 중심으로 학습 목표를 설정함.

학습자 분석 및 역할 분담	• 학습자 특성(토론 경험 여부에 따라 다른 태도, 요구, 지적 능력 등)을 분석하여 모둠 편성이나 역할을 나누는 데 반영함.

수업 환경 분석	• 학교와 학급 분위기, 교실 환경 등의 상황을 확인하여 토론 수업이 적합한 환경을 모색함.

수업 방향 및 방법 결정	• 토론 수업 구성 방법: 토론 수업의 주기, 활용 비중 등을 결정하여 수업 중 토론의 활용 비중을 정함. • 학생 참여 방식: 학생 참여 방법을 설정하여 대표 토론과 전체 토론 중 하나를 선택함.

(2) 실행하기

　실행 단계에 들어오면 수업 시간에 필요한 학생용 활동지나 교사용 평가지 등을 준비해야 한다. 토론 활동을 전개하는 데 필요한 길잡이가 되어 줄 준비 학습 자료를 제작할 수도 있고, 토론 활동을 전개하며 정리해야 할 전개 활동지를 만들 수도 있다. 한 차시의 학습 내용을 정리할 수 있는 활동지를 만들어도 좋다. 활동지는 교사의 수업 로드맵을 그리는 데 도움을 주고, 학생들이 교사의 의도와 계획에 따라 학습을 하게 하는 도우미 역할을 한다. 교사는 학생들이 수업에 체계적으로 참여할 수 있도록 도입 활동지, 전개 활동지, 정리 활동지를 적극 제작하여 활용할 수 있다.

　토론 수업 실행의 예를 토론 요소별 활용, 토론 모형별 활용, 평가하기로 구분해 보았다. 각각의 예에 따라 토론 수업을 진행한 사례를 소개하며 토론 수업의 가능성을 모색해 보고자 한다.

　① 토론 요소별 활용

　토론을 구성하는 요소에는 논제, 논증하기, 입론, 반론, 질문(교차 조사), 최종 발언(정리) 등이 있다. 이 모든 요소를 전부 활용하는 토론 모형은 규칙과 형식이 정해져 있기 때문에 구조화된 토론을 진행할 수 있다. 그러나 이러한 토론 모형을 매 차시 또는 매 학습 요소마다 활용하는 데에는 한계가 있다. 예를 들어 문학 수업에서 인물의 성격을 찾거나 화자의 정서를 찾는 활동을 할 때 특정 토론 모형을 선택하여 구성 요소를 모두 활용하기는 어렵다. 따라서 이들 구성 요소를 학습 목표나 학습 제재, 학습 내용에 따라 적절하게 별도로 활용하는 형태의 토론 수업을 생각해 볼 수 있다. 수업 시간 전체가 아니라 일부 시간만을 활용하는 방법도 있다. 구성 요소의 측면에서나 시간 활용의 측면에서나 전체가 아니라 일부분만을 토론으로 학습하는 것이다.

　ㄱ. 듣기 훈련 수업

　토론에서는 말을 잘하는 것이 아니라 다른 사람의 말을 정확히 듣는 경청의 자세가 더 중요하다. 토론이 표현력을 길러 준다는 점에 초점을 맞추어 그것을 강조하는 교육적 평가도 있으나, 사실 토론은 양측의 상호 작용에 의한 문제 해결이나 의사 결정을 가장 중요한 가치로 여긴다. 그러므로 말하기 전에 상대의 의견을 정확히 듣는 것이 선행되어야 한다. 이를 숙달시키기 위해 수업 시간을 활용한 듣기 훈련 프로그램을 운영할 수 있다.

지금은 폐지되었지만 과거 수학 능력 시험 언어 영역에는 듣기 평가 문항이 있었다. 그때 출제되었던 토론 문항의 토론 내용을 들려주고 단계에 맞게 내용을 정리하는 연습을 하였다. 지금은 국가 수준 학업 성취도 평가에 출제된 듣기 영역의 토론 내용 파일을 듣기 연습을 위한 도구로 활용할 수 있다. 또 이와 유사한 토론 장면을 듣기 파일이나 영상 파일로 준비하여 듣기 훈련 수업을 한다면 학생들에게 정확히 듣고 내용을 정리하는 능력을 길러 줄 수 있다. 듣기 연습을 할 때는 주장과 그것을 뒷받침하는 이유, 근거를 구분하여 체계적으로 정리할 수 있도록 안내하고 이를 분석하는 연습을 하도록 지도한다.

듣기 훈련 수업 활동 자료

• 논제:

		찬성 측	반대 측
주장			
첫째	이유		
	근거(사례)		
둘째	이유		
	근거(사례)		

ㄴ. 논증을 활용한 수업

토론은 '주장-이유-근거(사례)'의 논증 구조를 활용하여 진행하는 활동이다. 학생들이 자신의 주장을 제대로 증명하기 위해서는 논증이 무엇인지 이해할 필요가 있으므로 논증 구조를 쉽게 익힐 수 있도록 지도해 준다. 별도의 시간을 내서 토론 이론과 방법을 교육하는 것은 교과 교육과정 운영과 동떨어진 활동이 될 수 있다. 그러므로 수업 시간 내에 하는 활동이나 교과 학습 내용을 활용하여 논증을 익히게 하는 방법으로 학생들에게 자신의 의견을 논리적으로 발표하게 하는 훈련을 시킨다.

● 논증으로 자기소개하기

자기소개나 자기의 꿈, 자기 관심사 등을 논증 구조로 작성하여 발표하게 하는 방법이다. 이는 막연한 소개에 머무는 것이 아니라 자신의 가치관 정리나 자기 삶에 대한 성찰 등을 이끌어 내는 효과가 있다. 자기소개를 하며 자신의 특징이나 가치관을 살피게 하거나 자신의 진로(꿈, 관심)를 생각하게 할 수 있다. 논증으로 자기소개하기는 학기 초 토론 수업을 위한 준비기에 논증을 익히는 과정으로 진행하기에 적합하다.

논증으로 자기소개하기 활동 자료

꿈(관심) 주장	저의 꿈은 _____ 입니다.
꿈(관심) 개념 설명	_____는 _____ 입니다.
꿈을 갖게 된 이유	제가 _____라는 꿈을 갖게 된 이유는 _____ _____ 때문입니다.
꿈(관심)과 관련하여 한 경험, 준비	꿈을 이루기 위해서(관심과 관련하여) 저는 _____ _____

● 논증으로 소설의 인물 성격 분석하기

소설을 제재로 수업을 할 때 등장인물의 성격을 찾는 과정에서 논증 구조를 활용할 수 있다. 등장인물을 찾고 각 인물의 성격을 분석할 때, 그 분석이 적절한지 이유를 제시하고 작품 속의 구절을 그 근거로 제시하게 한다. 모둠끼리 먼저 이 활동을 하고, 결과를 발표하는 과정에서 다른 모둠의 발표 내용에 대한 검증을 해 본다. 이때 서로 생각이 다른 경우에는 반론하기로 논증을 확대할 수 있다. 반론하는 모둠도 이유와 근거를 제시하게 한다.

논증으로 등장인물의 성격 분석하기 활동 자료

인물	갑	을
성격(주장)	갑은 (이타적이고 희생적인) 인물이다.	
이유	자신의 일이 많고 고된데도 다른 사람의 일을 도와주기 때문이다.	
근거	-00쪽 00줄 " ～ " 구절(서술) -00쪽 00줄 " ～ " 대화	

권정생의 『한티재 하늘』을 이 방법으로 수업할 때 한 모둠이 '이석이란 인물은 이타적이고 희생적인 인물이다'는 주장을 하고, 그 이유로 '자신이 힘들어도 다른 이를 돕는 사람은 이타적이고 희생적이라 말할 수 있다'는 점을 들었다. 그리고 "이석은 칠배골 부대기밭까지 농사일에 힘들면서 마을에 좋은 일 궂은일을 보살펴야 했다."라는 소설의 구절을 근거로 제시한 적이 있다. 논증을 활용한 결론 도출이었는데 다른 모둠의 반론이 이어졌다. 실제 이석이 그런 인물일 수도 있지만 해당 구절로는 그런 결론에 도달할 수 없다는 것이었다. 반론의 근거로는 앞선 모둠이 근거로 든 소설 구절의 의미를 들었다. '～야 했다'는 말로 보아 이석의 행위를 자발적이라고 보기 힘들다는 것이었다. 또 추가 근거로 앞부분에 나오는 "동네 머슴 노릇 하는 애비가 어째 번듯한 사위를 바라겠는가?"라는 구절을 들어 이석의 행위는 동네에서 준 어쩔 수 없는 임무에 따른 것이었다고 제시하여 첫 모둠의 분석을 반론으로 검증했다. 이와 같이 논증이나 반론과 같은 토론의 요소를 등장인물의 성격을 파악하는 수업의 세부 활동으로 활용할 수 있다.

● 논증적 글쓰기

교과 제재에 대한 학습을 마친 후 학생들의 생각을 글로 써 보는 활동으로 수업을 마무리하려 할 때는 논증을 활용한 글쓰기를 할 수 있다. 툴민(Toulmin)의 논증을 활용한 5단계 글쓰기(논제－주장－이유－근거－재강조)가 실제 현장에서 많이 쓰이고 있으며 이를 좀 더 간략화한 3단계 글쓰기(주장－이유－근거 및 사례)도 활용하고 있다.

문학 작품이나 논설문, 설명문 등의 제재를 학습한 후 학생 개개인이 자신의 생각을 정리하는 단계에서 이를 활용하면 효과적인 논증적 글쓰기를 할 수 있다. 김소진의 「자전거 도둑」을 읽고 등장인물의 무죄를 증명하는 변호를 논증적 글쓰기로 시행한 경우가 그 예이다. 인물의 행동 두 가지를 모두 무죄로 증명하라는 글쓰기 과제를 주고 법률적인 정확도보다는 학생들의 창의적이고 논리적인 사고를 발견하는 데 초점을 두었다.

논증적 글쓰기 수업 활동 자료

주장	서미혜는 무죄이다.
행위 1. 오빠의 죽음에 관한 것	왜냐하면 _____ _____ 때문이다. 근거(사례)로 _____ _____ 가 있다.
행위 2. 자전거를 훔쳐 타는 행위	왜냐하면 _____ _____ 때문이다. 근거(사례)로 _____ _____ 가 있다.

ㄷ. 질문하기를 활용한 수업

토론에서 질문하기는 상대방 의견의 오류나 모순, 사실성 여부 등을 확인하여 자기 측의 반론을 효율적으로 진행하기 위한 활동이다. 반대 신문식 토론에서는 이를 교차 조사라고 하며, 이 과정에서 상대의 논리적 허점을 파악하고 반론의 근거를 마련한다. 토론의 구성 요소를 모두 활용하는 토론의 경우는 질문하기를 이런 의도로 활용하지만 교과 학습 시에는 질문만을 부분 활용하는 방법도 가능하다. 예를 들어 유대인의 학습법으로 널리 알려진 '하브루타'가 있다. '하브루타'는 짝과 함께 질문을 통해 학습을 하는 방법이다. 텍스트를 학습하거나 분석한 후 한 사람이 질문을 하고 다른 사람이 질문에 답을 하는 과정에서 자신이 학습한 내용을 설명하며 대화, 토론, 논쟁을 거쳐 학습 내용을 견고하게 자기화할 수 있다. 이를 변형하여 두 사람의 의견이 같을 때는 이유와 근거를 들어 그것을 함께 검증해 보게 하고, 다를 경우에는 자기 의견을 이유와 근거를 들어 제시하여 더 타당한 의견으로 두 사람의 의견을 통일하게 하면 토론의 요소를 적극 활용하는 효과적인 학습이 될 수 있다. 이때 질문으로 학습 목표와 관련이 있는 활동하기 문제를 제시하거나 문학 작품 맥락 읽기 문항을 제시하면 학생들이 작품을 이해하는 데에 도움이 된다.

질문하기를 활용한 시 수업 활동 자료

질문자	질문	대답[갑:]	대답[을:]
갑	1. 화자가 "가장 강한 것"이라고 말한 세 가지는 무엇인가?		
을	2. "미소를 한 600개나 가지고 싶다는 말"의 의미는 무엇인가?		
갑	3. 4연의 '바닥', '물방울', '짧은 노래'에 담긴 공통 의미는 무엇인가?		
을	4. 화자가 "머리에서 가슴까지 가는 길"이 세상에서 가장 멀다고 표현한 의도는 무엇인가?		
갑	5 이 작품에서 '말'에 대한 화자의 태도는 어떠한가?		
을	6. 이 시에 쓰인 표현 기법을 모두 찾아보자.		
질문 만들기	• 짝과 함께 질문 하나 만들어 보기		

ㄹ. 토론을 활용한 형성 평가

수업 현장에서 현실적인 평가의 욕구를 충족하면서 토론의 기법을 활용할 수 있는 사례도 있다. 선택형 문항을 학생들에게 직접 만들게 하는 방법을 통해 토론을 이끌어 내는 것이다. 우선 모둠을 구성하고 모둠별로 학습 목표와 관련한 형성 평가 문항을 제작하게 한다. 문항을 제작한 후 다른 모둠의 학생들에게 정답을 선택하게 하고 의견이 일치하지 않을 경우 각 선택지별로 정답인 이유를 증명하게 한다. 그리고 다른 선택지를 답으로 주장하는 모둠이 반론을 해 보도록 한다. 이러한 과정을 통해 학생들 스스로 평가 활동을 하고 학습한 요소를 점검할 수 있게 한다. 선택형 문항을 만들게 할 때 다섯 개의 선택지 중 두세 개 정도를 교사가 제시하고 나머지 두세 개는 발문의 조건에 맞게 학생들이 제작하게 하는 방법도 있다.

등장인물 성격에 대한 학생의 평가 문제 제작 예

학급/모둠명	( )반 ( ) 모둠
선택 제재	「김원전」
문제 유형	인물의 성격 파악

1. 위 글의 내용으로 보아 인물의 특징과 행동을 잘못 설명한 것은?
① 김원이 아귀를 물리치고 공주를 구한 것은 기호지세(騎虎之勢)의 결과였다.
② 원수가 다칠까 봐 걱정하는 것으로 보아 공주들은 관인대도(寬仁大度)하다.
③ 김원을 배신한 강문추의 행동으로 보아 강문추는 표리부동(表裏不同)한 인물이다.
④ 죽음의 상황에서 임금을 생각했다는 점에서 김원의 우국지정(憂國之情)을 알 수 있다.
⑤ 아귀는 공주에게 의식주를 제공하는 것으로 보아 살신성인(殺身成仁)의 마음을 지니고 있다.

② 토론 모형별 활용

토론의 내용과 교과 학습의 목표가 일치해야 하는데 국어 교과의 경우 문학 작품이나 독서 제재에서 논제를 도출할 경우 사회나 도덕 교과의 학습 요소를 주 내용으로 토론을 하게 되는 경우가 발생하여 교사가 고민에 빠지는 경우가 있다. 그러나 국어는 도구 교과이기도 하다. 그러므로 토론 자체로도 그러한 요구를 채워 줄 수 있기 때문에 크게 걱정하지 않아도 된다. 예를 들어 도덕이나 사회 교과의 논제를 통해서도 창의성, 논리력, 비판력, 문제 해결 능력, 의사소통 능력 등이 향상될 수 있으며, 이것이 학생의 삶과 연결된다면 국어 교과의 학습 목표와 동떨어지지 않기 때문이다.

이렇듯 논제가 광범위한 영역을 다루는 경우는 교과 시간 전체를 활용하여 모둠을 나누고 토론의 모든 단계를 활용하는 수업을 계획할 수 있다. 교육과정 재구성과 토론 활용 계획을 바탕으로 실시했던 토론의 모형별 활용 사례를 살펴보자.

ㄱ. CEDA(반대 신문식 토론)을 활용한 수행 평가

의회식 토론, 반대 신문식 토론, 칼 포퍼식 토론, 링컨 더글러스 토론 등의 모형을 활용하여 학생들의 문제 해결 능력을 향상시키거나 교과의 학습 목표를 달성하는 수업 방식이 있다. 매시간 이런 모형을 적용하기보다는 수행 평가를 위해 학기에 한두 차례 집중 활동을 하는 것이 좋다. 교과 내용에서 도출한 논제나 타 교과 융합 논제를 제시하고 3:3 또는 4:4 등의 토론을 진행할 수 있도록 학생들을 모둠별로 편성한다. 논제가 국어 교과 영역을 벗어나더라도 도구 교과로서 말하기 능력 중 하나인 의사소통 능력과 표현력을 학습 목표로 하는 단원과 연계할 수 있다. 사전 계획과 진행 방법을 학생들에게 알리고 토론을 준비하게 한 후 정해진 기간에 모든 학급 구성원이 토론에 참여하게 한다. 이때 토론마다 논제를 다르게 하여 공평성을 기하고 토론에 참가하는 6~8명 외의 학생들에게는 돌아가며 역할을 부여하여 무임승차가 없게 한다. 토론자 외에는 사회자, 계측자, 배심원 또는 판정관 등의 역할을 주고, 각 역할별로 활동 후 소감문을 써서 발표하거나 질문을 하게 한다.

ㄴ. 모둠 토의와 토론을 결합한 수업

토론을 하려면 학생들이 모둠을 이루어 사전 준비를 할 필요가 있다. 이를 수업 시간 중에 보장하려면 토론의 조건이기도 한 서로 다른 견해를 형성할 수 있는 기회를 주어야 한다. 모둠 구성원들이 주어진 제재에 대해 교사가 안내한 학습 요소에 따라 토의하고 의견을 형성해 가는 과정이 필요한데, 이 과정은 토의를 중심으로 이루어진다. 이때 학생들이 토의할 항목을 교사가 명확하고 구체적으로 안내해야 학생들이 학습할 방향이 분명해진다는 점을 유념해야 한다. 이후 모둠 토의의 결과를 발표하고 발표 내용 중 쟁점을 형성하여 서로의 분석과 주장이 타당함을 증명하고 다른 모둠은 이를 반박하면서 토론을 활용한 수업을 진행한다. 예를 들어 어느 작품에 '밤[夜]'이란 소재가 나올 때 그것을 어느 모둠은 '부정적인 의미'로, 또 다른 모둠은 '긍정적인 의미'로 분석했을 경우 증명과 반론으로 타당한 의미 해석을 찾아보는 활동을 할 수 있을 것이다. 물론 한 모둠이 어떤 문학 작품을 개인의 사랑으로 해석하고 다른 모둠이 사회 문제로 해석했다고 서로의 관점을 토론의 대상으로 삼는 학습은 하지 않아야 한다. 이는 해석의 다양성을 인정해야 하는 문학 교육의 취지에 어긋나기 때문이다.

모둠 토의와 토론을 결합한 수업의 전체 흐름

준비 단계	수업의 방향 결정	-도입(작품 안내 → 감상의 길잡이) -전개(본시 학습 목표 달성) -정리(내용 강화 및 내면화)
	발표 순서 정하기	-모둠별 토의 후 모둠 대표 발표, 자발적 발표 -쟁점 형성 시 해당 모둠 간 토론
	발표 학생 유의 사항 전달	발표 방법, 발표 내용 정리 방법, 질문과 답변 방법 등을 교육
실행 단계	학습 목표 및 학습 내용 안내	-학습 목표에 대한 설명 -해당 작품에 대한 감상 길잡이(안내)
	모둠별 토의	-모둠별로 토의를 통해 학습 목표와 관련된 요소 파악 -학습 목표 외 작품 전반에 대한 분석이나 감상을 나눔(15~20분).
	모둠 토의 결과 발표	-토의 내용 발표
	쟁점 형성 및 토론	-상반된 분석이나 감상이 제시될 때 쟁점을 정리하고 해당 모둠 간 토론 -문학 작품의 경우 해석의 다양성을 토론으로 연결하지는 않음.
	정리: 학습지 활용	-교사가 준비한 학습지로 제재 정리
평가 단계	교사의 평가	-수업 참여도 및 발표 내용에 대한 평가
	학생 평가	-활동에 대한 평가를 위해 모둠별로 형성 평가 문항 직접 출제(간헐적 시행)

③ 평가하기

토론 활용 수업에 대한 평가는 두 방향을 생각할 수 있다. 하나는 수업의 중심이었던 학생 토론 활동에 대한 평가이며 다른 하나는 수업을 구안하고 진행한 교사의 수업에 대한 평가이다. 학생 토론 활동에 대한 평가는 교과 학습의 결과를 평가하는 활동으로 학생들의 발전을 위한 피드백의 성격을 띠는 것이 의미가 클 것이다. 교사의 수업에 대한 평가는 더 나은 교과 토론 수업의 동기를 제공한다는 의의가 있다.

ㄱ. 학생 토론 활동 평가 방식 정하기

학생들의 토론 활동에 대한 평가는 교사, 동료 학생, 토론자 본인에 의한 평가로
실행할 수 있다. 이들 중 어느 하나만을 평가 항목으로 설정할 수도 있고 각 요소
를 결합하여 종합 평가를 할 수도 있다. 학생 판정이든 교사 판정이든 판정 기준은
사전에 마련되어야 한다.

토론 활동 평가 유형과 방법

유형	방법
교사 판정	교사가 전문적인 식견으로 판정을 함. 판정 항목 및 요소를 사전에 학생에게 제시함.
배심원 판정	배심원(나머지 학생 전체 또는 배심원 역할 담당자)을 정하여 판정을 하도록 함.
별도 판정단 역할 부여	모둠 역할 중 판정단을 별도로 선정하여 교육을 시킨 후 판정함. 배심원은 토론에 대한 질문을 하는 역할을 겸하고 판정단은 순수하게 판정을 하는 역할만 한다는 차별성이 있음.
전체 학생 투표형	토론 전 전체 학생을 대상으로 논제에 대한 의견을 조사한 후 토론 활동이 끝나면 재차 의견 조사를 하여 변화도를 보고 판정함.
자기 평가	토론 활동에 참여한 자신을 스스로 평가함. 토론 준비 과정, 토론 활동 등에 대해 평가할 수 있도록 안내함.
판정을 하지 않음.	승패에 대한 부정적 영향을 우려한 경우임. 그러나 판정을 통해서도 배우는 바가 있으므로 판정은 하는 편이 좋음.

ㄴ. 토론 수업 평가 방식

교사의 교과 토론 수업에 대한 평가는 강의 평가의 성격이 강하다. 교사의 자체
평가부터 수업 참여 학생의 평가, 전문가나 동료 교사에 의한 평가 등을 생각해 볼
수 있다. 이를 토대로 교과 토론 수업의 발전 가능성을 점검하고 더 나은 토론 활
용 방법을 만들어 나갈 수 있다.

유형	방법
교사 자체 평가	자기 점검 표를 만들어 수업 계획, 활동, 평가 등의 항목으로 자가 진단을 함. 토론 수업 경험과 식견이 어느 정도 있는 교사의 경우에 가능함.
학생 평가	학생들을 대상으로 강의 평가를 받는 방법으로 설문 조사 형식을 취함. 설문 항목을 어떻게 만드느냐가 중요함.
전문가 평가	교육청 주관 교과 컨설팅 신청. 해당 분야 전문 교사의 컨설팅을 통해 수업 설계부터 시행까지의 과정을 점검할 수 있음.

3——토론 수업의 기대 효과

토론 수업을 진행할 경우 학생의 변화를 파악하는 것은 당연한 일이다. 아울러 교사에게 어떤 변화가 일어났는지도 파악해야 한다.

토론 수업에서 교사의 역할은 학습자의 협력자, 수업을 설계한 안내자 등일 것이다. 그러다 보니 토론 수업 모형은 완성된 형태로 교사가 제공하는 것이 아니라 학생과 협력하여 만들어 간다는 개념이 강하다. 이런 관점에서 보면 교사는 토론 수업을 통해 수업을 함께 만들어 가는 학생들과 교감과 협력을 경험하게 되어 교육 공동체 내에서 동지를 얻는 행복을 느낄 수 있다. 또 학생을 신뢰하며 자아 존중감을 기르게 되고 학생과 학습 과정에서 동료 의식을 형성하게 된다.

학생들은 다른 사람과 의견을 주고받는 과정에서 대화와 협력을 경험한다. 또한 참여자 간의 역동적 상호 작용은 합리적 의사 결정 능력이나 문제 해결 능력을 길러 준다. 이를 토대로 바른 성품이나 창의성을 키운다면 인성 교육의 측면에서도 바람직한 결과를 얻을 수 있다. 또 학생 개개인이 학습의 주체가 되니 자신의 삶을 이끄는 자신감을 형성할 수 있고 토론 활동의 특성인 자율성과 관계성을 바탕으로 배려와 협력의 가치를 이해할 수 있을 것이다.

참고 문헌

- 신광재 외(2011), 『토론을 알면 수업이 바뀐다』, 창비.
- 임칠성·최복자(2004), 「토론 수업 설계 모형 연구」, 『국어 교육학 연구』 제21집, 서울대학교 국어교육연구소.
- 스나이더·슈누러(Snider, Alfred C. & Schnurer, Maxwell, 2014), 『수업의 완성 교실 토론』, 민병곤·박재현·이선영 공역, 사회평론 아카데미.

매체로 소통하는 국어 수업

권혜령

1──매체 수업의 매력을 알게 되다

1996년, 교직에 첫발을 들여놓았을 때 내게는 전국국어교사모임에서 엮은 '함께하는 국어 수업 2-1'의 수업 지도안과 참고 자료가 유일한 살길이었다. 그다음 해에 중학교 3학년 아이들과 김기림의 「바다와 나비」를 수업하면서 모방 시를 쓰게 했다. 아이들이 A4 용지에 쓴 모방 시를 슬라이드 필름으로 만들어 환등기로 돌려서 감상한 것이 나의 첫 매체 활용 수업이었다.

그 이후 혼자서 이런저런 방법들을 동원하다 교직 4년 차에 제 발로 찾아간 곳이 전국국어교사모임의 영등포 사무실, 매체연구회[1]였다. 시와 소설을 좋아했지만 만화와 영화도 좋아했고, 국어 시간에 그런 것들을 이용해서 더 재미있게 수업해 보고자 했던 욕심이 매체연구회 활동의 동기였다.

매체연구회는 1998년 전국국어교사모임의 연구 모임으로 만들어졌다. 매체연

---

1 처음 매체 연구 모임에 참여했을 때는 모임의 명칭이 '매체연구부'였다. 이후 명칭이 바뀌었고, 현재 '매체연구회'가 정식 명칭으로 쓰이기에 이 글에서는 편의상 매체 연구 모임의 명칭을 '매체연구회'로 통일하였다. 윤동주 시인이 별을 헤며 불렀던 이름처럼 매체연구회 역사에 별과 같았던 선생님들의 이름을 불러 본다. 안용순, 최재원, 한기영, 박영종, 이성수, 윤선기, 김은영, 이미나, 서효정, 황은비, 이정연, 송용희, 권순정, 조영선, 오현주, 방미연, 김언동, 채민희, 차의진, 임세희, 송여주, 김동욱, 신경수, 심대현, 박미숙, 이황민, 이채영, 권영미, 정의창, 이영발, 홍완선, 장은주, 이지은, 최은옥, 오은영 선생님. 그리고 많은 도움 주신 김태황, 강에스더, 오정훈 선생님, 이도흠 교수님. 끝으로 우리 모임의 고문이신 정현선, 옥현진 교수님.

구회의 식구가 되면서부터 서울, 일산, 부천, 남양주에 있는 다른 선생님들과 격주로 만나 공부를 하고 마지막 전철이나 심야 버스를 타고 헤어졌다. 매체연구회는 다른 사람과의 이야기를 통해 자신의 생각이 새로운 에너지를 얻고 두 배, 세 배로 확장되어 가는 놀라운 순간을 경험할 수 있는 지식 공동체였다. 공부를 할수록 새로운 사실들을 알게 되었고, 매체 교육이 단순히 매체를 이용해서 수업의 재미를 추구하는 수준을 넘어서고 있다는 것을 깨닫게 되었다. 매체 언어 교육에서는 주어진 학습 목표를 이루기 위해 영상과 같은 매체를 활용하는 것이 아니라 매체 자체를 텍스트로, 언어와 같은 기호로 보고 있었다. 그리고 이미 영국, 호주 등의 나라에서는 모국어 과목에서 매체를 가르치고 있었다.

그렇게 매체연구회 활동을 하면서 새로운 언어관에 눈뜨기 시작했다. 국어 시간에는 문자 언어와 음성 언어를 다루는 것이 당연하다고 여겼는데, 매체 환경이 빠르게 변화하면서 자신을 표현하고 다른 사람을 이해하는 우리들의 언어 양상이 달라지고 소통의 방식도 다양해졌음을 알게 되었다. 연구 모임을 통해 인쇄 매체로 소통되는 문자 언어 중심의 전통적 언어관에서 벗어나 문자, 소리, 동영상, 이미지 등이 다양한 방식으로 결합된 언어, 즉 복합 양식의 언어라는 새로운 언어관에 눈떴다. 그리고 문자 언어로 소통하는 능력을 뜻하는 문식성(literacy)이라는 개념에서 나아가 '복합 양식 문식성(multimodal literacies)'이라는 새로운 개념을 알게 되었다.

매체 수업은 교사가 일방적으로 강의하는 식의 수업을 할 수가 없다. 태어나면서부터 이미 여러 매체를 향유한 디지털 원주민(digital native)인 학생들은 교사 이상으로 매체를 능숙하게 다루고 다양한 매체를 폭넓게 향유하고 있기 때문이다. 물론 학습자 각자는 친숙한 매체와 선호하는 매체가 다르며 개인별 수준 차이도 있다. 그렇지만 스스로 내용을 마련해 카메라로 촬영하고 발표하는 과정에서 학생들은 자연스럽게 수업의 주체가 되었고, 교사는 지식의 전달자가 아니라 수업을 기획하고 문제 상황에서 조언을 하는 역할을 맡게 되었다. 학생들은 국어 수업 평가서에 이런 수업을 잊지 못한다는 반응을 보였고, 나 역시 매체 수업을 하고 난 뒤에는 학생들과 더욱 친밀한 관계를 유지할 수 있었다. 매체 수업을 해 나가면서 수업에 대한 관점, 철학도 바뀌었다.

교사에게는 학생들과 수업을 하는 것이 가장 중요한 일이다. 그러나 그 수업을 스스로 들여다보기는 힘들다. 매체연구회에서는 서로의 매체 수업을 나누며 수업의 맥을 짚어 나갔다. 다른 이의 매체 수업 사례를 자신의 수업에서 응용해 보기도 하였다. 그래서 매체연구회에는 같은 내용의 수업을 각 교사의 스타일로 조금씩 바꾸어 발전시킨 사례가 많다. 여기에서 나아가 여러 선생님들과 매체 수업을 나누고 싶어서 시작한 것이 연수였다. 2002년에는 매체연구회가 주관하는 연수에서, 2003년에는 이론적 공부를 해 온 '매체말 모임'에서 기호학 이론을 소개하고 이와 관련된 수업 사례를 발표했다. 이후로도 각종 연수의 강사로 초청되어 여러 국어 교사들과 수업을 공유하는 뜻깊은 경험을 했다.

사실 현장 교사들이 교육의 방향을 이끌고 교육 내용을 결정하는 국가 수준의 교육과정을 볼 일은 별로 없었다. 그러나 교육과정을 모르고서는 앞으로 우리가 하고자 하는 수업의 방향을 설계할 수 없었다. 그래서 시작한 것이 외국의 교육과정에서 매체 교육을 살펴보는 일이었고, 7차 국어과 교육과정에서부터 개정 2009 국어과 교육과정에 이르기까지 우리의 교육과정을 짚어 보는 일이었다. 그다음은 교육과정을 구현한 교과서를 분석했다. 2001년 『국어 생활』 교과서 10종의 매체 영역을 분석한 것을 시작으로 2007 개정 국어과 교육과정에서도 매체 영역을 추출해 교과서별로 매체 단원을 분석하고 평가하는 작업을 이어 갔다.[2]

만약 그때 매체연구회라는 우물을 파지 않았다면 어떻게 되었을까 하는 질문을 던져 본다. 지금껏 내가 경험했던 많은 부분을 도려내야 할 것이다. 새로운 수업에 대한 도전이 없었을 것이고, 연수를 통한 여러 선생님들과의 만남이 없었을 것이다. 국정 교과서가 아닌 새로운 교과서를 꿈꾸지 못했을 뿐만 아니라 그 꿈을 현실로 만들지도 못했을 것이다. 매체연구회 선생님들과 함께 머리를 맞대고 공부한 시간도 없었을 것이다. 매체연구회로 활동하는 동안 내가 만난 아이들만 성장한 것이 아니라 교사인 나 역시 성장했음을 느낀다.

---

2 2007 개정 교과서의 매체 영역 분석 내용은 누리집 '매체연구회'(media.naramal.or.kr)와 『국어 시간에 매체 가르치기』(나라말, 2009)에서, 『국어 생활』 교과서의 매체 영역 분석 내용은 누리집 '즐거운 학교'(medianaramal.njoyschool.net)에서 확인할 수 있다. '즐거운 학교'는 매체연구회의 이전 누리집이다.

2─── 매체 수업 실천 사례

매체 교육은 대체로 적극적 의미의 '매체 교육'과 '매체 활용 교육'으로 구분된다. 적극적인 의미의 매체 교육이란 매체가 담고 있는 내용이 어떤 언어를 통해 소통되는가를 다루는 매체 문식성 교육을 말하며, 매체 활용 교육이란 국어 교육의 목표를 달성하기 위해 매체를 도구로 활용하는 것을 말한다. 여기에서는 이 두 가지를 포괄하여 국어 교사들이 펼친 매체 교육을 다루고자 한다. 이미 전국국어교사모임 소속의 매체연구회에서는 『고등학교 국어(상)·(하) 교과서 수업 자료집』(2001·2002), 『삶의 시 삶의 노래』(나라말, 2004), 『국어 시간에 매체 읽기』(나라말, 2005), 『국어 시간에 매체 가르치기』(나라말, 2010)를 통해 매체 수업 사례와 가능성을 공유해 왔다. 특히 『국어 시간에 매체 읽기』는 기존의 매체 갈래 중심의 통합교과형 미디어 교재와 달리 개념 중심의 통합 교과적 미디어 교재로서 학교 현장에서 실질적으로 활용할 수 있는 대안적 형태의 교재라는 평가를 받았다. 2010년부터 검정 국어 교과서가 적용되면서 출판사와 저자에 따라 다르게 구현된 중학교 『국어』와 『생활 국어』 교과서의 매체 영역 단원을 매체별로 정리하여 활동지로 엮은 것이 『국어 시간에 매체 가르치기』(나라말, 2010)이다.

책을 출간해 수업 사례를 나눈 이후에도 매체연구회와 국어 교사들은 현장에서 매체 교육을 꾸준히 펼쳐 갔다. 그 노력만큼 다양한 수업 사례 중에서 몇 가지를 정리해 듣기, 말하기, 읽기, 쓰기 네 가지 영역으로 구분하여 소개하려 한다.[3] 그러나 이 구분은 수업의 초점을 어디에 두느냐에 따른 것이지 각 영역이 분리되어 있다는 의미는 아니다. 한 예로 광고를 수업한다면 광고의 특성을 이해하고 언어 표현이나 이미지 구성 방식을 이해하는 '읽기'와 광고의 여러 설득 전략을 파악해 광고의 신뢰성과 타당성을 판단하는 '듣기', 광고를 제작하는 '쓰기'가 통합적으로 이루어지는 것이 바람직하나 교육과정에 제시된 영역과 성취 기준에 따라 편의상 구분을 해 보았다.

---

3 매체연구회의 다양한 수업 사례는 누리집 '매체연구회'를 참고하기 바란다.

그리고 교육과정별로 내용 체계가 다르기는 하지만 교육과정에서 다루는 매체 교육의 변화 추이를 간략하게 정리하여 수업 사례와 연관 지어 보고자 한다. 7차 국어과 교육과정에서는 매체 활용 차원에서 제한적으로 매체를 다루었으나 2007 개정 교육과정부터는 본격적으로 다양한 매체를 다루고 매체 언어적 차원의 인식을 보인다. 한편 개정 2009 국어과 교육과정에서는 매체 언어 교육이 축소되는 양상을 보인다. 이런 맥락과 연관 지어 수업 사례를 보았으면 한다.

1) 매체 언어 듣기

(1) 비판적으로 듣기(보기·읽기) 사례

사건·사고를 다루는 뉴스가 쏟아지고 소비자를 유혹하는 광고가 끊임없이 만들어진다. 뉴스나 기사가 아무리 다양해져도 정보를 기록하고 빠르게 전달해야 한다는 그 본질적인 성격이 바뀌는 것은 아니다. 그와 마찬가지로 날마다 새로운 광고가 쏟아져도 광고가 제품에 대한 정보를 소비자들에게 알려 제품을 구매하게 하려는 의도를 지닌 설득 수단임에는 변함이 없다. 따라서 광고를 비판적으로 보아야 한다는 기본 원칙 역시 바뀌지 않는다. 무엇을 광고하는가보다 해당 제품을 어떻게 제시하는가에 주된 관심을 가져야 하며, 이를 아우르는 비판적 읽기가 필요하다.

7차 국어과 교육과정에서부터 2009 개정 국어과 교육과정까지 광고 관련 내용을 정리해 보면 다음과 같다. 7차 교육과정에는 광고에 대한 직접 언급이 없으나 국정 교과서에 광고 단원이 있어 참고로 실었다.

교육과정	학년	교과서 단원	학습 활동 내용
7차	7학년	『생활 국어』 3단원 판단하며 듣기 (2) 내용을 판단하며 듣기	광고를 들으면서 정확하고 믿을 수 있는 정보인지 판단해 보기
		『생활 국어』 6단원 여러 가지 글 (2) 광고문과 안내문	광고문의 구성을 알고, 허위·과장 여부를 판단해 보기, 광고문 작성해 보기

교육과정	학년 및 내용 영역	성취 기준	내용 요소의 예[4]
2007 개정	7학년 듣기	(2) 광고를 보거나 듣고 설득의 전략을 파악한다.	−광고의 특성 이해하기 −언어 표현이나 이미지 구성 방식 파악하기 −아이디어 생성 과정 및 기획 의도 추론하기 −광고의 신뢰성과 타당성 판단하며 듣기 * 담화의 수준과 범위: 대중에 대한 호소력이 높은 광고
2009 개정	중 1∼3학년군 듣기·말하기	(4) 담화에 나타난 설득의 전략을 파악하고 평가한다.	−다양한 설득 전략을 설명할 수 있다. −담화에 나타난 설득의 전략을 파악할 수 있다. −담화에 나타난 설득의 전략을 평가할 수 있다.

『국어 시간에 매체 읽기』(나라말, 2005)에 광고의 설득적 기능을 설명하는 글과 비판적 읽기를 위한 분석표, 설득 화법을 분석해 보는 활동이 제시되어 있다. 그 연장선상에 있는 이지은 선생님의 매체 수업 사례를 소개한다. 수업 사례는 2014년 충북국어교사모임 연수 때 사용한 이지은 선생님의 발표 자료를 참고해 정리하였다. 이지은 선생님이 던지는 핵심 질문과 이를 재구성한 광고 비평지는 아래와 같다.

핵심 질문

● 뉴스, 기사에 질문 던지기

1. 다양한 정보를 종합적으로 전달하는가?

2. 갈등이 생긴 이유, 배경, 입장을 양쪽 모두 동일한 비중으로 다루고 있는가?

3. 누구의 입장에서 사건을 다루는가?

4. 이 사건은 나에게 어떤 영향을 미치게 될 것인가?

● 뉴스, 기사에 '다시' 질문 던지기

1. 무엇을 감추고(침묵), 무엇을 드러내는가(재현)?

2. 그러한 침묵, 재현은 누구의 이익을 반영한 것인가?

−왜 이 뉴스가 지금 이 시점에 나왔을까? 누가 이 뉴스를 대중에게 전달하려고 할

---

4 2007 개정 교육과정의 경우 교육과정에 제시된 '내용 요소'의 예를 직접 인용하였다. 2009 개정 교육과정의 경우는 '내용 성취 기준'을 바탕으로 필자가 내용 요소의 예를 정리하였다. 이후 제시하는 표의 내용 역시 같은 기준으로 정리하였다.

까? 그 의도는 무엇일까?

● 광고에 질문 던지기

1. 당신은 이것을 가지고 있는가?

2. 부추기는 내용이 정당한 것인가?

3. 잘못된 사고방식(외모 지상주의, 물질 만능주의, 이기주의, 남녀 차별)을 퍼뜨리지는 않는가?

광고 비평지

● 제작

−어떤 제품인가?

−누구를 대상으로 만들었는가? (계층, 나이, 직업, 성별)

−예상 소비자는 주로 어떤 매체를 접하는가? (인터넷, 신문, 텔레비전, 모바일)

● 언어

−어떤 종류의 매체인가?

−핵심 광고 문구는 무엇인가?

−사용된 단어들의 조합이나 배열이 풍기는 뉘앙스는 메시지 전달에 어떤 영향을 주는가?

−배경 음악 및 음향은 어떤 방식으로 활용되었는가?

● 재현

−부추기는 내용 혹은 서사가 잘못된 사고방식(외모 지상주의, 물질 만능주의, 이기주의, 남녀 차별 등)을 퍼뜨리지는 않는가?

● 수용

−나는 이 광고의 메시지에 동의하는가? (개인적 가치, 신념, 이데올로기 등)

−광고가 나의 개인적 욕구, 기대, 두려움, 경험과 어떤 관련이 있는가?

−이 모든 것은 궁극적으로 어떤 의미인가?

---

2) 매체 언어 말하기

(1) 디제이가 되어 음악과 함께 말하기[5]

　　매체를 활용한 말하기 수업은 비교적 오래전부터 많은 국어 교사들이 실천하고 있는 사례이다. PPT로 설명하기, 영상으로 문학 작품 소개하기 등 효과적인 말하기를 위해 매체를 활용하는 것이다. 교육과정에서는 7차 교육과정 이래로 2009 개정 국어과 교육과정에까지 관련 내용이 빠지지 않고 제시되어 있다.

교육과정	학년 및 내용 영역	성취 기준	수준별 학습 활동의 예 및 내용 요소의 예
7차	7학년 말하기	(2) 다양한 매체에서 내용을 선정해 말한다.	【기본】 인터넷, 컴퓨터 통신 등 다양한 매체를 이용하여 필요한 정보를 찾아 말한다. 【심화】 주변에서 이용할 수 있는 다양한 매체의 종류와 활용법 등을 안다.
	8학년 말하기	(4) 시청각 보조 자료를 활용하며 말한다.	【기본】 효과적인 내용 전달에 필요한 여러 가지 보조 자료와 그 활용법에 대해 알고, 이를 활용하며 조사, 관찰한 내용을 발표한다. 【심화】 시청각 보조 자료를 활용했을 때의 전달 효과에 대해 토의한다.
2007 개정	8학년 말하기	(1) 공식적인 상황에서 매체를 활용하여 효율적으로 발표한다.	−발표할 내용을 시각적 정보와 글 정보로 구분하기 −발표 상황과 주제에 적합한 정보와 자료 제시하기 −청중의 흥미와 주의를 끌 수 있도록 발표하기 ＊ 담화의 수준과 범위: 공식적 상황에서 사진, 그림, 도표 등 다양한 매체를 활용한 발표
2009 개정	중 1～3학년군 듣기·말하기	(9) 사회적으로 의미가 있는 내용을 매체 자료로 구성하여 발표한다.	−사회적 관심사에 대해 적절한 매체 자료를 활용하여 종합 자료를 제작할 수 있다. −제작한 매체 자료를 사용하여 효과적으로 발표할 수 있다. −발표를 할 때 매체 자료의 사용 윤리를 준수하는 태도를 지닌다.

　　이러한 매체 활용 말하기 활동으로 라디오 프로그램의 디제이처럼 사연과 음악을 들려주는 말하기를 시도해 보았다. 소개할 내용(사연)에는 자신이 직접 경험한 일과 친구들에게 소개하고 싶은 것들을 포함하게 하였기에 자신이 읽은 책이나

5　송여주 선생님의 안산 성호 중학교 수업 사례를 참고해 실행한 수업 내용이다.

본 영화를 소개하는 경우도 있었다. 수행 평가에는 말하기뿐만 아니라 듣기 태도 측면에서 학생 상호 평가를 반영하여 다른 학생의 발표를 꾸준히 경청하고 기록하게 하였다. 발표 내용은 교사의 휴대 전화로 동영상 녹화를 하였다. 피드백 자료로 쓰고자 하였으나 다시 보는 것이 창피하다는 학생들의 반대에 부딪혀 이 자료는 평가 결과에 대한 확인용으로 사용하였다. 아래는 실제 수행 평가 과정에서 사용한 안내 자료와 학생들의 활동 결과이다.

수행 평가 안내 및 평가 기준

● 3학년 국어 말하기 수행 평가 안내

1. 말하기의 시간은 1분 30초에서 2분 사이로 합니다.

2. 음악을 선곡하고 그와 어울리는 말하기 내용을 선정하여 대본을 작성합니다.

3. 대본은 말하기 수행 평가 전 시간까지 제출합니다. 대본은 돌려주지 않으므로 자기가 연습할 원고는 따로 보관히도록 합니다.

4. 말하기 내용은 선정한 음악에 얽힌 추억, 선정한 음악을 들려주고 싶은 사람과 그에 얽힌 사연, 선정한 음아에 대한 소개 등 다양하게 힐 수 있습니다.

5. 말하기 때는 대본을 외운 상태에서 하는 것이 가장 좋고, 원고를 가끔 참조하는 것은 가능하지만 원고를 아예 들고 읽지 않게 많이 연습해 오도록 합니다.

6. 수행 평가는 추후에 지정된 시간을 안내하고 실시합니다.

7. 즐거운 말하기 시간이 되도록 성의껏 준비해 옵시다.

● 말하기 수행 평가 기준

평가 기준	① 주어진 시간에 맞게 내용을 미리 충실히 준비한다. ② 청중의 흥미, 관심, 필요 등을 생각하여 내용을 구성한다. ③ 내용은 짜임새가 있고, 자연스럽게 이어지게 한다. ④ 내용을 잘 전달할 수 있는 성량, 어조, 표정, 태도를 갖춘다. ⑤ 적당한 보조 자료를 미리 준비한다. ⑥ 다른 사람의 말하기를 바른 자세로 잘 듣는다. (말하기 상호 평가지 활용)
배점 기준	• 10점: 항목 모두를 잘 수행한 학생 • 9점: 항목 중 5가지를 잘 수행한 학생 • 8점: 항목 중 4가지를 잘 수행한 학생 • 7점: 항목 중 3가지를 잘 수행한 학생 • 6점: 항목 중 2가지를 잘 수행한 학생 • 5점: 항목 중 1가지를 잘 수행한 학생 • 4점: 항목 모두를 충족하지 못한 학생

학생들의 발표 장면

음악과 함께 말하라!!

-3학년 1학기 수행평가 말하기 대본-

3학년 8 반 31 번호   이름 안이진

DJ 멘트	항상 지금 이 순간을 후회 없도록 열심히 보내자는 메세지를 전하며 홍광호의 '지금 이 순간'을 들려드리겠습니다.
신청음악	지금 이 순간 (홍광호)
효과 및 말하기할 때 유의사항	보고 읽지 않기 큰목소리로 또박또박 말하기
제목	지금 이 순간
내용	누구에게나 희노애락의 순간은 있습니다. 지금부터 저는 제가 경험한 희노애락의 순간을 소개하고자 합니다. 먼저, 노, 화나고 힘들었던 순간을 떠올려보면 가장 믿고, 친했다고 생각했던 친구로부터의 배신이 생각납니다. 친구의 배신으로 인해 한동안 인간 관계에 대한 두려움이 생겼고, 사람에게 깊게 정을 주는 데 어려움이 생기도 했습니다. 이 일로 인해 희1을 경험해 보냈고, 저에게 있어 중요한 것을 돌기해야 했습니다. 그리고, 회, 가장 행복했던 순간은 좀 전에 소개한 '노'했던 순간과 연결되어 일어난 교육청 영재원 합격입니다. 힘든 순간 뒤에 찾아온, 멀고 높게만 느껴졌던 목표에 도달했던 순간을 전 아직도 잊지 못합니다. 세 번째로, '애', 슬픈 순간을 헤어짐의 순간인 경우가 많습니다. 강아지를 무서워했던 저에게 아빠께서 작은 토이푸들을 선물해주셔서 귀했던 적이 있었는데, 강아지에 대한 두려움이 없어짐은 물론, 강아지에 대한 사랑을 느낄 수 있었습니다. 그러던 중 강아지를 다른 사람에게 분양하게 되었고, 그 한동안 해질 강아지를 그리워하게 슬퍼했던 생각이 납니다. 마지막으로, '락'의 순간은 지금 이 순간인 것 같습니다. 많은 가능성을 가지고 제가 꿈꾸는 미래를 위해 노력할 수 있는 지금이 즐겁기 때문입니다.

대부분의 사람들은 자기가 겪고 있는 순간이 영원할 것 같다는 생각을 하지만 지나고 보면 그 순간은 지나가기 마련입니다. 항상 지금 이 순간을 후회없도록 열심히 보내는 것이 제 삶의 목표이며, 여러분들에게 전하고 싶은 말입니다. 제가 소개해 드릴 노래는 서울의 시어터로 직접 보았던 뮤지컬 지킬 앤 하이드에 나온 '지금 이 순간'이라는 곡입니다. |

DJ 말때기 상호 평가서

3학년 (8)반 (26)번 이름(남승연)

날짜	DJ 이름	말하기 주제	①발표 시간	②말하기	③내용	④자세	보조 자료	칭찬과 조언
3/4	심채령	우정	2.12				○	
4/1	안이진	희노애락	1.57				○	
4/2	이미지		1.44				○	
4/3	이세현	친구들에 대한 소개	1.48				○	
4/5	이승민		2.00				○	
4/8	이지나		1.40				○	
4/9	권유영	친구생일에 대한 영상	1.45				○	
4/10	공주희	꿈, 이루어진다	1.40				○	
4/11	강소우		1.36				○	
4/11	김강원	콘텐츠에 대한	0.59				○	
4/16	권영주		1.21				○	
4/17	김민규		1.37				○	
4/19	김재환		1.17				○	
5/6	김현민		1.24				○	
5/8	라언훈		1.34				○	
5/13	박세욱		1.10				○	
5/13	박유재		1.41				○	
5/14	박재성		1.00				○	
5/19	박정현		1.09				○	
5/20	박진우		1.31				○	
5/21	박진범		1.33				X	
5/22	박형빈		1.44				○	

말하기 발표 내용 및 학생 상호 평가지

(2) 강연하기

사람들이 자기 안의 이야기를 꺼내고 다른 사람의 생각을 공유하면서 소통하고자 하는 욕망은 원초적인 것이 아닌가 싶다. 관계의 부재 속에서 사는 현대인들의 소통 욕구는 점점 더 커졌고, 이를 반영해 만들어진 것이 강연 프로그램이라고 생각한다. 2011년 방송을 시작한 CBS TV의 '세상을 바꾸는 시간, 15분'이 한국판 TED(Technology, Entertainment, Design)라 불리며 화제가 되기 시작한 이후 유명 인사뿐만 아니라 평범한 사람들도 자신의 이야기를 여러 사람 앞에서 나누기 시작했다. 그 이후 KBS '강연 100℃', SBS '지식 나눔 콘서트 아이러브人', YTN '소나기'(소통과 나눔이 있는 이야기) 등 텔레비전 강연 프로그램을 많이 접할 수 있었다. 이 프로그램들은 유튜브와 같은 동영상 공유 사이트에서도 쉽게 볼 수 있어서 SNS상이나 입에서 입으로 전해지기도 했다.

시험과 고입 원서 제출이 끝나는 12월, 중학교 3학년 학생들을 대상으로 이런 텔레비전 프로그램의 형식을 빌려 강연 수업을 해 보았다. 또래 친구들에게 하고 싶은 말을 학생들에게서 끄집어내고 싶었고 강연이라는 틀이 소통을 위한 말하기로서 의미가 있다는 생각에서였다. 중간 과정에서 시행착오도 있었지만 순수하게 자발적으로 참여를 희망한 학생 6명이 강연의 원고를 쓰고, 예행연습을 거쳐 무대에 올랐다.

여섯 명의 학생들이 준비한 주제는 탈북자들의 현실과 문제 및 해결 방안, 나의 고등학교 입학 과정, 연애 이야기, 친구 이야기, 꿈을 찾기까지의 과정 등이었다. 사실 강연을 준비하면서도 학교 폭력 예방 교육 같은 강의도 잘 듣지 않는데 친구가 앞에 나와서 하는 이야기를 잘 들을지 우려했다. 하지만 학생들은 강연이 진행된 1시간 30분 동안 경청하는 자세를 보였다. 그것은 바로 학생들이 자신들의 관심사를 이야기하는 데에서 나온 힘 덕분이었다.[6]

---

6 해당 녹취록과 동영상 파일은 누리집 '매체연구회'에서 확인 가능하다.

3) 매체 언어 읽기

(1) 영화 포스터 읽기

한 장의 이미지로 표현된 사진, 포스터, 인쇄 광고 등은 매체 언어 읽기를 할 수 있는 기본적인 텍스트이다. 복합 양식인 텔레비전 광고, 영화, 드라마를 학습하기 전 단계로 시각적 이미지에 집중한 학습이 가능하기 때문이다. 영상 언어에서는 색, 몸짓, 화면의 형태, 물체의 크기, 힘의 방향, 화면의 입체감과 구조, 빛 등을 읽어 낸다. 이와 관련된 교육과정을 보면 7차 교육과정에서는 읽기 영역은 물론 전체 영역에서도 영상 언어에 대한 인식이 보이지 않는다. 다만 매체를 활용하는 수준의 학습 목표만 제시되었다. 2007 개정 국어과 교육과정에서는 읽기 영역에 영화라는 서사물이 들어오면서 매체 언어 읽기에 대한 시도가 이루어졌다. 인물 탐구를 중심으로 영화의 매체적 특성과 서사적 구조를 학습할 근거를 마련한 것이다. 그러나 2009 개정 국어과 교육과정에서는 영상 언어 읽기가 더 확장되지 못하고 오히려 있던 내용도 사라져 아쉽다.

교육과정	학년 및 내용 영역	성취 기준	수준별 학습 활동의 예 및 내용 요소의 예
7차	7학년 읽기	(6) 글의 내용을 이해하기 위하여 다양한 매체를 찾아 활용하는 습관을 가진다.	【기본】 다양한 매체를 활용하여 글의 이해도를 높인다. 【심화】 영상 매체나 청각 매체 등이 글의 내용을 이해하는 데 어떤 효과가 있는지 토의한다.
2007 개정	7학년 읽기	(5) 영화에 등장하는 인물의 가치관이나 사고방식을 비판적으로 이해한다.	−영화의 매체 특성 이해하기 −영화의 서사 구조 파악하기 −주요 인물의 성격 및 인물 형상화 방식 파악하기 −영화에 나타난 인물의 가치관이나 사고방식에 대해 토론하기 * 글의 수준과 범위: 인물의 가치관이나 사고방식이 잘 드러난 영화
2009 개정	중 1~3학년군 읽기	(2) 글이나 매체에 제시된 다양한 자료의 효과와 적절성을 평가하며 읽는다.	−글이나 매체에 제시된 다양한 자료의 기능과 역할을 설명할 수 있다. −글이나 매체에 제시된 다양한 자료의 효과와 적절성을 평가할 수 있다.

이와 관련된 사례로는 이영발 선생님의 '영화 포스터 읽기' 수업을 들 수 있다. 수행 평가를 통해 꾸준히 영화 포스터 읽기를 해 오며 축적한 학생들의 반응을 바탕으로 포스터 분석에 필요한 핵심 질문을 마련하였다. 특히 표현 방식의 특징을 파악하기 위해 배우 분석, 영상 분석, 사운드 분석을 유도하고, 그러한 요소들이 영화에서 무엇을 이야기하는지를 파악하게 한 부분에 주목해 보자. 수업 사례 및 자료는 2008년 충북국어교사모임 연수 때 사용한 이영발 선생님의 발표 자료 「영화 읽고 생각하고 쓰기」를 정리한 것이다.

영화 포스터 및 예고편 분석 내용에 들어가야 할 핵심 질문 요소

1. 영화 제목 분석

−제목의 의미 추리: 왜 영화 제목을 그렇게 표현했을까? 영화의 내용과 연관 지어 추리하기

−영화 제목의 위치, 색깔, 글꼴, 글자 크기 등

2. 영화 광고 문구 분석

−왜 그렇게 표현했을까? 표현상 특징 분석, 영화의 마케팅 포인트 및 주 소비 계층 분석

3. 영화의 콘셉트 분석

−유머, 감동, 이미지 등 어떤 소재로 어떻게 소비자에게 호소하고 있는지 영화 전반에 대한 분석을 시도할 것.

4. 선택한 영화가 겨냥하고 있는 주 소비 계층이 누구이며 그에 따른 영화 제작자의 의도(전략)는 무엇이고, 그에 따른 표현 방법은 무엇인지 생각해 보기

5. 표현 방식의 특징

−어떤 영화배우가 등장하는가? 왜 그 영화배우를 캐스팅했을까? 그 영화배우의 연기력, 이전 작품의 이미지 등 외적 요인과 영화 속에 나오는 영화배우의 의상, 머리 길이, 머리 모양, 장신구, 그 영화배우만의 특징, 이미지 등 내적 요인을 생각해 볼 것(배우 분석).

－어떤 각도(앵글)에서 찍었는가? 왜 그랬을까?

－카메라의 거리(클로즈업, 롱숏 등)와 카메라 기법은 무엇일까? 왜 그렇게 찍었을까?

－동영상, 예고편의 경우 연속된 장면을 한 장 한 장 나누어 생각해 보기, 그러한 장면을 왜 그렇게 늘어놓았을까? (편집 의도 고려)

－영화 포스터에 전반적으로 드러난 색(色)의 특징은 무엇이고 그것은 어떤 의미를 주는가?

－영화 예고편에 전반적으로 드러난 소리의 특징은 무엇이고 그것은 어떤 의미를 주는가?

4) 매체 언어 쓰기

(1) 영상 언어의 이해와 제작 사례

사진, 광고, 영화 포스터 등의 이미지 읽기 수업을 바탕으로 영상 제작 수업이 가능하다. 텔레비전 뉴스나 광고, 영화, 드라마의 영상 언어는 시각적 이미지는 물론 배우나 성우의 목소리로 전달되는 음성 언어, 그들의 몸짓과 표정 등의 비언어적 표현, 자막으로 처리되는 문자 언어 등 다양한 의미화 양식들이 한꺼번에 작용하는 복합적 언어라 볼 수 있다.[7]

영상 언어는 문자 언어와 근본적인 차이가 있다. 문자 언어는 사건을 서술하고 대상을 묘사하는 반면 영상 언어는 이미지를 통해 대상을 재현한다. 영상 언어는 장면 내에서의 사람이나 사물의 위치, 카메라의 움직임으로 영상의 의미를 만들기도 하지만, 컷과 컷 사이를 어떻게 연결하느냐에 따라 의미의 구성을 달리하기도 한다. 사건과 시간의 경과뿐 아니라 정서의 흐름까지 구성하는 편집은 영상 텍스트의 의미 구성에 중요한 역할을 하는 요소이다. 이러한 영상 언어에 대한 접근이 2007 개정 국어과 교육과정에서부터 나타난다. 국어과에서 다뤄지는 영상 언어와 관련된 교육과정 내용을 정리하면 다음과 같다.

---

7 최미숙 외(2008), 『국어 교육의 이해』, 사회평론, 363~364면 참고.

교육과정	학년 및 내용 영역	성취 기준	수준별 학습 활동의 예 및 내용 요소의 예
7차	10학년 듣기	(4) 전달 효과를 평가하며 듣는다.	【기본】 말하는 이의 언어적 표현과 반언어적 표현, 비언어적 표현이 말하는 상황이나 목적에 적절한지 평가하며 듣는다. 【심화】 연극이나 영화, 비디오를 보고, 등장인물의 언어적 표현과 반언어적 표현, 비언어적 표현의 상호 보완성에 대해 토의한다.
2007 개정	9학년 쓰기	(5) 영상 언어의 특성을 살려 영상으로 이야기를 구성한다.	−영상 언어의 특성 이해하기 −일상적 경험이나 사회적 사건을 바탕으로 이야기 구성하기 −관객이나 시청자의 관심과 흥미를 고려하여 영상물 만들기 * 글의 수준과 범위: 일상적 경험이나 사회적 사건을 다룬 영상물
2009 개정	중 1~3학년군 쓰기	(8) 영상 언어의 특성을 살려 영상으로 이야기를 구성한다.	−영상 언어의 특성을 설명할 수 있다. −일상적 경험이나 사회적 사건을 이야기로 구성할 수 있다. −영상 언어의 특성을 살려 영상물을 만들 수 있다.

영상 제작 수업은 『국어 시간에 매체 읽기』(나라말, 2005)에서부터 꾸준히 수업의 틀과 사례를 소개하고 있는 홍완선 선생님의 교안과 이를 변형한 장은주 선생님의 수업안을 소개한다. 홍완선 선생님은 영상 수필 '나'를 제작하는 방법을 단계적으로 소개하여 영상 제작에 필요한 방법을 실제적으로 안내해 준다. 디지털카메라나 스마트폰을 이용해 '나'를 주제로 한 사진을 찍고, 그와 관련한 글을 덧붙여 발표하는 활동 방식은 교사들이 영상 제작 수업에 쉽게 접근할 수 있는 한 예가 될 것이다. 장은주 선생님은 '주제가 있는 영상 만들기'를 과제로 수행 평가를 실시하는 5차시의 수업 과정을 보여 준다. 1차시는 모둠 편성 및 주제 선정, 2차시는 영상·음향 계획, 대본 연습, 자료 수집 등의 준비, 3차시는 무비 메이커 강좌, 4~5차시는 촬영 및 편집, 영상 발표회로 수업을 진행하였다.

● 학급 준비물: 프로젝션 텔레비전, 컴퓨터와 카드 리더기(각기 다른 디지털카메라를 컴퓨터에 연결하는 것보다 메모리 카드를 빼내어 메모리 카드 리더기로 읽는 것이 간편하다. 없으면 디지털카메라의 USB 연결선을 이용하면 된다.)

● 개인 준비물: 디지털카메라 혹은 스마트폰(개인별로 준비를 하지 못하면 두세 사람이 돌아가며 한 대의 카메라를 쓰는 것도 가능하다.)

1. 작업 1단계: 대주제 선정(여기서는 '나는 누구인가?'로 통일)

2. 작업 2단계: 소주제 선정(구체적으로 이야기할 자신의 모습, 예를 들어 '나의 학교생활', '나의 꿈, 나의 미래' 등)

3. 작업 3단계: 사진 찍기(학교 내외 공간 활용, 미리 집에서 사진을 찍어 올 수도 있다.)

4. 작업 4단계: 사진 선별 및 구성(컴퓨터로 사진을 옮긴 후 '나'를 표현할 수 있는 사진들을 선별하고 슬라이드 순서를 정한다.)

5. 작업 5단계: 사진에 살 붙이기(선택한 사진을 슬라이드로 제시할 때, 낭송을 덧붙이기 위한 원고를 미리 준비한다. 사진과 글이 하나가 된 한 편의 작품이 될 수 있도록 완결성과 통일성에 주의한다.)

6. 작업 6단계: 음악 선곡하기(음반을 준비해 와도 좋고, MP3 플레이어의 곡을 틀어도 좋고, 인터넷 음악 듣기 사이트에서 선곡해도 좋다.)

7. 작업 7단계: 친구들 앞에서의 발표와 전체 평가(발표는 먼저 음악을 틀고, 그림 보기 프로그램을 이용해 사진을 슬라이드로 넘기면서 써 놓은 원고를 낭독한다.)

---

8 이 자료는 매체연구회에서 공유된 미디어 영상 활용 수업 교안 중 홍완선 선생님의 자료 「사진이 있는 글쓰기―영상 수필 '나' 만들기」의 일부이다. 해당 수업 자료는 『국어 시간에 매체 읽기』(나라말, 2005)에도 부분적으로 수록되어 있으니 이 책을 참고하면 된다.

차시	주요 내용	학습지 및 활동 시 유의점
1	수행 평가 안내 -모둠 편성 -주제 선정	• 모둠 편성하기 -모둠명: -모둠원: -내가 맡은 역할: ㉮ 촬영, 그림, 음향, 소품, 편집, 연출, 내레이션 등 •편집과 연출은 필수. 상황에 따라 추가, 겸임 가능. 4명씩 여덟 모둠(1, 2개 모둠은 5명) • 주제 선정하기 {표} • 뮤직비디오의 경우 노랫말이 있는 음악과 어울리는 사진, 그림, 영상을 결합하여 표현한다. 단편 영상이나 공익 광고에도 음악 삽입이 가능하다.
2	제작 계획 세우기 -연출 회의를 통해 진행 상황 점검	• 제작 계획 세우기 -분량: 2분 내외 -제작 및 편집(10점): 11월 17일~11월 21일까지 -제출 마감(2점): 11월 24일(월) 오전 9시까지 -파일명: [종류]학년 반 모둠명 ㉮ 2학년 2반 '산토끼' 모둠이 광고를 만든 경우: [광고]202산토끼 -발송: 선생님 전자 우편, 학습 도움방
3	무비 메이커 강좌	• 영상 편집 프로그램 사용 방법 익히기
4	장면 계획 세우기	• 전체 줄거리에 따른 영상·음향 계획 세우기 • 모둠별 상황에 따라 촬영·그림 작업, 소품 수집, 대본 연습 등
5	감상회	• 활동 평가지 작성(8점) -감상회를 하면서 다른 발표작을 감상한 후 요약하고, 평가하기

주제 선정하기 표:

주제	단편 영상	뮤직비디오	공익 광고
교과서 수록 작품 중 갈등이 드러난 상황 표현			
학교에서 관람했던 영상물에서 갈등 상황을 재구성하여 표현			
청소년의 건강			
학교생활 또는 학교 소개			

(2) 감상과 미적 체험

국어 교육에서 '문화' 교육은 문화적 가치가 높은 문학 작품 감상을 통해 이루어지는 것으로 여겨져 왔다. 그러나 요즘은 만화, 애니메이션, 영화, 드라마, 컴퓨터 게임과 같은 대중문화 텍스트를 통해서도 문화 교육이 가능하다고 본다. 매체에 관한 비판적 읽기를 하면서도 한편으로는 그것이 주는 즐거움이나 의미에 대해서 생각해 보는 기회가 없다는 것이 늘 아쉬웠다. 아이들은 영화를 보면서 감독의 의

---

9 해당 자료는 장은주 선생님의 수업 과정안이다. 장은주 선생님 포함 다른 국어 교사들의 영상 제작 수업 과정 및 학생 작품 예시는 누리집 '매체연구회'를 참조하기 바란다.

도나 영상의 의미를 그대로 받아들이는 것이 아니라 스스로 의미를 구성하고 수용하며 즐거움을 느낀다. 그런 만큼 일상적인 삶에서 대중문화를 즐기며 살아가는 아이들에게 자신이 접하는 문화 텍스트의 의미를 찾고 평가를 내리게 하는 일이 필요하다고 생각했다.

그래서 해마다 수행 평가 중 하나로 해 오던 '생각 공책 쓰기' 활동을 작년에는 매체에 좀 더 집중해서 시도해 보았다. 자신이 접하는 매체에 대해 그것을 즐기는 이유를 성찰하고 미적 체험이나 감상을 통해 비판적으로 수용할 수 있게 하려는 것이 목적이었다. 매체와 함께하는 삶을 성찰해 볼 수 있는 과제들을 '생각 공책 쓰기'의 주제로 제시했다. 내 인생의 노래와 그 노래에 얽힌 이야기 다섯 가지 이상 소개하기, 자신이 좋아하는 노래와 이유, 그리고 인상적인 가사 쓰고 해설하기, 오세영의 만화 『부자의 그림일기』(글숲그림나무, 1999)를 감상하고 소감문 쓰기, 내 인생의 보물(책, 영화, 드라마, 게임, 웹툰 등) 소개하기, 레오 리오니의 그림책 『프레드릭』(시공주니어, 1999)과 「벅스 라이프」('무적 핑크'가 그린 웹툰 '실질 객관 동화' 시리즈 중 한 편) 비교하기 등이 그 예이다.

3──더 나은 실천을 위한 제안

미술 교과나 역사 교과 등에서도 UCC 만들기 같은 영상 제작 수업이나 수행 평가를 하는 경우가 많다. 미술 교과에서는 시각 언어 차원에서, 역사 교과에서는 매체 활용 차원에서 이루어진다. 이들 교과와 달리 국어 교과에서는 영상 언어도 언어의 하나라는 관점에서 접근해야 할 것이다. 그리고 말하기와 글쓰기로 다른 사람과 소통하듯 영상 매체를 활용한 소통에 초점을 맞추어야 한다.

각종 행사와 진도에 쫓기는 현실을 고려할 때 국어 교사들이 해마다 다양한 매체 수업을 하기는 어려울 것이다. 하지만 한 단원이라도 학생들이 매체에 푹 빠질 수 있게 해 준다면 그다음에는 학생들 스스로 새로운 눈으로 매체를 볼 수 있을 것이라 생각한다. 학생들이 자기가 누리는 매체를 자세히 들여다보며 꼼꼼히 읽고 따져 보고 자신들의 손으로 주물러 만들어 보게 했으면 한다. 이런 가운데 아이들 내면에 있던 이야기들이 쏟아져 나오고, 그때 창의성도 같이 나온다고 생각한다. 따라서 매체 수업은 양보다 질이다.

사실 제안할 것은 기술적이거나 방법적인 면이 아니다. 손석희 앵커의 뉴스가 감동을 주는 이유는 그의 말하기 능력뿐만 아니라 보도에 대한 철학 때문이라고 생각한다. 6차 교육과정 때 교직에 들어온 후로 7차 교육과정, 2007 개정 교육과정, 2009 개정 교육과정의 변화 속에서 수행 평가와 서술형 평가, 성취 평가라는 변화를 경험했다. 이런 외적인 변화 속에서도 기존의 자기 방식을 그 틀에 맞춰 끼워 넣기만 할 뿐 변화하지 않는 것이 현장이고, 교사이기도 하다. 그래서 사람에 대한 믿음을 가지고 긍정적인 변화를 바라는 교사의 철학, 열정에 대해 이야기하고 싶다. 아이들은 교사가 전달하는 지식이 아니라 수업을 하는 교사의 열린 텍스트관, 비판적인 사고방식, 사람에 대한 교사의 태도를 보고 배운다고 생각한다.

다음으로는 소통이 중요하다는 생각이 든다. 교사는 학생과 소통하고 시대와 소통하는 사람이라고 본다. 교사가 학생과 소통하는 방식은 매체일 수도 있고 책이나 글쓰기일 수도 있다. 교사 각자가 아이들과 소통할 수 있는 자신만의 방법을 찾으면 될 것이다. 나는 소통하는 방법을 찾기 위해 모임을 찾았고, 모임 활동을 하면서 다른 교사들과 지식은 물론 삶의 능동적 교감을 나누었다. 그 모임이 내게는 매체연구회였듯이 다른 교사들도 혼자가 아니라 자신이 궁금해하고 알고 싶어 하는 것을 나누면서 집단 지성을 발휘할 수 있는 곳을 찾았으면 좋겠다. 그리고 그 곳은 멀지 않은 곳, 바로 옆에 있을지도 모른다. 같은 학교 동학년 교사끼리도 의미 있는 활동을 할 수 있을 테니 말이다.

2000년에 「바람 계곡의 나우시카」라는 애니메이션을 보면서 아이들과 은유와 상징을 읽고 감독의 메시지를 파악하는 수업을 했던 것이 기억난다. 애니메이션이 제작된 지 십여 년이 지난 2011년 3월 일본은 쓰나미로 후쿠시마 원전이 파괴되었고 애니메이션의 은유적 상황이 현실이 되어 버렸다. 매체 수업이 영상 언어를 읽어 내고 신문과 방송, 인터넷 뉴스에서 비판적 읽기 능력을 키워 내는 것에서 나아가 우리 삶에 대한 성찰에까지 이르기를 바란다. 결국 매체 속에는 사람이, 우리가 사는 세상이 담기기 때문이다.

참고 문헌

- 강상현·채백(1993), 『디지털 시대 미디어의 이해와 활용』, 한나래.
- 교육과학기술부(2011), 『국어과 교육과정』 교육과학기술부 고시 제2011-361호(별책 5).
- 교육과학기술부(2012), 『2009 개정 교육과정에 따른 성취 기준·성취 수준 ― 중학교 국어』, 교육과학기술부.
- 교육부(1997), 『초·중등학교 교육과정 ― 국민 공통 기본 교육과정』 교육부 고시 제1997-15호(별책 1).
- 교육인적자원부(2007), 『초·중등학교 교육과정』 교육인적자원부 고시 제2007-79호(별책 1).
- 권혜령(2007), 「8차 11~12학년 다중 매체 선택 과목 교육과정의 비판적 검토」, 『우리말 교육 현장 연구』 1권, 우리말교육현장학회.
- 권혜령(2009), 「시 공책 쓰기를 통한 시 읽기 교육 사례」, 『함께 여는 국어 교육』 통권 85호, 전국국어교사모임.
- 윤여탁 외(2008), 『매체 언어와 국어 교육』, 서울대학교 출판부.
- 전국국어교사모임 매체연구부(2005), 『국어 시간에 매체 읽기』, 나라말.
- 전국국어교사모임 매체연구부(2010), 『국어 시간에 매체 가르치기』, 나라말.
- 정현선(2004), 『다매체 시대의 국어 교육과 문화 교육』, 역락.
- 최미숙 외(2008), 『국어 교육의 이해』, 사회평론.
- 이영발(2008), 「영화 읽고 생각하고 쓰기」, 『영화로 여는 매체말 수업』, 충남국어교사모임 연수 자료집.
- 이지은(2014), 「미디어에 질문하세요!」, 『매체 교육으로 수업에 날개 달기』, 충북국어교사모임 연수 자료집.
- 장은주(2014), 「국어 시간에 매체 가르치기」, 『매체 교육으로 수업에 날개 달기』, 충북국어교사모임 연수 자료집.
- 홍완선(2011), 「매체 언어 수업의 실제」, 대구광역시 교육청 중등 국어 1급 정교사 자격 연수 자료집.

교실 안 문학 체험, 교실 밖 문학 답사

정지영

1──문학의 역동성과 현장성을 위하여

문학 작품과 관련된 공간을 직접 보고 걸으며 문학의 향기를 몸소 느끼는 것이 문학 체험과 답사이다. 학생들은 교실에서 작품을 읽고 감상하며 아름다운 우리말 표현이나 타자의 가치관을 탐색한다. 문학 체험과 답사는 이렇게 교실에서 형성한 문학 능력을 문학과 관련된 공간으로 가져와 스스로 탐구하고 실천해 보는 경험이다. 학생들은 이를 통해 문학 감상력과 문제 해결력, 공동체 의식과 통합적 사고력까지 기를 수 있다. 즉 문학 체험과 답사는 문학 경험을 바탕으로 하는 다양한 활동을 문학 공간에서 함으로써 자아를 찾고 공동체의 발전에 기여할 수 있는 가치를 배우는 중요한 교육 방법이다.

굳이 학교를 떠나 문학 답사지에 가야만 하느냐는 의문이 들 수 있다. 가시적 성과를 중시하는 학교 풍토와 문제 풀이를 중시하는 관점에서 보면 눈에 두드러지는 효과가 곧바로 나타나지 않기 때문이다. 하지만 학생들이 스스로 계획, 조사, 답사, 평가하는 일련의 체계적 실천 과정으로 진행되는 문학 체험은 문학의 역동성과 현장성을 살릴 수 있다. 교실에 앉아 수동적으로 수업을 듣는 것이 아니라 현장에서 역동적인 활동을 하며 문학을 만나는 것이다. '창의적 체험 활동의 확대'라는 교육과정의 변화 추이에서도 문학 체험의 필요성은 증명된다. 또한 구성주의 교육론을 거론하지 않더라도 분석과 이해 위주의 문학 수업이 아닌, 온몸으로 경험하며 지식을 재조직하여 창출하는 문학 체험은 메마른 입시 위주의 수업이 행해지는 현실에 꼭 필요한 문학 교육의 방법이다.

그러나 문학 체험을 실천하기에는 학교 현장의 현실적 여건이 녹록지 않다. 체험이 학교 밖에서 이루어지기 때문에 생기는 공간적 제약과 사회적 여건의 미흡, 원거리 지역 탐방에 따른 금전적 문제와 시간적 제약 등이 대표적인 어려움이다. 이로 인해 문학 체험과 답사가 일회성 행사로 진행되는 경우가 많고 기존 문학 교과서에서는 부록의 내용 정도로 치부되어 왔다.

문학 체험의 효과를 믿기에 문학 체험을 제약하는 여러 요소를 극복할 수 있는 방안을 고민할 수밖에 없었다. 이 글에서는 교실 '안'에서 간접적으로 문학 공간을 체험한 사례와 교실 '밖'에서 동아리를 중심으로 실제 답사를 한 사례를 소개하여 선생님들과 문학 체험에 대한 고민을 공유하고자 한다.

2──교실 '안' 문학 체험하기

학교생활의 90% 이상은 교실에서 이루어진다. 혈기 왕성한 10대 학생들이 좁은 의자에 앉아 책과 씨름하면서 시간을 보내는 교실, 그곳에서 작품 분석에만 매달릴 것이 아니라 온전한 작품 감상에 이르는 문학 체험을 하는 방법은 없을까 하는 고민에서 교실 '안' 문학 체험하기를 시작했다. 인터넷과 휴대 전화를 빼놓고는 이해 불가능한 중고생의 문화를 문학과 연관해 활동적인 수업으로 구안하고, 이를 인터넷 활용에 대한 지도로까지 연결해 학생들이 '평생 문학 향유자'가 되도록 유도해 보고 싶었다. 창비 『문학 I』, 『문학 II』(박종호 외, 2012) 교과서의 '문학 체험하기'를 활용한 수업, 교과서 재구성을 통한 심화·발전 학습 형태의 문학 체험 수업 등은 이러한 시도에서 나온 교실 '안' 문학 체험이다.

1) 창비 '문학' 교과서의 '문학 체험하기'를 활용한 문학 체험

창비 '문학' 교과서에 실린 정지용의 시 「별」을 수업한 후, 교과서의 독립된 꼭지인 '문학 체험하기'를 활용한 수업을 진행해 보았다. 충청도에 있는 학교의 지역적 특성과 충청도의 자랑인 작가를 연계해 학생들에게 자기가 살고 있는 지역의 문학 유산을 탐색하는 기회를 주고자 하였다. 또한 학생들로 하여금 문학에 대한 흥미와 문학 체험 자체에 대한 관심을 높이고자 노력했다. 2007 개정 교육과정에 따른 창비 '문학' 교과서의 '문학 체험하기'의 내용과 이를 활용한 수업 활동을 정리하면 아래와 같다.

문학 체험하기 수업 지도안

주제	문학 체험하기—충청		장소	컴퓨터실
목표	충청도의 문학 유산에 대해 이해하고 답사 계획을 수립할 수 있다.			
활동 내용	준비 활동	1. 문학 체험하기 목표 설명 및 충청도의 문학 공간 설명 2. 작품에 대한 전 차시 학습 내용 확인 및 정지용의 고향 옥천에 있는 문학 공간 설명		
	중심 활동	1. 정지용 사이버 문학관(www.jiyong.or.kr) 둘러보기 　–'만화로 보는 일생', '영상으로 보는 정지용' 등 2. 홈페이지에 있는 주요 문학 작품 감상 및 좋아하는 작품 발표하기 3. '문학 체험 보고서' 작성(교과서 활동) 4. 사이버 문학관 내용 빈칸 넣기 학습지 활동 5. 개인 블로그에 있는 정지용 「향수」의 실개천 사진 찾아 감상하기 6. 정지용 사이버 퀴즈 대회 실시 7. 옥천 또는 자신이 관심 있는 지역의 문학 답사 계획 작성		
	정리 활동	1. '문학 체험하기' 과정에 대한 소감 발표 및 평가 2. 5월에 열리는 '지용제' 안내(청소년 문학 공모전)		

교과서의 '문학 체험하기'는 학교 현장의 상황에 따라 지역이나 작품별로 달리 활용할 수 있을 것이다. 원거리 지역의 문학 공간은 포털 사이트에서 검색할 수 있는 지도의 '길 찾기'나 '거리뷰(로드뷰)' 기능을 활용해 가상의 답사 일정표를 만들어 보는 것도 답사 실천 가능성을 높일 수 있는 방법이다. 개인별로 사이버 문학관을 여행하게 하는 것도 좋지만 모둠별로 실제 답사를 상정한 답사 일정을 계획해 보라고 하면 학생들의 참신한 일정표를 볼 수 있다.

문학 체험하기 – 충청

문학 지도

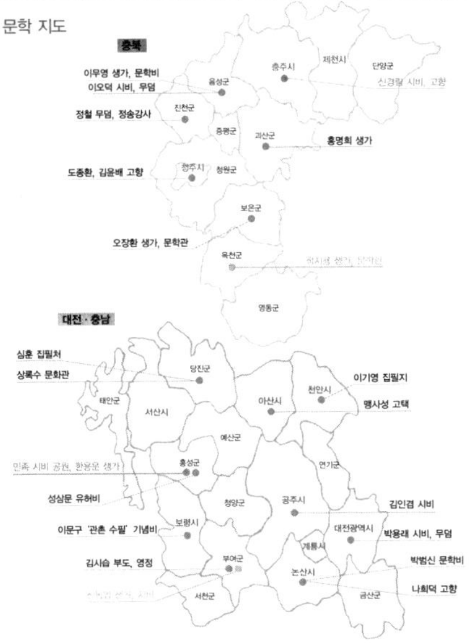

충북
이무영 생가, 문학비
이오덕 시비, 무덤
정철 무덤, 정송강사
도종환, 김윤배 고향
오장환 생가, 문학관
충주시
제천시
단양군
신경림 시비, 고향
음성군
진천군
증평군
괴산군
홍명희 생가
청주시
청원군
보은군
옥천군
정지용 생가, 문학관
영동군
대전 · 충남
심훈 집필처
상록수 문화관
당진군
태안군
서산시
아산시
천안시
이기영 집필지
맹사성 고택
예산군
민족 시비 공원, 한용운 생가
홍성군
연기군
성삼문 유허비
청양군
공주시
김인겸 시비
이문구 '관촌 수필' 기념비
보령시
대전광역시
박용래 시비, 무덤
계룡시
김시습 부도, 영정
부여군
논산시
박범신 문학비
신동엽 생가, 시비
서천군
금산군
나희덕 고향

● 충청도는 아름다운 자연과 다양한 볼거리가 있는 멋과 흥의 고장이며 충절의 고향이다. 시인 신경림, 신동엽이 태어나 자란 곳이며, 만해 체험관과 오장환 문학관이 있는 곳이다. 여기에서는 시인 정지용의 고향인 충북 옥천을 찾아 그의 문학 세계를 체험해 보자.

86 1. 문학의 성격

신동엽 생가, 시비 [부여]

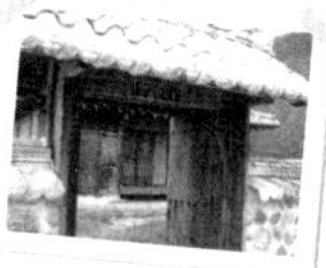

- '껍데기는 가라'를 통해 민주 사회 건설을 간절히 소망한 시인 신동엽은 1930년 금강이 보이는 부여에서 태어나 부여 초등학교를 다녔다. 치열한 삶을 끝낸 그는 부여읍 능산리에 묻혀 있다. 4월에는 시인의 문학 세계를 추모하는 다채로운 행사가 열리고 있다.
- [멀티미디어] 모노 다큐 인물사 - 우리 시대의 참여 시인 신동엽 (http://www.kbs.co.kr)

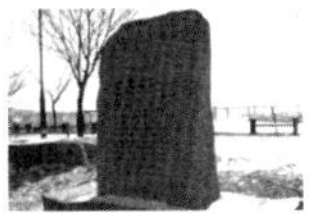

신경림 고향, 시비 [충주]

- '농무'의 시인 신경림은 1935년 충주에서 태어났다. 경기와 강원, 경상과 충청의 물류 중심지였던 남한강 변 목계 나루터에 "하늘은 날더러 바람이 되라 하고 / 산은 날더러 잔돌이 되라 하네."라는 구절로 끝나는 '목계 장터' 시비가 있다.
- [멀티미디어] 한국 기행, 충주 2부 - 남한강 물길 따라 목계 나루 (http://home.ebs.co.kr)

민족 시비 공원 [홍성]

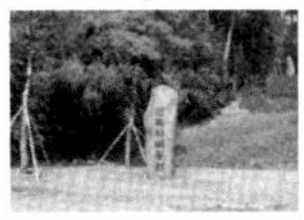

- 민족 시인 20인의 시비 공원이 충남 홍성군 결성면 성곡리에 있는 만해 한용운 생가 주변에 조성되어 있다. 한용운의 '복종', 정지용의 '고향', 윤동주의 '간', 이육사의 '절정' 등 해방 전후에 활동한 작고 시인 20인의 대표 시와 어록을 수록한 시비가 있다. 주변에는 야생화 산책로가 있으며, 복원된 만해 생가와 만해사, 만해 체험관도 있어 한용운의 나라 사랑과 문학 정신을 배울 수 있는 곳이다.

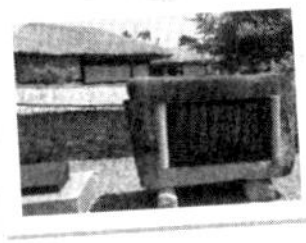

정지용 생가, 문학관 [옥천]

- '향수'의 시인 정지용은 충북 옥천군 옥천읍 하계리에서 태어나 어린 시절을 보냈다. 1996년에 시인의 생가를 복원하였고, 생가 앞에는 '향수' 첫 연에 나오는 실개천이 있다. 더불어 2005년 정지용 문학관이 개관되어 시인의 생애와 문학 세계를 한눈에 볼 수 있다. 옥천읍의 조형물, 산책 길 등은 거의 모두 정지용과 관련되어 있어 시인에 대한 옥천 주민들의 사랑을 엿볼 수 있다.
- [멀티미디어] 정지용 사이버 문학관 (http://www.jiyong.or.kr)

문학 체험하기 87

정지용을 찾아서 – 충북 옥천

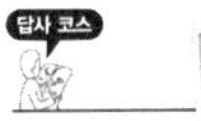

답사 코스

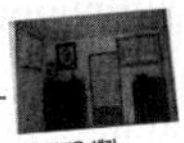

[1] 정지용 생가
1996년 정지용 시인의 장남인 정구관 씨의 고증을 통해 생가를 복원하였다.

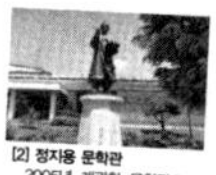

[2] 정지용 문학관
2005년 개관한 문학관으로 정지용 시인에 대한 주제별 전시관이 있다. 다양한 멀티미디어로 문학을 직접 체험할 수 있도록 꾸몄다.

[3] 죽향 초등학교
죽향 초등학교에는 4회 졸업생인 정지용 시인이 공부했다는 낡은 목조 교실이 운동장 한쪽에 고스란히 남아 있다. 근처에는 정지용 시비가 있다.

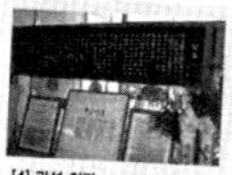

[4] 관성 회관
회관 옆에 옥천에서 가장 먼저 세워진 '향수' 시비(1989)와 다음 해에 만들어진 시인의 흉상이 있다. 회관 앞에는 옥천 시민이 제작하여 기증한 '유리창' 시비도 있다.

[5] 옥천역
옥천역에는 정지용 탄생 100주년을 기념하여 2002년 1월에 만든 그의 시비가 있다.

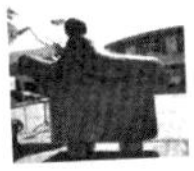

[6] 멋진 신세계
시인 정지용을 기리기 위해 2009년 옥천 구읍에서 장계 관장지를 잇는 12킬로미터에 조성한 산책로와 문화 공간이다.

'지용제'

'지용제'는 섬세하고 독특한 언어로 대상을 청신하게 묘사함으로써 한국 현대 시의 새로운 국면을 개척한 시인 정지용을 추모하는 문학 축제이다. 그의 시 문학 정신을 이어 가며 더욱 발전시키자는 뜻으로 매년 5월에 열린다. 정지용을 흠모하고 사랑하던 문인과 제자 들이 모여 1988년 '지용회'를 발족하고 그해 서울 세종 문화 회관에서 '지용제'를 개최하였다. 그 이듬해부터는 그의 고향인 충북 옥천에서 시인의 생일 즈음한 5월에 문학 축제를 열고 있다. 축제에는 문인을 대상으로 하는 '정지용 문학상' 시상식과 지용 문학 포럼, 사생 대회, 향수 사진 전시회, 음악회 등의 다양한 행사가 열린다. 특히 전국 초 · 중 · 고, 대학생 및 일반인을 대상으로 하는 '전국 지용 백일장'이 열리고 있고, 축제에 앞서 4월에는 청소년을 대상으로 하는 '지용 청소년 문학상' 작품 공모가 있어 학생과 일반인의 문예 창작 의욕을 고취하고 있다.

찾아가는 길
- 경부 고속 도로 옥천 나들목 → 수북리 방향 → 지용로 → 정지용 생가, 정지용 문학관
- 충북 옥천역에서 2.5킬로미터 내에 있음.

88 1. 문학의 성격

문학 체험 보고서

제목:
체험 일자: 체험 장소: 충북 옥천 정지용 생가 일대

1. 답사 전에 정지용 시인의 작품과 관련 자료를 찾아 정리해 보자.

2. 답사할 장소를 구체적으로 계획하여 자료를 찾아보고, 답사 후에 견문과 감상을 써 보자.

장소	찾은 자료	견문과 감상

3. 답사한 곳 중에서 가장 마음에 드는 곳을 사진으로 찍고, 사진에 대해 설명해 보자.

4. 다음에 충청 지역을 답사한다면 어느 작가와 작품에 대해 답사할 것인지 생각해 보자.

문학 체험하기 89

창비 「문학 Ⅰ」 교과서의 '문학 체험하기'

2) 교과서 재구성을 통한 심화·발전 학습의 문학 체험

정지용 시인처럼 사이버 문학관이 있고 해마다 기념행사가 열리는 경우에는 교사가 조금만 준비해도 학생들의 간접적 문학 체험이 가능하지만, 그렇지 않은 작가가 다수이다. 따라서 다양한 인터넷 자료를 활용해 교과서를 재구성하는 방법으로 교실 '안' 문학 체험을 실천해 보고자 하였다.

교과서 수록 작품인 수필 『산성일기』는 학생들의 흥미도가 낮은 편이다. 표기 체계가 오늘날과 달라 읽기 불편하고 내용에 대한 공감대 형성이 어렵기 때문일 것이다. 그래서 내용이 유사한 김훈의 소설 『남한산성』과 남한산성을 소개하는 여러 홈페이지를 활용한 수업을 고안해 보았다. 또한 문학과 역사를 접목해 타 교과와 연계를 하고, 그것을 바탕으로 통합적 사고력을 기를 수 있게 하였다.

교과서 재구성을 통한 심화·발전 학습 수업 지도안

주제	『산성일기』 심화·발전 학습하기		장소	컴퓨터실
목표	수필 『산성일기』와 소설 『남한산성』을 읽고 작품을 내면화하고, 문학의 인섭 뷰야의 역사와의 연관성을 이해할 수 있다.			
활동 내용	준비 활동	1. 역사적 갈래의 전개와 특징, 『산성일기』 작품 내용 설명(전 차시 확인) 2. 수필 『산성일기』와 소설 『남한산성』 간의 관련성 설명		
	중심 활동	1. 『산성일기』와 『남한산성』 엮어 읽기 2. 『산성일기』의 내용 및 의미 설명 3. 『남한산성』 내용 및 의미 설명 4. 학습 활동 4번 문항 발표 −28일에 체찰사 김류가 이끈 싸움에서 우리 군사들이 완패한 이유는 무엇인가? 만일 내가 김류였다면 어떻게 행동할지 말해 보자. 5. '남한산성 문화관광사업단' 누리집(www.ggnhss.or.kr) 자료실의 영상 시청 6. 뮤지컬 『남한산성』 영상 시청 7. 다양한 인터넷 자료를 활용하여 남한산성 답사 계획 수립하기		
	정리 활동	역사 교과와 연계한 『산성일기』 심화·발전 학습 방법 소개 예시: 1. 『산성일기』의 소재이자 배경인 병자호란 2. 남한산성의 지리적 특성 및 전쟁 시 역할		

3) 교실 '안' 문학 체험하기의 의의와 한계

문학 작품을 능동적으로 감상하기 위해서는 자신의 삶과 밀접한 지식을 배우는 것이 필요하다. 하지만 지식으로만 작품을 이해하는 것이 아니라 마음으로 작품을 느낄 수 있는 문학 감상 교육을 통해 학생들이 자기 주변을 돌아보고 깨달은 바를 실천하게 하는 것이 문학 체험하기를 시도한 의도였다. 이 점에서 작품의 내면화를 위해 사이버 공간을 활용한 시도는 가치 있다고 자평해 본다. 교실 안에서 이루어지는 문학 감상과 관련된 다양한 '외출' 시도는 실제 문학 답사에 대한 학생들의 관심과 흥미를 높일 수 있다는 점, 문학 작품과 학생 사이의 거리감을 좁힐 수 있다는 점에서 의의가 있다고 생각한다.

인터넷 공간에는 문학 작품이나 작가에 대한 자료가 체계적으로 정리되어 있지 않고, 교육과정의 수시 개정으로 교과서 재구성을 논의할 시간적 여유가 없는 것이 문제이기는 하다. 또한 사이버 문학 공간에 대한 관심이 적고 이를 활용한 수업 방안에 대한 시도가 피상적이라는 점, 원활하지 않은 교실의 인터넷 사용 환경 등의 문제 역시 고민을 더 해야 할 것이다. 그러나 문학 작품에 대한 다양한 콘텐츠와 교사의 열정만 있다면 전국 교실 어디에서든지 문학 체험하기는 가능할 것이며, 이를 통해 문학 교육의 목표에 한 발 더 다가갈 수 있지 않을까 한다. 앞으로 문학 답사를 가상 체험하거나 답사지에서 해설자 역할을 하는 애플리케이션 등이 개발되기를 기원해 본다.

3── 교실 '밖' 문학 답사하기

최근 학교 현장에서는 '창의적 체험 활동'이 뜨거운 화두이다. 학교마다 특색 있는 학교 문화를 만들기 위해 다양한 프로그램을 개발하는 데에 고군분투한 결과 학생들이 각종 체험 활동에 적극적으로 참여할 수 있는 분위기가 학교 현장에 조성되었다. 하지만 체험 활동과 수업 시간을 연계하는 방법을 찾기보다는 체험 활동만을 독립시킬 방법을 고민하는 경우가 더 많다. 그래서 내실 있는 체험 활동이 될 수 있도록 수업 시간과 체험 활동을 조화롭게 엮는 방법을 고민해 보았다.

정규 수업과 연계한 교외 문학 체험 활동에는 많은 걸림돌이 있다. 답사 전·중·

후 활동을 수업 시간과 연계하여 계획하고 추진하기에는 수업 시간이 짧고, 학생들의 흥미, 학습 목표의 적절성, 거리 등의 문제도 있다. 이런 점을 고려해 동아리 활동과 방과 후 학교를 연계한 문학 답사 체험 활동을 계획해 보았다.

체계적인 문학 답사를 준비하기 위해 관련 교수 모형을 찾아보며 문학 답사의 전체 흐름을 점검했다. 문학 답사에 대한 여러 교수 모형이 있기는 하지만 수업의 교수 모형을 응용한 경우가 대부분이고, 그마저도 개인적인 연구 차원에 머물러 있었다. 그래서 수업 전·중·후 활동을 전제로 문학 답사 활동의 진행 절차를 아래와 같이 개략적으로 제시하고 이를 바탕으로 논의를 진행해 보겠다.

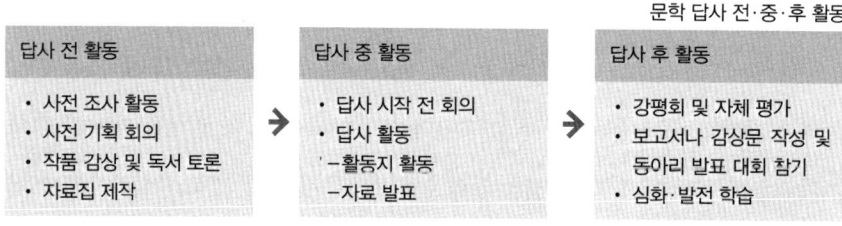

문학 답사 전·중·후 활동

1) 답사 전 활동

(1) 실질적인 문학 답사를 위한 출발점

학교나 학급 전체가 단체로 버스를 빌려서 유명한 문학 유산을 경험하는 것보다는 문학 답사에 관심이 있는 희망자를 모집하여 답사를 추진하는 편이 유익할 것이라는 생각이 들었다. 또한 답사 활동의 사전 준비와 사후 활동을 할 수 있는 실질적인 시간을 확보하는 것이 문학 답사의 성패를 가른다고 보고, 다음 세 가지 전제에서 답사를 시작했다.

첫째, 모든 활동은 학생이 주도하고 교사는 조언자의 역할을 수행한다.

둘째, 답사 가능성을 높이기 위해 학교 근거리에 있는 문학 답사지를 선정한다.

셋째, 학교생활 중에 학생들이 답사와 관련된 자율적인 탐구 활동을 할 수 있는 시간을 확보한다.

빈칸 추론 문제를 풀기 위해 작품을 달달 암기하는 모습은 다행히 현재의 교실에서는 찾아보기 어렵게 되었다. 현대 사회는 학생들의 능동적인 학습을 요구하고, 이를 위해서는 토론 수업이나 프로젝트 수업과 같은 새로운 형태의 수업이 더 효과적이라고 본다. 학생들은 열정과 능력을 겸비하고 있고, 환경이 갖추어진다면 이를 펼칠 수 있다. 교사가 아닌 학생이 중심이 되어 활동을 계획하고 실천하는 과정에는 시행착오가 있을 수도 있지만 그 역시 충분히 교육적으로 가치가 있다고 본다. 이를 위해 학생이 주도하고 교사는 이를 돕는 문학 체험을 첫 번째 전제로 삼았다. 학교 인근 지역을 답사지로 선정하자는 전제는 거리상 제약이라는 가장 큰 문제를 극복하고, 답사를 실제로 추진하기 위해서이다. 마지막 전제는 학교, 학원, 여가 등으로 바쁜 고등학생의 상황을 고려한 것으로 학교생활 중에 동아리 시간과 방과 후 학교 시간을 확보해 답사 전·중·후 활동을 수행하고자 하였다.

(2) 사전 조사 활동

우리 학교는 자연계 중심의 남학교라 문학 답사에 대한 학생들의 관심이 적은 편이다. 그래서 방과 후 학교와 동아리 활동 시간을 활용해 특색 있는 독서와 답사 활동을 할 수 있다는 문학 답사 동아리의 취지를 따로 설명하여 15명을 모집했다. 다음으로 학교 인근 지역의 문학 자료를 조사했다. 학생과 함께 주제 선정을 하는 것이 좋으나, 현실적인 답사를 위해 천안과 인근 지역으로 답사 지역을 한정했기 때문에 사전 자료는 필자가 조사했다.

최근 문학 답사집이 많이 출간되기는 했지만 전국 단위의 자료보다는 한정된 지역과 작가를 주제로 한 답사기가 많다. 그렇기 때문에 전국 곳곳에 있는 문학 유산에 대한 체계적인 정보가 부족한 실정이다. 1996년에 동국대 한국문학연구소에서 전국의 문학 유산을 행정 구역을 기준으로 정리한『한국 문학 지도』(계몽사, 1996)가 있지만 절판된 상태이다. 문학 답사 정보가 절실한 상황에서 전국에 있는 40명의 선생님과 568명 학생의 생생한 답사 기록을 담은『선생님과 함께 떠나는 문학 답사 1, 2』(창비, 2014)가 나와 다행이라고 생각한다.

작가의 고향을 암기할 필요는 없지만, 자신이 살고 있는 지역의 문학 유산에 대한 관심이 적은 것도 사실이다. 수업 시간에 천안 인근 지역의 문화와 문학 유산에 대해 말하면 대부분의 학생이 처음 들어 본다는 반응을 보인다. 자기가 살고 있는 지역의 문화와 문학 유산에 대한 관심이 필요하다는 것을 알 수 있는 대목이다. 원거리의 문학 유산을 답사하기보다 학교 인근 지역의 문학 유산을 학생들이 직접 조사하고 발굴해 답사까지 한다면 자기 고장에 대한 학생들의 관심과 애정을 높일 수 있을 것이다. 다양한 경로로 수집한 천안 지역의 문학 유산은 다음과 같다.

천안과 인근 지역의 문학 유산

천안에 있는 문학 공간		천안 인근 지역의 문학 공간
유형의 문학 공간	무형의 문학 공간	
• 독립 기념관에 있는 한용운, 윤동주 등의 시비 • 홍대용의 묘소와 생가 • 민촌 이기영이 『고향』을 집필한 곳인 '성불사' • 조선 여류 시인 김부용 묘소	• 심나와 소나 부자 이야기(『삼국사기』, 「열전」) • 천안 삼거리 타령 • 각종 구비 전설과 설화	• 충북 진천: 조명희를 기리는 '포석 문학 공원' • 충북 진천: 정철의 사당인 '정송강사' • 충남 아산: 맹사성 고택 • 충북 옥천: 정지용 생가

(3) 문학 답사 사전 기획 회의

천안과 인근 지역에 있는 문학 유산 자료를 바탕으로 학생들과 함께 답사할 문학 작품과 작가를 선정한 후 일 년 동안의 동아리 답사 활동 계획을 세워 보았다. 천안 광덕에 묘소가 있다는 이유로 김부용의 한시를 읽기보다는 수업 시간에 접할 수 있는 작품 중에서 천안과 관련된 것을 택해 체험을 실시해야 답사의 실효성이 높아질 것이라고 생각했다.

학생들의 활동 시간을 확보하기 위해 방과 후 학교 시간을 이용해 문학 작품을 읽고 독서 토론 등의 활동을 하기로 했다. 여기까지는 교사가 중심이 되어 진행했지만 이후 활동 방법의 선택은 학생들이 자율적으로 정하기로 약속했다. 그리고 3시간을 연속해 운영할 수 있는 동아리 활동 시간에는 사전 조사와 직접 답사를 실시한다는 일 년 계획을 세웠다. 학생들은 학사 일정 중에는 민촌 이기영, 담헌 홍대용, 고불 맹사성을 중심으로 한 문학 답사를 추진하였다. 주말을 이용해서는 충북 진천의 정송강사와 조명희 생가 터, 충북 옥천의 정지용 생가, 전북 군산의 채만식 관련 문학 유산을 답사하고 싶다는 바람도 들을 수 있었다.

활동 유형	방과 후 학교	동아리 활동
시간	매주 2시간	격주 3시간
활동	1. 문학 작품 감상 2. 독서 토론	1. 사전 회의 및 조사 2. 자료집 제작 3. 문학 답사
비고	• 다른 창의적 체험 활동 운영으로 인해 동아리 활동은 격주로 실시함. • 학교 인근 지역을 답사지로 택해 실제 답사가 가능하게 함.	

(4) 작품 감상 및 독서 토론

문학 답사의 디딤돌은 문학 작품 감상이 아닐까 한다. 대부분의 학생들은 발췌된 지문에서 인물과 사건을 파악하고 정답을 찾는 기계적인 공부 방법에 익숙하다. 수업 시간에 작품 전문을 읽어야 한다는 점과 스스로 작품을 찾아 읽는 일이 중요하다는 것을 강조하기는 했지만 현실적으로 학생들이 독서를 할 여유가 없는 상황이 항상 아쉬웠다. 또한 책을 읽고 친구들과 생각을 교환하는 의미 있는 경험을 하고, 그것을 계기로 개인적으로도 독서를 계속해 나갈 수 있는 동기가 필요하다고 생각했다. 그래서 아예 방과 후 학교 시간에 독서를 하고, 서로의 감상을 나눌 수 있는 독서 토론으로 독서 경험을 공유하도록 유도하였다. 토론을 진행할 때는 학생들의 독서 과정을 확인하는 것 역시 염두에 두었다.

학생들은 이기영의 『고향』을 읽고 첫 답사를 떠날 준비를 하였다. 『고향』은 1920년대와 현재 사이의 천안의 변화상을 확인할 수 있는 작품일 뿐 아니라 교과서와 EBS 교재에 수록되는 작품이기도 했다. 『고향』을 읽고 실시한 독서 토론 과정을 간략하게 소개한다. 학생들의 부담을 줄이기 위해 감상형 토론의 형식을 활용했고 함께 논의할 만한 토론 주제를 미리 선정하여 제시했다. 첫 번째 토론의 주제는 교사가 선정하더라도 이후에는 학생들 스스로 토론 주제를 선정하게 하는 것이 좋을 것이다.

토론 주제: 경향 문학이 현대 사회에서 의미가 있는가?	
토론 전 도입부에 활용한 매체 자료 • 이기영과 『고향』 관련 문학 답사 영상 자료 • 경향 문학에 대한 관련 자료: EBS 학습 자료실의 문학사 15, 19, 24회	**토론의 유형: 감상형 토론** 독서 내용에 개인적 감상을 함께 발표하며 토론함(토론 내용은 교사가 정리하여 자료집 자료로 활용함).

(5) 답사 자료집 제작

생각 없이 떠난 여행도 그 나름의 의미가 있지만 문학 답사는 분명한 목적 아래 출발하는 것이기 때문에 사전 준비를 충분히 해야 한다. 정보를 체계적으로 정리하고 공유하는 사전 준비 과정은 학생들이 지식을 정리하고 재조직할 수 있는 좋은 기회이기도 하다. 예전에는 필자가 학생의 활동지까지 첨부해 답사 자료집을 만들었다. 그랬더니 학생들은 유람하는 것같이 답사지를 쓱 지나다니기 일쑤였다. 하지만 자신들이 고민하고 조사한 자료집을 가지고 답사를 할 때는 학생들의 태도가 달라졌고, 자료집을 만드는 과정 역시 알찬 체험을 할 수 있는 밑바탕이 된다는 것을 여러 번 확인했다. 그래서 동아리 시간에 모둠별로 답사할 곳에 대한 사전 자료를 조사하도록 시간을 안배하였다. 협의를 거쳐 각자 조사할 분야를 조율하고, 역할을 분담하여 공동의 답사 자료집을 제작하면 함께하는 공부의 가치를 배울 수도 있다.

또한 문학 작품을 타 교과와 연계하여 심화 학습할 수 있도록 안내했다. 문학과 관련된 다양한 인접 분야로 학생들의 조사 범위를 확대하여 융합적 사고력까지 기를 수 있게 한 것이다. 그리고 단순한 자료 조사와 자료집 제작으로만 그칠 것이 아니라 문학 답사의 결과물을 어떻게 산출해 낼 것인지, 또 그것을 어떻게 활용할 수 있을지를 고려해야 한다. 이에 대한 전체적 윤곽과 흐름을 거시적으로 제시하여 학생들이 답사의 전 과정을 염두에 두고 답사에 참여할 수 있도록 유도하는 것이 좋다. 학생들에게 길을 안내하는 조력자인 교사의 조언은 여기에서 빛을 발할 것이다.

분야	사전 조사 주제	조사 내용 활용 예
인문	작품·작가에 대한 이해	
사회	월·납북 문인과 해금	· 답사 자료집 제작 및 활용
경제	일제 강점기의 경제	· 답사 보고서 작성 및 활용 · PPT 및 홍보 전시물 제작
역사	천안의 향토사	· 지역 문학 정보의 설문 및 홍보
정치	해방 후의 정치 상황	

2) 답사 중 활동

(1) 답사 시작 전 회의

답사 전 활동을 마친 후에는 동아리 활동 시간을 활용해 실제 답사를 떠나기로 했다. 답사 출발 전에는 사전 회의를 하여 학생들과 함께 이동 경로와 일정을 협의하고 조율하는 과정을 거쳤다.

이기영이 천안을 대표하는 대문호라고는 하지만 천안에는 그에 대한 기념비 하나도 남아 있지 않다. 한국 전쟁 이후 월북해 북한 최고인민회의 부의장까지 지냈기에 그의 흔적이 남한에서 외면당했기 때문이다. 이기영을 주제로 한 행사가 간헐적으로 있을 뿐이다. 그는 아산시 배방면 회룡리에서 태어났다고 하는데, 이곳은 현재 호서대학교 아산 캠퍼스가 있는 곳이다. 최근 어느 학자의 실제 답사와 1933년에 태어난 분의 고증으로 이기영의 생가로 추정되는 곳을 발견했다고 하나 이곳 역시 방치된 상태이다. 이기영은 세 살 때 천안으로 이사했고 당시의 집터로 추정되는 곳은 상명대학교 천안 캠퍼스 정문 앞인 천안시 안서동 일대이다. 이곳은 우리 학교에서 5분 거리이기 때문에 쉽게 찾아갈 수 있으나 기념비 하나 없는 상황에서 답사를 실시하면 허탈감만 남을 뿐이다. 그래서 이기영이 40여 일 머물면서 프로 문학의 최고봉이라고 평가받는 『고향』을 집필한 성불사를 답사 장소로 정했다.

답사 장소	천안 성불사	참여 인원	15명
일시	○월 ○일 12:40~15:40	이동 수단	교사 차량
시간	주요 일정	상세 내용	
12:40~13:00	답사 전 모임	답사 일정 확인 안전사고 예방 교육	
13:00~13:30	학교 출발, 이동	상명대 정문 경유	
13:30~14:00	천안 성불사 답사 활동	성불사 산책	
14:00~14:30		학습지 활동	
14:30~15:00		자료집 발표 및 강평	
15:00~15:40	학교 도착	유량동 경유	

* 우리 학교의 창의적 체험 활동 시간은 평일 오후 연속 3시간임.

(2) 답사 활동

화창한 봄날, 동아리 학생들과 함께 천년 고찰 성불사를 찾아갔다. 성불사는 조그마한 암자 정도의 소담한 절로 이기영에 대한 직접적인 자료나 그에 관련된 흔적을 찾아볼 수는 없는 곳이다. 대신 『고향』에 나오는 '일심사'를 성불사와 연결할 수 있다는 전제 아래에서 학생들과 함께 활동지를 따라 일심사와 성불사의 관계를 추적해 보았다. 소설에 나타난 일심사에 대한 정보와 성불사의 실제 모습을 비교해 보며 직접 체험함으로써 새로운 사실을 발견하거나 깨닫는 현장 답사의 묘미를 느낄 수 있게 하였다. 그리고 학생들과 함께 성불사 돌계단에 앉아 활동지 활동과 조사 자료 발표를 하였다. 작품의 배경이 된 공간을 직접 체험함으로써 새로운 사실을 발견하거나 깨닫는 것이 답사의 묘미라고 한다면, 이보다 더 좋은 답사지는 없을 듯하다. 성불사 외에도 이기영이 청년 시절에 살았던 유량동과 천안 향교, 그가 다녔던 영진학교의 후신인 천안초등학교 등의 다양한 답사 후보지도 있지만 유적 하나 없는 현실에 포기할 수밖에 없었다. 대신 차량 이동 중에 상명대 정문과 유량동을 경유하며 그에 대한 설명을 곁들였다.

※ 다음 소설에 등장하는 '일심사'와 답사지인 '성불사'의 모습을 비교하며 물음
에 답해 보세요.

> 일심사는 상리 안골로 올라가는 봉화재 중턱에 매달렸다. (중략) 절 밑 동구에는 아름드리 느
> 티나무가 절벽과 바위 사이로 두터운 그늘을 떠이고 섰다.
> 거기에는 녹음이 뚝뚝 떳고 매미 소리는 서늘하게 석간수처럼 흐른다.
> 그 옆으로 골짜기를 흐르는 맑은 물은 바둑돌 같은 반석을 씻고 흘러서 군데군데 석담(石潭)을
> 이루고는 다시 층암으로 떨어진다. 쳐다보면 외외한 석봉은 하늘과 마주 닿았는데 그 중턱에 조
> 그맣게 터전을 잡고 제비집같이 깃들인 것이 일심사란 외로운 절이다.
> 앞으로는 안계가 탁─ 트여서 멀리 서해 바다의 원경이 연하 속으로 그림처럼 펼쳐 있다. (중략)
> 방은 너덧 개나 있고 법당은 석벽 밑으로 층대를 올려 쌓고 지었다.
>
> ─이기영, 「고향」에서

1. '중턱에 매달렸다'와 '제비집같이'의 의미를 생각해 보세요.

2. 서해 바다를 찾아보세요.

3. 성불사 법당의 구조를 살펴보고, 특이한 점을 찾아보세요.

답사지의 상태에 따라 다양한 답사 활동 유형을 고안해 낼 수 있을 것이다. 학생
들에게 활동 계획과 실천을 맡긴다면 훌륭한 답사 중 활동을 할 수 있다. 답사 자
료집에 대한 발표와 답사 토론을 진행하면 답사 전 활동과 답사 중 활동을 연결해
정리하는 효과가 크다. 실제로 학생들에게 답사 중 활동의 기획과 진행을 맡기니
회를 거듭할수록 성장하는 학생들의 모습을 확인할 수 있었다. 학생들은 텔레비
전 프로그램인 '런닝맨'의 형식을 빌린 활동, 사진 찍기 대회, 보물찾기 등의 참신
한 활동으로 답사의 재미를 더했다. 자기 주도적으로 활동하는 학생들의 열정뿐만
아니라 체험 활동의 가치와 의미까지 확인하는 순간들이었다.

3) 답사 후 활동

(1) 강평 및 자체 평가, 답사 보고서 작성 및 발표

생생한 문학 답사를 완성하기 위해서는 학생들이 답사의 전 과정을 정리하는 시간이 반드시 필요하다. 방과 후 학교 시간에 답사 강평회를 열어 소감을 발표하고 개선점을 토의했다. 문학 작품에 대한 이해가 심화되었다는 의견이나 문학 유산에 대한 자료가 부족한 우리 현실을 개탄하는 목소리를 들을 수 있었다. 개인적으로 생각과 느낌을 정리하기보다는 강평회와 자체 평가를 통해 답사 결과를 '함께' 정리하는 과정에서 '우리'를 배울 수 있도록 유도하였다.

사전 조사, 독서 감상문, 독서 토론, 답사 활동, 답사 후기 등의 자료만 모아도 훌륭한 답사 보고서를 완성할 수 있다. 사전 조사를 하여 알고 있던 지식을 문학 현장에서 확인하고 정리하는 과정만으로도 답사 보고서를 제작할 수 있는 것이다. 더 나아가 학생들에게 문학 답사의 견문을 친구들과 공유하고 그 감동을 다른 사람들에게도 알릴 수 있는 기회를 제공하는 것도 의미가 있다. 문학 답사 결과를 전시물로 만들어 교실 복도에 전시하거나 수업 시간에 문학 답사 결과를 발표할 기회를 제공하는 방법을 활용하면 좋다. 이런 활동을 통해 지식 공유의 가치를 인식하고 의사소통 능력을 향상시킬 수 있기 때문이다. 또한 최근 학교마다 실시하고 있는 교내 동아리 발표 대회에 답사 결과물을 출품하여 성과를 거둔다면 참여한 학생들도 자부심을 느낄 수 있을 것이다.

학생들의 문학 답사 강평 과정을 옆에서 지켜보면 학생들의 성취도를 쉽게 파악할 수 있다. 3점 척도, 5점 척도가 아니더라도 발표하는 학생의 진지한 모습과 답사 보고서를 통해 충분히 평가를 할 수 있는 것이다. 성적을 얻기 위한 수행 평가 차원에서 이루어지는 활동이 아니기에 동아리원들 간의 의사소통 능력, 보고서 작성 능력 등 자율적인 탐구 활동 과정에서 오가는 학생들의 구체적인 능력을 엿보았다.

(2) 문학 답사를 통한 심화·발전 학습

학생들의 진로에 맞는 다양한 탐구 활동과 지적 호기심을 충족시킬 수 있는 학습 경험을 유도한다면 문학만을 위한 답사 이외에도 진로 설정과 가치관 형성에 도움이 되는 문학 답사를 할 수 있을 것이다. 특히 타 교과와의 연계를 통한 심화 학습은 진로 설정에 큰 도움이 되고, 삶의 방향까지 탐색할 수 있을 것이라 생각한다.

이기영의 『고향』은 1920년대 천안의 실상이 녹아 있는 작품으로 일제 강점기를 다루는 역사, 사회, 경제 분야의 교과와 연계한 활동을 할 수 있다. 처음에는 학생들의 사고 유연성과 지적 호기심을 북돋울 수 있는 교사의 조언이 필요하지만 이후에는 학생들이 스스로 조사하고 탐구해 소논문 형식의 글을 쓰기도 했다. 보고서나 소논문 쓰기에 대한 지도가 이루어지고 학생들의 활동 시간만 확보한다면 문학 답사를 학문적인 성과의 초입이 되도록 안내할 수도 있다. 필자의 경우 2학년 2학기나 3학년 1학기 때, 동아리 시간이나 방과 후 학교 시간을 통해 글쓰기의 기본적인 소양을 기를 수 있도록 하고, 대학교 수준의 보고서나 소논문을 작성해 보며 문학 답사를 글쓰기 단계로까지 발전시켜 보았다.

4) 문학 답사 점검

답사에 관한 모든 일정을 마무리한 후에는 답사 전체 과정을 점검했다. 답사 과정의 잘잘못을 따지는 것이 아니라 다음 답사를 준비하기 위한 점검이었다. 이 과정에서 부족한 점을 보완하고 개선하여 다음 답사 계획을 수립하면 좋을 것이다.

점검 항목 중에 꼭 챙겨야 할 것이 학생들의 안전과 관련된 내용이다. 문학 답사에서 가장 중요한 것이 학생들의 안전이기 때문이다. 사전 준비에서부터 학생 안전을 고려한 답사 일정을 준비하고 학생들에게 비상 연락 체계나 답사지에서 도움을 요청할 수 있는 곳을 미리 안내했는지 점검해 본다. 이 외에도 답사 과정에서 고려해야 할 요소들을 간략하게 제시해 본다.

| 답사 전 활동 | 답사 중 활동 | | 답사 후 활동 |
	답사 사전 모임	답사 활동	
• 학습 목표와의 연계 • 학생의 흥미와 관심 • 실천 가능성 • 사전 답사 • 구체적인 활동 준비	• 비상 연락 체계 구축 • 모둠별 배치 • 답사 일정 조율	• 안전사고 예방 • 질서 유지 • 활동의 적절성	• 정리 활동의 적절성 • 평가의 적절성 • 심화·발전 학습의 여부

4——함께하는 문학 체험을 위하여

교사의 헌신적 열정과 학생들의 자발적 참여만으로 교실 '안과 밖'에서 살아 숨 쉬는 문학 체험이 이루어질 수는 없다. 문학 체험에 대한 연구가 축적되어 뒷받침 되어야 할 것이다. 지금까지의 문학 교육에서 문학 체험이나 답사는 논의의 중심 에서 벗어나 있는 것 같고, 체계적 연구보다는 산발적인 연구에 그치고 있다. 체계 적 문학 체험 활동이 실시되기 위해서는 연구자의 노력이 필요하다고 본다. '문학 지리학'이라는 용어가 있다. 이에 대해 조동일 교수는 「문학 지리학을 위한 출발 선 상의 토론—한국 문학 지리학의 새로운 모색」(『한국 문학 연구』 제27집, 동국대학교 한국 문학연구소, 2004)이라는 글에서 문학 지리학과 지방학의 연계를 강조하고 있다. 문 학 지리학은 지리학적 관점에서 문학 작품에 등장하는 지역 정보와 공간에 대한 다양한 의미를 연구하는 학문이고, 지방학은 자기 지방의 문학과 역사, 지리, 경제, 사회 등의 제반 문제를 정리하고 분석하는 학문이다. 조동일 교수는 문학과 지리 학 간의 융합을 통한 문학 논의와 지방 문화의 발전을 모색해야 한다고 역설하고 있다. 이런 연구를 통해 체계적이며 풍부한 자료를 바탕으로 참여와 통섭의 문학 체험을 할 수 있는 여건이 조성되어야 한다.

교실에서 스마트 교육을 추진하고는 있지만 하드웨어를 활용할 수 있는 소프트 웨어는 찾기 어려운 실정이다. 문학 체험과 관련한 사항에서도 마찬가지이다. 문학 을 역동적으로 공부할 수 있도록 디지털 시대에 맞는 교육 콘텐츠뿐만 아니라, 사이버 공간에서도 문학을 만날 수 있는 프로그램과 학습 애플리케이션 등이 연구되고 보급되어야 할 것이다. 이를 위해서는 개인이나 학교의 노력 차원이 아니라 사회 전체 차원의 관심과 지원이 필요하다. 역동적인 문학 체험을 할 수 있는 학생들의 교육 환경을 위해 학교, 지역 사회, 정부가 서로 협심하여 미래의 주역을 위한 배려와 투자를 해야 할 것이다.

마지막으로 학교에서는 학생들이 문학 작품 안에서 맴도는 문학 수업이 아니라, 문학 작품에 녹아 있는 작가의 정신을 문학 공간에서 찾아 몸과 마음으로 배울 수 있는 전인적 문학 수업이 이루어져야 한다고 본다. 수업 시간에 암기와 분석으로 문학을 쪼개는 것이 아니라, 작품에 담긴 소중한 가치를 탐구하고 이를 삶 속에서 실천할 수 있는 자세를 기를 수 있도록 해야 할 것이다. 문학의 현장을 직접 경험하고 문학의 소중한 가치를 내면화하는 문학 체험이 전국 방방곡곡에서 이루어지기를 소망하며 글을 마친다.

필자 소개

고용우 울산제일고등학교 국어 교사

1962년 경북 경주에서 태어나 고려대학교 국어교육과를 졸업했다. 충남 예산의 대흥고등학교에서 국어 교사로 첫발을 내디뎠고, 22년째 울산제일고등학교에 재직 중이다. 저서로 『언어 능력을 기르는 국어 수업』이 있고, 『문학 시간에 소설 읽기 1~4』, 『문학 시간에 옛글 읽기 1』 등에 편자로 참여하였다.

권혜령 경기 부천 석천중학교 국어 교사

1973년 대구에서 태어나 경북대학교 국어교육과를 졸업했다. 경기도 부천 성주중학교에서 국어 교사로 첫발을 내디뎠고, 현재는 부천 석천중학교에 재직 중이다. 전국국어교사모임 매체연구회에서 활동하고 있다. 저서로 『삶의 시 삶의 노래』(공저), 『국어 시간에 매체 읽기』(공저) 등이 있다.

김명희 경북 봉화 재산중학교 국어 교사

1953년 경북 예천에서 태어나 성심여자대학교 국어국문학과를 졸업했다. 경북 안동의 길원여자고등학교에서 시작해 예천여자중학교, 복주여자중학교 등을 거쳐 봉화 재산중학교에 재직 중이다. 저서로 『애들아, 말해 봐』, 『낯선 익숙함을 찾아서』가 있다.

김주환 안동대학교 국어교육과 교수

1964년 경북 안동에서 태어나 서울대학교 국어교육과를 졸업하고, 고려대학교에서 박사 과정을 마쳤다. 서울 도봉고등학교 교사, 전국국어교사모임 회장 등을 거쳐 안동대학교 국어교육과에 재직 중이다. 논문으로 「독서 토론이 고등학생의 감상문 쓰기에 미치는 영향」, 「교과서 시 작품을 보는 세 가지 시선」 등이 있고, 저서로 『교실 토론의 방법 — 우리 학교』, 『청소년을 위한 자유로운 글쓰기 33』 등이 있다.

김풍기 강원대학교 국어교육과 교수

1961년 강원도 강릉에서 태어나 고려대학교 대학원에서 박사 과정을 마쳤다. 강원도의 몇 곳에서 국어 교사로 근무했으며, 강원대학교 국어교육과에 재직 중이다. 저서로 『한국 고전 시가 교육의 역사적 지평』, 『옛 시 읽기의 즐거움』, 『시마, 저주받은 시인들의 벗』, 『조선 지식인의 서가를 탐하다』, 『독서광 허균』, 『선가귀감, 조선 불교의 탄생』, 『한시의 품격』 등이 있다.

김현양 명지대학교 방목기초교육대학 교수, 민족문학사연구소 공동 대표

1961년 인천에서 태어나 연세대학교 국어국문학과를 졸업하고 같은 대학에서 석사, 박사 과정을 마쳤다. 명지대학교 방목기초교육대학에 재직 중이다. 주로 근대 이전의 한국 고전 소설을 역사적 관점에서 연구하고 있다. 논문으로 「영웅군담 소설의 연구사적 조망」, 「조선 중기, '욕망하는 주체'의 등장과 '소설'의 기원」 등이 있고, 저서로 『한국 고전 소설사의 거점』 등이 있다.

남민우 한국교육과정평가원 연구 위원

1972년 충남 서산에서 태어나 서울대학교 국어교육과 및 동 대학원을 졸업했다. 2006년부터 한국교육과정평가원에 재직 중이다. 저서로 『시 교육의 해체와 재구성』, 『문학 교육의 역사와 성장의 시학』, 『미래를 여는 국어 교육사 1』(공저) 등이 있다.

노혜경 시인

1958년 부산에서 태어나 부산대학교 국어국문학과를 졸업했다. 출판사 편집장, 문화 센터 기획자, 인터넷 방송 진행자, 대학 글쓰기 강사 등의 다양한 직업을 거쳤고 참여 정부 시절 대통령비서실 국정 홍보 비서관을 지냈다. 시집 『뜯어 먹기 좋은 빵』, 『캣츠 아이』 등, 수필집 『천천히 또박또박 그러나 악랄하게』 등이 있다.

류대성 경기 용인 흥덕고등학교 국어 교사

전복을 전복하는 책 읽기와 글쓰기로 인식의 힘, 비판적 안목, 거시적 통찰력을 조금 얻었다. 안과 밖의 경계를 허물고 싶어 학교 담장 너머를 늘 기웃거리며 오늘도 배우고 가르친다. 저서로 『청소년, 책의 숲에서 길을 찾다』, 『청소년을 위한 북 내비게이션』, 『국어 원리 교과서』(공저) 등이 있으며, 『국어 교과서 작품 읽기』, 『고전은 나의 힘』 시리즈 등에 편자로 참여하였다.

박수연 충남대학교 국어교육과 교수

1962년 충남 논산에서 태어나 충남대학교 국어국문학과 및 동 대학원을 졸업했다. 백무산과 박노해의 시에 대한 평론으로 『서울 신문』을 통해 등단했다. 계간지 『실천 문학』의 편집 위원을 역임했고, 충남대학교 국어교육과에 재직 중이다. 주요 연구 분야는 일제 시대의 교육 정책과 한국 문학, 일제 말기의 친일 문학 담론이다. 저서로 『문학들』, 『국민, 미, 전체주의』 등이 있다.

박종호 서울 영등포여자고등학교 국어 교사

1964년 충북 단양, 하늘 하래 첫 동네로 꼽는 남한강 상류 영춘 뒷방골에서 태어나 서울대학교 국어교육과를 졸업했다. 구로고등학교, 경복고등학교 등을 거쳐 지금은 영등포여자고등학교에서 학생들을 만나고 있다. 또 한국글쓰기교육연구회, 전국국어교사모임, 어린이문화연대, 청소년문화연대킥킥에 참여해 교사들을 만나고 있다. 창비 고등학교 『문학』 교과서 대표 집필자로 참여하였고, 『국어 교과서 작품 읽기』와 『문학 교과서 작품 읽기』 시리즈 편자로 참여하였다.

배창환 시인. 경북 포항장성고등학교 국어 교사

1955년 경북 성주에서 태어나 경북대학교 국어교육과를 졸업했다. 대구 경화여자중·고등학교, 경주여자고등학교 등을 거쳐 포항장성고등학교에 재직 중이다. 1981년 『세계의 문학』에 시를 발표하면서 등단했으며, 대구작가회의 회장, 한국작가회의 부이사장을 지냈다. 시집 『잠든 그대』, 『겨울 가야산』 등, 시선집 『서문 시장 돼지고기 선술집』이 있고, 저서로 『이 좋은 시 공부』가 있다. 편저로 학생 시집 『36.4℃』(공편), 학생 수필집 『어느 아마추어 천문가처럼』 등이 있다.

백화현 서울 국사봉중학교 국어 교사

1959년 전북 부안에서 태어나 홍익대학교 국어교육과를 졸업했다. 1984년에 교사가 되어 2000년부터 '도서관 & 독서 운동'에 힘을 쏟고 있다. 근래에는 '책'과 '친구'가 함께하는 '도란도란 책 모임'이야말로 애벌레인 우리를 나비로 날게 할 수 있는 최고의 방법이라 생각하여 이 운동에 더 깊이 빠져들고 있다. 저서로 『학교 도서관에서 책 읽기』, 『책으로 크는 아이들』, 『도란도란 책 모임』 등이 있다.

송여주 경기 안산성호중학교 국어 교사

1971년 대구에서 태어나 서울대학교 지리교육과를 졸업하고 동 대학원 국어교육과에서 박사 과정을 마쳤다. 1999년부터 경기도에서 국어 교사를 시작해 현재는 안산성호중학교에 재직 중이다. 가끔 시 교육과 매체 언어 교육에 대하여 대학과 대학원 강의도 하고 있다. 저서로 『국어 시간에 매체 읽기』(공저). 『매체 언어와 국어 교육』(공저) 등이 있다.

송영민 대구외국어고등학교 국어 교사

1969년 대구에서 태어나 경북대학교 국어교육과를 졸업했다. 대구서부고등학교를 거쳐 대구외국어고등학교에 재직 중이며, 대구국어교사모임 회원으로 활동하고 있다. 창비 고등학교 『문학 I』, 『문학 II』 교과서 집필에 참여하였으며, 『문학 교과서 작품 읽기』와 『국어 교과서 작품 읽기』 시리즈 등에 편자로 참여하였다.

신두원 문학 평론가

1961년 부산에서 태어나 서울대학교 국어국문학과 및 동 대학원을 졸업했다. 서울대학교, 인하대학교 등에서 강의했으며, 민족문학사연구소 회원, 비평 모임 '크리티카' 동인으로 활동하고 있다. 저서로 『민족 문학을 넘어서』가 있으며, 창비 고등학교 『국어 I』, 『국어 II』 교과서 집필에 참여하였다.

오세호 경기 안산강서고등학교 국어 교사

1968년 충북 진천에서 태어나 충북대학교 국어국문학과를 졸업했다. 안산강서고등학교에 재직 중이며, 문학을 포함한 국어 수업이 학생이 주체가 되는 시간이기를 꿈꾼다. 토론을 활용한 교과 학습에 관심을 갖고 한국토론교육연구회, 경기도 교과토론수업연구회 등에서 활동하고 있다. 저서로 『토론을 알면 수업이 바뀐다』(공저), 『토론 교과서』(공저), 『함께 떠나는 한글 여행』(공저) 등이 있으며, 창비 고등학교 『문학』 교과서 집필에 참여하였다.

오연경 문학 평론가

1974년 서울에서 태어나 고려대학교 국어교육과, 서울대학교 미학과 석사 졸업 후 고려대학교 국어국문학과 박사 과정을 수료했다. 서울 자양고등학교, 경일고등학교에서 국어 교사로 재직했으며, 2009년 『동아 일보』 신춘문예로 등단하여 평론가로 활동 중이다. 저서로 『한국 문학과 민주주의』(공저) 등이 있고, 『칠판에 적힌 시 한 편』, 『국어 교과서 작품 읽기—고등 시』, 『문학 교과서 작품 읽기—시』 등에 편자로 참여하였다.

이도영 춘천교육대학교 국어교육과 교수

1963년에 태어나 서울대학교 국어교육과를 졸업하고 같은 대학에서 석사, 박사 과정을 마쳤다. 서울 중화고등학교, 면목고등학교 교사를 거쳐 한국교육개발원, 한국교육과정평가원 연구원으로 근무했으며, 춘천교육대학교에 재직 중이다. 논문으로 「언어 사용 영역의 내용 체계에 대한 연구」 등이 있으며, 저서로 『국어 표현 이해 교육』(공저), 『문식성 교육 연구』(공저) 등이 있다.

이삼남 광주 고려고등학교 국어 교사

1971년 전남 해남에서 태어나 세종대학교 국어국문학과를 졸업했다. 광주 고려고등학교에 재직 중이다. 1999년 『창조 문학』을 통해 창작 활동을 시작했으며, 시집 『빗물 머금은 잎사귀를 위하여』, 『침묵의 말』을 펴냈다. 창비 고등학교 『문학 I』, 『문학 II』 교과서 집필에 참여하였으며, 『국어 교과서 작품 읽기』 시리즈 편자로 참여하였다.

임광찬 전남 목포 영흥고등학교 국어 교사

1960년 전남 무안에서 태어나 목포대학교 국어국문학과 및 동 대학원 교육학과를 졸업했다. 1984년부터 현재까지 영흥고등학교에 재직 중이며, 2011년 이후부터 수석 교사로 선발되어 교사 컨설팅 업무를 겸하고 있다. 전국국어교사모임에서 활동하고 있으며, 신규 교사를 비롯하여 교사 재교육에 힘을 쏟고 있다. 저서로 『고등학생을 위한 우리말 우리글』(공저) 등이 있으며, 『국어 교과서 작품 읽기』 시리즈 편자로 참여하였다.

정지영 충남 천안 북일고등학교 국어 교사

1974년 충남 보령에서 태어나 동국대학교 국어국문학과를 졸업하고 같은 대학에서 박사 과정(고전문학전공)을 수료했다. 천안에 있는 북일고등학교 국어 교사로 16년째 재직 중이다. 저서로 『선생님과 함께 떠나는 문학 답사』(공저) 등이 있으며, 창비 고등학교 『문학』 교과서 집필에 참여하였다.

조재도 시인, 아동·청소년 문학 작가

1957년 충남 부여에서 태어나 청양에서 자랐다. 1985년 『민중 교육』에 시 「너희들에게」를 발표하며 작품 활동을 시작했다. 충남의 여러 학교에서 국어 교사로 근무하며 글쓰기 교육을 오랫동안 했다. 지금은 학교에서 나와 청소년평화모임 일을 하고 있다. 시집 『백제 시편』, 『사랑한다면』, 청소년 소설 『이빨 자국』, 『싸움닭 샤모』, 『불량 아이들』, 동화 『넌 혼자가 아니야』, 『자전거 타는 대통령』 등이 있다. 학생 글 모음 『눈물은 내 친구』, 『36.4℃』(공편) 등을 엮어 냈다.

최형용 이화여자대학교 국어국문학전공 교수

1971년 서울에서 태어나 서울대학교 국어국문학과 및 동 대학원을 졸업했다. 이화여자대학교 국어국문학전공 교수로 재직 중이다. 논문으로 「국어의 단어 구조에 대하여」, 「품사의 경계」, 「한국어의 형태론적 현저성에 대하여」 등이 있고, 저서로 『국어 단어의 형태와 통사 — 통사적 결합어를 중심으로』, 『한국어 형태론의 유형론』, 『정확한 화법과 미디어 언어 분석』, 『열린 세상을 향한 발표와 토론』(공저), 『발표와 토의』(공저) 등이 있다.

허재영 단국대학교 교육대학원 교수

1964년 강원도 홍천에서 태어나 건국대학교 국어국문학과 및 동 대학원을 졸업했다. 충북 충원고등학교, 경기 동화고등학교 교사를 거쳐, 단국대학교 교육대학원 교수로 재직 중이다. 저서로 『한국어 교육의 이해와 탐색』, 『일제 강점기 교과서 정책과 조선어과 교과서』, 『통감 시대의 어문 정책과 교과서 침탈의 역사』 등이 있다.